D1705996

Hamburger Edition

Hunderttausende Geflüchtete erreichen jährlich die »Festung Europa«. Doch was geschieht nach ihrer Ankunft? Das Buch beleuchtet Handlungsspielräume und vereint die Perspektiven von Menschen mit prekärem Rechtsstatus, staatlichen Akteur*innen, NGOs und Institutionen in acht europäischen Nationen: Deutschland, Österreich, der Schweiz, Italien, Lettland, Litauen, Dänemark und Schweden.

Hinter der Grenze, vor dem Gesetz ist ein rechtssoziologischer Beitrag zur Debatte um Migrationssteuerung und Zugehörigkeit. Die Autor*innen gehen auf Tuchfühlung mit Praktiken vor Ort und beschreiben die Kontrolle von »unerwünschter« Zuwanderung aus Sicht von Bürokrat*innen und auch von Migrant*innen mit prekärem Aufenthaltsstatus. Sie zeigen, wie Aufenthaltsrecht von verschiedenen Akteur*innen angewandt, ignoriert, umgedeutet und idealisiert wird und wie Recht und Rechtsanwendung Handlungsspielräume von Migrant*innen gleichermaßen ermöglichen und begrenzen. So eröffnen sich Räume asymmetrischer Aushandlungen zwischen Kontrollinstitutionen und Betroffenen. Manchmal scheint es, als seien alle involvierten Akteur*innen in kafkaesken Zeitschleifen gefangen. Das Buch beschreibt, wie schwer sich Verantwortlichkeit im dichten Regime von Kontrollinstanzen verorten lässt und wie in diesem produktiven Chaos Bauchgefühl und Improvisationstalent Entscheidungen individueller Akteur*innen leiten.

In der Macht der Ohnmacht vor unterschiedlich auszudeutender Staatsgewalt liegen Handlungschancen: Formalität und Informalität sind auch in Westeuropa keine Gegenpole, sondern konstituieren und unterstützen sich gegenseitig.

Zu den Autor*innen
Tobias G. Eule ist Professor für Rechtssoziologie an der Universität Bern und Distinguished Researcher am Hamburger Institut für Sozialforschung.
Lisa Marie Borrelli ist Postdoktorandin an der Hochschule für Soziale Arbeit, HES-SO Sierre, finanziert durch das nccr – on the move.
Annika Lindberg ist Postdoktorandin am Institut für Soziologie, Universität Bern, und am Saxo Institut, Universität Kopenhagen.
Anna Wyss ist Postdoktorandin am MAPS, Universität Neuchâtel.

Tobias G. Eule
Lisa Marie Borrelli
Annika Lindberg
Anna Wyss

Hinter der Grenze, vor dem Gesetz

Eine Ethnografie
des europäischen
Migrationsregimes

Aus dem Englischen von
Hans-Peter Remmler

Hamburger Edition

Für Ponys

Hamburger Edition HIS Verlagsges. mbH
Verlag des Hamburger Instituts für Sozialforschung
Mittelweg 36
20148 Hamburg
www.hamburger-edition.de

Umschlaggestaltung: Wilfried Gandras
Umschlagabbildung: © ullstein bild – Bonnes/IPON
Satz aus der Minion Pro von Dörlemann Satz, Lemförde
Druck und Bindung: CPI books GmbH, Leck
Printed in Germany
ISBN 978-3-86854-339-1
1. Auflage April 2020

Inhalt

1

Einführung

Zwei Sachbearbeiter*innen einer schwedischen Grenzpolizeieinheit, ein Polizist und eine Zivilangestellte, sowie Lisa, welche die Arbeit der Grenzpolizei als teilnehmende Beobachterin begleitet, treffen sich mit einer Familie – eine Mutter mit drei Töchtern – auf einer kleinen örtlichen Polizeistation. Da die Familie Albanisch spricht, wird ein Telefondolmetscher hinzugezogen. Eine der Töchter spricht allerdings einigermaßen gut Schwedisch, sodass der Übersetzer nur gelegentlich aushelfen muss. Pit, der für diesen Fall zuständige Polizist, stellt alle Beteiligten einander vor und gibt einen Überblick über die Situation: Die Asylanträge der Familie wurden abgelehnt, und eigentlich wird seit mehreren Monaten von der Familie erwartet, dass sie Schweden verlässt. Nun soll ergründet werden, wie die Familie zur Ablehnung ihrer Asylanträge und zu einer möglichen Rückkehr in ihre Heimat steht.

Ena, die Zivilangestellte, beginnt die Befragung. »Warum sind Sie immer noch hier? Sie haben kein Recht, hier zu sein. Das ist ein großes Problem. Soll ich den Fall durchgehen?« Langsam und in freundlichem Ton rekapituliert sie die aktuelle Situation und fragt, warum die Familie sich bisher geweigert habe, das Land zu verlassen. »Ich habe Ihre Akte gelesen und kann daraus ersehen, dass Sie gegen Ihre Ausweisung Widerspruch eingelegt haben. Dieser wurde jedoch abgelehnt.« Pit erläutert: »Sie haben Ihre Gründe gegen die Abschiebung bereits vorgebracht. Die sind in der Akte erfasst. Aber wenn es etwas

Neues gibt … So funktioniert das bei der Migrationsbehörde. Wir respektieren Ihre Beweggründe, aber wir sind hier nur das ausführende Organ.«

Die Mutter sagt, sie sei dankbar für die vorherigen Telefonate mit Pit sowie für dieses Treffen. Sie sagt, sie kann verstehen, dass die Sachbearbeiter*innen lediglich »nach Recht und Gesetz« arbeiten. Pit und Ena erklären wiederholt, dass derzeit keine Hinderungsgründe gegen den Vollzug der Abschiebung sprechen und dass, sofern sich neue Umstände ergeben, diese der Migrationsbehörde gemeldet werden müssten. Die älteste Tochter erwähnt, dass sie etwas beim Migrationsgericht eingereicht hat, aber nicht wisse, wie es jetzt weitergeht.

Ena und Pit sagen der Familie, dass es nichts Neues in ihren Akten gibt. »Die uns vorliegenden aktuellen Informationen zeigen keine neuen Gründe [gegen die Abschiebung]. Vielleicht ist da etwas verloren gegangen.« So geht es immer hin und her. Pit rät der Tochter, die Akten nochmals zu prüfen und sicherzustellen, dass sie bearbeitet werden. Irgendwann beginnen die Mutter und zwei der Töchter, still zu weinen.

Die Sachbearbeiter*innen setzen die Befragung gemäß Protokoll fort. »Der Vorgang ist in Arbeit. Sie gehen auf Ihre Weise damit um und wir arbeiten auf unsere Weise, und im Moment gibt es keine Gründe, warum Sie nicht abgeschoben werden könnten. Deshalb planen wir Ihre Reise. Und Ihre aktuelle Haltung ist die, dass Sie nicht ausreisen möchten?«

»Wir haben nichts gegen die Polizei«, antwortet die Mutter, »aber wir haben Angst davor, wieder nach Hause zu gehen.«

»Wenn wir dennoch eine Rückreise [nach Albanien] planen und buchen und die Reisedokumente beschaffen, werden Sie dann kooperieren?«

Die Mutter und die älteste Tochter bleiben bei ihrer Haltung: »Wir haben nichts gegen Ihre Aufgabe oder gegen die Polizei.«

»Aber wenn wir Ihnen den Termin [des Rückflugs] ein paar Tage im Voraus mitteilen, werden Sie dann kooperieren?«

Die Mutter weint und erklärt, ihre jüngste Tochter sei behindert und die mittlere Tochter leide an Depressionen und habe Selbstmordgedanken.

Pit: »Dann ist es höchste Zeit, dass Sie dies der Migrationsbehörde melden. Wir werden Sie auf keinen Fall zurückschicken, wenn gute Gründe dagegensprechen. Wir beobachten Ihren Fall aufmerksam. Und Sie haben meine Telefonnummer.«

Ena ergänzt: »Wenn wir den Flug buchen und Sie sich nicht an die Anweisungen halten, werden Sie als untergetaucht geführt.«

An Lisa gewandt erläutert Ena: »Das ist ein emotionaler Job, aber wir versuchen, einen Dialog zu führen, um es allen Betroffenen so leicht wie möglich zu machen.«

Die älteste Tochter meldet sich zu Wort: »Das Sozialamt kümmert sich um meine Tochter. Was wird mit ihr geschehen?«

»Wir werden Sie wieder mit ihr zusammenbringen«, antwortet Ena, »und Sie werden gemeinsam als Familie reisen.«

Medikamente werden dokumentiert. Pit und Ena beschließen, dass sich die Familie zweimal pro Woche bei der örtlichen Polizei melden muss. Die älteste Tochter fragt, wann sie zurückkehren müssten und ob sie bis dahin noch zwei bis drei Monate Zeit haben. »Ja, Sie müssen nicht sofort ausreisen, das braucht alles seine Zeit. Aber Sie sollten anfangen, sich mental darauf einzustellen. Das ist das Beste.«

Die Mutter antwortet: »Das ist nicht das Beste.«

»Doch, das ist das Beste, denn wenn Sie eine andere Entscheidung [eine positive] über Ihr Bleiberecht erhalten, dann können Sie das als Bonus betrachten«, hält Ena dagegen.

Die Mutter bleibt bei ihrem Standpunkt: »Ich respektiere die Polizei und werde einen Antrag stellen und Gründe finden, warum wir bleiben können. Und wenn dieser Antrag abgelehnt wird, dann sind wir bereit zu gehen. Allen meinen Töchtern geht es nicht gut.«

Ena versucht, die Familie zu überzeugen: »Es gibt Menschen, die sich seit zehn Jahren illegal in diesem Land aufhalten. Aber auch die müssen nach Hause zurückkehren. Es ist besser, jetzt zu gehen als erst in zehn Jahren. Denn dann hat man angefangen, sich einzugewöhnen. Aber Sie haben recht, es ist nicht einfach.«

Die Mutter antwortet: »Ich möchte das nicht noch einmal diskutieren. Ich übernehme die Verantwortung.«

Mitten in diesem Hin und Her erhält die älteste Tochter einen Anruf. Ihr Anwalt teilt ihr mit, die Migrationsbehörde benötige weitere Dokumente, um ihren Fall bearbeiten zu können.

Pit antwortet: »Sie müssen ein wenig Druck machen [auf die Migrationsbehörde], hartnäckig sein, vielleicht auch ein wenig übertreiben, damit etwas vorangeht.«

Ein paar Unterschriften und Zusicherungen später ist das Treffen beendet. (Feldnotizen, Schweden 2017)

In ganz Europa[1] steht die Kontrolle unerwünschter Migration im Mittelpunkt öffentlicher, politischer und wissenschaftlicher Debatten. Mobilität innerhalb Europas wurde zwar durch die Abschaffung der Grenzkontrollen im Schengen-Raum erheblich erleichtert. Allerdings bleibt die Mobilität von Personen, deren Einreise, Aufenthalt und Arbeit in einem bestimmten Land als rechtswidrig gelten, eine Herausforderung und Anlass für Debatten in Politik und bei Behörden, die bestrebt sind, die Kontrolle über unerwünschte Mobilität zu behaupten. Behörden und Migrant*innen interagieren in einem dynamischen Feld, in welchem Mobilität zur umkämpften Ressource wird. Dieses Feld ist in Europa durch einen eher »losen« politischen Rahmen, nationale Gesetze, diverse Organisationskultur sowie institutionelle Strukturen und Einzelpersonen geprägt, die sich am Rande von Recht und Staat bewegen. Anhand einer »multi-sited« Ethnografie der Migrationskontrolle in Europa über Polizeistationen hin zu Treffpunkten

----

1 Mit »Europa« und dem »europäischen« Migrationsregime sind jeweils die Staaten gemeint, die Teil des Schengen- und des Dublin-Systems sind. Unser empirischer Schwerpunkt liegt auf der internen Dynamik des Schengen-Raums, in dem die Mitgliedsstaaten in grenz- und migrationsspezifischen Gesetzen und Richtlinien, in ihrem politischen Streben nach »Harmonisierung« sowie im jeweiligen Verwaltungsapparat für behördenübergreifende Zusammenarbeit signifikante Gemeinsamkeiten aufweisen. Diese Staaten sind allerdings auch Teil eines größeren, umstrittenen politischen Projekts namens »Europa«. Die geografische, diskursive und juristische Abgrenzung zwischen dem Binnen- und Außenraum Europas wird instrumentalisiert, um nicht nur die Grenzkontrollen zu verdinglichen und zu externalisieren, sondern auch eine Reihe von Problemen und »Krisen«, vor deren Hintergrund sich Europa als friedliche, kohärente Einheit darstellt (vgl. De Genova, The Borders of ›Europe‹ and the European Question). Indem wir uns mit der Dynamik der Binnengrenzen und deren empirischer Erforschung beschäftigen, wollen wir auch dazu beitragen, diese Bipolarität zwischen innen und außen aufzulösen und stattdessen die interne Fragmentierung und die Widersprüche dieses »EUropäischen Projekts« aufzuzeigen (Bialasiewicz u.a., Re-scaling ›EU‹rope).

von Migrant*innen in Italien bis hin zu Grenzposten und Abschiebe-
gewahrsamen in Schweden untersuchen wir diese Praktiken in acht
europäischen Ländern: in Italien, Deutschland, Österreich, Lettland,
Litauen, Dänemark, Schweden und der Schweiz.

Migrant*innen ohne legalen Aufenthaltsstatus machen zwar nur
einen Bruchteil der gesamten migrantischen Bevölkerung in Europa
aus, werden aber vielfach in den Mittelpunkt der öffentlichen und
politischen Debatten gerückt, weil sie in den Augen vieler die staatliche Souveränität grundsätzlich infrage stellen. Migrationskontrolle –
hier insbesondere Maßnahmen zur Abwehr unerwünschter Migrant*innen – weist spezielle Merkmale auf, die eine genaue Betrachtung verdienen und die sich in drei Aspekten zusammenfassend
darstellen lassen. Erstens bedarf Migrationskontrolle besonderer Aufmerksamkeit, da die Rechtmäßigkeit des Aufenthaltsstatus den Zugang einer Person zu vielen weiteren Leistungen begründet sowie die
Möglichkeiten dieser Person bestimmt, Rechte innerhalb eines bestimmten Staatsgebiets wahrzunehmen. Migrant*innen mit prekärem
Rechtsstatus sehen sich struktureller und rechtlicher Gewalt ausgesetzt, die sich einerseits in Zwangsmaßnahmen manifestiert, welchen
sie ausgesetzt sein können.[2] Andererseits zeigt sich strukturelle und
rechtliche Gewalt aber auch in alltäglichen Bereichen wie unsicherer
Entlohnung, mangelnder Befriedigung von Grundbedürfnissen wie
Unterbringung sowie in einer anhaltenden allgemeinen Unsicherheit.[3]
In diesem Zusammenhang gilt es zu betonen, dass sich das Migrationsrecht zunehmend mit dem Strafrechtssystem,[4] mit sozialen Si-
cherungssystemen und Wohlfahrtsstaatregimen[5] sowie mit Fragen
von Zugehörigkeit und Staatsbürgerschaft[6] überschneidet. Oftmals
geht es dabei auch um außerordentliche Gewaltanwendung, insbesondere in Fällen »administrativer« Ingewahrsamnahme und Abschie-

---

2 Galtung, »Violence, Peace, and Peace Research«.
3 Abrego/Lakhani, Incomplete Inclusion, S. 267.
4 Bosworth u. a., Punishment, Globalization and Migration Control; Stumpf, The
   Crimmigration Crisis.
5 Rosenberger/Ataç, Politik der Inklusion und Exklusion; Ataç/Rosenberger,
   Social Policies as a Tool of Migration Control.
6 Barker, Penal Power at the Border.

bung.[7] Deshalb ist es von besonderem Interesse, wie migrantische »Illegalität« in der Praxis durch den Staat und dessen Gesetze hervorgerufen und legitimiert wird. Zweitens verfügen Staatsangestellte, die im Bereich der Migrationskontrolle arbeiten, über eine beträchtliche Macht als »Türhüter« des Staates und des Gesetzes: Sie treffen nicht nur Entscheidungen über Aufenthalt, Inhaftierung und Abschiebung, sie setzen diese Entscheidungen auch in die Praxis um. Es bedarf daher dringend der Untersuchung, wie Staatsangestellte diese Handlungsmacht verstehen, wie sie sie einsetzen und was ihr entgegengesetzt wird.[8] Darüber hinaus ist Migrationskontrolle von »intrinsisch normativer Natur«[9]. Die Zwangsregulierung von Migration ist höchst umstritten, wird in Politik und Öffentlichkeit häufig diskutiert und basiert auf normativen Urteilen. Tatsächlich wird ein Bleiberecht abhängig davon verliehen, ob eine Person in der gesellschaftlichen Wahrnehmung ein Aufenthaltsrecht »verdient« – und ob dies der Fall ist oder nicht, hängt wiederum vom praktischen Handeln von Staatsangestellten und ihren normativen Entscheidungen über die Umsetzung des Rechts ab. Drittens machen die Häufigkeit von Gesetzesänderungen, die Vielschichtigkeit des Migrationsrechts und die vielen Hände, die an seiner Durchsetzung beteiligt sind, Migrationskontrolle zu einem exemplarischen Fall für die Untersuchung von Konfigurationen staatlicher Herrschaft in der heutigen Zeit.

Daher geht es in diesem Buch keineswegs »nur« um die umkämpfte Kontrolle von Migrant*innen mit prekärem Rechtsstatus. Die vorliegende Publikation ist auch ein Buch über Macht, Recht und die Randbereiche des Staates. Die Begegnungen zwischen Staatsangestellten und Migrant*innen mit prekärem Rechtsstatus spiegeln Machtungleichgewichte wider, die wir auch in anderen Begegnungen zwischen staatlichen Stellen und marginalisierten Bevölkerungsgruppen finden, etwa in Sozialämtern[10] oder Polizeistationen[11]. Anhand von Migrations-

---

7   De Genova/Peutz, The Deportation Regime; Ellermann, States against Migrants; Walters, Deportation, Expulsion and the International Police of Aliens.
8   Vgl. Fassin, Enforcing Order.
9   Ellermann, States against Migrants, S. 148.
10   Auyero, Patients of the State; de Certeau, The Practice of Everyday Life; Dubois, The Bureaucrat and the Poor; Zacka, When the State Meets the Street.

kontrolle können wir untersuchen, wie verschiedene Formen von Staatsmacht – von der Fürsorge bis hin zu Überwachung und Ausweisung – im heutigen Europa in Kraft gesetzt, kontrovers diskutiert und umgestaltet werden. Das Buch lässt sich daher auf zwei Arten lesen: zum einen als Beitrag zu zeitgenössischen politischen und wissenschaftlichen Debatten über (»illegale«, »irreguläre« oder prekäre) Migration, zum anderen als Auseinandersetzung mit Rechtspraktiken, dem Staat und der Gesellschaft an ihren Rändern.

Das einleitende Fallbeispiel veranschaulicht, wie sich einige dieser Themen während unserer Forschung gezeigt haben. Es beschreibt eine alltägliche, aber entscheidende Begegnung zwischen der schwedischen Grenzpolizei, die für die Durchführung von Abschiebungen zuständig ist, und einer Familie, die nach der Ablehnung ihres Asylantrags von der Abschiebung bedroht ist. Das Beispiel wirft eine Reihe von Problemen auf, die Gegenstand unserer Untersuchung sein werden. Es zeigt, dass Migrationskontrolle eine Frage von Anfechtung und Aushandlung ist, was (und darauf kommt es an) durch die unterschiedliche Nutzung von Recht geschieht. Migrant*innen sind zwar per Gesetz stark eingeschränkt, behalten aber durchaus eine gewisse Handlungsmacht: Die Familie im beschriebenen Fall hat eine endgültige Anordnung über die Abschiebung nach Albanien erhalten, macht aber klar, dass sie dieser Anordnung nicht freiwillig nachkommen wird. Vielmehr fechten sie die Entscheidung unter Einsatz ihrer spärlichen rechtlichen Möglichkeiten an, was ihnen zumindest einen gewissen Aufschub der erzwungenen Rückkehr verschaffen wird. Allerdings ändert dies nichts an der zutiefst ungleichen oder *asymmetrischen* Machtverteilung zwischen den beteiligten Akteur*innen. Die Polizei, welche befugt ist, die Familie zur Not auch gewaltsam festzunehmen und abzuschieben, scheint schlicht das Gesetz auf ihrer Seite zu haben. Dabei erkennen die Polizist*innen durchaus an, dass die Situation emotional belastend ist, und versuchen deshalb, die Familie davon zu überzeugen, dass das Befolgen der Anordnung besser für sie wäre als der irreguläre Verbleib in Schweden mit begrenzten Aussichten auf einen geregelten Aufenthalt. Die Abschiebungsanordnung ist somit nach wie vor eine Frage der *Aushand-*

---

11 Fassin, Enforcing Order; Maynard-Moody/Musheno, Cops, Teachers, Counselors; Mutsaers, A Public Anthropology of Policing.

lung, nicht der puren Vollstreckung. Darüber hinaus spielen neben den unmittelbar Betroffenen, also der Familie und den Polizist*innen, drei weitere Akteure eine entscheidende Rolle bei der Lösung des Problems: der Rechtsbeistand der Familie, das Migrationsgericht und die schwedische Migrationsbehörde. Die Aushandlungen beschränken sich daher nicht auf die persönliche Interaktion zwischen zwei Parteien (oftmals unter Vermittlung von Übersetzer*innen/Dolmetscher*innen), sondern überschreiten die Grenzen einzelner Behörden sowie die Trennlinie zwischen Staat und Gesellschaft. Wir bezeichnen solche Begegnungen als *asymmetrische Aushandlungsräume*[12] und insofern auch als wesentliches Element des europäischen Migrationsregimes und des Migrationsrechts in der Praxis. In diesem Buch legen wir den Fokus auf die Dynamik innerhalb solcher asymmetrischen Aushandlungen über Mobilität, wobei wir uns besonders darauf konzentrieren, wie diese Aushandlungen von verschiedenen Akteuren gestaltet werden, die aufseiten des Gesetzes arbeiten, auf das Gesetz Einfluss nehmen oder gegen das Gesetz agieren. Auf diese Weise wollen wir zeigen, wie Migrationskontrolle in ihrer täglichen Umsetzung von Gesetzen durch eine Vielzahl von Akteuren bestimmt und infrage gestellt wird. Dabei nehmen diese Akteure ungleiche Machtpositionen ein und prägen mit ihrem Handeln auf der Grundlage ihrer jeweiligen Werte, Interessen und Überzeugungen das europäische Migrationsregime.

Vor allem aber ist das, was wir in diesen asymmetrischen Aushandlungsräumen vorgefunden haben, kein allmächtiger Staat, der souveräne Herrschaft über Migrant*innen ausübt. Unser Fokus auf den Alltag in Behörden und verschiedenen nichtstaatlichen Organisationen, die mit Migrationskontrollpraktiken beauftragt sind, zeigt uns, dass auch diese Akteure häufig selbst Mühe haben, die Gesetze und Vorschriften, mit deren Durchsetzung sie betraut sind, zu verstehen und in der Praxis zu handhaben. Die Tatsache anerkennend, dass auch innerhalb des Staates Asymmetrien von Macht, Information und Wissen vorliegen,[13] haben wir untersucht, wie Macht nicht *trotz* der, sondern gerade *durch* die Unlesbarkeit und Unvorhersehbarkeit des Rechtsvollzugs funktioniert.[14]

---

12   Eule u.a., Contested Control at the Margins of the State.
13   Borrelli, Whisper down, up and between the Lane.
14   Das, The Signature of the State.

Zur Verdeutlichung dieser Dynamik ließen wir uns durch das lite-
rarische Werk Franz Kafkas inspirieren, dessen groteske Darstellung der
Bürokratie bereits seit Langem Einfluss in wissenschaftlichen Arbeiten
hat.[15] Der »Kafkaeske Staat«[16] wird oft dem idealtypischen weberschen
Bürokratiemodell gegenübergestellt. Auch wenn es sich um zwei gleichermaßen idealtypische Darstellungen des Staates handelt, sind sie
doch hilfreich, um die Spannung zu erfassen, welche sich zwischen dem
realen Erleben durch Betroffene in bürokratischen Verfahren gegenüber einer ungewissen und unvorhersehbaren Ordnungsmacht und der
anhaltenden Selbstdarstellung einer Verwaltung als Hüterin von Rationalität, Gerechtigkeit und Verlässlichkeit einstellt. In diesem Spannungsfeld zwischen zwei scheinbar widersprüchlichen Vorstellungen
von Staatsmacht fanden wir Kafkas Parabel »Vor dem Gesetz« aus dem
Jahr 1915 besonders hilfreich, um die besonderen Umstände von Begegnungen zwischen verschiedenen Akteuren an der Grenze zu verstehen.
Die Parabel erzählt die Geschichte eines Mannes vom Lande, der versucht, durch ein offenes, aber von einem Türhüter bewachtes Tor in das
Gesetz vorzudringen. Der Türhüter jedoch verwehrt dem Mann den
Zugang – mit dem Hinweis, er würde ihn in Zukunft vielleicht eintreten
lassen, könne dies aber vorerst noch nicht zulassen. Daraufhin setzt ein
scheinbar sinnloses Warten »vor dem Gesetz« ein, welches damit endet,
dass der Mann vor dem Tor stirbt, ohne jemals Zugang zum Gesetz erhalten zu haben. Bevor der Mann stirbt, fragt er den Wächter, warum
niemand außer ihm jemals einzutreten versucht hat. Der Türhüter antwortet, dass das Tor ausschließlich für ihn gemacht wurde; niemand
sonst hätte hier jemals Einlass finden können, und daher wird das Tor
nach dem Tod des Mannes geschlossen. Die Parabel erzählt eine düstere
Geschichte von Recht, das sich als höchst willkürlich, individuell und
buchstäblich unzugänglich erweist. Aber warum hat der Mann nicht
einfach die Warnung des Türhüters ignoriert und ist ohne Erlaubnis
eingetreten? Wie wir ausführen werden, sind es gerade die Ungewissheit und Willkür der Auflagen und Auswirkungen des Gesetzes, welche

----

15 Graeber, Dead Zones of the Imagination; Hoag, The Magic of the Populace;
    Sutton / Vigneswaran, A Kafkaesque State; siehe auch de Coulon, ›L'Illégalité
    régulière‹ au cœur du paradoxe de l'Etat-nation.
16 Sutton / Vigneswaran, A Kafkaesque State.

die Hoffnung der Menschen aufrechterhalten, doch noch Gerechtigkeit zu erfahren, was dem Gesetz nicht zuletzt auch seine disziplinierende Kraft verleiht. Überdies halten wir einen weiteren Aspekt der Parabel für bedeutsam: Sowohl der Türhüter als auch der Mann vom Lande werden durch ihr Unterfangen definiert. Der Türhüter mag den Zugang zum Gesetz regeln, aber Sinn und Zweck des Gesetzes bleiben offenbar im Dunkeln, auch für den Türhüter selbst.

Der Mann vom Lande in Kafkas Geschichte erreicht also niemals sein Ziel, Zugang zum Gesetz zu erhalten, dennoch ist sein Leben von der bloßen Präsenz des Gesetzes geprägt. Ebenso erleben Migrant*innen an den Rändern des Staates Recht vielfach als unüberwindliche Kraft, welches die Macht besitzt, ihre Existenz für illegal zu erklären. Migrant*innen stehen dabei nicht einfach nur »vor dem Gesetz« – und damit außerhalb desselben –, sie geraten häufig in die Mühlen der Justiz, wenn sie versuchen, ihre Anwesenheit zu legalisieren; sie fühlen sich vom Gesetz gefangen und müssen gleichzeitig feststellen, dass es für sie unzugänglich bleibt. Wir werden im Verlauf des Buchs immer wieder auf Kafkas Parabel zurückgreifen, um die Begegnungen zwischen Akteur*innen des Migrationsregimes und dem »Gesetz« zu illustrieren.

Vorgehensweise

Wie ist dieses Buch entstanden? Es begann mit der allgemeinen Erkenntnis, dass wir zwar eine reichhaltige wissenschaftliche und politikorientierte Literatur über Migration und Migrationspolitik haben, aber noch relativ wenig darüber wissen, ob und wie Migrationspolitik in der Praxis umgesetzt wird. Natürlich ist die Implementierungslücke zwischen Recht und Umsetzungsrealität sowie zwischen Zielen und Wirkungen von Gesetzen in der Migrationskontrolle bestens dokumentiert.[17] Die Erklärungen für diese »Lücke« reichen von der unvollendeten Harmonisierung von Migrationskontrollpraktiken[18] über die

---

17   Castles, Why Migration Policies Fail; Czaika / de Haas, The Effectiveness of Immigration Policies; Rosenberger / Küffner, After the Deportation Gap.

18   Boswell / Geddes, Migration and Mobility in the European Union; Feldman, The Migration Apparatus; Fischer, The Europeanization of Migration Policy.

Nachfrage neoliberaler Märkte nach billigen und möglichst rechtlosen Arbeitskräften[19] bis hin zum Widerstand der Migrant*innen selbst.[20] In diesem Buch geht es nicht in erster Linie darum, diese Lücke zu erklären, sondern wir wollen untersuchen, was innerhalb dieser Lücke – also bei der Implementierung von Gesetzen vor Ort – geschieht. Unser Ansatz fußt auf der Tradition der Forschung zum Thema »Streetlevel-Bürokratie«[21] und auf rechtssoziologischen Studien, die weniger die Diskrepanz zwischen Politik und Praxis thematisieren als vielmehr untersuchen wollen, wie Gesetze und Vorschriften erst durch die Praxis konkrete Gestalt annehmen.

Die Dynamik innerhalb oft unsicherer und langwieriger bürokratischer Verfahren bei Personen mit prekärem Rechtsstatus bietet einen idealen Ausgangspunkt, um die Anwendung von Migrationsrecht eingehend zu erforschen. Bei unseren früheren Untersuchungen in Deutschland[22] haben wir erhebliche Unterschiede bei den getroffenen Entscheidungen (Wer darf bleiben?) sowie innerhalb von Entscheidungsprozessen (Was braucht es, um entscheiden zu können, wer bleiben darf?) zwischen vier verschiedenen Ausländerbehörden und sogar innerhalb ein und desselben Amts festgestellt. Diese Unterschiede nehmen zu, je prekärer sich der Rechtsstatus eines Migranten darstellt. Während die Verfahren und Ergebnisse bei EU-Bürger*innen in allen vier untersuchten Behörden recht ähnlich ausfielen, war es fast unmöglich, den Ausgang von Fällen abgelehnter Asylbewerber*innen, arbeitsloser Arbeitsmigrant*innen oder geschiedener Migrant*innen vorherzusagen. Die umkämpfte Kontrolle von Personen mit prekärem Rechtsstatus wurde daher zum Schwerpunkt unserer jeweiligen Forschungsprojekte, welche die Grundlage für dieses Buch bilden.

Nicht die Untersuchung einer bestimmten Art von Institution in einem Staat ist unser Thema, sondern es sollen mehrere Akteure und Behörden in acht europäischen Staaten verglichen werden, wobei die

----

19 Calavita, Immigration, Law, and Marginalization in a Global Economy; Castles / Miller, The Age of Migration; De Genova / Peutz, The Deportation Regime.
20 De Genova, The Borders of ›Europe‹ and the European Question; Ellermann, Undocumented Migrants and Resistance in the Liberal State.
21 Lipsky, Street-Level Bureaucracy.
22 Eule, Inside Immigration Law.

rechtssoziologische Perspektive auf die Rechtsanwendung, die unseren früheren Studien zugrunde lag, erhalten bleibt. Anstelle der üblichen kapitelweisen Bearbeitung einzelner Länder durch verschiedene Autor*innen ist dieses Buch ein durch und durch kollektives Unterfangen. Der kollektive Ansatz gewährleistet eine detaillierte Interpretation und höhere Zuverlässigkeit unserer individuell generierten Daten. Ebenso ermöglicht diese enge Zusammenarbeit, unsere verschiedenen Blickwinkel auf die Mikrodynamiken umkämpfter Migrationskontrolle kritisch zu analysieren, was mit einer konventionellen, monoperspektivischen Untersuchung (die *entweder* Staaten *oder* Migrant*innen im Blick hätte) nicht zu erreichen wäre. Der intensive Austausch und die Zusammenarbeit innerhalb unseres Forschungsteams machen den besonderen Charakter dieser Arbeit aus.

Theoretisch stützt sich unsere Herangehensweise auf den aktuellen Stand der Migrationsforschung sowie Studien zu Polizeiarbeit und staatlicher Kontrolle, aber auch zu Streetlevel-Bürokratie. Es geht darum, das Wesen (und die Grenzen) der Migrationskontrolle als dynamisches Wechselspiel zu erklären. Dieses Wechselspiel wird sowohl durch die Mobilität von Migrant*innen innerhalb Europas als auch die staatlichen Bemühungen, diese Mobilität nachzuvollziehen und zu kontrollieren, bestimmt. Unter diesem Gesichtspunkt entsteht das europäische Migrationsregime durch »kontinuierliche praxisgestützte Ausbesserungsarbeiten«[23]. Es ist keineswegs das Produkt eines einheitlichen Plans. Wir untersuchen, wie das Migrationsregime in der Praxis funktioniert, wie Recht Handlungsmacht verleihen und einschränken kann und wie Macht wiederum über das Gesetz hinaus ausgeübt wird. In vielen früheren Arbeiten zur Analyse von Staatsmacht wurde die Rolle des Rechts entweder als bloße Strategie von Regierungen vernachlässigt oder kritiklos als fester Ordnungsrahmen vorausgesetzt, welcher der staatlichen Souveränität Schranken auferlegt. Im Gegensatz dazu nehmen wir die Rolle des Rechts als Instrument, welches Macht sowohl im Namen des Staates als auch gegen den Staat kanalisiert, ernst und untersuchen, wie Recht durch informellen Wissenstransfer, Gerüchte und unterschiedliche Aneignungen funktioniert. Dies hat konkrete Auswirkungen auf die Lebensperspektiven von Migrant*innen mit pre-

----

23   Sciortino, Between Phantoms and Necessary Evils, S. 32.

kärem Rechtsstatus und prägt das formale Vorgehen staatlicher Akteur*innen. Die Unlesbarkeit des Staates steigert, wie wir aufzeigen werden, einerseits dessen Macht, lässt andererseits aber auch Raum für Akteur*innen, um seinen Verfahren etwas entgegenzusetzen.

Das Buch kann auch als Studie über Recht und Staat gelesen werden, die sich insbesondere darauf fokussiert, wie Staaten mit Migration, einer wesentlichen Herausforderung ihrer Souveränität, umgehen. Migration ist schon für sich genommen ein interessantes Phänomen, vor allem ist sie aber Thema heftiger politischer Auseinandersetzungen und infolgedessen ein Feld enormer rechtlicher Innovation und einer der wenigen Bereiche, in denen staatliche Eingriffe offenbar kontinuierlich zunehmen. In diesem Sinne möchten wir behaupten, dass der von uns gewählte Ansatz eine Perspektive liefert, durch die wir das Recht und den Staat selbst besser verstehen können. Aus unserer Analyse ergibt sich ein Bild des Staates, das sich aus einem breiten Spektrum von Akteuren und Praktiken zusammensetzt, die einerseits substanzielle Macht über bestimmte Personen ausüben, die aber gleichzeitig von rechtlichen Unklarheiten und widersprüchlichen Aufgaben und Interessen geprägt sind. Malkki[24] erinnert uns daran, dass eine Art symbiotischer Beziehung zwischen den Konzepten der (erzwungenen) Migration, Geflüchteten und dem Staat besteht; verwenden wir das eine, laufen wir Gefahr, das andere zu konkretisieren und zu essenzialisieren. Wie Hoag[25] betont, müssen wir uns als Anthropolog*innen des Staates vor der Annahme hüten, es gäbe den einen konkreten und idealen Weg, auf dem Recht und Bürokratie zu »funktionieren« hätten. Das Ziel dieses Buches ist es daher nicht, praxisübliche Verfahren gegenüber geschriebenen Gesetzen und Vorschriften zu bewerten oder normative Urteile darüber zu fällen, was in der Ausführung staatlicher Kontrolle »richtig« oder »falsch« sei. Vielmehr untersuchen wir die verschiedenen Formen, in denen sich Recht manifestiert und auf den Alltag von Staatsangestellten, nichtstaatlichen Akteuren und die Zivilbevölkerung auswirkt.[26] Ein Fokus auf Migrationskontrollpraktiken und die große Vielfalt subnationaler und transnationaler gesellschaftlicher Akteure,

---

24 Malkki, Speechless Emissaries.
25 Hoag, Assembling Partial Perspectives.
26 Vgl. Silbey, After Legal Consciousness.

die in Kämpfe über die Bewegungsfreiheit von Migrant*innen involviert sind, bietet auch die Möglichkeit, zu untersuchen, wie selbst alltägliche Praktiken staatliche Effekte (re)produzieren.[27]

Der theoretische Rahmen des Buches stellt die Vorstellung von
einem »rationalen Staat« westlicher Prägung infrage. Wir beziehen unsere Inspiration aus der Rechts- und Politikanthropologie und der Soziologie, insbesondere aus der Arbeit von Philip Abrams[28], Veena
Das[29], Akhil Gupta[30], Timothy Mitchell[31], James C. Scott[32]. Auf diesen
konzeptuellen Grundlagen aufbauend begreifen wir informelle alltägliche Praktiken als produktives Element, welches staatliche Herrschaft
nicht nur untergraben, sondern sie vielmehr auch verstärken kann.
Diese theoretischen Ansätze stellen das Bürokratiemodell und den
Staat im Sinne Webers grundsätzlich infrage – auch wenn ironischer-
weise eine solche webersche Idealvorstellung vom Staat gerade im
Selbstverständnis von Bürokrat*innen weit verbreitet bleibt.[33] Dieses
Selbstverständnis beeinflusst die Praxis, auch wenn es häufig im Kontrast zu den Alltagserfahrungen der Staatsangestellten steht, die nicht
selten das Gegenteil des weberschen Ideals widerspiegeln. Im vorliegenden Buch beleuchten wir Vorstellungen, Praktiken und Bemühungen von Streetlevel-Bürokrat*innen, denn gerade durch ihre konkreten
Alltagstätigkeiten (Schreibarbeit, Zwangsausübung, Grenzkontrolle)
und die alltäglichen Kämpfe um Macht und Handlungsspielräume
(untereinander, mit anderen staatlichen und nichtstaatlichen Akteuren
sowie mit der Zivilbevölkerung) manifestiert sich der Staat in seiner
materiellen, abstrakten und ideellen Form.

Es geht uns nicht um einen Ländervergleich verschiedener Staatsapparate. Vielmehr sind wir bestrebt, Ähnlichkeiten und Gemeinsamkeiten in der Dynamik, den Auseinandersetzungen und Kämpfen um
Kontrolle und Ermöglichung von Mobilität herauszuarbeiten, die in

---

27 Drotbohm/Hasselberg, Deportation, Anxiety, Justice; Gill, New State-Theoretic
    Approaches to Asylum and Refugee Geographies; Mountz, Smoke and Mirrors.
28 Abrams, Notes on the Difficulty of Studying the State.
29 Das, The Signature of the State.
30 Gupta, Red Tape.
31 Mitchell, Society, Economy, and the State Effect.
32 Scott, Weapons of the Weak; ders., Domination and the Arts of Resistance.
33 Hoag, Assembling Partial Perspectives.

diesen unterschiedlichen nationalen Kontexten stattfinden. Dabei tragen wir den Unterschieden zwischen den untersuchten Ländern ebenso Rechnung wie denjenigen in den jeweiligen Behörden, organisatorischen Kontexten und konkreten Schauplätzen unserer Untersuchung. Wir müssen uns daher Klarheit über die Vergleichbarkeit der Daten verschaffen. Wie lassen sich so viele Handelnde vergleichen, die in zutiefst unterschiedlichen nationalen, regionalen, historischen und kulturellen Kontexten agieren? Ist die Situation nicht überall anders, ist die Rechtsgrundlage nicht überall eine andere? Die Untersuchung der Besonderheiten des jeweiligen organisatorischen, historischen, kulturellen und politischen Kontextes sowie der politischen Veränderungen auf nationaler, lokaler und internationaler Ebene ist zweifellos von bedeutendem analytischem Wert. Da ein konventioneller Vergleich in erster Linie Unterschiede zutage fördern würde, konzentrieren wir uns aber nicht allein auf nationale oder subnationale Unterschiede in den rechtlichen Rahmenbedingungen und Verfahren der Migrationskontrolle. Ebenso vergleichen wir nicht einfach nur Staaten oder Regionen mit geringer Zuwanderung (wie etwa Litauen und Lettland) mit Ländern, in denen Migrant*innen in größerer Zahl ankommen. Vielmehr konzentrieren wir uns auf das, was über diese unterschiedlichen Kontexte und Akteure hinweg konstant bleibt. So können wir signifikante Ähnlichkeiten in der Art und Weise ermitteln, wie verschiedene Akteure – von Vertreter*innen des Staates bis hin zu Migrant*innen und ihren Unterstützungsnetzwerken – unterschiedliche Praktiken, Vorstellungen und Herausforderungen im Zusammenhang mit einem abstrakten Migrationsrecht und dessen Interpretation erleben.

Anstatt intensiv einen oder wenige symbolische Fälle zu beleuchten, wollen wir anhand zahlreicher Beispiele Ähnlichkeiten im täglichen Ringen um die Implementierung von Recht im Bereich der Migration aufzeigen. Bei der Vielzahl von Akteuren und Orten fanden wir vor allem eines heraus: Beständig ist allein die Unbeständigkeit, oder auch: Durcheinander und Unvollkommenheit, wohin man schaut. Gemäß unseren Beobachtungen erfolgt die Implementierung von Migrationsrecht vielfach nur lückenhaft, und was dies angeht, regiert weitgehend der Pragmatismus.[34] Wir stießen auf erhebliche und konti-

---

34 Siehe Eule, The (Surprising?) Nonchalance of Migration Control Agents.

nuierliche Schwankungen bei der Anerkennung rechtlicher Grundlagen und deren Nutzung sowie bei den Akteur*innen, die mit der Überprüfung, Unterstützung oder Umsetzung der Bedingungen in der Migrationskontrolle befasst sind.[35] Wichtig ist auch die Feststellung, dass Migrant*innen trotz verstärkter staatlicher Kontrollbemühungen durchaus über Handlungsfähigkeit verfügen und die ihnen zur Verfügung stehenden rechtlichen Möglichkeiten zu ihren Gunsten zu nutzen versuchen. Unsere Untersuchung ermöglicht es uns, eine breite Palette von Momentaufnahmen und, wo immer möglich, Langzeitbeobachtungen darüber anzustellen, wie verschiedene Akteur*innen mit, durch und vor dem Gesetz interagieren. Auf diese Weise bilden wir möglichst umfassend ab, was wir in der Gesamtheit als Migrationskontrolle in Europa wahrnehmen.

Anhand des Konzepts des »Migrationsregimes« konnten wir unsere Untersuchung auf alle Akteure ausdehnen, die innerhalb asymmetrischer Aushandlungsräume involviert sind. Wir konzentrieren uns dabei auf das »situative« Handeln von migrantischen, staatlichen und nichtstaatlichen Akteur*innen. Wir fokussieren mithin weniger auf Aspekte, die uns helfen individuelle Migrationsrouten oder -biografien zu kontextualisieren. Auch gehen wir nicht vertieft auf die historischen, politischen, kulturellen und organisatorischen Besonderheiten des jeweiligen nationalen Kontextes ein, ohne dabei behaupten zu wollen, diese Unterschiede seien irrelevant. Unsere Arbeit versteht sich vielmehr als ergänzende Studie zu anthropologischen, soziologischen und rechtswissenschaftlichen Ansätzen, die derlei Nuancen und Variationen anhand eines Vergleichs diverser Standorte und Regionen aufzeigen. In unseren Beschreibungen geht es hingegen insbesondere um Berichte über Interaktionen und Auseinandersetzungen auf unterster Ebene, die in Räumen asymmetrischer Aushandlungen *vor* dem, *mit* dem und *gegen* das Gesetz stattfinden und die nach unserer Überzeugung letztlich das Migrationsregime in Europa entscheidend prägen und gestalten.

Recherchen zu Migrant*innen mit prekärem Rechtsstatus zeigen, dass diese oft zwischen verschiedenen rechtlichen Status wechseln.[36]

---

35   Gammeltoft-Hansen/Sørensen, The Migration Industry and the Commercialization of International Migration.
36   Ahrens, Suspended in Eurocrisis; Papadopoulou-Kourkoula, Transit Migration.

Wenn man den »fragmentierten Migrationsrouten«[37] folgt, wird deutlich, dass diese »Statusmobilität«[38] die Begegnung mit einer Vielzahl staatlicher und nichtstaatlicher Akteure impliziert. Geflüchtete, die sich unerlaubt in einem Land aufhalten, versuchen für Behörden unsichtbar zu bleiben und in einem »Raum der Nicht-Existenz«[39] zu leben; sie laufen ständig Gefahr, in eine Polizeikontrolle zu geraten, und müssen daher Wege finden, Begegnungen mit staatlichen, aber auch nichtstaatlichen Kontrollinstanzen zu vermeiden. Andere, die versuchen, ihren Rechtsstatus zu regularisieren oder Schutz zu erhalten, treten aus dieser Unsichtbarkeit heraus und begeben sich in rechtliche Verfahren. Sie werden zu »Asylbewerber*innen«, und während der oft langwierigen Asylverfahren interagieren sie mit Entscheidungsträger*innen, Sozialarbeiter*innen und Sicherheitspersonal in Asylunterkünften, mit Rechtsberater*innen und natürlich mit anderen Migrant*innen in ähnlicher Lage. Wird ihr Asylantrag abgelehnt, werden sie zu »abgelehnten Asylbewerber*innen« und stehen fortan in ständiger Gefahr, inhaftiert oder abgeschoben zu werden. Um eine Abschiebung zu vermeiden und nach alternativen Möglichkeiten zu suchen, sind viele unserer Gesprächspartner*innen in andere Länder des Schengen-Raums ausgewichen und unterliegen damit automatisch dem Dubliner Übereinkommen. Diese »Dubliner«[40] können ein weiteres Asylverfahren einleiten, werden aber oft in das für ihren Antrag zuständige Land zurückgeschickt (siehe Kapitel 2). Einige Personen haben eine befristete Aufenthaltserlaubnis, wieder andere haben eine Aufenthaltserlaubnis in einem Land erhalten, sind aber in ein anderes ausgereist, wo sie wieder in eine ungeregelte rechtliche Situation geraten.[41] So ähnelt ihre Migrationsbewegung oft einem zyklischen Muster, das diverse Standorte, Akteure und rechtliche Status einschließt. Diese Komplexität erfordert eine gemeinsame Betrachtung verschiedener Perspektiven, Standorte und Akteure.

----

37 Collyer, In-Between Places; siehe auch Wyss, Stuck in Mobility?; siehe auch Schapendonk/Steel, Following Migrant Trajectories.
38 Schuster, The Continuing Mobility of Migrants in Italy.
39 Coutin, Illegality, Borderlands, and the Space of Nonexistence.
40 Picozza, Dubliners.
41 Ahrens, Suspended in Eurocrisis; Borri/Fontanari, Lampedusa in Berlin.

Auf ihren »unterbrochenen Migrationsrouten«[42] treffen Menschen mit prekärem Rechtsstatus nicht nur auf Migrationsbehörden, sondern auch auf Grenzschützer*innen, Polizist*innen, Strafvollzugsangestellte, Mitarbeiter*innen im Abschiebegewahrsam und bei privaten Sicherheitsdiensten, Richter*innen, Rechtsberater*innen und eine Reihe ziviler Organisationen, die verschiedene Kontrollfunktionen ausüben oder Beratung und humanitäre Dienstleistungen anbieten. In diesem Zusammenhang gilt es zu untersuchen, wie diese Begegnungen die Auswirkungen von Migrationskontrolle beeinflussen, wie Akteur*innen in unmittelbarem Kontakt zu Migrant*innen ihre Entscheidungen treffen, wie Entscheidungen kommuniziert, (falsch) interpretiert und von Migrant*innen und Rechtsberater*innen angefochten werden, wie sich Rollen herauskristallisieren und ineinanderfließen und wie sie von den Beteiligten jeweils verstanden werden. Eine solche Analyse kann nach unserem Verständnis angesichts des internationalen Geltungsbereichs der Gesetze und Vorschriften, der Organisationen – und der Wege von Migrant*innen – nicht auf den nationalstaatlichen Kontext beschränkt bleiben.

Somit unterscheidet sich unser Buch von der bislang verfügbaren Literatur durch den gemeinsamen Forschungs- und Schreibprozess, seine ethnografische Breite, die relationale Sicht auf Migrationskontrolle, basierend auf rechtssoziologischen und -anthropologischen Perspektiven, sowie durch seine Betonung von Ähnlichkeiten angesichts rechtlicher und organisatorischer Unterschiede. Die einzelnen Kapitel spiegeln diese Vorgehensweise wider. Sie bringen diverse Aspekte der Fachliteratur zusammen (Kapitel 2), sie untersuchen die Rolle des Rechts bei der Entscheidungsfindung (Kapitel 3), sie beobachten die Folgen von Chaos und Formlosigkeit bei der Ausführung staatlicher Kontrolle (Kapitel 4), sie beschreiben die Kämpfe um Zeit und Beschleunigung (Kapitel 5) und sie werfen die Frage nach Verantwortung innerhalb des Migrationsregimes auf (Kapitel 6).

Der Rest dieses Kapitels dient hingegen der Klärung einiger Fragen, die von unseren Kolleg*innen wiederholt angesprochen wurden – man könnte den zweiten Teil dieses Kapitels auch mit der Überschrift »Antworten auf Fragen, die uns auf Konferenzen gestellt wurden« versehen. Zuerst kommen wir auf die vielfach gestellte Frage nach der Bedeutung

----
42   Wyss, Stuck in Mobility?

der »Flüchtlingskrise« zu sprechen. Zweitens wollen wir unseren methodischen Ansatz erläutern, einschließlich Fragen des Forschungszugangs und der wissenschaftlichen Ethik. Als Drittes werden wir kurze Erklärungen zu zentralen Begriffen liefern, die wir im Text durchgehend verwenden. Der vierte und letzte Abschnitt soll einen kurzen Überblick über den Rest des Buches geben.

Europas Migrationskontrolle im Zustand der Dauerkrise

Ab dem Sommer 2015 werden die deutschen Polizeibehörden gegenüber Migrant*innen, die das Land durchquerten, um andere Ziele zu erreichen und ihren Asylantrag zu stellen, zunehmend nachsichtiger. Als Tobias Staatsangestellte in einer norddeutschen Stadt beobachtet, die sowohl als Ziel als auch als Durchgangsstation für Asylbewerber*innen bekannt ist, hat die Polizei ihre Kontrollaktivitäten an Verkehrsknotenpunkten wie dem Hauptbahnhof schlicht und einfach eingestellt. Sie koordiniert sogar Bemühungen, Flüchtende auf Fähren nach Schweden und Norwegen zu bringen, arrangiert provisorische Unterkünfte und vermeidet zugleich eine Registrierung der Geflüchteten in Deutschland. Nach Informationen der Lokalpresse schätzt die Landesverwaltung, dass insgesamt rund 60 000 Asylbewerber*innen, mutmaßlich ohne legalen Aufenthalt in Deutschland, mit freundlicher Unterstützung durch die Polizei auf Fähren nach Schweden gebracht wurden – immerhin fast 40 % aller Asylbewerber*innen, die 2015 nach Schweden kamen (Feldnotiz, Deutschland 2015).

Im Dezember 2015 befragen Lisa und Annika schwedische Grenzpolizist*innen in einer Stadt, die eine direkte Bahnverbindung nach Dänemark und eine Fährverbindung zu der deutschen Stadt hat, in der Tobias seine Feldforschung betrieb. Für viele Asylbewerber*innen war die Stadt damit zu einer wichtigen Anlaufstelle in Richtung Schweden geworden. Im Herbst 2015 hatte die Polizei zusammen mit dem schwedischen Migrationsamt, *Refugees Welcome*, dem Roten Kreuz und diversen anderen NGOs bei der Registrierung (oder bewussten Vermeidung der Registrierung) von Asylbewerber*innen geholfen und weitgehend die gleichen Aufgaben wie die genannten Organisationen wahrgenommen, wenngleich ihre offiziellen Aufgaben und Ziele eigentlich ganz andere waren. Eine Polizistin meint:

»Damals (im Spätsommer 2015) gab es eine Entscheidung auf Bundesebene, nachsichtig mit den Ankommenden umzugehen, auch wenn ihnen Ausweispapiere oder Aufenthaltsgründe fehlten – wir ließen sie sogar ihre Reise fortsetzen, wenn sie denn weiterreisen wollten. Im September gab es eine Art Zwischensituation: Wir erhielten klare Anweisungen von oben, als Bindeglied zwischen den Flüchtenden und der schwedischen Migrationsbehörde zu fungieren sowie zwischen Behörden und den damals sehr aktiven NGOs zu vermitteln. Und das haben wir dann auch getan: Wir waren am Hauptbahnhof, halfen Flüchtenden bei allen möglichen Dingen, brachten sie hierhin und dorthin, verteilten Sandwiches – und verzichteten auf Kontrollen. Dann kam im November 2015 die Entscheidung, die Grenze zu schließen und die Kontrollen wieder aufzunehmen« (Feldnotiz, Schweden 2015).

Im April 2016 hörten wir, wie ein dänischer Polizist in Kopenhagen über die gleichen Ereignisse vom vergangenen Sommer dachte. »Dänemark ist von jeher ein Transitland für Migrant*innen, die nach Schweden wollen. Das ist schon seit Langem bekannt. Aber wir dürfen keine Kontrollen an der dänischen Grenze durchführen, weil wir zum Schengen-Raum gehören. Es gab verschiedene Vorschläge, wie man mit dem Problem umgehen könnte, aber wir dürfen keine systematischen Grenzkontrollen durchführen. Wir können es nicht allen recht machen … Entweder wir verstoßen gegen die Schengen-Regeln, oder wir werden ein Transitland nach Schweden« (Interview, Dänemark 2016).

Unsere Untersuchungen fielen in eine Zeit, die als »Krise« der europäischen Migrationskontrolle betrachtet wird. Es existiert eine florierende »Krisenliteratur«, die – und das ist besonders wichtig – die menschlichen Tragödien ebenso beleuchtet wie die Produktivität dieser ausgerufenen Krise für Regierungen und diverse Interessengruppen.[43] Das

---

43   Andersson, Europe's Failed ›Fight‹ against Irregular Migration; Colombo, The Representation of the ›European Refugee Crisis‹ in Italy; De Genova/Tazzioli,

vorliegende Buch fokussiert nicht auf die proklamierte Krise, zeichnet aber die dieser Situation zugrunde liegende Dynamik und die systemischen Unregelmäßigkeiten der europäischen Migrationskontrolle nach, welche diesem »Ereignis« weit vorausgehen, sich aber mit dem Anstieg der Ankunftszahlen noch verstärkt haben. Auch wenn viele unserer Gesprächspartner*innen bei Behörden und NGOs den »Sommer der Migration«[44] als Krise bezeichneten, war ihnen durchaus klar, dass Ausnahmesituationen für sie eigentlich eher der Normalfall sind. Die oben zitierten Fälle aus der Praxis und Aussagen von Polizist*innen in Deutschland, Dänemark und Schweden lassen auf eine Reihe verschiedener Gründe für den wahrgenommenen »Kontrollverlust« schließen: plötzliche Nachsicht überlasteter deutscher Polizist*innen, drastische Änderungen der politischen Vorgaben zur Aufnahme von Asylbewerber*innen angesichts der außerordentlichen Zahl der Neuankömmlinge in Schweden und die Kompromisse, die sich aus Widersprüchen zwischen dem europäischen Rechtsrahmen und der Alltagsrealität ergeben, wie das Zitat des dänischen Polizisten zeigt. Keines der obigen Beispiele erzählt jedoch etwas radikal »Neues« über das alltägliche Gelingen oder Scheitern der Migrationskontrolle als solcher. Die deutsche Polizei ist gegenüber Transitmigrant*innen seit jeher nachsichtig – wie sonst hätten es Asylsuchende überhaupt jemals nach Schweden oder Dänemark schaffen können? Ebenso stellt praktisches Handeln oft einen Kompromiss zwischen Rechtsgrundsätzen und dem »wirklichen Leben« dar, und legislative Änderungen des Migrationsrechts sind nicht selten drastische und plötzliche Reaktionen auf politische Entwicklungen. Ja, die Dinge stellten sich anders dar als früher – aber war das wirklich alles völliges Neuland?

Eine ähnliche Frage warf ein schwedischer Grenzpolizist auf, den wir im Dezember 2015 befragten. Er erinnerte sich an einen gemeinsamen internationalen Lehrgang, an dem Polizeivertreter*innen aus allen Schengen-Mitgliedstaaten teilgenommen hatten und bei dem die Krise in aller Munde war. Dieses Treffen relativierte allerdings auch für

----

Europe/Crisis; Holmes/Castañeda, Representing the ›European Refugee Crisis‹ in Germany and beyond.
44   Buckel, Welcome Management.

den schwedischen Polizisten die Wahrnehmung dessen, was tatsächlich eine Ausnahmesituation darstellte:

Die Deutschen drehten damals völlig durch in Sachen Migration. Sie sagten, es gäbe Tausende und Abertausende, die hierherkommen, da wandte sich eine Italienerin um und meinte bloß: »Was zum Teufel ist eigentlich dein Problem? Bei uns läuft das seit 15 Jahren so, und jetzt seid ihr eben an der Reihe.« Dann drehte sie ihnen wieder den Rücken zu. Sie meinte einfach: »Was soll das Ganze, hör gefälligst auf zu jammern!« Und da wurde uns klar, wenn bei uns seit September jeden Tag zwischen 200 und 900 Menschen am Hauptbahnhof ankamen, dann hatte Italien in den letzten 15 Jahren Tag für Tag vielleicht 1000 Neuankömmlinge gehabt (Interview, Schweden 2015).

Die »Flüchtlingskrise« muss daher im Kontext jedes*r einzelne*n Akteurs*in und jeder konkreten Situation begriffen werden. Es erscheint uns wichtig, einerseits die Krisenerfahrungen unserer Gesprächspartner*innen ernst zu nehmen, aber auch die diesen Erfahrungen zugrunde liegenden Strukturen zu hinterfragen. Ein weiteres Beispiel stammt aus unserer Feldforschung in Deutschland. Dort hatten bis Ende 2015 rund die Hälfte der 30 Mitarbeiter*innen einer untersuchten Ausländerbehörde um Versetzung gebeten, gekündigt oder Vorruhestand beantragt, was sie mit den schlechten Arbeitsbedingungen und dem Chaos, das sich in diesem Sommer und Herbst abspielte, begründeten. Die Behörde selbst befand sich, jedenfalls aus Sicht der dort tätigen Mitarbeiter*innen, zweifellos in der Krise. Aber dieses Chaos, mehr als 600 Kilometer nördlich der Südgrenze Deutschlands, hatte weder mit den politischen, europäischen oder humanitären Krisen zu tun, die 2015 zusammenkamen, noch war es allein durch die große Zahl der Asylbewerber*innen zu erklären, die in diesem Jahr nach Europa kamen. Ihre Krise (und wohl auch die vieler anderer Behörden in ganz Europa) war eine Frage der Logistik: eine Vervielfachung effektiv unnötiger Aufgaben und lange liegen gebliebene Antworten auf vorhersehbare Entwicklungen wie Wohnungsnot sowie ein bürokratischer Rückstau. Alle diese Probleme gab es auch schon vor 2015, und in den meisten Fällen hatten Angestellte erfolglos versucht, sie zu beheben. Ganz entscheidend ist festzuhalten: Sobald die logistischen Probleme einmal erkannt und geeignete Lösungen gefunden waren, lösten sich viele Krisensituationen vor Ort praktisch in nichts auf. Dies galt selbst für eine notorisch chaotische Verwaltung wie die im Stadtstaat Berlin, wo sich die langen Warteschlangen und spontanen Lager vor dem Landesamt für Gesundheit und Soziales auflösten, sobald man beschlossen hatte, alle für das Registrierungsverfahren relevanten Stellen in einem Gebäude zusammenzulegen, sodass einzelne Asylbewerber*innen innerhalb eines Tages das gesamte Registrierungssystem durchlaufen konnten (Interviews 2016–2018). Fraglos stellt die große Zahl der Asylbewerber*innen eine Belastung für die Kapazität der Behörden dar, und wir wollen die Erfahrungen unserer Gesprächspartner*innen mit solchen Belastungen keineswegs herunterspielen. Ebenso wenig geht es darum, die repressiven Maßnahmen kleinzureden, denen Asylbewerber*innen ausgesetzt waren, nachdem die europäischen Regierungen erklärt hatten, mit Grenzschließungen und einer verstärkten Abwehrhaltung gegenüber den als unerwünscht erachteten Migrant*innen reagieren zu müssen. Zugleich können wir die sogenannte Krise aber als analytische Lupe nutzen, die bereits bestehende Phänomene der Migrationskontrolle akzentuiert aufzeigt. So wurde es durch die große Anzahl an Geflüchteten beispielsweise im Sommer 2015 augenfällig, dass deutsche Grenzschützer*innen mit Nachsicht handeln und nicht alle Asylbewerber*innen kontrollieren, die sich auf dem Weg nach Dänemark oder Schweden befinden. Ebenfalls wurde in einigen nordeuropäischen Staaten erkannt, dass nach den Unruhen in Nordafrika und im Nahen Osten in der Zeit nach 2011 viele der von dort vertriebenen Menschen vielleicht einfach nur mit Verzögerung in Europa eintrafen. Und nicht zuletzt haben viele Wissenschaftler*innen, uns selbst eingeschlossen[45], auf Ineffizienzen sowie das hohe Maß an kontinuierlichen »radikalen« Reformprojekten innerhalb der Streetlevel-Bürokratie hingewiesen.

Methodologie

Eine Analyse des Migrationsregimes lässt sich nicht auf das Gegenüberstellen der staatlichen und der migrantischen Perspektive reduzieren. Vielmehr muss ein breiteres Spektrum von Akteur*innen und deren

---

45   Eule, Inside Immigration Law.

unterschiedliche Positionen im Machtgefüge berücksichtigt werden, wodurch die Untersuchung notwendigerweise verschiedene horizontale und vertikale Ebenen einbezieht.[46] Sowohl das Gesetz als auch das Zusammenspiel und die Interessen verschiedener Akteure sind entscheidende Faktoren, will man verstehen, wie bestimmte Formen der Mobilität kategorisiert und reguliert werden – d.h., welche Gruppen von Migrant*innen Thema politischer Debatten und Zielgruppe von Grenzkontrollpraktiken werden.[47] Wir sind uns mit kritischen Forscher*innen dahin gehend einig, dass die Untersuchung des Migrationsregimes ethnografische Feldforschung vor Ort erfordert, um so konkrete Aushandlungen über die Regulierung von Mobilität untersuchen zu können.[48] Wir nähern uns dem Migrationsregime in unseren individuellen Forschungsprojekten aus verschiedenen Perspektiven – manche beschäftigen sich mehr mit dem Staat, andere mit individuellen Migrant*innen. Diese unterschiedlichen Perspektiven ergänzen und hinterfragen sich gegenseitig (bei Brubaker u.a.[49] kommt eine ähnliche Herangehensweise zum Tragen). Ethnografische Projekte, die in enger Zusammenarbeit entstehen und mehrere Orte umfassen, sind nach wie vor selten, aber aus unserer Sicht am besten geeignet, um das Migrationsregime in seiner ganzen Komplexität zu untersuchen.

Unsere analytische Sichtweise auf das Migrationsregime erfordert somit einen lokal fokussierten und zugleich mehrere Standorte erfassenden methodischen Ansatz.[50] Um uns nicht dem Vorwurf des methodologischen Nationalismus auszusetzen[51], legten wir Wert darauf, unsere Analyse nicht auf die Ebene nationaler Gesetze und Politik zu verkürzen: Wir wollten die lokale ebenso wie die internationale Dynamik erfassen.

----

46   Nader, Up the Anthropologist; Wedel/Feldman, Why an Anthropology of Public Policy?
47   Pott u.a., Was ist ein Migrationsregime?
48   Hess, De-naturalising Transit Migration; Horvath u.a., Re-thinking the Politics of Migration; Papadopoulos/Tsianos, After Citizenship.
49   Brubaker u.a., Nationalist Politics and Everyday Ethnicity in a Transylvanian Town.
50   Falzon, Multi-sited Ethnography; Fitzgerald, Towards a Theoretical Ethnography of Migration; Hannerz, Being There … and There … and There!; Marcus, Ethnography in/of the World System.
51   Vgl. Wimmer/Glick Schiller, Methodological Nationalism and Beyond.

Dies ist gerade angesichts des zunehmend transnationalen Charakters des Migrationsregimes sehr wichtig.[52] Im Gegensatz zu Feldman, der eine »nicht-lokale Ethnografie« durchgeführt hat, um die zunehmend indirekte und vermittelte Natur der Migrationskontrolle zu erfassen, tendieren wir dazu – vergleichbar mit Tsianos und Karakayali[53] –, konkrete Grenzbewegungen vor Ort ins Auge zu fassen, die uns in die Lage versetzen, die Funktionsweise des Migrationsregimes zu erfassen. Wenngleich nicht streng »multi-situ« im Sinne einer Analyse derselben Netzwerke und Gemeinschaften über verschiedene Orte hinweg, erweitern wir die ursprüngliche Definition der multi-situierten Ethnografie von Marcus[54], um vergleichbare Prozesse und staatliche Praktiken innerhalb verschiedener nationaler Migrationsregime zu beleuchten.

Die Auswahl unserer Standorte und Gesprächspartner*innen folgte dem Ziel, ein möglichst breites Spektrum von Akteur*innen und ihrer jeweiligen Diskurse, Praktiken und Perspektiven abzudecken. Unser empirisches Material wurde aus teilnehmenden Beobachtungen und teilstrukturierten sowie narrativen und informellen Interviews mit verschiedenen Akteur*innen gewonnen. Wir konnten unsere Gesprächspartner*innen teilweise über längere Zeit beobachten und bis zu einem gewissen Grad auch an ihrem täglichen Leben teilhaben. So konnten wir ein Verständnis für ihren Alltag, ihre gelebten Erfahrungen, Ideen, Werte und Konflikte erlangen.[55] Die Analyse von Vorschriften und Gesetzen, offiziellen Dokumenten und informellen behördlichen Richtlinien diente dazu, die Berichte der Gesprächspartner*innen zu überprüfen und zu kontextualisieren. Unsere multiperspektivische Forschungskonzeption bot einen ebenso tiefen wie breiten Einblick in das Feld umkämpfter Migrationskontrolle und ermöglichte es uns, deren Komplexität zu erfassen.[56]

----

52 Feldman, If Ethnography Is More than Participant-Observation, Then Relations Are More than Connections.
53 Tsianos/Karakayali, Transnational Migration and the Emergence of the European Border Regime.
54 Marcus, Ethnography in/of the World System.
55 Jiménez, The Anthropology of Organisations; Neyland, Organizational Ethnography; Ybema u.a., Organizational Ethnography.
56 Achermann, Multi-perspective Research on Foreigners in Prisoners in Switzerland, S. 57.

Die Idee, die Praxis der Migrationskontrolle in den verschiedenen nationalen, geografischen und organisatorischen Kontexten auf Ähnlichkeiten zu untersuchen, entstand durch wiederholte Diskussionen über unsere gemeinsame Arbeit sowie durch die individuellen Forschungsprojekte. Schon in einem frühen Stadium der Untersuchung haben wir Feldnotizen, Interviewauszüge und Ergebnisse untereinander ausgetauscht. Auf der Suche nach Gemeinsamkeiten zwischen unseren recht unterschiedlichen Einzelbereichen identifizierten wir gemeinsame Themen an verschiedenen Orten und zwischen verschiedenen Akteur*innen, die dann dazu dienten, unsere Einzeldaten genauer zu analysieren, bevor wir uns wieder trafen und unsere bisherige Analyse überarbeiten konnten. So haben wir in monatlichen Gesprächssitzungen und im Rahmen von fünf Arbeitstagungen die Gelegenheit genutzt, unsere jeweiligen Methoden, Daten und Analysen intensiv zu diskutieren und zu reflektieren.

Indem wir eine konventionelle ethnografische Arbeitsteilung überwanden,[57] gelang es uns, selten miteinander kombinierte Perspektiven zu nutzen. Unsere empirische Herangehensweise, die mehrere Standorte und Blickwinkel involvierte, erlaubte es uns, unterschiedliche Akteure bei der Bewältigung immer komplexer werdender Rechtssysteme zu beobachten. So konnten wir einzigartige Einblicke in staatliche Institutionen wie Asyl- und Haftzentren, Abschiebegewahrsame, Einwanderungsbehörden und Einrichtungen der Grenzpolizei, aber auch humanitäre Institutionen gewinnen.

Obwohl sie nicht alle aneinandergrenzen, sind alle von uns untersuchten Staaten Teil des Schengen-Raums, dessen innere Dynamik wir so untersuchen können. Ein Großteil der aktuellen Literatur über das europäische Grenzregime befasst sich vorwiegend mit der Kontrolle der europäischen Außengrenzen.[58] Unser Buch nimmt dagegen die alltägliche praktische Umsetzung von Grenz- und Migrationskontrolle innerhalb des Schengen-Raums unter die Lupe. Wir haben unsere Forschung zwar auch in Ländern mit Schengen-Außengrenzen (Italien,

----

57   Siehe Brubaker u.a., Nationalist Politics and Everyday Ethnicity in a Transylvanian Town.
58   Z.B. Andersson, Illegality, Inc.; Infantino, Outsourcing Border Control; Klepp, Europa zwischen Grenzkontrolle und Flüchtlingsschutz.

Lettland und Litauen) durchgeführt, uns dabei jedoch vor allem mit deren Binnengrenzen befasst. Diese Vorgehensweise war nicht nur nützlich, sie ist auch notwendig, um die interaktive Dynamik und Vielfalt der europäischen Kontrollpraktiken angemessen zu erfassen und ein inhärent transnationales und vielschichtiges Migrationsregime zu analysieren. Im Folgenden wollen wir die untersuchten Länder kurz charakterisieren. An den Besonderheiten des Kontextes interessierte Leser*innen seien auf die jeweils zitierte Literatur – von Fall zu Fall auch auf unsere eigenen angegebenen Texte – verwiesen.

Dänemark ist seit Langem bekannt für seine restriktive Migrations- und Asylpolitik, die in den letzten Jahren noch repressiver geworden ist. Die Regierung reagierte auf die als Krise wahrgenommenen Entwicklungen des Jahres 2015 mit einer Vielzahl an gesetzlichen Verschärfungen und praktischen Einschränkungen: Asylbewerber*innen wurden in Militärzeltlagern untergebracht, Möglichkeiten der Familienzusammenführung wurden verzögert und massiv eingeschränkt, man legalisierte das Durchsuchen von Asylbewerber*innen und ihrer Habe, um ggf. Wertgegenstände zu beschlagnahmen (das berüchtigte »Schmuckgesetz«), und öffnete sogar alte Militärlager und Gefängnisse wieder, um abgelehnte Asylbewerber*innen unterzubringen und ihnen das Leben nach Möglichkeit so »unerträglich« zu machen, dass sie Dänemark »freiwillig« verlassen würden.[59] Die inoffizielle Rolle Dänemarks als Transitland für Asylbewerber*innen auf dem Weg in die benachbarte »humanitäre Großmacht« Schweden ist, wie das obige Zitat eines dänischen Polizisten belegt, bestens bekannt.

Diese Dynamik hat sich jedoch mit der jüngsten Grenzschließung *Schwedens* und der dortigen Kehrtwende in der Asylpolitik geändert – im Hinblick auf Migration gehört Schweden heute zu den restriktivsten Ländern Europas.[60] Auf der Basis des »befristeten« Asylgesetzes werden nur noch kurzfristige anstatt dauerhafter Aufenthaltsgenehmigungen ausgestellt; die Möglichkeit, Aufenthaltsgenehmigungen aus humanitären Gründen und zum Schutz der Rechte von Kindern zu erlangen,

----

59 Clante-Bendixen, En barndom i ingenmandsland; Suarez-Krabbe u.a., Stop Killing Us Slowly.
60 Lemberg-Pedersen, European Deterrence Politics and the End of Humanitarianism; Parusel, Sweden's U-Turn on Asylum.

besteht nicht mehr; die Familienzusammenführung wurde für die meisten Geflüchteten im Wesentlichen unmöglich gemacht, und die sozialen Ansprüche abgelehnter Asylbewerber*innen wurden gestrichen.[61] Bei sinkender Zahl neuer Asylbewerber*innen hat die Regierung ihre Absicht kundgetan, ihren Migrationskontrollapparat neu auszurichten und verstärkt auf »Rückkehr« zu setzen. Dazu soll die Migrationshaft ausgeweitet und Abschiebungen sollen beschleunigt werden. Diese restriktive Wende findet zwar breite Unterstützung unter den Parteien des gesamten politischen Spektrums, allerdings wird das neue System von Aktivist*innen an der Basis und nicht zuletzt von den Asylbewerber*innen selbst massiv kritisiert.[62]

Durch seine zentrale geografische Lage, weit entfernt von den umkämpften Außengrenzen des Schengen-Raums im Osten und Süden, profitiert *Deutschland* in besonderem Maße von einer verstärkten europäischen Zusammenarbeit, insbesondere der Dublin-III-Verordnung, die es den Behörden des Landes ermöglicht, Asylbewerber*innen in das jeweils erste Land der Einreise nach Europa zurückzuschicken (siehe Kapitel 3). Das föderale System Deutschlands, das seinen Status als Einwanderungsland, wie man weiß, nur ungern akzeptiert, erlaubt erhebliche Unterschiede in der Offenheit und Integration auf staatlicher und kommunaler Ebene.[63] Dennoch, und trotz mehr als einem Jahrzehnt Mitte-rechts-Regierung, stellt sich die Migrationspolitik in Deutschland im neuen Jahrtausend eher liberal dar.[64] Infolgedessen wurden Geflüchtete, die im »Sommer der Migration« 2015 ankamen, zunächst mit vergleichsweise offenen Armen aufgenommen. Die Entscheidung von Bundeskanzlerin Merkel, die Grenzen für Asylbewerber*innen trotz der höchsten Asylbewerber*innenzahlen seit Anfang der 1990er Jahre offen zu halten, ist Beleg dafür. Inzwischen hat sich die Situation geändert, und die Bundesregierung hat versucht, sowohl das Recht auf Familienzusammenführung einzuschränken als auch Abschiebungen zu beschleunigen. Diese Einschränkungen waren

61   Lundberg, Uppehållstillstånd på grund av praktiska verkställighetshinder och preskription.
62   Khosravi, Why Deportation to Afghanistan Is Wrong.
63   Gesemann u. a., Stand der kommunalen Integrationspolitik in Deutschland.
64   Joppke/Eule, Civic Integration in Europe.

jedoch im Vergleich zu den drastischen Reaktionen in anderen europäischen Staaten recht moderat, und bei einer weiterhin boomenden Wirtschaft sind die Aufnahmebedingungen immer noch liberaler als zu Zeiten der letzten »Migrationskrise« Anfang der 1990er Jahre.

Die *Schweiz* befindet sich in der einzigartigen Position, von Mitgliedsstaaten der Europäischen Union umgeben und dennoch nur ein bilateraler Partner der EU zu sein. Die ausgezeichnete wirtschaftliche Lage hat zur Folge, dass die Schweiz von der globalen Finanzkrise nicht ganz so hart getroffen wurde und für viele Migrant*innen nach wie vor ein attraktives Ziel ist.[65] Mit ihren rigiden sozialstaatlichen Regelungen, 20 Jahren erfolgreicher Kampagnen gegen Einwanderung durch die populistische Schweizerische Volkspartei und die restriktiven Asyl-, Haft- und Abschiebeverfahren positioniert sich die Schweiz jedoch eher als Transitland denn als bedeutendes Zielland.[66] Ähnlich wie in den Bundesländern in Deutschland existieren auch in der Schweiz erhebliche Unterschiede in der Migrationspolitik der einzelnen Kantone.[67]

Italien unterscheidet sich in mehreren Aspekten erheblich von seinen nördlichen Nachbarländern. Das Land verfügt über eine Schengen-Außengrenze und dient somit als Brücke für Asylbewerber*innen aus Afrika und dem Nahen Osten in andere europäische Länder.[68] Damit ist Italien gemäß dem Dubliner Übereinkommen für einen großen Teil der Asylanträge zuständig und ermöglicht es anderen Schengen-Ländern, Asylbewerber*innen nach Italien zurückzuschicken, falls die Fingerabdrücke der betreffenden Personen bereits in Italien registriert wurden. Italien spielt daher eine entscheidende Rolle auf dem Weg vieler Geflüchteter und damit auch bei dem Versuch Europas, deren Bewegungen zu steuern. Dies zeigte sich insbesondere in der »Hotspots-Regelung«, die zur Bewältigung der hohen Ankunftszahlen eingeführt wurde,[69] sowie in der jüngsten Kriminalisierung der Seenotrettung.[70]

----

65 D'Amato, Switzerland.
66 Manatschal, Switzerland – Really Europe's Heart of Darkness?
67 Borrelli, Leben in der Grauzone; D'Amato/Suter, Monitoring Immigrant Integration in Switzerland: Eule/Borrelli, Teilnehmende Beobachtung in der Verwaltung.
68 Fasani, The Quest for La Dolce Vita?
69 Tazzioli, Containment through Mobility.
70 Ghezelbash u.a., Securitization of Search and Rescue at Sea.

Darüber hinaus unterscheidet sich Italien von anderen EU-Mitglied-
staaten durch seine immer wiederkehrenden Regularisierungsverfahren trotz begrenzter Großzügigkeit bei der Aufnahme von Geflüchteten
und seine starke Nachfrage nach undokumentierten Arbeitnehmer*innen.[71] Doch die populistische Regierung, die seit 2018 im Amt ist, hat
versprochen, bei der Einwanderung eine harte Linie zu verfolgen und
so viele »illegale« Migrant*innen wie möglich auszuweisen.

Seit der Jahrtausendwende pflegt *Österreich* einen zunehmend restriktiven Umgang mit dem Thema Asylpolitik.[72] Wie in vielen anderen
europäischen Ländern dreht sich die öffentliche Diskussion der letzten
Jahre vielfach um »Scheinflüchtlinge«. So gibt es Forderungen, Österreich für Asylbewerber*innen unattraktiver zu machen und mehr Abschiebungen durchzuführen.[73] Aus der geografischen Lage Österreichs
ergibt sich seine entscheidende Rolle als Transitland für Fluchtbewe-
gungen aus dem Nahen Osten nach Westeuropa.[74] Das Land spielte im
Jahr 2015 eine Schlüsselrolle, als Hunderttausende Geflüchtete die Au-
ßen- und Binnengrenzen des Schengen-Raums überquerten. Diesen
Wanderungsbewegungen folgte eine große Welle der Solidarität in Österreich, als viele Freiwillige die Flüchtenden aktiv unterstützten. Diese
Offenheit hielt jedoch nicht lange an – stattdessen gab es Forderungen
nach einer restriktiven Migrationskontrolle und eine zunehmende
Priorisierung von Sicherheitsfragen im Hinblick auf politische Strategien gegenüber Geflüchteten.[75] Österreich hat sich zudem für Grenzschließungen innerhalb Europas starkgemacht, und die Einführung
einer jährlichen Obergrenze für Asylanträge hat die europäische Diskussion zu diesem Thema stark beeinflusst.

Mit dem Beitritt zum Schengen-Raum wurden *Lettland* und *Litauen*
zu neuen östlichen »Türhütern« Europas. Nach dem Zusammenbruch
der Sowjetunion erlebten diese Länder zum ersten Mal, dass Migran-
t*innen illegal einreisen oder sich im Land aufhielten; die meisten von

71 Fasani, The Quest for La Dolce Vita?
72 Merhaut/Stern, Asylum Policies and Protests in Austria.
73 Rosenberger, Political Protest in Asylum and Deportation; Scheibelhofer, It
    Won't Work without Ugly Pictures.
74 Ataç, Die diskursive Konstruktion von Flüchtlingen und Asylpolitik in Öster-
    reich seit 2000; Gruber, Refugees (No Longer) Welcome.
75 Scheibelhofer, It Won't Work without Ugly Pictures.

ihnen waren allerdings bestrebt, in andere europäische Länder weiter-
zuziehen.[76] Beide Länder haben eine Schengen-Außengrenze, wodurch
ihre geopolitischen Grenzen zu Russland immer stärker im sicherheits-
politischen Fokus stehen.[77] Ihrer Handhabung der Binnengrenzen
wird hingegen relativ wenig politische Aufmerksamkeit geschenkt;
asylpolitisch existieren rechtliche Rahmenbedingungen, allerdings
zählen die beiden Staaten weiterhin zu den unbeliebtesten Zielländern
im Schengen-Raum. Dies hat dazu geführt, dass ihnen von den westeuropäischen Nachbarn vorgeworfen wird, sie seien »unethisch« und
»unsolidarisch«.[78]

Wir waren bestrebt, in jedem Land möglichst viele Akteur*innen
einzubeziehen, die in die Implementierung von Migrationskontrolle
bzw. deren Anfechtung involviert sind. Allerdings verhinderten Zu-
gangsbeschränkungen, Sprachbarrieren, organisatorische Unterschiede
und die Logistik unserer jeweiligen Forschungsprojekte, dass wir in allen acht Staaten die gleichen Akteur*innen untersuchen konnten. Entsprechend unterschieden sich die Aufenthaltsdauer an den verschiedenen Orten, was wiederum Einfluss auf die Art und Qualität unserer
Daten in den einzelnen Staaten hatte. Dies hat zudem dazu geführt,
dass einige Länder (Deutschland, Schweiz, Dänemark und Schweden)
und Behörden (Ausländerbehörden, Grenzschutz und Abschiebegewahrsam) in unseren empirischen Daten überrepräsentiert sind. Der
Anhang enthält eine detaillierte Tabelle mit Informationen zu unserem
ethnografisch gesammelten Material, einschließlich Zeitraum und Art
der erfassten Daten und angewandten Methoden, der Dauer von Feldforschung sowie der Art der untersuchten Organisationen.

Neben teilnehmender Beobachtung und Interviews in oben erwähnten Behörden und Institutionen haben wir 25 narrative Interviews mit Migrant*innen mit prekärem Rechtsstatus aus verschiedenen Herkunftsländern durchgeführt. Den demografischen Daten von
Asylbewerber*innen entsprechend war die große Mehrheit dieser Ge-

---

76 EMN, Lithuania: Migration Trends.
77 Brown, We Are Not Only Guarding Latvia's Border but All of Europe.
78 Dzenovska, Eastern Europe, the Moral Subject of the Migration / Refugee Crisis, and Political Futures.

sprächspartner*innen männlich.[79] Nach einem ersten Gespräch gelang es uns, mit vielen Personen via Internet, per Telefon oder in persönlichen Begegnungen in Kontakt zu bleiben. Mit neun von ihnen konnten wir uns etwa ein Jahr nach der ersten Begegnung zu einem zweiten Gespräch treffen. Die meisten der interviewten Personen mit prekärem Rechtsstatus stammten aus Ländern mit sehr niedrigen Anerkennungsraten in Bezug auf internationalen Schutz in Europa. Während alle irgendwann während ihres Aufenthalts in Europa einen Asylantrag gestellt hatten, unterschieden sich die interviewten Personen stark bezüglich der Dauer ihres Aufenthalts in Europa, der rechtlichen Verfahren, in die sie eingebunden waren, sowie hinsichtlich der Länder, in welchen sie sich in Europa aufgehalten hatten. Einige von ihnen hatten mehrere Jahre in Europa ohne Aufenthaltspapiere gelebt und gearbeitet, andere hatten in mehreren Ländern erfolglos Asyl beantragt, wieder andere hatten in einem – meist südeuropäischen – Land eine vorläufige Aufenthaltsbewilligung erhalten und waren dann in ein anderes Land weitergezogen, um dort Arbeit zu finden. Der langfristige Kontakt mit den Gesprächspartner*innen ermöglichte uns nicht nur den Aufbau vertrauensvoller Beziehungen, sondern machte auch die sich ändernden Lebensbedingungen, die transnationalen Praktiken zur Umgehung von Migrationskontrolle und die permanente Unsicherheit, welche Personen mit prekärem Rechtsstatus ausgesetzt sind, sichtbar.[80]

Neben Feldforschung und teilnehmender Beobachtung haben wir Interviews mit im Migrationsbereich tätigen Fachleuten und Interessengruppen durchgeführt, zum Teil etwa wenn wir auf Probleme gestoßen sind, in bestimmten Behörden überhaupt Feldforschung betreiben zu können, oder in denen wir nur ergänzende Informationen benötigten (die vollständige Liste befindet sich im Anhang). Diese Interviews gaben uns die Möglichkeit, Beobachtungen aus der Feldforschung zu vergleichen und zu diskutieren und die Vernetzung (wie auch bis zu einem gewissen Grad die Integration) der verschiedenen Akteur*innen im Bereich der Migrationskontrolle zu analysieren.

---

79   Vgl. Wyss, Illegalisation, Masculinity and Intimacy.
80   Siehe auch Wyss, Stuck in Mobility?

Zugang zum Forschungsfeld

Während unserer Forschung waren wir darauf angewiesen, vertrauensvolle Beziehungen mit unseren Forschungsteilnehmenden aufzubauen. Weil konkrete Migrationskontrollpraktiken im Bereich der sogenannten irregulären Migration größtenteils vor der Öffentlichkeit verborgen bleiben,[81] darf man aus Fragebögen oder Umfragen zu diesem Thema kaum mehr als offizielle und tendenziell oberflächliche Aussagen erwarten.[82] Im Gegensatz dazu ermöglicht ein qualitativer Forschungsansatz, der auf direkter persönlicher Interaktion mit Akteur*innen basiert, eine sensible und vertiefte Analyse der komplexen und teilweise widersprüchlichen Praktiken und Vorstellungen derjenigen Akteur*innen, die in die Formierung des Migrationsregimes involviert sind.

Der Zugang zu unseren jeweiligen Forschungsfeldern hat sich zuweilen aber als sehr herausfordernd dargestellt.[83] So haben mitunter auch wir in unserer Funktion als Wissenschaftler*innen kafkaeske Situationen erlebt, wenn wir versuchten, gegenüber widerwilligen »Türhütern« Zugang zum Gesetz zu erlangen.[84] Ähnlich wie Nayanika Mathur[85], die versuchte, Zugang zu staatlichen Stellen in der Himalayaregion Indiens zu bekommen, stießen wir oft auf Verwunderung, wenn wir unsere Absicht bekundeten, die tägliche Arbeit in den Büros von Streetlevel-Bürokrat*innen zu studieren. Nicht selten wurden wir auch abgewiesen – schließlich sitze »die wahre Macht doch ganz woanders«, wie uns implizit immer wieder vermittelt wurde. So wurde es im Rahmen des Forschungsprojekts Teil unserer täglichen Arbeit, einer schwer zu fassenden Macht innerhalb des Migrationsregimes quasi hinterherzulaufen. So frustrierend und mühsam dies auch oftmals war, haben unsere Aushandlungen um den Zugang zu staatlichen Stellen und zivilgesellschaftlichen Organisationen auch den analytischen Ansatz unseres Projekts geprägt.[86] Die von Abrams[87] aufgeworfene Frage, wie wir

81 Ellermann, States against Migrants; Eule, Inside Immigration Law.
82 Ellermann, States against Migrants; Eule, Inside Immigration Law.
83 Lindberg/Borrelli, Let the Right One in.
84 Ebd.
85 Mathur, Paper Tiger.
86 Rosset/Achermann, Negotiating Research; Kalir u. a., Re-searching Access.
87 Abrams, Notes on the Difficulty of Studying the State.

»den Staat« studieren können, bleibt sicherlich wichtig – und sie kann und sollte darüber hinaus auf die Mitwirkung von Forscher*innen bei der Gestaltung des Migrationsregimes ausgedehnt werden.[88] Unsere wiederholten Misserfolge und unerwarteten Erfolge, mit staatlichen Ämtern, Polizeistationen und Abschiebehaftanstalten in Kontakt zu kommen, machen es jedenfalls unmöglich, von »dem Staat« als einer einheitlichen, monolithischen und abgeschotteten Analyseeinheit zu sprechen. Die vielfältigen und mitunter widersprüchlichen Diskurse und Praktiken innerhalb des Staates haben dennoch bedeutende disziplinierende Auswirkungen, nicht nur auf betroffene Migrant*innen, sondern auf (nicht)staatliche Akteur*innen. Interessanterweise haben wir festgestellt, dass Streetlevel-Bürokrat*innen in gewissem Maße die Erfahrung eines staatlich bedingten Effekts der Entmachtung teilen, während und obwohl sie in ihrer Rolle diesen Staat doch mitgestalten.

Während in Europa ein allgemeines Misstrauen gegenüber Migrant*innen mit prekärem Rechtsstatus vorherrschend zu sein scheint, stießen auch wir als Forscher*innen auf Misstrauen aufseiten unserer migrantischen Gesprächspartner*innen. Nicht selten zweifelten sie daran, dass unsere Arbeit nicht ebenfalls Teil des Migrationskontrollapparats ist. Erst nachdem wir einige Zeit mit unseren Gesprächspartner*innen verbracht hatten, konnten wir unsere (kritische) Haltung gegenüber Migrationskontrollpraktiken klarstellen, unser Projekt erklären und ein Vertrauensverhältnis aufbauen, das es uns ermöglichte, unsere Forschung auf der Grundlage informierten Einverständnisses durchzuführen. Diese Beziehungen konnten durch längere Phasen der teilnehmenden Beobachtung in Asyleinrichtungen und durch existierende Netzwerke mit Institutionen und NGOs, die auf unserem Feld tätig sind, aufgebaut werden.

Positionierung und wissenschaftliche Ethik

Die dem vorliegenden Buch zugrunde liegenden empirischen Beobachtungen wurden einzeln, gelegentlich auch von zwei Forscher*innen an den verschiedenen Standorten gesammelt (siehe Anhang). Wir haben uns entschieden, unser jeweiliges »Ich« selektiv in ethnografischen

---

88   Pott u.a., Was ist ein Migrationsregime?

Fallbeispielen und Begegnungen vor Ort zu nennen, wo es für den Kontext oder die Entwicklung von Ereignissen relevant ist. Wir alle bringen unterschiedliche Perspektiven und Beziehungen in den Forschungsprozess ein, haben aber alle diese Untersuchungen unabhängig von jeder anderen Organisation oder Assoziation durchgeführt. So arbeitete Annika beispielsweise früher als Sachbearbeiterin in der schwedischen Migrationsbehörde. Dies war zwar nicht entscheidend für den Zugang, beeinflusste aber ihre zugeschriebene Position bei der Erforschung von Abschiebehaftzentren in Schweden und prägte *a priori* ihr Verständnis von der Durchsetzung der Migrationsgesetze. Anna hatte zuvor in einer Unterkunft für Asylbewerber*innen in der Schweiz gearbeitet und ist darüber hinaus Vorstandsmitglied einer Rechtsberatungsstelle, die sich für die Anliegen geflüchteter Menschen einsetzt. Tobias wiederum hatte bereits 16 Monate ethnografische Feldforschung in (verschiedenen) Migrationsbehörden in Deutschland für seine Promotion durchgeführt[89] und blieb in Kontakt mit wichtigen Ansprechpartner*innen, die ihm im Jahr 2015 beim Zugang zum Forschungsfeld geholfen hatten. Diese Rollen außerhalb des akademischen Feldes mögen unsere zugeschriebene Position in der Forschung durchaus beeinflusst haben, lieferten aber auch wertvolle Einblicke aus anderen Blickwinkeln und bereicherten unsere gemeinsame Arbeit.

Die bei Interviews und in der Feldforschung verwendete Sprache ist ein Aspekt, der sich von Standort zu Standort unterschied. In Lettland und Litauen haben wir beispielsweise unsere Gespräche in Englisch geführt, nicht die Muttersprache des jeweiligen Gegenübers – auch dies hatte Einfluss auf die Interaktion. Auch die Interviews mit Migrant*innen mit prekärem Rechtsstatus wurden nicht in deren Muttersprache geführt. Stattdessen haben wir auf eine Sprache zurückgegriffen, die sowohl wir als auch unsere Gesprächspartner*innen beherrschten (Deutsch, Englisch, Französisch, Italienisch, Dänisch oder Schwedisch). Durch die Pflege langfristiger Forschungsbeziehungen und durch zusätzliche teilnehmende Beobachtung haben wir versucht, Missverständnissen oder Informationslücken nach Möglichkeit entgegenzuwirken.

---

89   Vgl. Eule, Inside Immigration Law.

Während aller Forschungsphasen – Erhebung, Verarbeitung, Analyse und Publikation der gewonnenen Daten – sind wir immer wieder auf verschiedene forschungsethische Fragen und Herausforderungen gestoßen, die sich bei der Erforschung eines derart sensiblen Themas ergeben.[90] Das Clandestino-Forschungsprojekt zu irregulärer Migration in Europa liefert beispielsweise ethische Leitlinien für die Forschung mit irregulären Migrant*innen.[91] Zwei zentrale Punkte seien hier erwähnt: Erstens haben wir nach Aufklärung über Forschungszwecke, Methoden sowie potenzielle Risiken und Nutzen unserer Forschung jeweils die mündliche Einwilligung aller unserer Gesprächspartner*innen eingeholt. Zweitens ermöglichte uns der kontinuierliche Austausch in der Forschungsgruppe, sicherzugehen, dass unsere gesammelten Daten keine Detail-Informationen beinhalteten, die der »Gegenseite« noch unbekannt waren, und eine Veröffentlichung aus diesem Grund möglicherweise ein Risiko für unsere Gesprächspartner*innen bedeutet hätten. So stellen wir beispielweise sicher, dass wir keine Informationen über konkrete Aufenthaltsorte illegalisierter Migrant*innen oder ähnlich sensible Angaben enthüllen. Überdies sind wir während und über unsere Forschungsaufenthalte hinaus mit einigen unserer Gesprächspartner*innen in Kontakt geblieben und haben ihnen unsere wichtigsten Ergebnisse vorgestellt, um sicherzugehen, dass wir sie richtig verstanden hatten. Während der gesamten Datenerhebung, aber auch bei der Analyse und Erstellung haben wir umfangreiche Maßnahmen getroffen, um einen möglichen Missbrauch des gesammelten Materials (z. B. durch Kontroll- und Vollzugsbehörden) zu verhindern. Dies umfasste das Anonymisieren der Namen von Gesprächspartner*innen sowie, im Rahmen des Möglichen, der jeweiligen Orte unserer Untersuchungen. Indem wir auf den Vergleich von Ähnlichkeiten fokussieren und nicht so sehr Unterschiede hervorheben, wollten wir eine zusätzliche Ebene der Dekontextualisierung schaffen.

----

90 Barsky, Methodological Issues for the Study of Migrant Incarceration in an Era of Discretion in Law in the Southern USA; Bilger/van Liempt, Methodological and Ethical Dilemmas in Research among Smuggled Migrants.
91 Düvell u. a., Report on Ethical Issues in Irregular Migration Research.

Terminologie

Wir waren bemüht, Fachjargon möglichst zu vermeiden und Schlüssel-begriffe dort zu erklären, wo sie verwendet werden. Drei zentrale Be-griffe bedürfen dennoch einer kurzen einführenden Erläuterung.

Migrant*innen mit prekärem Rechtsstatus. In der neueren Lite-ratur wird vielerorts die Schwierigkeit und problematische Kategorisie-rung von Migrant*innen thematisiert.[92] Die Bezeichnung »illegale Migrantin«/»illegaler Migrant« verschwindet allmählich aus wissen-schaftlichen Publikationen aufgrund seiner stigmatisierenden und kri-minalisierenden Konnotation. In der jüngeren Literatur ist stattdessen mehrheitlich von »irregulären Migrant*innen« die Rede. Allerdings transportiert auch dieser Begriff eine ähnlich normative Bedeutung und reproduziert vor allem eine Dichotomie, die die komplexe Realität juristischer Verfahren ausblendet und daher die rechtlichen Grauzonen vernachlässigt.[93] Überdies sind »irreguläre Migrant*innen« für viele Gesprächspartner*innen im Migrationsregime ein durchaus »reguläres« Phänomen in ihrer alltäglichen Arbeit. Im Laufe unserer Untersu-chungen haben wir ein Kontinuum sowie fließende Übergänge zwi-schen den verschiedenen Rechtsstatus, die Migrant*innen innehaben, vorgefunden. Personen haben oft einen »liminalen« oder »halblegalen« Status,[94] der sich entweder aus dem vorübergehenden Charakter ihrer Aufenthaltsberechtigung oder aus den Beschränkungen der mit einem Rechtsstatus verbundenen Rechte erklärt (wie dies bei laufenden Asyl-verfahren der Fall ist, während deren Asylbewerber*innen sich zwar im Land aufhalten, meist aber nicht arbeiten dürfen). Im Laufe der Zeit bewegen sich viele Migrant*innen sowohl innerhalb als auch außer-halb der Legalität, was Begrifflichkeiten erfordert, die diese »Status-mobilität«[95] berücksichtigen. Unabhängig vom aktuellen Aufenthalts-status unserer jeweiligen Gesprächspartner*innen erfuhren diese stets

---

92 Siehe z.B. Bakewell, Research beyond the Categories; Crawley/Skleparis, Refu-gees, Migrants, Neither, Both; Perkowska, Illegal, Legal, Irregular or Regular.
93 Andersson, Illegal, Clandestine, Irregular.
94 Abrego/Lakhani, Incomplete Inclusion; Kubal, Conceptualizing Semi-legality in Migration Research.
95 Schuster, The Continuing Mobility of Migrants in Italy.

Unsicherheit und Instabilität als Resultat ihrer rechtlichen Situation. Aus diesem Grund sprechen wir hier im Allgemeinen von »Migrant*innen mit prekärem Rechtsstatus«.[96] Gleichwohl haben juristische Kategorisierungen bezüglich Aufenthaltsrecht starke Auswirkungen auf die betroffenen Personen, da sie die »Erfahrungen und Integrationsprozesse von Migrant*innen stratifizieren«[97]. Aus diesem Grund waren wir bestrebt, in konkreten ethnografischen Beispielen oder Interviews die entsprechenden juristischen Begriffe zu verwenden. Wenn es jedoch ganz allgemein um Migrant*innen geht, die verstärkt Grenz- und Migrationskontrollregimen unterworfen sind, sprechen wir von »Migrant*innen mit prekärem Rechtsstatus«. Hinzuzufügen ist, dass das Migrationsregime stark selektiv wirkt und darauf abzielt, die erwünschten – also etwa die hoch qualifizierten – Migrant*innen von den unerwünschten zu selektieren.[98] Um diese Ungleichbehandlung verschiedener Gruppen und Klassen von Migrant*innen deutlich zu machen, sprechen wir an bestimmten Stellen auch von »unerwünschten Migrant*innen«.[99]

*Streetlevel-Bürokrat*innen.*   Im gesamten Buch verwenden wir die Begriffe »Staatsangestellte*r« und »Sachbearbeiter*in« austauschbar. Staatsangestellte handeln im Namen der Regierung innerhalb einer bürokratischen Organisation. Bei Staatsangestellten, die bei der Polizei oder beim Grenzschutz tätig sind, sprechen wir von »Polizist*innen« bzw. »Grenzschützer*innen«. Polizist*innen können aber auch zivile Aufgaben als Sachbearbeiter*innen übernehmen. Zwar variieren der organisatorische Kontext, die Hierarchien und Besonderheiten von Entscheidungsbefugnissen zwischen bürokratischen Organisationen innerhalb und zwischen den Staaten. Wir wollen jedoch keinen umfassenden Überblick über diese Strukturen für jede einzelne Behörde anbieten, sondern uns auf die spezifischen Strukturen konzentrieren, die im lokalen und situativen Kontext unserer ethnografischen Daten gelten. Generell unterscheiden wir bei Streetlevel-Büro-

96   Goldring/Landolt, Producing and Negotiating Noncitizenship; Wyss, Stuck in Mobility?
97   Abrego/Lakhani, Incomplete Inclusion, S. 266.
98   Mau u.a., Liberal States and the Freedom of Movement.
99   Vgl. Joppke, Why Liberal States Accept Unwanted Immigration.

krat*innen nicht zwischen solchen, die Entscheidungen treffen, und anderen, die diese Entscheidungen praktisch umsetzen. Vielmehr gehen wir davon aus, dass alle Staatsangestellten in Entscheidungen eingebunden sind, welche bedeutende Auswirkungen auf – in unserem Fall – Migrant*innen mit prekärem Rechtsstatus haben können. Das kann die Entscheidung eines*r Polizisten*in sein, welche*r eine Personenkontrolle samt Leibesvisitation durchführt, oder die Entscheidung eines*r Wärters*in, einem Häftling in Abschiebehaft beim Vorbringen einer Beschwerde zu helfen, oder die Entscheidung eines*r Staatsangestellten, einen Asylantrag anzunehmen oder abzulehnen. Entscheidungstragende können mithin Polizist*innen oder Sachbearbeiter*innen sein, aber auch Abteilungsleiter*innen, Referatsleiter*innen oder Anwält*innen, die für eine Grenzpolizeieinheit arbeiten, welche beispielsweise Entscheidungen treffen und an Anhörungen über die Verlängerung des Gewahrsams teilnehmen. Wichtig ist in jedem Fall der Hinweis, dass diese Mitarbeiter*innen nicht nur die Befugnis haben, über Aufenthalt, Haft und Abschiebung zu entscheiden, sondern diese Entscheidungen auch umzusetzen.

Nichtstaatliche Akteure. Die nichtstaatlichen Akteure, denen wir in unserem Forschungsgebiet begegnen, sind zivilgesellschaftliche Organisationen, deren Mitarbeiter*innen sowie Freiwillige, die humanitäre Hilfe, juristische Beratung und Unterstützung aller Art für Migrant*innen leisten. Hinzu kommen zwischenstaatliche Organisationen wie das Hochkommissariat der Vereinten Nationen für Flüchtlinge (UNHCR) und die Internationale Organisation für Migration (IOM), die mit Staaten zusammenarbeiten, allerdings mit dem erklärten Ziel, die Menschenrechte zu fördern; sie sehen ihre Rolle im »Migrationsmanagement« und nicht in der »Kontrolle«. Nichtstaatliche Akteure können aber auch gewinnorientierte Sicherheitsfirmen sein, die von den Staaten mit Kontrollaufgaben z. B. in Asylzentren und Abschiebehaftanstalten beauftragt werden. Wie wir zeigen werden, bilden zivilgesellschaftliche Organisationen ein *Kontinuum* mit staatlichen Stellen, was den Diskurs, das praktische Handeln und in einigen Fällen auch die Finanzierung betrifft, und werden nicht als Gegenpol zum Staat gesehen.[100] Wir gehen also nicht davon aus, dass nichtstaatliche Akteure

---

100 Kalir/Wissink, The Deportation Continuum.

grundsätzlich Migrations- und Grenzpolitik infrage stellen, sondern diskutieren kritisch ihre ambivalente Stellung und die Frage, wie ihr Engagement oft auch staatliche Klassifikationen bezüglich Migration legitimieren und verstärken.

Kurzer Überblick über das Buch

Bezugnehmend auf die Szene in Kafkas Parabel, in der der Türhüter und der Mann vom Lande unermüdlich warten und die Einzelheiten des Zugangs »vor dem Gesetz« aushandeln, werden wir im vorliegenden Buch die verschiedenen Aspekte derartiger Begegnungen beleuchten und untersuchen. Ganz ähnlich wie im einleitenden Fallbeispiel, in dem eine Familie abgelehnter Asylbewerber*innen ihre Hoffnung auf das Recht als letztes Mittel zur Vermeidung der Abschiebung setzt, können diese Aushandlungen für Migrant*innen von schicksalhafter Bedeutung sein. Zugleich konnten wir feststellen, dass die Positionen, Werte und Handlungen der Türhüter alles andere als einfach, vorhersehbar oder ohne Weiteres nachvollziehbar sind. Wir hoffen, in diesem Buch zeigen zu können, wie unterschiedliche Akteur*innen – in ihren Begegnungen *vor* dem, *mit* dem und *durch* das Gesetz – ein umkämpftes und nicht selten kafkaeskes Migrationsregime mitgestalten.

In Kapitel 2, *Im Inneren des Migrationsregimes,* definieren wir unseren theoretischen Ansatz zur Analyse derartiger Begegnungen und die jeweilige Position der Türhüter sowie derjenigen, die Einlass begehren. Grundlage hierfür bildet der Begriff des Migrationsregimes. In diesem Kapitel untersuchen wir den aktuellen Stand der europäischen Migrationssteuerung und führen in zentrale Themen des Buches ein. Der Nutzen des Begriffs »Migrationsregime« wird im Hinblick auf die lückenhafte Harmonisierung der europäischen Migrationspolitik diskutiert. Ausgehend davon zeigen wir auf, weshalb wir es für wichtig erachten, Ansätze aus der Rechtssoziologie und der politischen Anthropologie in die Migrationsforschung miteinzubeziehen, indem wir zentrale Analyseeinheiten – Praktiken, Vorstellungen und Widersprüche –, die unseres Erachtens von großer Bedeutung für das Migrationsregime sind, diskutieren. Anhand von Beispielen aus unserer Untersuchung zur Umsetzung des Dubliner Übereinkommens analysiert das

Kapitel, wie sich das Vorgehen in der Praxis selbst dann stark unterscheidet, wenn eine erfolgreiche Harmonisierung der Rechtsvorschriften sehr wohl besteht. Dies unterstreicht, wie wichtig es ist, Vorstellungen und praktisches Handeln des Staates als ineinandergreifende Konzepte zu verstehen. Das Kapitel macht ferner darauf aufmerksam, wie sowohl (nicht)staatliche Akteure als auch Migrant*innen Migrationskontrolle in umkämpften Räumen asymmetrischer Aushandlung mitgestalten.

In Kapitel 3, *Entscheidungsfindung und die Rolle des Rechts*, werden Entscheidungsprozesse in Behörden, welche mit der Kontrolle von Migration beauftragt sind, analysiert. Selbst wenn solche Entscheidungsprozesse eigentlich per Gesetz klar vorgegeben sind, stellen wir fest, dass Streetlevel-Bürokrat*innen über einen beachtlichen Ermessensspielraum verfügen. Ermessen im konkreten Einzelfall ist zweifellos notwendig, um der Komplexität der jeweiligen Fälle Rechnung zu tragen. Dabei tun sich zwischen festgeschriebenem Recht und tatsächlicher Praxis nicht selten gewaltige Lücken auf. Wir untersuchen, wie die handelnden Personen ihre relative Freiheit nutzen, um sich Einzelfälle »zurechtzuschustern«. Hier prägen individuelle Wahrnehmungen und Rechtsauffassungen, Einstellungen zur Migration allgemein sowie das pragmatische Bestreben, »zu Potte zu kommen«, die Entscheidungsfindung. Anstatt sich lediglich auf die Gesetzgebung zu verlassen, treffen Streetlevel-Bürokrat*innen Entscheidungen und handeln unter Berücksichtigung zahlreicher Faktoren, und zwar oft ohne dies transparent zu kommunizieren. Wir kommen zu dem Schluss, dass Kenntnis und Verständnis des geschriebenen Gesetzes zwar eindeutig wichtig sind, jedoch dringend auch informelle Kenntnisse und Praktiken stärker in die Analyse von Rechtspraxis einbezogen werden müssen. Nur wenn wir das Fehlen klarer gesetzlicher Vorgaben in einem Großteil des Migrationsrechts und dessen Anwendung anerkennen, können wir Vorgehensweisen verstehen, welche als willkürlich, wenn nicht gar absurd erscheinen.

Kapitel 4, *Unlesbarkeit im Migrationsregime*, legt nahe, dass das Migrationsregime gerade durch seine Undurchschaubarkeit erst funktioniert – eine Wahrnehmung, die seltsamerweise von vielen involvierten Akteur*innen geteilt wird. Im Lichte der Unlesbarkeit der Gesetze und ihrer praktischen Umsetzung untersuchen wir in diesem Kapitel, wie

Wissenstransfer zwischen Migrant*innen, staatlichen und anderen Akteur*innen stattfindet, und zeigen, dass Gerüchte und andere Formen ungewisser Informationen eine entscheidende Rolle bei der Ausgestaltung ihres konkreten Handelns spielen. Gerade indem sie sich auf vage Rechtsauffassungen stützen, machen sich staatliche Akteur*innen, Rechtsberater*innen bzw. Migrant*innen das Gesetz zu eigen und erzeugen neue Hoffnungen, Möglichkeiten und Verfahren, die aus ihrer Sicht »irgendwie ausreichen«, um ihr Handeln zu begründen. Wir kommen dabei zum Schluss, dass die Abhängigkeit von informellem Rechtswissen systemisch für das Migrationsregime ist und von Natur aus ein produktives Element darstellt.

Zeit spielt eine wichtige, wenn auch ambivalente Rolle, was die umkämpfte Steuerung von Migration betrifft. In Kapitel 5, *Verschwendete Zeit, umkämpfte Zeit*, wird gezeigt, wie Kämpfe um und Erfahrungen mit Zeit juristische Auswirkungen im Migrationsregime haben. Zeit kann als Instrument zur Kontrolle von Migrant*innen, aber aufseiten Letzterer auch zur Untergrabung ebendieser Kontrolle dienen. Auf der einen Seite unterstreicht Zeit an sich die entmachtenden und disziplinierenden Auswirkungen zeitgenössischer Migrationspolitik. Dies ist in etwa der Fall, wenn Migrant*innen langwierigen Wartezeiten und wiederholten bürokratischen Prozeduren ausgesetzt sind oder sich in Zyklen erzwungener Mobilität oder Immobilität gefangen sehen. Zeit kann jedoch auch von verschiedenen Akteur*innen genutzt werden, um die Implementierung von Kontrollpraktiken hinauszuzögern oder gänzlich zu umgehen und die Hoffnung am Leben zu erhalten, dass am Ende doch noch eine positive Veränderung eintritt.

In Kapitel 6, *Verantwortung in einem Migrationsregime der vielen Hände*, befassen wir uns mit der Frage, wie ethische und rechtliche Verantwortung in einem chaotischen und oft unlesbaren Migrationsregime zugewiesen wird. Wir machen geltend, dass die »vielen Hände«, die in die wachsende Migrationskontrollindustrie involviert sind, sowie die Informalität, die das gesamte Migrationsregime durchdringt, es einzelnen Staatsangestellten und nichtstaatlichen Akteur*innen ermöglichen, die Verantwortung für ihr Handeln abzugeben und sich ihr sogar ganz zu entziehen. Dies kann mitunter schwerwiegende Folgen für die Lebensperspektiven von Migrant*innen haben. Dem stehen jedoch Momente gegenüber, in denen Akteur*innen über ihr zugewiesenes Mandat hinaus Verantwortung übernehmen und nach eigenem ethischen oder gefühlsgesteuerten Urteil handeln. Dies lenkt unsere Aufmerksamkeit darauf, wie Positionen und Interessen der verschiedenen individuellen Akteur*innen das Migrationsregime prägen und die beschriebene Unlesbarkeit erst produzieren und reproduzieren.

Im abschließenden Kapitel 7, *Ordnung schaffen vor dem Gesetz,* fassen wir die Ergebnisse des Buches zusammen und diskutieren ihre Auswirkungen darauf, wie Machtverhältnisse durch gesetzliche Vorgaben im Migrationsregime kanalisiert werden. Wie sich zeigt, wird Ordnung nicht trotz, sondern gerade durch den ungeordneten, informellen Charakter von Praktiken der Migrationskontrolle erzeugt. Dieser informelle Charakter stärkt die Macht eines zwar nicht greifbaren, aber allgegenwärtigen »Staates« eher, als dass er sie mindert. Nachdem wir die Bedeutung unserer Ergebnisse für unser Verständnis von Macht, Politik und Möglichkeiten des Widerstands diskutiert haben, schließen wir mit Anregungen für zukünftige Forschung, die helfen können, die Macht eines kafkaesken Staates innerhalb und außerhalb des Gebiets der Migrationskontrolle zu entmystifizieren und infrage zu stellen.

2

Im Inneren des Migrationsregimes

> Wenn es dich so lockt, versuche es doch trotz meines
> Verbotes hineinzugehn. Merke aber: Ich bin mächtig.
> Und ich bin nur der unterste Türhüter.
> *Franz Kafka*, Der Proceß, *S. 293*

Migration lässt sich nicht vollständig kontrollieren. Dennoch führen
Regierungen – mit einem gewissen Erfolg – immer neue Maßnahmen
ein, um Kontrolle auszuüben. Damit zwingen sie Migrant*innen,
immer neue Wege zu finden, um sich im Land bewegen, bleiben und
arbeiten zu können. Die Untersuchung der Dynamik, die diese »Implementierungslücke« auszeichnet, war ein zentrales Anliegen unserer
Forschung.

Dies ist eine Untersuchung umkämpfter Kontrollpraktiken im
Rahmen asymmetrischer Aushandlungsräume[1] zwischen staatlichen
und nichtstaatlichen Akteuren, Migrant*innen und ihren Unterstützungsnetzwerken. Dieses Buch basiert auf bestimmten Annahmen zur
Migrationskontrolle und wird durch verschiedene theoretische Debatten beeinflusst, die wir in diesem Kapitel vorstellen. Auf der Grundlage
aktueller Ansätze zu Recht und Staat beziehen wir uns auf die Fülle vor-
handener empirischer Studien und theoretischer Ansätze, die in ihrer

---

1   Vgl. Eule u. a., Contested Control at the Margins of the State.

Gesamtheit ein komplexes und differenziertes Bild der Migrationskontrolle zeichnen. Zunächst beobachten wir verschiedene Vorgehensweisen, die das Migrationsregime charakterisieren und die uneinheitliche und polyzentrische Natur von Migrationskontrolle in Europa unterstreichen. Nach unserer Überzeugung ist der Ansatz des Migrationsregimes der sinnvollste Zugang, um die Fülle der an der Anwendung und Anfechtung des alles andere als harmonisierten europäischen Migrationsrechts Beteiligten zu untersuchen. Entscheidend erscheint uns, dabei auch das Handeln von Migrant*innen einzubeziehen, die sich Kontrollbemühungen fügen oder sich diesen entziehen. Zweitens nehmen wir Debatten auf, die den Nutzen des Staates als einheitlicher analytischer Begriff hinterfragen. Unserer Ansicht nach sollte man Anregungen, Staatlichkeit als Sammlung von Praktiken und Imaginationen zu verstehen und nicht etwa als vorgegebene »feste Größe« oder autonomen Akteur, sehr wohl ernst nehmen. Dies ist besonders relevant angesichts der großen Aufmerksamkeit, die dieses Buch dem Handeln und dem Ermessensspielraum Staatsangestellter widmet, die sowohl auf Anweisung als auch dem jeweils eigenen Verständnis ihrer Aufgaben entsprechend agieren. Drittens wenden wir Erkenntnisse aus rechtssoziologischen Ansätzen[2] auf die Beforschung von Migrationskontrollen an. Wir sind der Ansicht, dass der Einfluss von Recht auf Migrationsbewegungen zugleich unterschätzt (wenn das Ganze auf politische Erklärungen reduziert wird) und überschätzt wird (wenn man die Implementierungslücken ignoriert), und dass wir den praktischen Zwängen und Grenzen des Aufenthaltsrechts besondere Aufmerksamkeit schenken sollten. In unseren Untersuchungen haben wir festgestellt, dass die Rolle des Rechts in den täglichen Aushandlungen innerhalb des Migrationsregimes ebenso komplex wie hervorstechend ist – ein Instrument, das Handlungsspielräume verleiht und zugleich begrenzt.

Ein Großteil der Forschung zum Migrationsregime konzentriert sich auf die Kontrolle von Außengrenzen und staatliche Versuche, die

---

2   Diese Ansätze arbeiten je nach geografischem Standort mit ihrer jeweils eigenen Terminologie und wissenschaftlichen Disziplin. In diesem Buch verwenden wir die Begriffe Rechtssoziologie, Rechtsanthropologie, Rechtstatsachenforschung und Recht und Gesellschaft austauschbar.

Einreise zu regeln. In diesem Buch befassen wir uns mit der internen Dynamik innerhalb des Schengen-Raums. Zur Vermeidung einer rein theoretischen Debatte wird dieses Kapitel Schlüsselkonzepte über eine Diskussion eines der wichtigsten Instrumente der europäischen Migrationssteuerung einführen: des Dubliner Übereinkommens und der ihm folgenden Dublin-Verordnungen. Der Nutzen des Konzepts eines Migrationsregimes wird im Lichte der lückenhaften Harmonisierung von Migrationsrecht diskutiert. Ausgehend davon werden die analytischen Vorzüge des Disaggregierens von Staat und Recht anhand der Hauptthemen des Buches dargestellt: Anwendungspraktiken, Vorstellungen und Widersprüche. Auf diese Weise hoffen wir, die Leser*innen gleichzeitig davon überzeugen zu können, dass ein praxisorientierter Ansatz zur Umsetzung des Migrationsrechts hilfreich ist und dass es für diese Herangehensweise entscheidend ist, es nicht bei der schlichten Feststellung zu belassen, die praktische Umsetzung sei wichtig. Eine der Hauptschwierigkeiten ethnografischer Forschung besteht darin, dass die Ergebnisse oft ein wenig tautologisch sind. Mikroanalysen kommen schwerlich an der Feststellung vorbei, dass die Mikroebene von Bedeutung ist. Überdies könnte man in unserem Fall sagen: Wenn die politischen Vorgaben chaotisch sind, muss auch deren praktische Umsetzung chaotisch sein. Basierend auf einer Analyse des Dublin-Systems behaupten wir in diesem Abschnitt jedoch, dass selbst bei vermeintlicher rechtlicher Harmonisierung Praktiken von hoher Relevanz sind und zeigen können, *wie* Gesetze und politische Vorgaben selektiv genutzt, angewendet und ausgehandelt werden.

Dieses Kapitel liefert mithin den Ausgangspunkt für die nachfolgenden, in denen wir die verschiedenen beteiligten Akteur*innen und Streitfragen um Migrationskontrolle sowie die unterschiedlichen ihr zugrunde liegenden Rationalitäten näher analysieren wollen.

Eine gesunde Skepsis gegenüber ganzheitlichen Begriffen kann helfen, um Fallstricken in einigen vorhandenen Untersuchungen über Migration zu vermeiden. Erstens verstehen wir das Fehlen einer vollständigen Harmonisierung nicht als Hinweis darauf, auf methodologischen Nationalismus[3] und die Analyse *der* Migrationspolitik *des* National-

---

3   Wimmer/Glick Schiller, Methodological Nationalism and Beyond.

staats zurückzufallen. Vielmehr gehen wir von einer widersprüchlicheren und diffuseren Rechtslage mit einem hohen Maß an politischer Debatte und Auseinandersetzung auf internationaler, nationaler und regionaler Ebene aus. Zweitens setzen wir nicht voraus, dass Migrationsrecht in der Praxis buchstabengetreu angewendet wird, sondern achten darauf, inwiefern die Umsetzung das geschriebene Gesetz verändert und nachbessert. Drittens sind Vorstellungen und Verständnis von Recht und Staat von großer Bedeutung und prägen die Handlungen Einzelner – auch wenn diese Vorstellungen nicht mit den tatsächlichen Gesetzen oder der institutionellen Ausgestaltung deckungsgleich sind. Viertens behaupten wir, dass Kontrollpraktiken von Natur aus interaktiv und umkämpft sind und nicht nur einfach eine Frage der »Verwaltung von Menschen«[4]. Dieses Kapitel geht diesen Beobachtungen auf den Grund. In die Unterkapitel eingestreut sind Exkurse mit Feldnotizen und Interviewausschnitten, in denen wir den theoretischen Rahmen sozusagen dem Praxistest unterziehen. Alle Exkurse beziehen sich auf die Anwendung der Dublin-III-Verordnung. Als europäische Norm, die ohne Umwandlung in nationales Recht unmittelbar Geltung besitzt, könnte die Dublin-III-Verordnung – theoretisch – ein perfektes Beispiel für einen traditionelleren, vergleichenden Ansatz sein. In der Realität jedoch ist die Umsetzung der Dublin-Regeln überaus unterschiedlich, sehr komplex und höchst umstritten.

Nationale Migrationspolitik im ständigen Wandel

Die quantitative Indexierung von Migrationspolitiken ist in der Migrationsforschung der letzten zehn Jahre eine Art europaweiter Trend.[5] Diese Indizes verdeutlichen – unter anderem – die enormen politischen Veränderungen im Laufe der Zeit.[6] Nationales Migrationsrecht ist keineswegs stabil, sondern befindet sich – ähnlich wie auf der euro-

---

4   Prottas, People Processing.
5   Bjerre u. a., Conceptualizing and Measuring Immigration Policies; Helbling, Validating Integration and Citizenship Policy Indices.
6   De Haas u. a., Conceptualizing and Measuring Migration Policy Change; dies., Growing Restrictiveness or Changing Selection?

päischen Ebene – in einem ständigen Wandel.[7] In den letzten Jahren
hat sich dieser Wandel eher noch verstärkt. Beispielsweise wurde das
Aufenthaltsgesetz in Deutschland zwischen seiner Verabschiedung
2005 und dem Jahr 2013[8] 28 Mal geändert, und allein zwischen Sommer
2015 und Sommer 2018 gab es nicht weniger als 25 Änderungen im Mi-
grations- und Asylrecht.[9] Ebenso hat die dänische Regierung zwischen
November 2015 und Dezember 2017 am Ausländergesetz 67 restriktive
Änderungen vorgenommen, um die Zahl der ankommenden Asylbewerber*innen zu verringern,[10] und weitere werden folgen. Die Verabschiedung ihrer 50. Gesetzesverschärfung meinte Dänemarks damalige
Integrationsministerin im Jahr 2017 mit einer ebenso beeindruckenden
wie berüchtigten Jubiläumstorte feiern zu müssen. Auch Italien hat
zwischen Februar 2016 und Februar 2018 33 Dekrete zu verschiedenen
Migrationsfragen veröffentlicht.[11] Derweil hat sich beispielsweise Lettland von einem Einwanderungsland zu einem (Netto-)Auswanderungs-
land innerhalb der EU gewandelt, was eine ständige Anpassung des
Rechtsrahmens an die neuen Gegebenheiten notwendig macht.[12]

Die hohe Schlagzahl dieser Veränderungen ist aus mindestens zwei
Gründen bemerkenswert. Erstens ist das Migrationsrecht sehr wandelbar, was eher auf eine Salamitaktik denn auf eine kohärente und
einheitliche Migrationspolitik hinausläuft. Ein ständiger Anpassung
unterworfenes Gesetz ist schwerlich durch sorgfältig geplante Politikgestaltung geprägt, eher schon durch mehr oder weniger spontane Reaktionen auf politische Debatten und situative Veränderungen. Diese
vielfältigen Veränderungen lassen Fragen der politischen Konvergenz[13]
derart komplex erscheinen, dass vernünftige Vorhersagen kaum noch
möglich sind. Zweitens erfordern sich fast ständig ändernde Rechts-

----

7   Boswell, European Migration Policies in Flux.
8   Eule, Inside Immigration Law, S. 43.
9   Eine Liste dieser Änderungen finden Sie unter dejure.org/.
10 UIM, Skema over forhøjelse af strafniveau for overtrædelse af opholds- og mel-
    depligten.
11 Eine Liste dieser Änderungen finden Sie unter http://www.immigrazione.biz/
    normative.php [29. 11. 2019].
12 Martin, Recession and Migration.
13 Braun u. a., Ex Pluribus Unum; Knill, Cross-National Policy Convergence: Con-
    cepts, Approaches and Explanatory Factors, S. 768.

grundlagen sehr reaktionsschnelle und anpassungsfähige Umsetzungs-strukturen, und wie wir noch sehen werden, existieren diese nicht immer und überall. Bürokratien haben stattdessen große Mühe, mit den Änderungen der Gesetzgebung Schritt zu halten, was irgendwann sogar dazu führt, dass sie das Bemühen, stets auf dem aktuellen gesetzlichen Stand zu sein, einfach aufgeben (siehe Kapitel 3, 4 und 6).

In diesen Zusammenhang gehört auch, dass Änderungen in der Migrationsgesetzgebung nicht unbedingt deckungsgleich mit offiziellen Aussagen und den diesbezüglichen Diskussionen in den Medien sind. Trotz der Erklärung von Kanzlerin Merkel im Jahr 2010, sie halte den Multikulturalismus für gescheitert, hat sie mit ihrer Regierungskoalition das deutsche Migrationsrecht seitdem substanziell liberalisiert. So wurden etwa Legalisierungsrechte für Kinder eingeführt, deren Eltern Abschiebeanordnungen hatten, Menschen mit prekärem Rechtsstatus, denen zuvor das Recht auf Arbeit verweigert worden war, erhielten erleichterten Zugang zu Arbeitsmöglichkeiten, dazu wurde eine Rechtsgrundlage für die Anerkennung von Bildungsabschlüssen aus Nicht-EU-Ländern geschaffen und substanzielle Förderprogramme für Integrationsmaßnahmen, wie etwa stark subventionierte Sprachkurse, auf den Weg gebracht. Als Folge entspricht das Budget, das z.B. die Stadt Berlin für Multikulturalismus ausgibt, in etwa demjenigen Kanadas.[14] Auf die Entscheidung von Bundeskanzlerin Merkel, die Grenzen Deutschlands für Asylbewerber*innen offen zu halten, das Dublin-System für syrische Geflüchtete auszusetzen und den Deutschen ihr berühmtes »Wir schaffen das!« zuzurufen, folgte eine Vielzahl restriktiver politischer Veränderungen.[15] Dazu gehören die Wiedereinführung von Einschränkungen der Bewegungsfreiheit von Asylbewerber*innen innerhalb Deutschlands, einige Einschränkungen der Familienzusammenführung für Personen, die subsidiären Schutz genießen, sowie eine deutliche Aufstockung der Mittel für Kontrollbehörden im Bereich der Migration, insbesondere die Bundespolizei. Der sich ständig wandelnde Charakter des europäischen Migrationsrechts

----

14 Joppke/Eule, Civic Integration in Europe.
15 Zu diesem Widerspruch vgl. auch Campesi, The Arab Spring and the Crisis of the European Border Regime; ders., Frontex, the Euro-Mediterranean Border and the Paradoxes of Humanitarian Rhetoric; ders., Humanitarian Confinement.

und der europäischen Migrationspolitik unterstreicht mithin das konfliktreiche Innenleben des Migrationsregimes. Dies spiegelte sich auch in den Aussagen der von uns befragten staatlichen Akteur*innen wider, die die Ansicht äußerten, die ständig wechselnden politischen Vorgaben und Debatten würden ihre Aufgaben und Anweisungen massiv beeinträchtigen. Oftmals erkennen wir eine »erhebliche Diskrepanz zwischen öffentlich erklärten und ›realen‹ Zielen der Migrationspolitik«[16], wodurch sich eine erhebliche Kluft zwischen politischer Rhetorik, Zielvorgaben und dem geschriebenen Gesetz auftut. Wie wir zeigen werden, schafft die Unbestimmtheit der Politik auch Raum für sehr unterschiedliche praktische Vorgehensweisen (siehe auch Kapitel 3).

Erst in den 1980er Jahren kamen Debatten über die Harmonisierung der Migrationspolitik in der EU auf, die bis dahin lediglich ein Randaspekt des wirtschaftlich orientierten Projekts der europäischen Integration gewesen war.[17] Die Migration von EU-Bürger*innen innerhalb der Union war bereits ein Element der Europäisierung im Rahmen der Römischen Verträge und floss 1992 als Personenfreizügigkeit in den Vertrag von Maastricht ein. Gemeinsame Regeln für den Umgang mit Bürger*innen aus Drittstaaten entstanden dagegen erst mit dem Schengener Abkommen und dem Dubliner Übereinkommen, die beide 1990 unterzeichnet wurden und 1995 bzw. 1997 als EU-Recht in Kraft traten. Ersteres schaffte die Kontrollen an den Binnengrenzen ab und führte eine gemeinsame Visapolitik ein, die wiederum mit flankierenden Maßnahmen einherging, insbesondere gemeinsamen Datenbanken über gesuchte Personen (das Schengen Information System [SIS]) und Visumdaten (die Visa Information Systems [VIS]). Die Abschaffung der Grenzkontrollen zwischen den nunmehr 26 Unterzeichnerstaaten[18] des Schengen-Raums brachte eine verstärkte Konzentration

- - - - - - - - -

16   Czaika/de Haas, The Effectiveness of Immigration Policies, S. 491.
17   Details dazu vgl. Geddes, The Politics of Migration and Immigration in Europe; Boswell/Geddes, Migration and Mobility in the European Union; Fischer, The Europeanization of Migration Policy.
18   Die 28 EU-Mitgliedsstaaten, abzüglich des Vereinigten Königreichs und Irlands, die aus dem Schengen-Vertrag ausstiegen, sowie der Länder Bulgarien, Rumänien, Kroatien und Zypern, die noch keine Vollmitglieder der EU sind, aber einschließlich der vier Nicht-EU-Staaten Schweiz, Island, Norwegen und Liechtenstein.

auf die Kontrolle der Außengrenzen mit sich. Dies wiederum führte 2005 zur Einrichtung einer gemeinsamen Grenz- und Küstenwache (Frontex) und zu zahlreichen Bemühungen um die Externalisierung der Grenzkontrollen, sowohl durch Überwachungstechnologien als auch durch bilaterale Abkommen mit Drittstaaten.[19] Das Dubliner Übereinkommen, seit 2014 mit der Dublin-III-Verordnung faktisch in seiner dritten Fassung, dient als Eckpfeiler für das Gemeinsame Europäische Asylsystem (GEAS), das auch vier Richtlinien[20] und das Europäische Unterstützungsbüro für Asylfragen (EASO) sowie den Fonds für Asyl, Migration und Integration mit einschließt. Dieses Dublin-System bestimmt die Zuständigkeit für die Bearbeitung eines Asylantrags nach dem »Verursacherprinzip«: Der Staat, der die Einreise eines*r Asylbewerbers*in in den Schengen-Raum »verursacht« hat, ist auch für die Bearbeitung des Asylantrags zuständig.[21] Durch den Abgleich der Bewerber*innendaten mit den Fingerabdruckdatenbanken Eurodac und VIS sollen Mehrfachanträge derselben Person (»sekundäre Bewegungen« oder – ein unter Staatsangestellten gebräuchlicher Begriff – »Asyl-Shopping«) vermieden werden. Wird bei diesem Abgleich eine Übereinstimmung gefunden, kann der*die Antragsteller*in in das für den jeweiligen Asylantrag zuständige Land zurückgeschickt werden.

Schengen und Dublin sind beachtliche Erfolge für die Harmonisierung des europäischen Migrationsrechts und haben die Kontrolle von Zuwanderung nach Europa drastisch verändert. Gleichzeitig ist es noch ein sehr weiter Weg bis zu einer wirklichen »gemeinsamen« Migrationspolitik, da die Mitgliedstaaten nicht nur im Prinzip große Souveränität behalten, sondern, wie in diesem Buch immer wieder deutlich werden wird, noch mehr in der Praxis. Das Schengener Abkommen er-

----

19 Gruszczak, Immigration Control and Securing the EU's External Borders; Seiffarth, The Development of the European Border Surveillance System (EU-ROSUR); Ryan/Mitsilegas, Extraterritorial Immigration Control: Legal Challenges; Klepp, Europa zwischen Grenzkontrolle und Flüchtlingsschutz.

20 Die Qualifizierungsrichtlinie von 2011 (Neufassung), die Richtlinie zu Prozeduren der Asylgewährung von 2013 (Neufassung), die Richtlinie zu Aufnahmebedingungen von 2013 (Neufassung) und die Richtlinie zu Mindestnormen für die Gewährung vorübergehenden Schutzes von 2011 (EASO 2016).

21 Kasparek, Complementing Schengen, S. 62.

leichtert gewiss auch die Freizügigkeit von Drittstaatsangehörigen, die
sich rechtmäßig in Europa aufhalten, aber wichtige Politikbereiche wie
die Arbeitsmigration[22] bleiben innerhalb Europas weitgehend uneinheitlich. Ähnliches gilt für die Außengrenzen: Zwar gab es beträchtliche
Investitionen in Technologien zu deren Schutz – manche Wissenschaftler*innen sprechen deshalb von einer primären Fokussierung auf einen
Sicherheitsdiskurs in der Diskussion um Zuwanderung.[23] Dabei ist das
Budget von Frontex im Vergleich zu ähnlichen Anstrengungen in den
USA oder Australien äußerst schmal. Ferner ist bemerkenswert, dass
europäische Migrationsagenturen wie Frontex (bis 2016) oder EASO
(vorerst) ausschließlich im Namen und im Rahmen der Bemühungen
einzelner Mitgliedstaaten handeln.[24] Bislang skizziert das GEAS des
Weiteren nur einige Grundlinien für Verfahrensnormen, belässt die
Asylentscheidung aber fest in der Hand der nationalen Behörden. Gerade das Dublin-System verstärkt sogar noch die Bedeutung nationaler
Entscheidungen. Einige Wissenschaftler*innen sehen unvereinbare
Widersprüche zwischen dem Schengener Abkommen (das Freizügigkeit gewährt) und dem Dublin-System (das Freizügigkeit einschränkt).[25]
Die Unterschiede in der Umsetzung der Dublin-Verordnungen durch
die einzelnen Mitgliedstaaten, die Entscheidungen über die Aussetzung
von Abschiebungen auf der Basis des Dublin-Systems (siehe das Grie-
chenland-EUGH-Urteil in N. S. und andere, C-411/10, oder das EGMR-
Urteil im Fall M.S.S. gegen Belgien und Griechenland) sowie die unterschiedliche Interpretation der Souveränitätsklausel (Art. 3 Abs. 2 des

---

22 Vgl. Menz, Framing Competitiveness.
23 Alderson, Border Security/Border Securité; Bourbeau, The Securitization of
Migration; Côté-Boucher u.a., Border Security as Practice; Gruszczak, Immigration Control and Securing the EU's External Borders.
24 Die EU verhandelt derzeit über den neuen Vorschlag für ein Gemeinsames Eu-
ropäisches Asylsystem, das darauf abzielt, die Harmonisierung der Asylpolitik
durch Einführung verbindlicher Vorschriften für die Mitgliedstaaten in den folgenden Bereichen zu verbessern: Schutzanspruch, Asylverfahren, Neuansied-
lung und Aufnahmebedingungen. Außerdem wird eine aktualisierte Fassung der
Eurodac- und Dublin-IV-Verordnungen sowie ein erweitertes Mandat des EASO
erwogen, die entweder eine koordinierende oder eine überwachende Funktion
übernehmen wird.
25 Siehe Baubӧck, Refugee Protection and Burden-Sharing in the European Union;
Hruschka, Enhancing Efficiency and Fairness?

Dublin-Übereinkommens) zeigen, wie sich die unterschiedlichen nationalen Vorgehensweisen auf die nur scheinbar harmonisierten konkreten Rechtsnormen auswirken.

Erster Exkurs zu Dublin: Die Grenzen des Dublin-Systems

Das Dublin-System (das Dubliner Übereinkommen und seine faktischen Nachfolger, die Dublin-II-Verordnung von 2003 und die Dublin-III-Verordnung von 2013) liefert uns gleich aus mehreren Gründen ein passendes Beispiel. Es ist für alle hier untersuchten Staaten bindend und ist direkt und ohne Umsetzung in nationales Recht anzuwenden. Es ist ein Eckpfeiler des GEAS, wird seit fast drei Jahrzehnten von allen Unterzeichnerstaaten aktiv umgesetzt und ist im Laufe der Zeit relativ stabil geblieben, mit zwei Neufassungen seit seiner Gründung im Jahr 1990 – eine dritte Revision im Rahmen der Aushandlungen über die Dublin-IV-Verordnung wird zurzeit diskutiert. Wie wir in diesem Exkurs zeigen werden, existiert selbst bei diesem relativ stabilen rechtlichen Rahmen eine Fülle von Unterschieden bei der praktischen Umsetzung. Der Blick auf die tatsächliche Praxis legt dabei eine ganze Reihe falscher Vorstellungen von der Funktionsweise des Dublin-Systems offen.

Das Dubliner Übereinkommen sollte ursprünglich eine klare und praxistaugliche Methode zur Festlegung der Kriterien und Verfahren zur Bestimmung des Mitgliedstaats liefern, der für die Prüfung eines Asylantrags zuständig ist (COM 2016(270) 1). Sie benennt verschiedene Kriterien, auf deren Grundlage die Zuständigkeit für individuelle Asylanträge festzulegen ist. Neben der Berücksichtigung familiärer Beziehungen geht es in erster Linie darum, dass der Mitgliedstaat, der die Einreise eines*r Asylbewerbers*in in das Hoheitsgebiet der Mitgliedstaaten ermöglicht hat, auch für die Bearbeitung des Antrags zuständig sein sollte.[26] Im Dublin-System sollen Personen daran gehindert werden, mehrere Asylanträge in verschiedenen Staaten zu stellen – eine Praxis, die als »Missbrauch« des europäischen Asylsystems gilt. Ferner zielt sie darauf ab, Situationen zu vermeiden, in denen kein Land die

----

26   Kasparek, Complementing Schengen.

Verantwortung für die Bearbeitung individueller Asylanträge übernimmt und die Geflüchteten von einem Land zum nächsten weitergereicht werden (»refugees in orbit«). Das Dublin-System steht aufgrund
seiner Ineffizienz und fehlerhaften Funktion stark in der Kritik. Abgesehen von der unverhältnismäßig hohen Belastung der südeuropäischen Länder, insbesondere Griechenlands und Italiens,[27] und der fehlenden Harmonisierung der Aufnahmebedingungen scheint es genau
die Art von »Orbitsituationen« hervorzubringen, die es eigentlich verhindern sollte: Insbesondere entstehen auf diese Weise erhebliche Verzögerungen von Asylverfahren sowie Sekundärmigration, was zu wiederholten, aufreibenden und kostspieligen Rücküberstellungen in allen
Mitgliedstaaten führt.[28] Darüber hinaus haben die großen Unterschiede bei den Asylverfahren und deren Ausgang dazu geführt, dass in
der Forschung von einer »Lotterie« für Geflüchtete, die nach Europa
kommen, die Rede ist.[29]

Wir teilen diese Kritik durchaus, finden aber noch weitere Probleme und Dysfunktionen, die sich aus der Praxis vor Ort ergeben.[30]
Schon ein flüchtiger Blick auf die offiziellen Eurostat-Statistiken über
die Umsetzung der Dublin-III-Verordnung zeigt einige interessante
Aspekte auf. Während die *Logik* des Dublin-Systems gewiss die südeuropäischen Staaten in besonderem Maße belastet, ist die *tatsächliche
Zahl* der Personen, die gemäß Dublin-III-Verordnung innerhalb Europas zurückgeschickt werden (im Folgenden »Dublin-Abschiebungen«), relativ gering und verläuft nicht zwangsläufig in Nord-Süd-
Richtung.[31] In den Jahren vor der »Krise«, also 2008–2012, schwankte
die Zahl der jährlichen Asylanträge in Europa zwischen 220000 und
350000. Im gleichen Zeitraum gab es zwischen 8000 und 14000 Abschiebungen innerhalb Europas. Obwohl die Gesamtzahl der Asylanträge in den letzten Jahren drastisch gestiegen und dann wieder zu-
rückgegangen ist, ist der Anteil der Transferanträge insgesamt in etwa

---

27   Trauner, Asylum Policy: The EU's ›Crises‹ and the Looming Policy Regime Fai-
      lure.
28   Fratzke, Not Adding Up; Hruschka, Enhancing Efficiency and Fairness?
29   Clante Bendixen, Asylum Assessments Are Influenced by Politics; ECRE, ›Asy-
      lum Lottery‹ Made in Germany.
30   Brekke/Brochmann, Stuck in Transit; Picozza, Dubliners.
31   Eurostat, Dublin Statistics on Countries Responsible for Asylum Application.

gleich geblieben. Die Grenzen dieses Systems wurden im Jahr 2015 deutlich, als Dublin »unter dem eigenen Gewicht zusammenbrach«[32]. Das System hatte es aber auch davor nie wirklich geschafft, sein eigenes Ziel zu erreichen, nämlich klare Kompetenzen für einzelne Asylanträge zu definieren. Das Gleiche gilt für die wichtigsten Aufnahmeländer von Dublin-Abschiebungen. Das Dublin-System scheint inzwischen vor dem vollständigen Zerfall zu stehen, wobei Staaten wie Deutschland und Schweden die mit Abstand meisten Transfers aus anderen Staaten annehmen. Allerdings sind die tatsächlichen Dublin-Abschiebungen schon immer überwiegend in mittel- und westeuropäischen Staaten wie Deutschland, Frankreich und Belgien gelandet, mit Abstrichen auch in Italien. Dagegen nahm Griechenland nur im Jahr 2009 etwas über 1000 Dublin-Abgeschobene auf – zum Teil auch wegen der oben zitierten Fälle am Europäischen Gerichtshof und am Europäischen Gerichtshof für Menschenrechte. Diese rechtlichen wie logischen Diskrepanzen im Zusammenhang mit der Dublin-Verordnung beleuchten eine wichtige Tatsache: Wer die Migrationskontrolle in Europa wirklich verstehen will, muss genau untersuchen, wie Recht in der Praxis vor Ort umgesetzt wird.

Wie Rechtsanwendung Migrationsrecht formt und erweitert

Wenn weder die europäische noch die nationale Migrationspolitik viel Stabilität oder Kohärenz bieten kann, kommt es verstärkt auf die Praxis an. Nach Ansicht mehrerer Wissenschaftler*innen, die sich mit dieser »Implementierungslücke« befasst haben,[33] wird Migrationspolitik – angesichts ihrer Unausgewogenheit und Wandelbarkeit – zwangsläufig unterschiedlich umgesetzt.[34] Einige meinen sogar, dass restriktive Mi-

---

32 Menéndez, The Refugee Crisis: Between Human Tragedy and Symptom of the Structural Crisis of European Integration, S. 397.

33 Hollifield, Immigration Policy in France and Germany: Outputs versus Outcomes; Lahav/Guiraudon, Actors and Venues in Immigration Control; Czaika/de Haas, The Effectiveness of Immigration Policies.

34 Castles, The Factors That Make and Unmake Migration Policies; ders., Why Migration Policies Fail.

grationspolitik nie dazu gedacht war, vollständig zu funktionieren: Aus dieser Perspektive sind Migrant*innen mit prekärem Rechtsstatus oft ganz bewusst der Ausbeutung unter fragwürdigen Arbeitsbedingungen ausgesetzt und erfüllen damit eine wichtige Funktion im flexiblen neoliberalen Arbeitsmarkt.[35] Wicker[36] führt weiter aus, dass das Migrationsrecht gerade wegen seiner unausgewogenen Umsetzung einen disziplinierenden Effekt auf Migrant*innen habe.

Darüber hinaus haben viele Wissenschaftler*innen bei der Untersuchung, was die ungleiche Umsetzung des Migrationsrechts prägt, auf die Bedeutung der »Multi-Level Governance« hingewiesen, bei der es manchmal zu widersprüchlichen Richtlinien und Praktiken auf verschiedenen Entscheidungsebenen kommt.[37] Sie betonen insbesondere die Rolle des Förderalismus sowie den lokalen, großstädtischen Kontext.[38] In einer hilfreichen Meta-Untersuchung städtischer Studien kommt Ireland[39] zu dem Schluss, dass »die Politikgestaltung vor Ort das ist, was zählt«. Nach seiner Überzeugung prägt vor allem die Praxis vor Ort die Institutionen und deren Handeln. Auch Poppelaars und Scholten[40] weisen auf die Diskrepanz zwischen nationaler und lokaler Integrationspolitik hin, wobei die nationale Politik eher auf Stimmungsschwankungen im Volk reagiert, die Akteur*innen auf lokaler Ebene sich dagegen eher pragmatisch auf die Bewältigung konkreter Probleme konzentrieren. Ellermann stellt in ihrer Studie[41] fest, dass die Abschiebepolitik von intensiven politischen Debatten (unterhalb der staatlichen Ebene) und Mobilisierungen geprägt ist. Sie betont, wie der allgemeinen Unterstützung einer harschen und effizienten Abschiebepolitik die intensive Mobilisierung gegen Abschiebungen im Namen

----

35 Calavita, Immigration, Law and Marginalization in a Global Economy; Castles/Miller, The Age of Migration; De Genova/Peutz, The Deportation Regime.
36 Wicker, Das Ausschaffungsregime.
37 Filomeno, Theories of Local Immigration Policy; Spencer, Multi-Level Governance of an Intractable Policy Problem.
38 Alexander, Cities and Labour Immigration; Fauser, Migrants and Cities; Penninx u.a., Citizenship in European Cities; Spencer, Multi-Level Governance of an Intractable Policy Problem.
39 Ireland, Tales of the Cities, S. 672.
40 Poppelaars/Scholten, Two Worlds Apart.
41 Ellermann, States against Migrants.

der Zivilgesellschaft im Einzelfall entgegensteht.[42] Darin spiegeln sich nicht nur Konflikte zwischen staatlichen Akteur*innen und der Zivilgesellschaft wider. Es könnten auch Spaltungen zwischen oder gar innerhalb einzelner staatlicher Institutionen entstehen, die hin- und hergerissen sind zwischen der Durchsetzung von Migrationskontrolle und der Bereitstellung von Unterstützungs- oder Betreuungsfunktionen für Migrant*innen in prekärer Lage.[43] Darüber hinaus weisen Engbersen und Broeders[44] auf die Bedeutung lokaler »informeller Institutionen« bei der Gestaltung der Möglichkeiten von Migrant*innen und der Steuerung der Intervention von Kontrollbehörden hin. Ganz allgemein wird zunehmend festgestellt, dass nichtstaatliche Akteur*innen in die praktische Umsetzung von Migrationskontrolle eingebunden sind,[45] und zwar sowohl als verlängerter Arm des Staates als auch aufseiten der Migrant*innen.

Die sogenannten Implementierungslücken oder Inkonsistenzen sind jedoch nicht unbedingt das Ergebnis stillschweigender Hinnahme oder bestimmter Governance-Strategien. In einer Ethnografie der Entscheidungsfindung in vier verschiedenen kommunalen Migrationsämtern in Deutschland[46] konnten wir feststellen, dass das Aufenthaltsrecht sehr unterschiedlich angewendet wird. Die Unterschiede nahmen noch zu, wenn sich Bürokrat*innen mit Fällen von Migrant*innen mit prekärem Rechtsstatus (abgelehnte Asylbewerber*innen, Menschen mit Duldungsstatus, sogenannte irreguläre Migrant*innen) befassten. Diese Unterschiede beruhten offenbar auf eher informeller Auslegung der Gesetze und juristischem Wissen, das eher auf mündlicher Weitergabe als auf der Kenntnis geschriebener Gesetze beruhten. Auch beeinflussten sowohl die institutionellen Strukturen als auch die lokale Poli-

---

42 Siehe auch Rosenberger, Political Protest in Asylum and Deportation.

43 Czaika / de Haas, The Effectiveness of Immigration Policies; Kalir / Wissink, The Deportation Continuum; Schweitzer, Integration against the State.

44 Engbersen / Broeders, Immigration Control and Strategies of Irregular Immigrants.

45 Andersson, Illegality, Inc. Clandestine Migration and the Business of Bordering Europe; Gammeltoft-Hansen / Sørensen, The Migration Industry and the Commercialization of International Migration; Hernández-León, L'industrie de la migration.

46 Eule, Inside Immigration Law.

tik das konkrete Handeln von Bürokrat*innen stark und wirkten sich beispielsweise direkt auf die Gesamtzahl der Abschiebungen oder Regularisierungen aus. Die Forschung stützt damit die verstärkte Aufmerksamkeit für die Politik unterhalb der staatlichen Ebene und für rechtlich exponierte Migrant*innen. Unsere Studie fand jedoch auch enorme Unterschiede in der Praxis *innerhalb* von Behörden, was auf die Bedeutung individueller Einstellungen und Erkenntnisse hinweist. Zusammengenommen prägen diese Faktoren die Politik in signifikanter Weise »von unten«.

Zweiter Exkurs zu Dublin: Die Komplexität des Dubliner Übereinkommens

Angesichts der deutlichen Diskrepanz zwischen den Zahlen und den mit den Analysen der Rechtsvorschriften verknüpften Erwartungen drängt sich ein Blick auf die tatsächlichen Praktiken im Rahmen des Dublin-Systems und die Frage auf, was die vollständige Umsetzung der Verordnung beeinflusst bzw. verhindert. Unsere Daten zeigen denn auch, auf welch vielfältige Schwierigkeiten die Umsetzung der Dublin-III-Verordnung trifft. Hier liefert uns Nico, eine Mitarbeiterin der Dublin-Behörde in Italien, wichtige Erkenntnisse über die Herausforderungen bei der Durchsetzung von Abschiebungen auf der Basis der Dublin-III-Verordnung. Wenn es etwa um die praktische Umsetzung der wachsenden Zahl anstehender Abschiebungen von Italien nach Ungarn geht, erläutert Nico, scheiterten diese oft daran, dass Ungarn den Flughafen geschlossen habe und nur zwei- bis dreimal im Monat öffne. Hier scheint es sich um ein simples logistisches Problem zu handeln, das der Durchsetzung von Dublin-Abschiebungen im Wege steht. Nach der Aussetzung von Dublin-Abschiebungen nach Griechenland gab es, wie Nico ausführt, kaum noch Zielländer, in die solche Transfers möglich gewesen wären. »Es ist ein echtes Problem für alle Mitgliedstaaten [...]. Der Prozentsatz [der Asylbewerber*innen], den die Mitgliedstaaten transferieren können, liegt nur bei 10 oder 11 Prozent« (Interview in Italien 2015). Erklären ließe sich dieser Zustand mit politischen und rechtlichen Hindernissen. Diese Wahrnehmung bestätigen auch Teile der einschlägigen Literatur. Aufbauend auf Theorien über öffentliche Güter versuchen Forscher*innen zu erklären, wie ein System zur Lastenverteilung in der Asylpolitik in Wahrheit zu einem »Wettlauf nach unten« beim Schutz von Geflüchteten geführt hat.[47] Rechtliche Hindernisse für die Durchsetzung ergeben sich denn auch aus der mangelnden Bereitschaft oder Fähigkeit der Staaten, die in der Verordnung vorgesehenen Mindeststandards für die Aufnahme von Geflüchteten einzuhalten. Die Aussetzung von Dublin-Abschiebungen nach Griechenland ist die direkte Folge des Falls *M.S.S. gegen Belgien und Griechenland (30696/09)*. Hier stellte der EGMR fest, dass die Rückführung von Asylbewerber*innen nach Griechenland im Rahmen der Dublin-II-Verordnung aufgrund der unzureichenden dortigen Aufnahmebedingungen gegen die Artikel 3 und 13 der EMRK verstößt. Infolgedessen wurde die Dublin-Rückführung nach Griechenland nach der Entscheidung im Jahr 2011 praktisch eingestellt. Die Verschiebung der politischen Verantwortung und die rechtlichen Garantien können jedoch nur zum Teil als Grund für die ungleiche Anwendung des Dublin-Systems herhalten: Für Nico und ihre Kolleg*innen hat die Verordnung eine zusätzliche Anzahl ganz banaler logistischer und praktischer Probleme aufgeworfen, die ihre Fähigkeit – und Bereitschaft –, sie tatsächlich umzusetzen, wesentlich beeinflusst haben.

Das größte Rätsel für die Sachbearbeiter*innen besteht darin, innerhalb des vorgegebenen Zeitrahmens zu ermitteln, welcher Staat für eine*n bestimmte*n Bewerber*in zuständig ist. Bei Rücknahmeanträgen ist das noch relativ einfach, wenn sich eindeutig ermitteln lässt, dass eine Person anderswo Asyl beantragt hat. Übernahmeanträge erfordern jedoch schon Aufwand, will man herausfinden, wer letztlich verantwortlich ist. Wurde ein*e Asylbewerber*in zuvor nicht anderswo als Asylbewerber*in registriert, steht aber immer noch im Verdacht, über einen anderen Staat in den Schengen-Raum eingereist zu sein, oder wird festgestellt, dass ihm*ihr ein anderer Staat ein Visum erteilt hat, so muss der Übernahmeantrag nachweisen, dass die Zuständigkeit bei dem betreffenden Staat liegt. Gemäß Dublin-III-Verordnung kön-

47 Thielemann, Why Asylum Policy Harmonisation Undermines Refugee Burden-Sharing; ders., Why Refugee Burden-Sharing Initiatives Fail; Trauner, Asylum Policy: The EU's ›Crises‹ and the Looming Policy Regime Failure.

nen Indizienbeweise, wie z. B. Bahntickets, zur Feststellung der Zuständigkeit herangezogen werden. Aber wie uns Blaine, ein in Italien tätiger Schweizer Dublin-Sachbearbeiter, sagte: »Der andere Mitgliedstaat muss bestätigen, ob er einen Beweis anerkennt oder nicht« (Interview in Italien 2015). Ähnliche Probleme wurden auch von anderen Schweizer Bürokrat*innen und bei einem Workshop mit deutschen Kolleg*innen im Jahr 2016 erwähnt. Eine weitere bedeutende Herausforderung ist eng mit der großen Zahl der in das Dublin-System involvierten Akteur*innen verbunden: die logistischen Herausforderungen im Zusammenhang mit der Registrierung, der Abnahme von Fingerabdrücken und vor allem der Überstellung von Asylbewerber*innen zwischen den Mitgliedstaaten.[48] Überdies ist es den Staaten bis heute nicht gestattet, Fingerabdrücke von Asylbewerbenden gegen deren Willen zu registrieren – auch wenn dies angeblich in den sogenannten Hotspots Italiens vollkommen üblich geworden ist.[49] Diese rechtlichen Lücken dürften mit dem überarbeiteten GEAS ausgebessert oder sogar ganz geschlossen werden (siehe COM 2016(270)). Unterschiedliche nationale Datenschutzbestimmungen schränken auch die Möglichkeiten der Mitgliedstaaten ein, Eurodac zu nutzen, was besonders kompliziert wird, wenn Anträge an mehrere Mitgliedstaaten gerichtet werden sollen. Blaine beschrieb uns dies so:

> Sehen Sie, wie schwierig es ist, ein gemeinsames Asylsystem zu unterhalten?! Dann fragen sie [die Dublin-Sachbearbeiter*innen] in Italien. Italien bestätigt – »Ja, wir übernehmen ihn von der Schweiz«. Dann taucht die Person unter und geht nach Norwegen. Norwegen ist streng. Sie schicken ihn zurück, und sie [norwegische Behörden] können da beliebig verfahren. Sie können in Deutschland anfragen [wo sich der betreffende Asylbewerbende vielleicht auch schon aufgehalten hat], sie können die Schweiz fragen, sie können Italien fragen. […] Sie sehen nicht, dass wir die Sache bereits mit Italien zusammen in Arbeit hatten, weil das nicht [in Eurodac] erfasst ist. […] Das ist mit der neuen Eurodac-Regelung besser geworden, da wird immerhin bestätigt, wann der

---

48   Fratzke, Not Adding Up; Trauner, Asylum Policy: The EU's ›Crises‹ and the Looming Policy Regime Failure.
49   Majcher, The EU Hotspot Approach.

Transfer stattgefunden hat. Vorher wusste man ja noch nicht einmal, ob die Person schon einmal überstellt wurde oder nicht. Und man trägt in Eurodac ein, ob der Person internationaler Schutz gewährt wurde. […] Wir reden also von einem echten Austausch. Jedes Land hat seine eigene Datenbank. Jedes Land tauscht Informationen über das bestehende System aus. (Interview in Italien 2015)

Interessanterweise wurde Blaine nach Italien entsandt, um die Aushandlungen über komplizierte Fälle zwischen Italien und der Schweiz zu erleichtern. Blaine meinte, in persönlichen Gesprächen mit italienischen Sacharbeiter*innen sei es einfacher, schnelle Lösungen für Fälle zu finden, in denen die Zuständigkeit unklar sei: »Es ist einfacher, wenn ich hier vor Ort bin, weil ich manchmal einfach fragen kann und wir nicht das bürokratische Procedere durchlaufen müssen.« Blaines Darstellung der eher banalen Formalitäten, die die Umsetzung der Dublin-Verordnung durch staatliche Akteur*innen bestimmen, ergänzt die erwähnte uneinheitliche Anwendung um einige weitere Aspekte, die manchmal, damit überhaupt etwas »funktioniert«, von den Akteur*innen verlangen, auf informelle Kanäle, Kontakte und Kenntnisse zurückzugreifen. Doch bisher haben wir das Ganze nur aus der Sicht der staatlichen Akteur*innen betrachtet. Wenn wir wirklich verstehen wollen, wie politische Vorgaben praxistauglich gestaltet werden, müssen wir alle Beteiligten einbeziehen – nicht zuletzt die Geflüchteten selbst, die dem Dublin-System unterliegen.

Zuvor bedarf es allerdings eines analytischen Ansatzes, der uns in die Lage versetzt, das Handeln aller Akteur*innen zu verstehen, deren Bemühungen, die Komplexität der Dublin-Verordnung zu bewältigen, letztendlich ihr praktisches Handeln zu bestimmen scheinen. Die Steuerung der Migration umfasst heute viele Behörden und Institutionen auf nationaler und supranationaler Ebene.[50] Zur Erfassung dieser Dynamik hat die Wissenschaft den Begriff des »Migrationsregimes« eingeführt, angelehnt an die Debatten über die internationalen Beziehungen in den 1970er Jahren in Fragen des internationalen Handels.[51]

----

50   Spencer, Multi-Level Governance of an Intractable Policy Problem.
51   Koslowski, European Migration Regimes: Emerging, Enlarging and Deteriorating, S. 736.

Auch wenn längst nicht von einem »einheitlichen« theoretischen Ansatz gesprochen werden kann,[52] unterstreichen die Perspektiven des
Migrationsregimes die »polyzentrische«[53] und nicht selten »adhokrati-
sche und widersprüchliche«[54] Natur migrationspolitischer Entscheidungsfindung, was ein stetiges Hin und Her zwischen der nationalen
und der supranationalen Ebene[55] zur Folge hat. Neben staatlichen Akteur*innen und EU-Bürokrat*innen bezieht die Gestaltung dieser Politik, wie sich gezeigt hat, eine ganze Reihe weiterer Akteur*innen ein,
darunter Gerichte und NGOs.[56] Die Betrachtung unter dem Schlag-
wort »Migrationsindustrie« beschreibt Ökonomisierung und Profit im
Zusammenhang mit dieser Zunahme nichtstaatlicher und gewinnori-
entierter Akteur*innen im Bereich der Migrationssteuerung.[57] Auch
wenn wir auf diesen Erkenntnissen aufbauen, stellen wir fest, dass der
Ansatz der Migrationsindustrie nicht die alltäglichen Herausforderungen erfasst, die uns bei unserer Forschung besonders auffielen. Hilfrei-
cher erachten wir den Ansatz des Migrationsregimes, der kontinuierlichen politischen Wandel und die wichtige Rolle von Migrant*innen bei
der Hinterfragung, Untergrabung und Aneignung der gesetzlichen
Rahmenbedingungen betont.[58] Der damit verbundene Ansatz der »Autonomie der Migration« betont die – eingebetteten – Handlungsspiel-

---

52   Vgl. die hilfreiche Diskussion in Horvath u.a., Re-thinking the Politics of Migra-
     tion.
53   Lavenex, Shifting Up and Out; dies., Multilevelling EU External Governance.
54   Guiraudon, The Constitution of a European Immigration Policy Domain,
     S. 277.
55   Menz, The Political Economy of Managed Migration Nonstate Actors, Europea-
     nization, and the Politics of Designing Migration Policies.
56   Papadopoulos u.a., Escape Routes; Menz, The Political Economy of Managed
     Migration Nonstate Actors, Europeanization, and the Politics of Designing
     Migration Policies; Feldman, The Migration Apparatus.
57   Andersson, Illegality, Inc. Clandestine Migration and the Business of Bordering
     Europe; ders., Europe's Failed ›Fight‹ against Irregular Migration; Gammeltoft-
     Hansen/Sørensen, The Migration Industry and the Commercialization of Inter-
     national Migration; Schapendonk, Navigating the Migration Industry.
58   Papadopoulos u.a., Escape Routes; Hess/Kasparek, Grenzregime – Diskurse,
     Praktiken, Institutionen in Europa; Tsianos/Kasparek, Zur Krise des europäi-
     schen Grenzregimes; Ataç u.a., Kämpfe der Migration als Un-/Sichtbare Politi-
     ken.

räume von Migrant*innen in diesem Beziehungsgeflecht.[59] Das Konzept des Migrationsregimes verweist mithin auf die Komplexität und den umkämpften Charakter der Migrationskontrolle in Europa. Insbesondere die dem Konzept des »Grenzregimes« anhängenden Autor*innen heben die analytische Bedeutung von Widersprüchen und Kämpfen hervor[60] und fordern eine sorgfältige Prüfung der konkreten Umsetzung des Migrationsregimes,[61] neben der Analyse des Diskurses als solcher. Die Wissenschaft hat den Außengrenzen des Schengen-Raums besondere Aufmerksamkeit geschenkt.[62] Wir wollen hier vor allem die innere Schengen-Dynamik unter die Lupe nehmen.

Koslowskis[63] Behauptung, das europäische Migrationsregime würde sich zugleich entwickeln, ausdehnen und zerfallen, wobei die nationale Souveränität positiv wie negativ beeinflusst wird und von einer enorm schwankenden Kooperationsbereitschaft auszugehen ist, trifft auch heute noch zu. Hampshire stellt daher zu Recht fest, dass es keine einheitliche Logik oder übergreifende Erklärung der europäischen Einwanderungspolitik gibt.[64] Im Rahmen dieser Gegebenheiten hat eine Regime-Perspektive, die die notwendigen »Reparaturarbeiten«[65] und bestehende Kontrolllücken aufzeigt und die Machtverhältnisse zwischen Staatsangestellten und Migrant*innen genauer beleuchtet,[66] ihren offenkundigen Nutzen. Vor allem können wir auf diese Weise das Handeln verschiedener (migrantischer, staatlicher und nichtstaatlicher)

----

59 Benz/Schwenken, Jenseits von Autonomie und Kontrolle: Migration als eigensinnige Praxis; Bojadžijev/Karakayalı, Autonomie der Migration. 10 Thesen zu einer Methode; Mezzadra, Der Blick der Autonomie; ders., The Gaze of Autonomy: Capitalism, Migration, and Social Struggles.

60 Heimeshoff u. a., Grenzregime II; Hess u. a., Regime ist nicht Regime ist nicht Regime.

61 Hess, De-naturalising Transit Migration; Pott/Tsianos, Verhandlungszonen des Lokalen.

62 Panagiotidis/Tsianos, Denaturalizing ›Camps‹; Zampagni, Unpacking the Schengen Visa Regime; Zaiotti, Cultures of Border Control; Collyer, In-Between Places; Schapendonk, Migrants' Im/Mobilities on Their Way to the EU: Lost in Transit?

63 Koslowski, European Migration Regimes: Emerging, Enlarging and Deteriorating.

64 Hampshire, European Migration Governance since the Lisbon Treaty, S. 542.

65 Sciortino, Between Phantoms and Necessary Evils.

66 Horvath u. a., Re-thinking the Politics of Migration.

Akteur*innen im Umgang miteinander kritisch hinterfragen, ohne dabei entweder von einem perfekt harmonisierten oder gänzlich heterogenen politischen Rahmen ausgehen zu müssen. Mangelnde Kohärenz bedeutet schließlich nicht, dass es an Vorschriften und Regulierung fehlt. Die Einbeziehung von Migrant*innen in eine Migrationsanalyse erscheint eigentlich selbstverständlich, allerdings haben vorherige Ansätze in dieser Hinsicht nicht immer Überzeugendes oder Systematisches beigetragen. Daher verorten wir unsere Forschung fest im Ansatz des Migrationsregimes. Dabei arbeiten wir mit der folgenden Definition, die unseren Anspruch unterstützt, im gesamten Regime asymmetrische Aushandlungsräume vorfinden zu können:

> Es existiert eine Vielzahl von Akteuren, deren Handeln mit demjenigen der anderen Beteiligten in Beziehung steht, jedoch ohne dass diese Zusammenhänge auf der Basis einer zentralen Logik oder Rationalität geordnet wären. Der Begriff des »Regimes« impliziert vielmehr einen praxisnahen Spielraum für Aushandlungen.[67]

Ansätze wie derjenige des Migrationsregimes verlangen zu Recht einen genaueren Blick auf umkämpfte Kontrollpraktiken und auf die migrantische Umschiffung und Widerstand gegen dieselben. Das Konzept des Migrationsregimes ist zwar zumindest in einigen Bereichen der Migrationsforschung heute anerkannter Standard, wir wollen aber versuchen, die Nutzung des Konzepts zu erweitern und zu optimieren, indem wir es auf eine »Streetlevel-Perspektive« der Migrationskontrolle anwenden. Im Folgenden wollen wir einen Einblick in diese *Aushandlungen* geben: in das Handeln einzelner Migrant*innen mit prekärem Rechtsstatus innerhalb des Dublin-Systems.

Dritter Exkurs zu Dublin: Die Odyssee von Migrant*innen im Dublin-System

Ganz abgesehen von den oben genannten praktischen Problemen werden die Bemühungen von Behörden bei der Überwachung und Vorbereitung von Fällen für die Überstellung im Rahmen des Dublin-Sys-

---

67 Tsianos/Karakayali, Transnational Migration and the Emergence of the European Border Regime, S. 375.

tems noch komplizierter, wenn Migrant*innen untertauchen. Derartige Situationen sind im Prinzip in Artikel 19(4) und 20(2) der Dublin-III-Verordnung geregelt, können sich aber in der Praxis als sehr
vertrackt erweisen, wie das obige Zitat von Blaine bereits zeigte. Nach
einem Untertauchen verlängert sich die ursprünglich sechsmonatige
Frist für die Rückführung der Person in den zuständigen Mitgliedstaat
auf 18 Monate. Taucht diese Person dann jedoch in einem anderen
(dritten) Mitgliedstaat wieder auf, können zwei parallele Verfahren
eingeleitet werden. Wenn die Person innerhalb von 18 Monaten wiederauftaucht, beginnt die Frist für den Mitgliedstaat, der die Zuständigkeit
übernommen hat, wieder von Neuem – ein Verfahren, das auch als
»Kettenregel« bezeichnet wird. Das bedeutet, dass die Frist praktisch
unbegrenzt verlängert werden kann, wenn die Person nach jedem Ver-
schwinden innerhalb von 18 Monaten wiederauftaucht, ganz gleich ob
in demselben oder in einem anderen Mitgliedstaat. Wird Asyl nach Ablauf der Rückführungsfrist beantragt, ist nicht mehr der ursprüngliche
Mitgliedstaat zuständig, sondern der Mitgliedstaat, der die Überstellung nicht organisieren bzw. vollziehen konnte.[68] Je länger sich jemand
im Schengen-Raum aufgehalten hat, desto schwieriger scheint es, den
bisherigen Aufenthaltsort einer Person und damit die Zuständigkeit
der Mitgliedstaaten zurückzuverfolgen. Darüber hinaus könnten Menschen in der Zwischenzeit geheiratet haben oder geschieden sein, den
Schengen-Raum verlassen und die Zuständigkeit mehrfach gewechselt
haben. Am Ende erscheinen die mit dem Dublin-System befassten
Sachbearbeiter*innen wie Detektiv*innen auf der Suche nach verwert-
baren Spuren, die die Zuständigkeit für die Bearbeitung eines Antrags
begründen könnten, wie die folgenden Feldnotizen veranschaulichen:

> Ein Sachbearbeiter eines kantonalen Migrationsamtes hat einen
> Termin mit einem »Klienten«, der in einer Haftanstalt sitzt und
> durch ganz Europa gezogen ist. Der Sachbearbeiter erklärt: »Jetzt

---

68 Der Vorschlag des Europäischen Parlaments und des Europäischen Rates für die
Dublin-IV-Verordnung sieht vor, diese Kettenregel aufzuheben und eine Regel
einzuführen, wonach ein Mitgliedstaat, sobald er den Antrag als zuständiger
Mitgliedstaat geprüft hat, auch für die Prüfung künftiger Angaben und Anträge
des betreffenden Antragstellers zuständig bleibt (Europäische Kommission, *Ver-*
ordnung (EU) Nr. 604/2013, S. 15). Dies ist eine der Maßnahmen, die mit dem
Ziel eingeführt werden, sogenannte Sekundärbewegungen zu unterbinden.

muss ich feststellen, welches Land zuständig ist und ihn zurücknehmen kann. Deshalb werde ich ihn in einer fairen Anhörung befragen müssen, wo er überall war«. Der Sachbearbeiter fasst rasch
zusammen, was nach dem Eintreffen des Geflüchteten geschah:
»2012 wurde Ihr Asylantrag abgelehnt, dann sind Sie untergetaucht. Wo waren Sie?« – »Ich war unterwegs in Europa.« – »Und
wo zuerst?« – »Italien.« Der Geflüchtete erwähnt bestens gelaunt
einige weitere Länder, die er auf seinem »Trip« »besucht« hat. Der
Sachbearbeiter fragt, wo er sonst noch Asyl beantragt hat. »Überall.
In jedem Land. Zuerst hier in der Schweiz, dann in Italien, Österreich, Schweden, Dänemark, Norwegen, Deutschland. Nur in Spanien nicht.« Der Sachbearbeiter kann offenbar nur noch staunen,
während der Geflüchtete fortfährt: »Wenn du nirgendwo einen
Wohnsitz hast, versuchst du, irgendwo einen Fuß auf den Boden
zu bekommen.« – »Haben Sie schon Antworten auf Ihre Anträge
bekommen?« – »Die Antworten standen bereits fest, allesamt negativ.« – »Sie haben also gar nicht erst auf die einzelnen Entscheidungen gewartet?« Der Geflüchtete antwortet: »Manchmal war
die Unterbringung ziemlich beängstigend, deshalb bin ich von
dort mehrere Male abgehauen.« Nach einigen weiteren Fragen erklärt der Geflüchtete, seine Fingerabdrücke erstmals in Chiasso
[Schweiz] abgegeben zu haben. Der Sachbearbeiter versucht herauszufinden, was der Geflüchtete davon halten würde, in eines
der zuvor genannten Länder zurückgeschickt zu werden. »Österreich? Kein Problem. Aber ich habe doch hier meine Fingerabdrücke abgegeben. Wollen Sie mich loswerden?« Der Sachbearbeiter
antwortet mit einem Lächeln: »Nein, nein. Ich werde einfach nur
Ihre gesamte Länderliste durchgehen«, und das tut er dann auch.
Zum Schluss fragt der Geflüchtete: »Wieso nicht die Schweiz?« –
»Nun ja, wenn gar nichts anderes geht, nehmen wir Sie auch zurück. Aber wenn Sie hierbleiben, reden wir über Ihre Rückkehr
nach Marokko.« (Feldnotizen, Schweizer Kantonales Migrationsamt 2017)
Bei den Diskussionen über die komplexe Anwendung des Dublin-Systems müssen wir Migrant*innen selbst und ihre Rolle bei der Aushandlung und Gestaltung der Umsetzung dieser Gesetze berücksichtigen.
Der obige Auszug aus einem Interview mit einem »Dubliner« liefert

ein Beispiel für die Hypermobilität und die Handlungsmöglichkeiten
von Migrant*innen, um die gesetzlichen Regelungen zur Verlängerung
eines Aufenthalts und zur Verhinderung der Abschiebung zu nutzen
(siehe auch Kapitel 4).[69] Wie Nico, Mitarbeiterin der italienischen
Dublin-Behörde, feststellte: »Sie haben einen starken Willen, was ihre
Zukunft betrifft, auch für ihre Familie und so weiter. Man kann niemanden zwingen« (Interview in Italien 2015). Für den Sachbearbeiter
in unserem Beispiel ist es schwierig festzustellen, welches Land zuständig sein könnte. Gleichzeitig hat der Asylbewerber das Gefühl, dass er
vertrieben wird, unerwünscht ist, obwohl er die Schweiz als das für seinen Fall zuständige Land sieht. Einer der Hauptmängel der derzeitigen
Struktur des Dublin-Systems besteht darin, dass sie den Hoffnungen
der Migrant*innen und generell ihren Handlungsmöglichkeiten nicht
genug Rechnung trägt – eine wesentliche Erklärung dafür, dass das
Dublin-System letztlich versagt.[70] Auch wenn sich der Sachbearbeiter
und der Geflüchtete freundlich zu unterhalten scheinen – ein fast
schon scherzhaftes Hin und Her, wobei der Asylbewerber einen ziemlich entspannten Eindruck macht –, werden die Entscheidungen des
Sachbearbeiters seine Zukunft entscheidend prägen. Das Gespräch ist
mithin ein gutes Beispiel für asymmetrische Aushandlungsräume.
Überdies sehen wir, wie weit die politischen Rahmenbedingungen von
der Realität, die sie eigentlich regeln sollen, entfernt sein können: In
diesem Fall entspricht die Schwierigkeit, die Zuständigkeit für eine Person festzustellen, die mehrfach den Aufenthaltsort gewechselt hat,
nicht den statischen Annahmen der in der Dublin-Verordnung festgelegten (linearen) Wege von Migrant*innen. Selbst bei einer »erfolgreichen« Umsetzung der Verordnung kann die Nichtberücksichtigung des
Handelns von Migrant*innen zu geradezu absurden Ergebnissen führen. Wie es ein*e schwedische*r Abschiebehaftangestellte*r beschreibt:
   Ja, wir sehen schon, dass manche von ihnen mehrere Male hierher
   zurückkommen. Sie kommen über das Dublin-System. Es ist eine
   vertrackte Geschichte. So viel Verwaltungskram, wenn man doch
   eigentlich denkt, es müsste möglich sein, sie einfach über die Brü-

---

69   Picozza, »Dubliners. Unthinking Displacement, Illegality, and Refugeeness with-
     in Europe's Geographes of Asylum«; siehe auch Wyss, Stuck in Mobility?
70   Siehe auch Collyer, Migrants as Strategic Actors.

cke [nach Dänemark] zu fahren … Und dann sagen sie »Ich bin
eben im Zug eingeschlafen und in Kopenhagen aufgewacht!«. Das
habe ich mindestens hundert Mal gehört … aber ich weiß nicht
recht, als ich zwischen Malmö und Kopenhagen pendeln musste,
bin ich nie im Zug eingeschlafen. (Interview in Schweden 2017)

In unseren Interviews wurde oft deutlich, dass sich Migrant*innen des
Dublin-Systems bewusst waren, insbesondere wenn sie bereits in andere
Länder gezogen waren und einen Dublin-Überstellungsbeschluss bekommen hatten.[71] Sie haben allerdings auch die uneinheitliche und
mangelhafte Anwendung der Verordnung einkalkuliert und sind in vielen Fällen weitergezogen, obwohl sie wussten, dass sie in ihr erstes An-
tragsland zurückgeschickt werden könnten, wie das folgende Zitat eines
Asylbewerbers namens Anthony belegt. Als Anna ihn in Deutschland
traf, sprach er über den Moment, als er die Entscheidung der Schweizer
Behörden erhielt, wonach sein Asylantrag in Spanien bearbeitet werden
müsse, weil er dort in den Schengen-Raum eingereist sei:

Ich war nicht glücklich, als ich den Brief bekam. Es brach mir das
Herz. Für mich selbst, in meinen Gefühlen, war ich nicht … trotzdem … ich habe mich von dem Brief nicht unterkriegen lassen. […] Schließlich ist es bloß ein Brief. Es ist ein einfacher Brief,
irgendwer hat ihn geschrieben. […] Irgendein Briefeschreiber ist
doch nicht Gott. Also sagte ich mir, lass dich davon nicht unterkriegen. Es ist doch bloß ein Brief. […] Ich war nicht willkommen
in der Schweiz, aber das heißt ja nicht, dass ich irgendwo anders
auch nicht willkommen wäre. (Interview Deutschland 2016)

Anthonys Ausführungen unterstreichen, wie die Dublin-Verordnung
die Wege und Ziele von Migrant*innen durchkreuzen kann, sie weisen
aber auch darauf hin, dass Migrant*innen die gesetzlichen Vorschriften
keineswegs als in Stein gemeißelt wahrnehmen. Vielmehr erkennen sie,
dass die uneinheitliche Rechtsanwendung im Migrationsregime sowohl Chancen als auch Zwänge für sie bietet, was ihre jeweiligen Ziele
und Absichten angeht; schon das ist Grund zur Hoffnung und kann sie
veranlassen, auf die angetroffenen rechtlichen Einschränkungen zu
reagieren (siehe Kapitel 4).

----

71   Siehe auch Belloni, Refugees as Gamblers.

Um die Vorstellungen von Recht und Gesetz, Staatsstruktur und Kanalisierungsmacht im Migrationsregime angemessen berücksichtigen zu können, erschien es uns zur Erweiterung des theoretischen Ansatzes und zur Schärfung der Analyse notwendig, Erkenntnisse aus zwei verwandten Perspektiven einzubeziehen: aktuelle Ansätze der Staatsforschung, die die Relevanz staatlicher Autorität (die hier als uneinheitlich und von vielen Händen beeinflusst verstanden wird – siehe Kapitel 6) und von dessen Macht, praktisches Handeln zu gestalten, betonen,[72] sowie die Rechtssoziologie.

Das Rechtsbewusstsein prägt die Praxis

Das Migrationsregime als konzeptionelle Basis zu nehmen dient nicht nur dazu, den Stand der Migrationskontrolle in Europa zu beschreiben. Es eignet sich auch, Migrationsstudien mit breiteren theoretischen Debatten über Staat und Recht in der Praxis zu verknüpfen. Wenngleich sicherlich nicht ganz untheoretisch,[73] könnte man argumentieren, die Migrationsforschung hätte ein wenig unter ihrem interdisziplinären Charakter gelitten, wodurch bisweilen der Eindruck entsteht, Wissenschaftler*innen hätten bei der Beschäftigung mit dem Thema die Theorien ihrer jeweiligen Disziplin über Bord geworfen. Man könnte geradezu sagen, Migration liefert uns das beste Forschungsfeld, um aufzuzeigen, dass das formalistische, proto-webersche Staatsverständnis schlicht überholt ist. Die Herrschaft über die Migrationskontrolle liegt nicht mehr ausschließlich, aber doch noch »irgendwie« in den Händen der Nationalstaaten. Innerhalb und außerhalb davon streiten mehrere Akteur*innen über Gesetze und Richtlinien und gestalten diese. Angesichts der andauernden – und mal mehr, mal weniger erfolgreichen – Versuche von Migrant*innen, sich den immer stärkeren Kontrollbemühungen zu widersetzen, kann die bürokratische Steuerung der Migration schwerlich als besonders effizient beschrieben werden.[74] Natürlich sollte

---

72   Buckel/Wissel, State Project Europe.

73   Siehe Bommes/Sciortino, Foggy Social Structures.

74   Benz/Schwenken, Jenseits von Autonomie und Kontrolle: Migration als eigensinnige Praxis; Massey u.a., Why Border Enforcement Backfired.

uns all dies nicht überraschen. Schließlich geht Webers Argumentation[75] auf den Vergleich erst in der Entstehung begriffener Nationalstaaten mit nepotistischen, absolutistischen Kleptokratien zurück – wobei Erstere selbstredend rationaler und regeltreuer agieren als Letztere. In Bezug auf das reale staatliche Handeln sah Weber jedoch auch den Staat als Ort der Auseinandersetzung zwischen verschiedenen Interessengruppen und der ständigen Verlagerung von Loyalitäten (vgl. seine Abhandlungen über Junker oder die Zusammensetzung der Volkswirtschaft)[76]. In den letzten 40 Jahren hat die Wissenschaft zunehmend versucht, unser Verständnis vom Staat neu zu formulieren. In der Soziologie[77] wie in der Anthropologie[78] appellieren die Wissenschaftler*innen, den Staat nicht als ein einheitliches Ganzes zu verstehen, sondern als ein Konglomerat aus Praktiken, Ideen und Idealen. Dies eröffnet analytische Wege zur Untersuchung, was staatliche Akteur*innen tun, was nicht unbedingt mit unserer (oder deren!) Vorstellung vom Staat in Einklang stehen muss.

Einige Streetlevel-Bürokrat*innen, denen wir in den untersuchten Ländern begegnet sind, betonten zunächst, dass die »Rechtslage klar« sei und dass sie »nach Recht und Gesetz verfahren«, »ohne persönlichen Emotionen« Raum zu geben, sondern »klar und strategisch« handelten. Indirekt beschrieben sie die öffentliche Verwaltung als frei von Affekten und mithin auch meist frei von Ermessensentscheidungen (siehe Kapitel 3). Diese Annahmen und Vorstellungen, bis hin zu Fantasien darüber, wie Recht und Führung auszusehen hätten, prägen somit weiterhin das Selbstverständnis der Verwaltungsapparate und damit die Praxis der Migrationskontrolle. Wir stimmen hier mit Rozakou überein, die feststellt, dass »die Fantasie der bürokratischen Kon-

---

75 Weber, Wirtschaft und Gesellschaft: Grundriss der verstehenden Soziologie.

76 Ebd.

77 Abrams, Notes on the Difficulty of Studying the State; Jessop, Crises, Crisis-Management and State Restructuring.

78 Aretxaga, A Fictional Reality: Paramilitary Death Squads and the Construction of State Terror in Spain; Das/Poole, Anthropology in the Margins of the State; Gupta, Blurred Boundaries; Herzfeld, The Social Production of Indifference; Laszczkowski/Reeves, Affective States: Entanglements, Suspensions, Suspicions; Nugent, States, Secrecy, Subversives; Sharma/Gupta, The Anthropology of the State.

trolle eine zwingende Macht über jeden hat«[79]. Hier ist Abrams' Analogie[80] zu einer Studie über die Religion hilfreich: Wir können – und sollten – zwischen Glauben/Theologie und Praxis/Institutionen unterscheiden, was auch bedeutet, dass wir den Staat studieren können, ohne an ihn zu »glauben«. Vielmehr sind wir dann in der Lage, den vorherrschenden Glauben an das Konzept des Staates als Gegenstand der Analyse zu betrachten. Dies erklärt, wie die Wahrnehmung eines »magischen« und fast übernatürlich mächtigen Staates[81] durch ihm Unterworfene mit ungleichen und intern umkämpften Staatspraktiken im Einklang stehen kann.[82] Manche bringen vor, vor allem anthropologische Ansätze hätten sich zu sehr auf Ideen und Diskurse verlegt.[83] Allerdings sind eher praxisorientierte Sichtweisen in der interpretierenden politischen Wissenschaft wieder verstärkt in den Fokus gerückt.[84] Dasselbe gilt für Studien über die Streetlevel-Bürokratie.[85] Überdies haben praxisorientierte Ansätze zur Analyse des Staates dazu beigetragen, Macht und Herrschaft sowie den Widerstand dagegen kritisch in der Alltagspraxis zu situieren, etwa von Polizeikräften[86], Sozialarbeiter*innen[87] oder in Gefängnissen und Internierungseinrichtungen[88].

Ebenso wie »der Staat« sinnvollerweise als ganzheitliche Einheit zerlegt wurde, haben rechtssoziologische Ansätze versucht, »dem Recht« mehr analytische Klarheit zu verschaffen. Auch hier deutet die Wissenschaft auf die erhebliche Diskrepanz zwischen Gesetzestext auf der einen und praktischer Umsetzung auf der anderen Seite. Recht »in der

---

79 Rozakou, Nonrecording the ›European Refugee Crisis‹ in Greece, S. 46.
80 Abrams, Notes on the Difficulty of Studying the State, S. 79 f.
81 Taussig, The Magic of the State, siehe auch Kapitel 4.
82 Lipsky, Street-Level Bureaucracy; Silbey, After Legal Consciousness.
83 Thelen u. a., Stategraphy, S. 3 f.
84 Bevir, Interpreting British Governance; ders., Governance: a Very Short Introduction; ders./Rhodes, The State as Cultural Practice.
85 Lipsky, Street-Level Bureaucracy; Maynard-Moody/Musheno, Cops, Teachers, Counselors; Evans, Professional Discretion in Welfare Services; Dubois, The Bureaucrat and the Poor; Fassin u. a., At the Heart of the State.
86 Fassin, Enforcing Order; Epp u. a., Pulled over: How Police Stops Define Race and Citizenship.
87 Auyero, Patients of the State; Dubois, The Bureaucrat and the Poor.
88 Hasselberg, Enduring Uncertainty; Wacquant, Punishing the Poor.

Praxis« ist also von Natur aus etwas anderes als Recht »in den Büchern«, weil Letzteres durch Handeln und Interpretation seiner Durchführungsorgane geformt wird.[89] Bezüglich der Rechtspraxis haben zahlreiche Studien gezeigt, dass das Recht durch das Zusammenwirken von Expert*innen verwirklicht und geprägt wird, seien es nun Richter*innen[90], Anwält*innen und Lobbyist*innen[91] oder Finanzaufsichtsbehörden[92]. Hier gelten Rechtskenntnisse und konkurrierende Interpretationen sowie die berufliche Ethik als die Kräfte, die letztlich gestalten, was Recht ist und was es bedeutet.[93] Zugleich bleiben »das Recht« und »der Staat« wichtige Konzepte, auf die sich der Einzelne beruft und die seine Entscheidungen bestimmen. Das gilt für eher allgemeine Vorstellungen von einem Rechtssystem[94] und auch für die Interpretation von oder Gerüchte über (un)erreichbare individuelle Rechte.[95]

Die Literatur zur Streetlevel-Bürokratie hat gezeigt, wie sich die beruflichen, kulturellen und moralischen Werte und Einstellungen von Amtsträger*innen[96] – und deren gelegentliche Abkehr von solchen Werturteilen[97] – auf staatliches Handeln auswirken. Wie Fassin betonte, »begnügen sich staatliche Akteur*innen nicht nur mit der Umsetzung der Politik des Staates – sie *machen* sie«[98]. Das Handeln von Streetlevel-Bürokrat*innen gründet auf der beruflichen Sozialisation, öffentlichen Einstellungen und Druck, dem organisatorischen Umfeld

----

89   Moore, Law as Process.
90   Scheffer u.a., Criminal Defence and Procedure; Lautmann, Justiz. Die stille Gewalt.
91   Epp, Making Rights Real.
92   Riles, Collateral Knowledge.
93   Levin/Mather, Lawyers in Practice; Banakar, The Doorkeepers of the Law; Kranenpohl, Hinter dem Schleier des Beratungsgeheimnisses.
94   Merry, Getting Justice and Getting Even; Ewick/Silbey, The Common Place of Law; Silbey, After Legal Consciousness.
95   Sarat, ›… The Law Is All Over‹: Power, Resistance and the Legal Consciousness of the Welfare Poor; Eckert u.a., Law against the State.
96   Borrelli/Lindberg, The Creativity of Coping; Douglas, How Institutions Think; Lipsky, Street-Level Bureaucracy; Maynard-Moody/Musheno, Cops, Teachers, Counselors.
97   Herzfeld, The Social Production of Indifference.
98   Fassin, Governing Precarity, S. 5

und Interaktionen mit ihren individuellen »Kund*innen«.[99] Es verdeutlicht auch die Widersprüche, die der Migrationspolitik zwischen und innerhalb bestimmter Behörden innewohnen, im Spannungsfeld zwischen rechtlichen Vorgaben zur Kontrolle und Ausweisung und einer ethischen Verantwortung für den Schutz der Rechte von Migrant*innen, die mit prekärem Rechtsstatus in einer Gesellschaft leben und arbeiten.[100] Das Migrationsrecht wird mithin von ganz normalen Menschen durchgesetzt, die tief in ein soziales Umfeld und eine »moralische Ökonomie« eingebettet sind.[101] Dazu gehören auch moralische Konflikte zwischen Rechten und Sicherheit, Solidarität und der Frage, wer Hilfe verdient und wer nicht, Brutalität, Rassismus und Diskriminierung.[102] Dies unterstreicht ein weiteres Mal, dass es unmöglich ist, den »Staat« und die Gesellschaft getrennt voneinander zu betrachten. Gregory Feldman erinnert sich, was ihm ein Informant aus Polizeikreisen als Hauptgründe für die Entscheidung nannte, sich an Recht und Gesetz zu halten oder eben nicht: »Wir sind Menschen. Wir sind Eltern. Wir haben Werte [...] Dachten Sie, wir wären irgendwie etwas Mysteriöses?«[103] Wichtig ist aber auch die beträchtliche Macht, die diesen Staatsangestellten zur Verfügung steht: Die Kategorisierung, Organisation, Inkraftsetzung von Unterscheidungen, mitunter auch mittels Zwang, verleiht ihnen als Türhüter des Gesetzes in der Tat mysteriöse – oder fantastische – Eigenschaften.[104]

Die Rechtspraxis wird also durch institutionelle Rahmenbedingungen sowie durch die Konstellationen und Machtdynamiken der Akteur*innen geprägt, die zur Gestaltung der Ergebnisse der Migrations-

----

99   Fassin/Kobelinsky, Comment on juge l'Asile; Leerkes u.a., What Drives ›Soft Deportation‹?; O'Kelly/Dubnick, Taking Tough Choices Seriously; Zacka, Adhocracy, Security and Responsibility; ders., When the State Meets the Street.

100   Ambrosini, NGOs and Health Services for Irregular Immigrants in Italy; Dwyer, On Taking Responsibility for Undocumented Migrants; van der Leun, Excluding Illegal Migrants in the Netherlands.

101   Fassin, Governing Precarity; Evans, The Moral Economy of Street-Level Policy Work.

102   Boulila/Carri, On Cologne: Gender, Migration and Unacknowledged Racisms in Germany; Chauvin/Garcés-Mascareñas, Beyond Informal Citizenship; Scheibelhofer, It Won't Work without Ugly Pictures.

103   Feldman, ›With My Head on the Pillow‹, S. 493.

104   Trouillot, The Anthropology of the State in the Age of Globalization.

kontrolle beitragen. Auch wenn sie nicht als kohärente Einheit agieren, erzeugt ihr Handeln dennoch systemische Effekte – immerhin ist es doch dieses Handeln, was »zu einem erkennbaren, dauerhaften Phänomen und einer Institution verschmilzt, die wir als Gesetz anerkennen«[105]. Sosehr sich Streetlevel-Akteur*innen bei der Umsetzung an das geschriebene Gesetz gebunden fühlen, so sehr sind ihre Handlungen durchdrungen von Ermessensentscheidungen, die eine entscheidende Rolle bei der Reproduktion von Machtungleichgewichten spielen (siehe Kapitel 3). Damit Migrationsrecht und -politik ihre Legitimität angesichts der von ihnen erzeugten Ungerechtigkeit wahren können, bedarf es fantasiereicher ideologischer Arbeit. In diesem Buch versuchen wir, die Hintergründe und Ideen zu entwirren und zu analysieren, auf denen sich das Handeln von Staatsangestellten und die Folgen ihrer Entscheidungen stützen, ihre Arbeit mit Lässigkeit, Kreativität und Verantwortungsbewusstsein in Angriff zu nehmen.

Vierter Exkurs zu Dublin: Ideen, Wahrnehmungen und Wissen formen die rechtliche Umsetzung

Mehrfach konnten wir beobachten, wie schwedische Grenzkontrolleure*innen an einem großen schwedischen Flughafen die Einreise von Menschen verhinderten, weil deren Schengen-Visum von einem anderen Land ausgestellt wurde, durch das die betreffende Person nicht zuerst gereist war. Zwar gibt es keine gesetzliche Verpflichtung, über den Staat in den Schengen-Raum einzureisen, der das Visum ausgestellt hat, dennoch erregte diese Sachlage den Verdacht der Grenzbehörden. Die Bürokrat*innen äußerten die Befürchtung, diese Besucher*innen könnten Asyl beantragen und damit ein Dublin-Verfahren auf den Weg bringen, verbunden mit zusätzlichen Kosten und Papierkram für die Bürokrat*innen. Auch wenn die Grenzkontrolleure*innen nicht den Auftrag hatten, Menschen mit einem potenziellen Dublin-Fall an der Einreise zu hindern, und ihnen rechtlich auch nicht die Einreise verweigern konnten, waren sie eindeutig besorgt über das potenzielle »Chaos«, das diese Einreisen verursachen könnten. Ihr Verdacht, der zu

---

105 Silbey, After Legal Consciousness, S. 347.

verstärkten Grenzkontrollen führte, verdeutlicht, wie Dublin für viele unserer Gesprächspartner*innen nicht etwa für eine einfachere Handhabung des Asylproblems in Europa stand, sondern für einen arbeitsintensiven und oft mühsamen und ineffizienten Teil der Migrationskontrolle, dem sie zum Teil ziemlich pragmatisch begegneten. Auf die Frage, wie sie entschieden, an welche Länder sie Migrant*innen überstellen sollten, wenn sie einen Verdacht auf einen Dublin-Fall hätten, antwortete ein für solche Fälle zuständiger Sachbearbeiter in der Schweiz:

> Nach den Kriterien von Dublin und auch nach Erfahrung, Bauchgefühl und so, weil es kann sehr wohl sein, dass man bei jemandem fünf Fingerprint-Hits hat, und dann muss man sich natürlich überlegen, ob man dem ersten [Treffer in dem Land] vor uns nachgeht oder gehe ich dem [Land in Europa] nach, wo die Person zuerst war. (Interview Schweiz 2017)

Um mit der anstehenden Komplexität klarzukommen, griffen Staatsangestellte daher sowohl auf rechtliche Kriterien als auch auf informelles Wissen zurück, das nicht selten auf einer Mischung aus Erfahrung und Hörensagen beruhte. Blaine, unser Schweizer Sachbearbeiter in Italien, bestätigte, dass ihr Büro sowohl auf persönliche Kontakte als auch auf Erfahrung angewiesen sei, damit Dublin für sie »funktionieren« könne. Blaine kategorisierte deshalb andere Unterzeichnerstaaten entsprechend ihrem zu erwartenden Vorgehen (»Norwegen ist streng«, siehe oben). Sowohl schwedische als auch deutsche Grenzschützer*innen beklagten, Dänemark sei zu einem reinen »Transitland« wie Italien geworden, da die dänische Verwaltung die Registrierung von Migrant*innen, die irregulär durch das Land reisen, de facto eingestellt hätten (siehe Kapitel 1). Nach der Aussetzung von Dublin-Abschiebungen syrischer Asylbewerber*innen im Jahr 2015 stellten viele unserer Gesprächspartner*innen in deutschen Behörden die Arbeit an derartigen Transfers auf Dublin-Basis ganz ein und behaupteten, dies werde »von der Regierung« nicht mehr gewünscht – was Angestellte in Landes- und Bundesministerien allerdings entschieden bestritten. Da also selbst staatliche Akteur*innen offenbar eine ganze Menge Seemannsgarn spinnen müssen, um durch die Untiefen des Dublin-Systems zu navigieren, überrascht es kaum, dass auch Migrant*innen nur schwer zu durchschauen vermögen, was genau das Dublin-System bedeutet und was nicht.

Walids Asylantrag war wiederholt vom Schweizer Staatssekretariat für Migration abgelehnt worden. Man hat ihm zwar immer wieder mitgeteilt, dass er kein Bleiberecht hätte, aber die Abschiebeanordnung in sein Heimatland wurde nie durchgesetzt. Seinem anschließenden Versuch, in anderen europäischen Ländern legal unterzukommen, standen immer die Vorgaben des Dublin-Systems im Wege, deshalb wurde er mehrere Male in die Schweiz zurücküberstellt. Für ihn ergibt das alles absolut keinen Sinn: »Schließlich wird die Schweiz sagen, ›Ja, okay, schickt ihn zurück.‹ Warum? Wenn mich die Schweiz doch gar nicht mag?« (Interview Schweiz 2014)

In der Tat: Warum sollte ein Staat, in dem sich eine Person nach Überzeugung des Staates illegal aufhält, diesen immer wieder zurücknehmen? Das Beispiel veranschaulicht, wie regulatorische Rahmenbedingungen in den Augen der ihnen unterworfenen Migrant*innen vollkommen sinnlos erscheinen können. Tatsächlich scheint die Dublin-Verordnung im Falle von Walid nur zu Unannehmlichkeiten geführt zu haben – sowohl für ihn selbst als auch für einen Staat, der ihn ohnehin nicht innerhalb seiner Grenzen haben will. Das Interpretieren der gesetzlichen Grundlagen ist jedoch nicht nur eine Frage individueller Wahrnehmungen, Interessen und informellen Wissens. Staatsangestellte gaben zu, nur schwer erklären zu können, warum das Gesetz nicht in der erwarteten Weise angewendet wurde:

Ein schwedischer Mitarbeiter in einem Asylzentrum hatte soeben eine erregte Diskussion mit einem Geflüchteten. Erschöpft von diesem Streit berichtet er Annika: »Er [der Festgehaltene] hat eine Menge über die Gesetze gelesen und versucht, seine Situation zu begreifen. Was ihn so frustriert, ist die Tatsache, dass er das Gesetz anders interpretiert als die Leute, die über ihn zu entscheiden hatten, und dann müssen wir ihm sagen, dass er unrecht hat und die anderen haben recht. Aber es stimmt, dass ein Geflüchteter gemäß Dublin seinen Fall im gleichen Land prüfen lassen darf, in dem seine Familie lebt … andererseits ist aber dieses andere Land *nicht verpflichtet,* ihn aufzunehmen« (Feldnotiz, Schweden 2017).

Die Frustration des betreffenden Migranten erscheint nachvollziehbar, auch aus Sicht des Mitarbeiters. Was hier infrage gestellt wird, ist nämlich nicht nur sein Recht auf Familienzusammenführung, sondern

auch die Nichtanerkennung seiner Auslegung der konkreten Rechtsnorm, was dem Kontrollregime letztlich seine ideologische Macht und
Autorität verleiht.[106] Was dem Geflüchteten hier erscheint, sind Macht
und Autorität ohne jede Logik oder Begründung, die dem Gesetz Legitimität verleihen könnte. Wie wir zeigen werden, ist die Rechtspraxis
voller solcher widersprüchlichen Ideen, Ideale und Interpretationen,
die jeweils Hoffnungen wecken und Gerüchten Nahrung geben[107] – jedoch auch Verzweiflung verursachen. Die Werte und Rechtsvorstellun-
gen können somit entscheidende Auswirkungen auf die Rechtspraxis
haben. Tatsächlich bemerkte der*die Angestellte, als er*sie über den
oben beschriebenen Vorfall nachdachte: »Recht, das ist nicht das, was
auf dem Papier steht oder was du bekommst, Recht ist, was du daraus
machst!«

Die umkämpften und widersprüchlichen Begründungen und Interpretationen, die der Dublin-Verordnung in den obigen Beispielen
zugeschrieben werden, sind hilfreich, um die verschiedenen Bedeutungen hervorzuheben, die »das Gesetz« und »der Staat« im Migrationsregime annehmen, und wie Ideen ihrerseits die Praxis prägen. Der Staat
als Idee und Wirkung[108] entsteht nicht nur durch alltägliche bürokratische Praxis, sondern auch durch das »leidenschaftliche Engagement«
nichtstaatlicher Akteur*innen, Bürger*innen und Nichtbürger*innen,
die versuchen, sich durch den Dschungel staatlichen Handelns zu
kämpfen, ihn zu durchschauen, zu antizipieren und zu beeinflussen.[109]
Auf dem Gebiet der Migrationskontrolle werden Vorstellungen davon,
welchem Zweck und welcher Logik Gesetze unterliegen sollen, durch
Gedanken und Einstellungen der Allgemeinheit zur Migration geprägt.
Dabei geht es auch um Sicherheitsfragen und humanitäre Diskurse, sowie Urteile darüber, ob bestimmte Personen Asyl »verdienen«[110] – und
diese Urteile gründen nicht selten auf geschlechtsspezifischen und ras-

---

106 Vgl. Silbey, After Legal Consciousness.
107 Siehe Kapitel 4; aber auch Eckert, Rumours of Rights.
108 Abrams, Notes on the Difficulty of Studying the State; Mitchell, Society, Eco-
     nomy and the State Effect.
109 Laszczkowski/Reeves, Affective States: Entanglements, Suspensions, Suspicions,
     S. 7.
110 Chauvin/Garcés-Mascareñas, Beyond Informal Citizenship.

sifizierten Stereotypen.[111] Diese Rahmenbedingungen beeinflussen nicht nur die Politikgestaltung und deren unmittelbare, konkrete Durchsetzung, sondern prägen auch die Haltung von Migrant*innen.[112] Im Wissen, dass die Chancen auf Legalisierung ihres Aufenthalts von dieser moralischen Ökonomie geprägt sind, müssen auch sie formale Regeln und informelle Kriterien einhalten,[113] ihre Taktiken anpassen und sich den vorherrschenden Wahrnehmungen davon unterwerfen, wie man sich das Aufenthaltsrecht »verdienen« kann – oder eben nicht. Auch sie müssen sich damit abfinden, ein »Rechtsfall« zu werden[114] – eine Tatsache, die sie auch zu ihrem Vorteil nutzen und »zurechtbiegen« können.

Migrationskontrolle als interaktives und relationales Phänomen

Eine rechtssoziologische Sichtweise ermöglicht es uns noch mehr als eine staatspraktische Perspektive, von Grund auf alle beteiligten Akteur*innen zu berücksichtigen – Rechtssubjekte, ihre (halb)professionellen Unterstützer*innen und Vertreter*innen von Justiz und Verwaltung. Oft geht es dabei vor allem um Interaktionen und Widersprüche,[115] die sich sowohl auf den Ausgang konkreter Einzelfälle als auch – zumindest potenziell – auf »das Recht« an sich auswirken können. Infolgedessen erweist sich weder »der Staat« noch »das Recht« als von der »Gesellschaft« abgekoppelt (oder in Opposition zu ihr stehend), sondern als eingebettet in und geprägt durch soziale Interaktion. Ebenso ist die umkämpfte Migrationskontrolle weniger eine Arena, in der absolute Gegenpole aufeinandertreffen, sondern vielmehr ein Raum, in dem verschiedene Akteur*innen mit unterschiedlichem Ein-

---

111 Boulila/Carri, On Cologne: Gender, Migration and Unacknowledged Racisms in Germany; Scheibelhofer, It Won't Work without Ugly Pictures.
112 Coutin, Legalizing Moves; Fassin, Enforcing Order.
113 Scheel, Real Fake?
114 Hamlin, Let Me Be a Refugee; Hasselberg, Enduring Uncertainty; Silbey, After Legal Consciousness.
115 Epp, Making Rights Real; Kawar, Contesting Immigration Policy in Court; Scheffer u. a., Criminal Defence and Procedure.

fluss und unterschiedlicher Macht interagieren und aushandeln.[116] Eben deshalb spricht das praxisorientierte Herangehen an »Recht« und »Staat« für die weiter oben dargestellte Vorstellung vom Migrationsregime. Indem wir die Wechselwirkungen vor Ort genau untersuchen, wollen wir dem »Kern«[117] des Migrationsrechts in der Praxis auf den Grund gehen.

Wichtig ist, dass die Umsetzung des Migrationsrechts nicht unbedingt ein Freund-Feind-Verhältnis zwischen Justizbehörden und Migrant*innen mit sich bringt; auch sind die Positionen der Handelnden zueinander und ihr jeweiliger Umgang mit dem Gesetz alles andere als einheitlich. Sie werden überdies durch Vermittler*innen beeinflusst, die jeweils eine Seite unterstützen und deren Beteiligung an sich schon ein produktives Element darstellt. Während also die an allen unseren Forschungsstandorten präsente Erkenntnis »auf die Praxis kommt es an« wichtig ist und bleibt, wollen wir über diese schlichte Aussage hinausgehen und aufzeigen, wie in den täglichen Aushandlungen durch die Politik, Ideen und Praxis der Migrationskontrolle das Migrationsregime und seine inneren Machtverhältnisse erzeugt und aufrechterhalten werden.

Fünfter Exkurs zu Dublin: Selektiver Gebrauch und Missbrauch des Dublin-Systems

Die Dublin-III-Verordnung verlangt die Überstellung von Asylbewerber*innen in das jeweils zuständige Land und trägt ihren Teil dazu bei, lange Reisen im gesamten Schengen-Raum zu generieren. So wird das Weiterziehen von Migrant*innen zugleich behindert und provoziert.[118] Im Ergebnis beobachten wir kurzfristige Mobilität dieser sogenannten »Dubliner«[119], die »in ihrer Mobilität gefangen sind«[120]. Tazzioli[121] hat

---

116 Vgl. Eule u.a., Contested Control at the Margins of the State.
117 Fassin u.a., At the Heart of the State; Fassin, Governing Precarity.
118 Wyss, Stuck in Mobility?
119 Kivistö, »Dubliners« in the European Union.
120 Wyss, Stuck in Mobility?
121 Tazzioli, Containment through Mobility; siehe auch Davies u.a., Violent Inaction.

dies als eine Situation der »Eingrenzung durch Mobilität« bezeichnet, die durch Momente hervorgerufen wird, in denen Staatsakteur*innen aktiv beschließen, durch stillschweigende Duldung oder koordiniertes Handeln Asylbewerber*innen auf der Durchreise zu »übersehen«, sie nicht zu registrieren und nicht in den Verwaltungsprozess aufzunehmen. Die von Tazzioli in den italienischen Grenzgebieten zu Frankreich und der Schweiz registrierte Dynamik spiegelt sich auch in unseren Daten wider. Wir sehen also, wie das Dublin-System genau die Art von Zuständigkeits-Verschiebebahnhof erzeugt, die sie eigentlich verhindern sollte. Die Länder reichen die Kontrolle ständig an andere weiter und gestatten Migrant*innen innerhalb der Schengen-Grenzen die Durchreise in Nachbarländer[122] – keineswegs nur in Italien und Griechenland. Slominski und Trauner[123] haben die selektive »Nutzung« der Gesetzgebung auf europäischer Ebene durch die Staaten zur Durchsetzung ihrer eigenen Interessen ausführlich beschrieben. Eine ähnliche Dynamik lässt sich auch auf der Ebene der Streetlevel-Bürokratie beobachten. So räumte beispielsweise ein schwedische Abschiebehaftangestellter ein, die Behörden würden das Dublin-System instrumentalisieren, um kriminelle Ausländer*innen »loszuwerden«:

Ich habe eben erst einen Fall gesehen, da hat die Polizei entschieden, einen Abschiebefall in einen Dublin-Fall umzuwandeln, obwohl der Betroffene [durch ein Strafgericht] zur Ausweisung verurteilt worden war. Warum wird er dann nicht auf der Grundlage dieses Urteils festgehalten, könnte man sich fragen. Immerhin hätten sie auf der Grundlage des Gerichtsurteils die Möglichkeit, ihn unbegrenzt in einem schwedischen Gefängnis unterzubringen. Aber stattdessen ist er nun hier [im Gewahrsam] als Dublin-Fall. Und es ist noch nicht einmal klar, ob sie ihn in ein anderes Dublin-Land schicken werden oder in sein Herkunftsland. Aber das machen sie oft, wenn einer strafrechtlich verurteilt ist und einen Ausweisungsbefehl hat und aus einem Land kommt, in das sich Abschiebungen nur schwer durchsetzen lassen, dann schieben sie Dublin vor und schicken ihn in ein anderes Land, sollen die doch

---

122 Schuster, Asylum Seekers: Sangatte and the Tunnel; Spijkerboer/Last, EU Border Plan Is a Textbook Example of Tunnel Vision.
123 Slominski/Trauner, How Do Member States Return Unwanted Migrants?

mit ihm zurechtkommen … nur damit wir ihn los sind. (Feldnotizen, Schweden 2017)

Hier beobachten wir, wie die Dublin-Verordnung »Nebenfunktionen«
über ihren eigentlichen Zweck hinaus erfüllen kann, weil staatliche Akteur*innen sie selektiv und strategisch nutzen, um sich die Arbeit zu erleichtern oder besser mit den persönlichen Absichten in Einklang zu
bringen. Der Hochkommissar der Vereinten Nationen für Flüchtlinge
hat 2016 seine Besorgnis darüber zum Ausdruck gebracht, dass die
Dublin-III-Verordnung zur Rechtfertigung automatischer Ingewahrsamnahme von Asylbewerber*innen herangezogen wurde, obwohl dies
nach der Verordnung eigentlich nicht zulässig ist (Lex EE 640/2013,
Art. 28(2)). Doch Polizist*innen und Sachbearbeiter*innen der Abschiebehaft in Schweden und auch in Litauen gaben zu, die Inhaftierung von »Dublinern« würde fast automatisch erfolgen. Eine Abschiebehaftangestellte erklärte es so:

> Man sollte Kandidat*innen für das Dublin-Verfahren immer in
> Gewahrsam nehmen, weil immer die Gefahr besteht, dass sie un-
> tertauchen, und es braucht nur wenige Tage, um sie außer Landes
> zu schicken. Es ist sogar viel humaner, weil sie gar nicht erst die Zeit
> haben, in einer Gesellschaft Wurzeln zu schlagen, die sie ohnehin
> wieder werden verlassen müssen. (Interview Schweden 2017)

Die Überzeugung, mit der diese schwedische Mitarbeitende, die für die
Überprüfung von Haftbefehlen und deren Rechtmäßigkeit zuständig
ist, diese Interpretation von Dublin trotz ihrer Unrichtigkeit bekräftigt,
darf nicht als bloße Verwirrung einer einzelnen, schlecht informierten
Mitarbeiterin verstanden werden. Vielmehr veranschaulichen diese
unterschiedlichen Nutzungen des Dublin-Systems, wie Gesetze in der
Praxis unterschiedlichen Bedeutungen und Auslegungen unterliegen.[124] Wichtig ist, dass solche Ermessensentscheidungen von Streetlevel-Bürokrat*innen nicht zwangsläufig einer »nationalen« Politiklo-
gik folgen: Sie richten sich vielmehr nach dem, was praktisch möglich,
machbar, bequem oder im Einklang mit den Werten und Überzeugungen der jeweiligen Staatsangestellten ist. Entscheidungen über die
Rechtsanwendung können zudem durch individuelle Einschätzungen,
ob Zugewanderte eine positive Entscheidung »verdienen« oder nicht,

---

124 Silbey, After Legal Consciousness.

beeinflusst werden. Sie hängen oft auch von angenommenen Kosten-kalkulationen ab (siehe obiges Beispiel) und beinhalten Bewertungen, ob ein*e Asylbewerber*in eine Chance auf Anerkennung eines Flücht-lingsstatus haben könnte. Überdies werden die Praktiken dadurch be-stimmt, wie Sachbearbeiter*innen und Migrant*innen diese Rahmen-regelungen verstehen. Tatsächlich kann die uneinheitliche rechtliche Auslegung zwischen den europäischen Staaten Migrant*innen sogar zugutekommen, da sie Zugang zu informellem Wissen darüber haben, wie das Dublin-System in der Praxis funktioniert (siehe Kapitel 4). Cristina, eine Gesprächspartnerin, die für eine italienische Flüchtlings-hilfe-NGO arbeitet, erklärte uns:

C: Das wissen Sie wahrscheinlich nicht: Manche Leute [aus Af-ghanistan] kommen zum Beispiel in Italien an. Sie treffen in Italien ein, und bevor sie ihre Anhörung bekommen oder ihre Fingerab-drücke erfasst werden, sind sie schon in Norwegen oder einem an-deren Land, aber vor allem gehen sie nach Norwegen. In Norwegen bleiben sie zwei oder drei Jahre, und am Ende bekommen sie einen negativen Asylbescheid. Auch der Einspruch führt zu keinem posi-tiven Ergebnis. Also beschließen sie, nach Italien zurückzugehen, und bitten dort darum, nicht nach Norwegen zurückgeschickt zu werden. Sie wissen, wenn sie wieder in Norwegen auftauchen, wird man sie nach Afghanistan abschieben. Und hier beginnt dann das Asylverfahren wieder von vorn. […] Am Ende werden sie in das Asylverfahren aufgenommen.

A: Wirklich? Wo ist da die juristische Logik?

C: Wir bitten um eine erneute Prüfung, um die Gefahr einer Ab-schiebung nach Afghanistan zu bannen. Auch weil Fristen abgelau-fen sind, könnte es sein, dass sie in Italien bleiben dürfen. Aber diese Möglichkeit gibt es, in Italien zu bleiben und erneut Asyl zu beantragen. Und nach drei oder vier Jahren in Norwegen kriegen sie am Ende dann eine positive Entscheidung [in Italien]. (Inter-view Italien 2015)

Die NGO-Mitarbeiterin hat mehrere Fälle beobachtet, in denen die Dubliner Verordnung nicht umgesetzt wurde. Somit kann diese infor-melle Praxis die Entscheidung von Migrant*innen beeinflussen, nach neuen Möglichkeiten zur Legalisierung ihres Aufenthaltsstatus zu su-chen. In den genannten Fällen könnten sie damit sogar Erfolg haben:

Italien – ihr Ersteinreiseland – würde ihnen eine Aufenthaltserlaubnis erteilen, obwohl das Land formal gar nicht für den Fall zuständig ist.

Die Untersuchung der Wechselwirkungen zwischen staatlichen Akteur*innen, Migrationspolitik und unerwünschten Migrant*innen und die Erkenntnis, dass Migrationskontrolle niemals vollständig sein wird, erfordert zwangsläufig eine Sicht auf Migrant*innen als Rechtssubjekte, die Lücken finden, um das Migrationsregime zu unterlaufen bzw. ihm zu widerstehen. Wir stimmen Mainwaring zu, die feststellt, dass das Ignorieren der Handlungsspielräume von Migrant*innen »die Macht des Staates zur ›Sicherung‹ der Grenzen und zur Kontrolle der Migration konkretisiert und die umkämpfte Politik in Sachen Mobilität und Sicherheit verschleiert, die sich in den Aushandlungen zwischen Migrant*innen, Grenzschützer*innen, Schleuser*innen, Fischer*innen und anderen Akteur*innen zeigt«[125]. In ähnlichem Sinn weist Collyer auf die nachlässige Berücksichtigung irregulärer Migrant*innen als strategische Akteur*innen bei der Politikgestaltung hin, was die »Kluft zwischen den Zielen und Ergebnissen der Migrationspolitik nur noch vergrößert«[126]. Er zeigt, wie der Blick auf die Taktiken von Migrant*innen zusammen mit der Gestaltung und Umsetzung von Recht uns hilft, die »oft chaotischen und in vielen Fällen tödlichen Folgen der Migrationskontrolle« zu begreifen.[127] Dies spricht für die Forderung, die Vielfalt von Akteur*innen, die das europäische Grenzregime erzeugen und infrage stellen, ernst zu nehmen.

Während sich jedoch das Handeln von Migrant*innen innerhalb der Strukturen des Migrationsregimes manifestiert, wird Letzteres wiederum reproduziert und durch migrantisches Handeln geprägt.[128] Die Routen und die Taktiken von Migrant*innen richten sich stark nach den sich häufig ändernden Bemühungen um Grenzsicherung. Sie werden durch immer ausgefeiltere Technologien eingeschränkt und müssen immer neue Schlupflöcher finden, um staatliche Bemühungen zu vereiteln, die ihnen den Zugang zu Territorien und Rechten verwei-

----

125 Mainwaring, Migrant Agency: Negotiating Borders and Migration Controls, S. 291.
126 Collyer, Migrants as Strategic Actors, S. 507.
127 Ebd., S. 506.
128 Bakewell, Some Reflections on Structure and Agency in Migration Theory.

gern. Wir müssen uns daher auf die Wechselwirkungen zwischen migrantischen Taktiken und den Auswirkungen der Kontrollpraxis auf die
gelebten Erfahrungen von Migrant*innen konzentrieren und somit die
asymmetrischen Aushandlungsräume[129] näher beleuchten. Das asymmetrische Verhältnis zwischen Behörden und einzelnen Migrant*innen manifestiert sich in den nachteiligen Auswirkungen der Grenz-
sicherungspraxis auf Letztere. Das Recht erzeugt und begrenzt also
zugleich die jeweiligen Positionen und Handlungsmöglichkeiten der
Akteur*innen innerhalb dieser asymmetrischen Aushandlungsräume.

Fazit: Praktiken, Wahrnehmungen und Widersprüche innerhalb des Migrationsregimes

Die Dublin-Verordnung wird derzeit zum dritten Mal überarbeitet.
Der Schwerpunkt dieser Überarbeitung liegt auf der Verhinderung der
sogenannten Sekundärmigration von Asylbewerber*innen.[130] Kritiker*innen melden bereits Bedenken an, da sie davon ausgehen, dass die
Revisionen die innereuropäische Mobilität von Asylbewerber*innen
nicht behindern und stattdessen den prekären Status vieler Migrant*innen, die im Dublin-System gefangen sind, nur noch verschärfen werden.[131] Außerdem ist kaum zu erwarten, dass die Überarbeitung zu
der geplanten Harmonisierung der Migrationssteuerung der Mitgliedstaaten führen wird, es sei denn, man berücksichtigt dabei auch die
unterschiedlichen Praktiken vor Ort. Wie wir in diesem Kapitel gezeigt haben – und das Thema wird uns in diesem Buch immer wieder
begegnen –, ist die praktische Umsetzung des Migrationsrechts alles
andere als harmonisch. Stattdessen ist es, wie im Konzept des Migrationsregimes klar wird, dem wir uns hier anschließen, durch asymmetrische Aushandlungen zwischen einer Vielzahl von Akteur*innen geprägt, die sich im ständigen Widerstreit um Mobilität und Kontrolle
befinden.

---

129 Eule u.a., Contested Control at the Margins of the State.
130 EU-Kommission, COM(2016) 270 Final.
131 Hruschka, Enhancing Efficiency and Fairness?; Kasparek, Complementing
      Schengen.

Obgleich die Dublin-Verordnung sogar noch zu den eher harmonisierten Teilen des europäischen Migrationsrechts gehört, finden wir in der Praxis immense Unterschiede. Darüber hinaus zeigen unsere Daten, wie sich der Umsetzungsprozess als komplexes Puzzle darstellt, für das es Detektivarbeit, Bauchgefühl und eine Menge Erfahrung braucht. Er ist für die betroffenen Migrant*innen mitunter so gut wie undurchschaubar und hat nachteilige Auswirkungen auf die Betroffenen – ein endloses Hin und Her zwischen verschiedenen Aufenthaltsorten, bürokratische Endlosschleifen, unnötige Abschiebehaft, mit anderen Worten: Die Menschen stecken in einem juristischen Schwebezustand fest. Diese Erkenntnisse werden uns bei der Beschäftigung und der Präsentation unseres ethnografischen Materials leiten. Wir hoffen ferner, dass sie den Nutzen des Migrationsregime-Ansatzes für die Erfassung der Dynamik praxisorientierter Migrationskontrolle aufzuzeigen vermögen. Was auf einer abgehobenen politischen Entscheidungsebene als drastisches Scheitern der Harmonisierung und der Solidarität der europäischen Staaten begriffen wird, entpuppt sich als Ergebnis lokal eingebetteter Interaktionen zwischen Streetlevel-Bürokrat*innen, Migrant*innen und ihren Unterstützungsnetzwerken, die versuchen, das Dublin-System in ihrem Sinne »arbeiten« zu lassen. Wir schließen uns hier dem lokalisierten Ansatz des Migrations- bzw. Grenzregimes an, der die Rolle der verschiedenen Akteur*innen bei der Gestaltung der Migrationskontrolle betont und der auf der Basis einer ethnografischen Konzeption zu untersuchen ist.[132] Überdies konnten wir feststellen, dass der Ansatz des Migrationsregimes mit praxisorientierten Debatten über Recht und Staat kombiniert werden kann und diese Debatten und wissenschaftlichen Ansätze sich auch gegenseitig befruchten können. Insbesondere können wir dank unserer empirischen Erkenntnisse über Gedanken, Positionen, Dilemmata und praktisches Handeln von Streetlevel-Bürokrat*innen die allgegenwärtige Rolle und die Herrschaft des »Staates« in einem vielschichtigen Regime seriös betrachten, ohne den Staat zwangsläufig als einheitlichen Akteur zu interpretieren. Vielmehr können wir beobachten, wie die Bedeutungen und Praktiken, die den Staat definieren, ständig verfeinert und an

---

132 Vgl. Hess/Tsianos, Ethnographische Grenzregimeanalysen.

seinen Rändern neu konfiguriert werden.[133] Schließlich und endlich werden wir im Folgenden die wichtige Funktion des Rechts bei der Machtkanalisierung im Migrationsregime unterstreichen: einerseits als ideologische Kraft, die den Rechtsverfahren trotz des Chaos, das alle Akteur*innen vor Ort erleben, Kohärenz und Legitimität verleiht, und andererseits als Instrument für die involvierten Akteur*innen, die Situation möglichst zu ihren Gunsten zu lenken und zu nutzen.

---

133 Das, The Signature of the State.

3

Entscheidungsfindung
und die Rolle des Rechts

> Und nun komme ich auf eine besondere Eigenschaft
> unseres behördlichen Apparates zu sprechen [...]
> Wenn eine Angelegenheit sehr lange erwogen worden
> ist, kann es, auch ohne daß die Erwägungen schon be-
> endet wären, geschehen, daß plötzlich blitzartig an
> einer unvorhersehbaren und auch später nicht mehr
> auffindbaren Stelle eine Erledigung hervorkommt,
> welche die Angelegenheit, wenn auch meistens sehr
> richtig, so doch immerhin willkürlich abschließt.
> *Franz Kafka,* Das Schloß, S. 109 f.

Unvorhersehbar, willkürlich, aber doch »sehr richtig« – so sieht die Logik der Entscheidungsfindung in Kafkas albtraumhafter Beschreibung
der Bürokratie aus. In diesem Kapitel wird die Entscheidungsfindung
von Migrationssachbearbeiter*innen analysiert. In diesen Prozessen
treffen wir auf viele Kafka-ähnliche Situationen. Wir werden zeigen,
dass Bürokrat*innen über beachtliche Ermessensspielräume verfügen,
die ihnen sowohl im Rahmen konkreter Rechtsnormen als auch durch
mangelnde institutionelle Aufsicht eingeräumt werden. Auch wenn sie
gewiss nicht allmächtig sind, legen sie sich Gesetze und Fälle so zurecht,
bis sie eine (aus ihrer Sicht) akzeptable und oft pragmatische Lösung
finden. Hier ein exemplarischer Fall:

Bei einem Workshop mit Streetlevel-Bürokrat*innen in der Schweiz im Jahr 2018 unterhält sich Tobias mit Charlie, Sachbearbeiter*in im Schweizer Staatssekretariat für Migration. Da sich die beiden vorher noch nicht begegnet sind, tauschen sie sich erst einmal über ihre Tätigkeit aus. Als Tobias erwähnt, dass er sich für Ermessensentscheidungen in der Praxis interessiert, versichert ihm Charlie, dies wäre für den beruflichen Alltag im Staatssekretariat nicht sonderlich relevant: »Die Rechtslage ist ja klar.« Tobias erzählt dann von einigen Erfahrungen an anderen Standorten, und nach ein paar Minuten räumt Charlie dann doch »gewisse« Grauzonen im eigenen Job ein. Mit einem verschmitzten Lächeln fügt Charlie hinzu, dass man sich manchmal auch hinter dem Gesetz verstecken könne. Tobias und Charlie sprechen dann über Migrationsrecht, das doch recht komplex und ständigen Änderungen unterworfen sei, und Charlie erzählt Tobias, wie sie im Staatssekretariat oft Informationen über Fälle unter Kolleg*innen austauschen und das Für und Wider eines Falles informell diskutieren, bevor sie zu einer Entscheidung kommen. In manchen Fällen muss Charlie die Angelegenheit Vorgesetzten zur Entscheidung vorlegen und weiß dann auch, wie man auf die Entscheidung Einfluss nehmen kann: »Es kommt nur darauf an, wie du die Sache präsentierst.« (Feldnotizen, Schweiz 2018)

Im Workshop diskutierten wir die Rolle des geschriebenen Gesetzes in Bezug auf die tägliche Arbeit von Streetlevel-Bürokrat*innen. Wie wir im ersten Teil des obigen Zitats sehen können, ist die Vorstellung von der Wahrhaftigkeit und Genauigkeit des Gesetzes durchaus standhaft und stark. Als es jedoch um die konkrete Anwendung des Gesetzestexts geht, rückt Charlie davon ab, das Recht als klare und zuverlässige Orientierungshilfe für die tägliche Entscheidungsfindung zu betrachten. So präzise die Rechtsnorm im Allgemeinen zu sein scheint, erfasst sie oft eben nicht die komplexe Realität konkreter Einzelfälle. Betrachtet man mithin den Arbeitsalltag von Streetlevel-Bürokrat*innen, bröckelt die sehr hartnäckige Vorstellung von der Rechtsstaatlichkeit. Bisweilen erscheint sie gar als pure Illusion, wenn wir uns die Diskrepanz zwischen Rechtsauffassung und Rechtspraxis ansehen. In diesen Fällen ist es sinnvoll, Recht als eine Art Spielfeld zu verstehen, auf dem verschiedene, oft gegensätzliche Akteur*innen versuchen, das Recht in ihrem Sinne zum Funktionieren zu bringen.

Der Grundgedanke des Migrationsrechts erscheint eigentlich einfach: Es dient als Grundlage für die Arbeit von Streetlevel-Bürokrat*innen und soll Leitlinie für deren tägliche Entscheidungen sein. Oftmals herrscht die Vorstellung vor, Streetlevel-Bürokrat*innen würden sich auf gesetzliche Richtlinien beziehen und an etablierte Verfahren halten, die ihnen eine klare Handlungsanweisung vorgeben. Nach unseren Beobachtungen und im Einklang mit der wissenschaftlichen Arbeit über Ermessensentscheidungen von Streetlevel-Bürokrat*innen haben Staatsangestellte jedoch immer einen gewissen Handlungsspielraum und sind daher mit der Verpflichtung konfrontiert, Entscheidungen zu treffen – so unterschiedlich diese auch ausfallen mögen. Polizist*innen auf Streife entscheiden selbst, wen sie auf der Straße anhalten und durchsuchen, welcher Arbeitsplatz kontrolliert oder wer für ein Verhör aufs Revier einbestellt wird. Sachbearbeiter*innen an vorderster Front können beschließen, Menschen ohne rechtmäßigen Wohnsitz festzuhalten oder nicht, Personen den Pass abzunehmen oder sie wöchentlich in ihrem Büro vorsprechen zu lassen, um sie unter Kontrolle zu haben und das Risiko des Untertauchens zu verringern. Mitarbeiter*innen in Asylzentren oder Mitarbeitende in Abschiebehaftzentren können entscheiden, wann und mit welchen Disziplinarmaßnahmen gegen Bewohner*innen oder Insass*innen vorgegangen wird und wann sie Verstöße gegen die Hausordnung ahnden oder durchgehen lassen. Sachbearbeiter*innen in Migrationsämtern können entscheiden, wem eine Aufenthaltserlaubnis erteilt und wer ausgewiesen wird. Kurz, Streetlevel-Bürokrat*innen haben einen großen Ermessensspielraum bei ihren Entscheidungen, und auch wenn diese Entscheidungen bisweilen zunächst als unbedeutend wahrgenommen werden, können sie enorme Auswirkungen auf Migrant*innen mit prekärem Rechtsstatus haben. Selbst so scheinbar banale behördliche Anordnungen wie die Verpflichtung, sich ein- bis zweimal pro Woche bei der Polizei zu melden, können erhebliche negative Auswirkungen auf den Alltag von Migrant*innen haben: Der Transport muss geregelt, die Arbeitszeiten oder der Schulbesuch entsprechend geplant werden.

Diese Entscheidungsfindung erfolgt nicht im luftleeren Raum, sondern in dem, was wir als »asymmetrische Aushandlungsräume«[1]

---

1 Eule u. a., Contested Control at the Margins of the State.

bezeichnen. Auch wenn sich dieses Kapitel stark auf Streetlevel-Bürokrat*innen fokussiert, sollte klar sein, dass deren Handeln in ein Machtgefüge eingebettet ist, das ihren Handlungsspielraum einschränkt. Wie bereits im vorherigen Kapitel ausgeführt, können wir auf der Grundlage einer Perspektive des Migrationsregimes das Zusammenspiel der verschiedenen beteiligten Akteur*innen und insbesondere das Handeln von Migrant*innen angemessen berücksichtigen. In diesem Kapitel geht es also vor allem um das Verhältnis zwischen Recht und Gesetz und der öffentlichen Verwaltung bei der Entscheidungsfindung. Natürlich gibt es reichlich Literatur, die auf die Bedeutung des Handelns von Staatsangestellten eingeht, insbesondere im Bereich des Migrationsrechts, und welche die erheblichen Abweichungen des praktischen Handelns vom Gesetzestext ausführlich beschreibt. Wer mit dieser Literatur vertraut ist, wird von den in diesem Kapitel vorgestellten Ergebnissen daher kaum überrascht sein. Wir halten es jedoch aus zwei Gründen für erforderlich, die zentrale Bedeutung der Praxis und das, was wir in diesen asymmetrischen Aushandlungsräumen vorfinden, nicht nur theoretisch in den Raum zu stellen, sondern anhand realer Fälle zu belegen. Erstens verdeutlicht dies die oft begrenzte Rolle des Rechts bei der Entscheidungsfindung zur Migrationskontrolle. Dies ist wichtig für das Verständnis der erheblichen Unsicherheit und »Unlesbarkeit« des Rechts, mit der alle im Migrationsregime involvierten Akteur*innen zu kämpfen haben und auf die wir in Kapitel 4 näher eingehen werden. Zweitens sind wir in unserer Arbeit an der Recherche und Präsentation unseres Projekts immer wieder auf Zweifel an der von uns behaupteten Bedeutung des Informellen und immer wieder auf die erstaunliche Vorstellung von einem zuverlässig funktionierendem Rechtsstaat gestoßen, selbst wenn durchaus anerkannt wird, dass es demselben nicht immer gelungen ist, »faire«, berechenbare und konsistente Ergebnisse zu liefern. Dieses Kapitel mag daher auch als Einladung an die betreffenden Kolleg*innen verstanden werden, in einen Dialog über das Verhältnis zwischen der konkreten Rechtsnorm und der Anwendungspraxis sowie über die Rolle des Rechts bei der Entscheidungsfindung einzutreten. Im nächsten Abschnitt wollen wir die vorliegende Literatur zum rechtlichen Ermessen diskutieren, was dann als Grundlage für die Analyse unserer empirischen Daten dienen soll. Im weiteren Verlauf des Kapitels wollen wir auf drei Fragen eingehen.

Erstens: Wie viel Handlungsspielraum haben die Menschen in ihren Entscheidungen – oder wie viel behaupten sie zu haben? Zweitens: Wo ist das Gesetz und welche Rolle spielen gesetzliche Vorgaben bei der Entscheidungsfindung? Drittens: In welcher Weise machen Menschen von Recht und Gesetz Gebrauch?

Die Macht des Ermessens

Zwei Männer betreten eine deutsche Ausländerbehörde. Ihre Aufenthaltsgestattung weist sie als Asylbewerber aus. Sie erklären, in ihre Heimatländer zurückkehren zu wollen. Der Sacharbeiter, den Tobias begleitet, wundert sich und bespricht sich mit dem Kollegen nebenan. Der Kollege erklärt, die Männer müssten ihre Asylanträge formell zurückziehen, fügt aber hinzu, dass das hier auch informell möglich wäre. Der Sachbearbeiter gibt einige Sätze in ein Word-Dokument ein (persönliche Daten sowie den Satz »Hiermit widerrufe ich meinen Asylantrag und bin mir bewusst, dass ich mein Recht, als Asylbewerber zu bleiben, verliere«) und übergibt es an die beiden Männer. Der Sachbearbeiter ist sichtlich erfreut: »Ich werte das als Erfolg!« Der Kollege pflichtet ihm bei: »Es ist mir egal, ob sie überhaupt lesen können, was da drinsteht, die Aussage kommt jetzt jedenfalls zu den Akten.« Beide freuen sich, einen Fall »gelöst« zu haben und ihn von ihren Schreibtischen ins Archiv verbannen zu können. Die beiden Asylbewerber unterschreiben das Blatt, und der Sachbearbeiter tauscht ihre Aufenthaltsgestattungen für Asylbewerbende gegen einen Grenzübergangsvermerk aus und sucht nach den Pässen. Dummerweise ist einer der Pässe nicht auffindbar. Das nervt einen vorbeikommenden Kollegen, aber der Sachbearbeiter zuckt nur mit den Achseln und sagt den beiden Männern: »Das ist schon in Ordnung, Sie können gehen.« Er ist zuversichtlich, dass die beiden auch mit nur einem Pass in ihr Heimatland zurückkehren werden. (Feldnotizen, Deutschland 2015) Ein älterer Mann betritt ein deutsches Migrationsamt, begleitet von einem jüngeren Mann, der für ihn übersetzt. Seine Aufenthaltsgestattung weist ihn als Asylbewerber aus, und die elektronische Fallakte liefert den Hinweis, dass der Mann bereits in Bulgarien Asyl beantragt hat, was ihn zu einem potenziellen Dublin-Fall macht. Der jüngere erklärt, dass der ältere in seine Heimat zurückkehren will. Der Sachbearbeiter ist verwundert und fragt, ob er (der ältere Mann) denn überhaupt die Mittel hätte, um zurückkehren zu können. Keine Antwort. Der Sachbearbeiter erklärt, dass das Sozialamt den Heimflug bezahlen könnte und dass sie dorthin gehen sollten. Dann versucht er erfolglos, die Asylbewerberleistungsstelle anzurufen und händigt den beiden ein Infoblatt mit der Nummer des Amtes aus. Jetzt sind beide Männer verwirrt. Der jüngere behauptet: »Er hat einen Anwalt!« Der Sachbearbeiter fragt, ob denn nicht der Anwalt die Sache in die Hand nehmen könne. Sie könnten sich auch an die Arbeiterwohlfahrt wenden, eine große NGO. Er fragt, ob sie diese NGO kennen, oder vielleicht die IOM [Internationale Organisation für Migration]. »Die sind hier wohl eher nicht zuständig«, sagt er, aber sie sollten es trotzdem versuchen, in der nächsten Woche, und reicht ihnen ein weiteres Infoblatt. Der Sachbearbeiter stellt dann eine Duldung aus und ersetzt die Aufenthaltsgestattung durch eine vorübergehende Aussetzung der Abschiebung. Inzwischen ist der jüngere Mann völlig verwirrt. In gebrochenem Deutsch wiederholt er seine ursprüngliche Aussage: dass der ältere Mann für immer nach Hause gehen will. Stoisch wiederholt der Sachbearbeiter die unterschiedlichen Adressen der verschiedenen Hilfsorganisationen, gibt die neue »Genehmigung« heraus, behält aber den Pass des älteren Mannes ein. Beide Männer sind sichtlich verunsichert und unzufrieden und verabschieden sich. Der Sachbearbeiter wendet sich an mich: »Was ist, wenn er nicht reisefähig ist? Sollte er nicht einen Betreuer haben?« Der Mann war zwar über sechzig, wirkte aber gewiss nicht gebrechlich. Ich bin total verblüfft. (Feldnotizen, Deutschland 2018)

Die Entscheidung über das Schicksal von Migrant*innen umfasst komplexe Einschätzungen des Rechts und der Begründetheit eines Falles. Wie die obigen Beispiele zeigen, kann die Entscheidung über ganz ähnlich gelagerte Fälle zu völlig unterschiedlichen Ergebnissen führen. Zwar gibt es für solche Fälle eine klare Rechtsvorschrift, welche die Möglichkeit des Widerrufs eines Asylantrags vorsieht und nach dem die Migrant*innen eine Woche Zeit haben, das Land zu verlassen (§ 38

Asylgesetz). Dennoch werden in beiden Fällen Entscheidungen ad hoc getroffen, ohne Bezugnahme auf den Gesetzestext oder die Verfahrensverordnung. Darüber hinaus entscheidet sich der Sachbearbeiter im zweiten Beispiel gegen die Anerkennung dieser Widerrufsmöglichkeit. Stattdessen lehnt er den Wunsch des Mannes ab, ohne »gesicherte« Finanzierung und Beratung auszureisen, und schickt die beiden weg, was am Ende die beiden Männer ebenso wie den Beobachter verwundert zurücklässt. Abgesehen von der entstandenen Verwirrung können solche Fälle jedoch schwerwiegende Folgen haben. Ein*e lettische*r Grenzschützer*in erzählte uns, wie ihre*seine Abteilung mit vielen Fällen umgeht, in denen Migrant*innen ohne Pass oder Grenzübertrittsmeldung in Gewahrsam genommen wurden und behaupteten, sie seien auf dem Rückweg von Deutschland »nach Hause«. Ohne die Möglichkeit, die Rechtmäßigkeit ihrer Ansprüche vor Ort zu überprüfen, beschlossen die Grenzschützer*innen regelmäßig, die Migrant*innen vorübergehend in Haft zu halten und manchmal sogar nach Deutschland zurückzuschicken. Innerhalb des europäischen Migrationsregimes schützt also selbst die freiwillige Rückkehr nicht vor Inhaftierung und Abschiebung. Aus unserer Sicht werfen diese Beispiele ein Schlaglicht auf drei Themen, die jeweils in separaten Unterabschnitten behandelt werden. Erstens betonen sie die wichtige Funktion von Streetlevel-Bürokrat*innen bei der Anwendung oder Missachtung des Gesetzestexts. Zweitens werfen sie Fragen nach der rechtlichen Stellung der Entscheidungsfindung auf, da in beiden Fällen sowohl Antragsteller*in als auch Sachbearbeiter*in die Angelegenheit ohne Bezugnahme auf den Gesetzestext behandeln. Drittens zeigen sie, dass die Rechtspraxis keineswegs fix ist, sondern je nach dem Rechtsverständnis der Bürokrat*innen und den gewünschten Ergebnissen selektiv angewendet wird.

Einer der zentralen analytischen Begriffe im Rahmen der administrativen Entscheidungsfindung ist das Ermessen. Durch die Untersuchung des Ermessens und seiner praktischen Anwendung versucht die Wissenschaft, Licht ins Dunkel der rechtlichen Umsetzung zu bringen bzw. die »Implementierungslücke« zu vermessen, die den Unterschied zwischen angenommenen politischen Absichten und Ergebnissen ausmacht. Leider wird der Ermessensbegriff in verschiedenen Kontexten unterschiedlich gehandhabt. Dies ist zum Teil auf disziplinäre und institutionelle Diskrepanzen zurückzuführen und hat zu Recht Kritik hervorgerufen, auch an unseren früheren Arbeiten.[2] Eine vollständige Übersicht über die verschiedenen Beiträge würde weit über den Rahmen dieses Buches hinausgehen. Dennoch lohnt es sich, einige Schlüsselfragen zu thematisieren, die die Debatte über Ermessensfreiheit bestimmen. Immerhin ist die Ermessenspraxis für die Migrationspolitik von besonderer Bedeutung, da ein Großteil der Logik des Migrationsrechts im »liberalen Paradoxon« von Fürsorge und Kontrolle gefangen ist.[3] Von den Sachbearbeiter*innen wird erwartet, dass sie für die Inhaftierung und Abschiebung von Migrant*innen mit prekärem Rechtsstatus sorgen, aber nur, wenn dies reibungslos geschehen kann, um keine Aufmerksamkeit der Medien und potenzielle Kritik zu wecken, die die politische Ebene in ein schlechtes Licht rücken könnte. Streetlevel-Bürokrat*innen sind sich dieser vielfach gegensätzlichen Forderungen sehr wohl bewusst und versuchen, sich selbst und ihre Entscheidungen im oft politisierten Kontext zu positionieren.

Die Rechtsphilosophie sieht die Ermessensfreiheit tendenziell in einem quasi-antagonistischen Verhältnis zum Recht. Dworkins »Doughnut-Analogie« beschreibt das Ermessen bekanntlich als »[einen] Bereich, der von einem ihn umgebenden und beschränkenden Gürtel der Restriktion offengelassen wird«[4]. Das Ermessen ist mithin ein Bereich zwischen Grundsätzen und Regeln.[5] Dieses Modell geht von einem Rechtsvorrang bei der gesellschaftlichen Regulierung und einer gewissen Autonomie derjenigen aus, die durch den rechtlichen Rahmen begrenzte Ermessensentscheidungen treffen.[6] Ermessen existiert also dort, wo das Gesetz (noch) nicht greift, was klassische Rechtswissenschaftler*innen wie Dicey[7] als problematisch empfanden, weil sie das Ermessen mit Willkür und Zwang verban-

---

2   Siehe Rhodes zu Eule, Inside Immigration Law.

3   Hollifield u.a., The Liberal Paradox: Immigrants, Markets and Rights in the United States.

4   Dworkin, Bürgerrechte ernstgenommen, S. 69.

5   Evans/Harris, Street-Level Bureaucracy, Social Work and the (Exaggerated) Death of Discretion; Dworkin, Judicial Discretion; ders., Bürgerrechte ernstgenommen.

6   Vgl. Pratt/Sossin, A Brief Introduction of the Puzzle of Discretion, S. 301.

7   Dicey, Introduction to the Study of the Law of the Constitution.

den. Dieses normative Argument ist historisch, da es davon ausgeht, dass die Regeln von heute besser sind als die Gesetzlosigkeit früherer Zeiten und dass Ermessen eine Restkategorie ist, die irgendwann[8] durch den rechtlichen Fortschritt aus der Welt geschafft wird oder werden sollte. Diese Sichtweise wird in der Regel von Theoretiker*innen mit einer Top-down-Perspektive vertreten, die oft für eine Stärkung von Kontrolle und Richtlinien eintreten in der Annahme, dadurch würden Ermessensspielräume kleiner und einheitlichere Entscheidungen möglich.[9] Darin ist diese Sicht Webers Charakterisierung der regelgebundenen Bürokratie[10] sehr ähnlich, der zufolge sie vor allem der Willkür des absolutistischen frühneuzeitlichen Staates entgegenwirkt. Viele Beiträge zur Rechtstheorie und -philosophie befassen sich daher mit der Kontrolle, Minimierung oder Abschaffung des Ermessensspielraums.[11] Angesichts der Erwartung, der Ermessensspielraum würde sich tendenziell auflösen, ignorierten Rechtswissenschaftler*innen jedoch oft, wie das Ermessen tatsächlich ausgeübt wird[12] und wie *durch* das Ermessen – und nicht etwa trotz desselben – das Gesetz erst zum Funktionieren gebracht wird. Da die »Doughnut-Analogie« noch immer Teil vieler Lehrpläne der Rechtswissenschaft ist, ist der Hinweis sehr wichtig, inwiefern das *Ideal* des Primats des Rechts über das Ermessen noch immer verbreitet wird.

Die eher technisch-methodisch orientierte Rechtswissenschaft untersucht den gesetzlich vorgesehenen Ermessensspielraum für Streetlevel-Bürokrat*innen. Hier wird das Ermessen entweder durch »Kann«- oder »Soll«-Klauseln mehr oder weniger klar zum Ausdruck gebracht oder durch die Verwendung unbestimmter Rechtsbegriffe (z. B. »gebührende Sorgfalt«[13]) notwendig gemacht. Beim Gebrauch des Ermessensspielraums wird zwischen zulässig und unzulässig unterschieden,[14]

---

8   Siehe Davis, Discretionary Justice.

9   Ebd.; Edwards, Implementing Public Policy.

10 Weber, Wirtschaft und Gesellschaft: Grundriss der verstehenden Soziologie.

11 Davis, Discretionary Justice.

12 Pratt/Sossin, A Brief Introduction of the Puzzle of Discretion; Hawkins, The Uses of Discretion.

13 Hart, Discretion; Hufen, Ermessen und unbestimmter Rechtsbegriff.

14 Schindler, Verwaltungsermessen.

und er wird nur dann »problematisch«, wenn er außerhalb der vorgeschriebenen Situationen oder ohne Bezugnahme auf Gesetze, Verordnungen, Präzedenzfälle und Traditionen, die den Rahmen dafür abgeben, ausgeübt wird. Die beiden obigen Beispiele für den Widerruf von Asylanträgen konterkarieren jedoch dieses sehr verkürzte Verständnis des Ermessens, da die Sachbearbeiter*innen in beiden Fällen nicht nur jede Bezugnahme auf rechtliche Verfahren unterließen, sondern auch entgegen der eindeutigen Richtlinie handelten, die vorgibt, was zu tun ist, wenn Asylbewerber*innen ihren Antrag zurückziehen und in ihr Heimatland zurückkehren wollen.

In den Sozialwissenschaften ist das Thema Ermessen vor allem mit Michael Lipskys Arbeiten über Streetlevel-Bürokrat*innen verbunden. Lipsky[15] argumentiert, Ermessen entstehe in erster Linie aus Reibungspunkten zwischen den an vorderster Front Tätigen und ihren Vorgesetzten sowie aus der Komplexität der konkreten Fälle.[16] Unter diesem Aspekt hat Lipsky betont, Streetlevel-Bürokrat*innen würden ihren Ermessensspielraum nutzen, um mit begrenzten Ressourcen und einer hohen Fallzahl fertigzuwerden, was sie quasi in Gegensatz zu ihren Vorgesetzten stellt. Zugleich behauptet er, ihre faktischen Ermessensentscheidungen seien stark von Motiven des Eigeninteresses getragen.[17] Allerdings lassen die beiden obigen Fallbeschreibungen kaum darauf schließen, dass die Sachbearbeiter*innen hier einem unmittelbaren Eigeninteresse folgen würden. Auch wenn es für sie sicherlich von Vorteil ist, Fälle ad acta legen zu können, spiegeln ihre Handlungen weder eine simple Abfertigungsstrategie noch ein rein egoistisches Ziel wider. Stattdessen zeigen die Beispiele, dass Entscheidungen von Pragmatismus getragen sein können (»Wir können den Pass nicht finden, also reisen Sie doch einfach ohne Pass«) oder von mitfühlender Sorge – so unangebracht diese im vorliegenden Fall sein mag – um die Reisefähigkeit eines älteren Mannes. Streetlevel-Bürokrat*innen sind nicht nur zwischen Altruismus und egoistischen Interessen hin- und hergerissen, sondern jonglieren auch zwischen Professionalität, Verantwortung ge-

---

15   Lipsky, Street-Level Bureaucracy, S. 15.
16   Evans/Harris, Street-Level Bureaucracy, Social Work and the (Exaggerated) Death of Discretion.
17   Siehe auch Evans, The Moral Economy of Street-Level Policy Work.

genüber ihren »Kund*innen«, persönlichen Vorteilen und persönlichen Verpflichtungen oder Werten.[18]

Das Ermessen ist hier also ebenso notwendig wie potenziell problematisch. Es ist notwendig, weil die Fälle komplexer sind, als Gesetz oder Politik vorhersehen konnten, oder wie Hart es ausdrückt, »weil wir Männer [sic!] sind und keine Götter«[19]. Tatsächlich, so Hart, erfordern Ermessenspraktiken oft eine gewisse praktische Weisheit, ein Bewusstsein für die inhärenten Grenzen des Rechts und nach unserer Überzeugung auch eine Portion Pragmatismus, um die oft sehr große Bandbreite der verschiedenen Fälle zu erfassen.[20] Rutz u. a.[21] sehen eine positive Rolle des Ermessens als Teil kollektiver Entscheidungsprozesse. Der Informations- und Erfahrungsaustausch erhöht aus ihrer Sicht nicht nur die Transparenz und Konsistenz, sondern gewährleistet auch, dass Fälle mit Sorgfalt und nicht mit egoistischen Motiven behandelt werden.[22] Andererseits ist das Ermessen aber auch potenziell »problematisch«, da sich Streetlevel-Bürokrat*innen mit ihren Ermessensentscheidungen politischen Veränderungen widersetzen können.[23] In der frühen Literatur zu diesem Themenfeld wird aufgezeigt, wie Akteur*innen ihr Handeln[24] bei der Entscheidungsfindung nutzen, um

18 Ebd.; Hume, An Enquiry Concerning Human Understanding.
19 Hart, Discretion, S. 661.
20 Siehe auch Eule, The (Surprising?) Nonchalance of Migration Control Agents; Borrelli, Whisper down, up and between the Lane.
21 Rutz u. a., Enhancing Responsiveness and Consistency.
22 Siehe auch Pratt/Sossin, A Brief Introduction of the Puzzle of Discretion.
23 Lipsky, Street-Level Bureaucracy.
24 Lipsky (Street-Level Bureaucracy) und andere, z.B. Halliday (Judicial Review and Compliance with Administrative Law); Hupe/Hill (Street-Level Bureaucracy and Public Accountability); Jones (Voices from the Front Line), arbeiten mit dem Begriff der »Autonomie« zur Beschreibung des bürokratischen Ermessensspielraums. Wir sehen von dieser Terminologie ab, da sie eine gewisse Abkopplung des Handelns der Streetlevel-Bürokrat*innen von ihrer realen Einbettung in die Staats- und Regierungstätigkeit nahelegt. Der Begriff »Autonomie« zur Beschreibung von Ermessensspielräumen positioniert die Staatsangestellten schnell als völlig unabhängige Akteur*innen, die ihre Macht und ihr Urteilsvermögen nutzen können, wie es ihnen beliebt. Dem ist jedoch nicht so. Jedes Individuum ist durch mehrere Faktoren beeinflusst und gebunden, seien es nun Gesetze, organisatorische Werte oder traditionelle, persönliche Überzeugungen (siehe auch Kapitel 2). Wir sprechen daher lieber von »Handlungsspielraum«,

Gesetzesänderungen aufzuhalten, ihnen zu widerstehen oder sie zu untergraben.[25] Und während die Literatur später zeigte, dass Reibungen und Widerstände auf Führungsebene ebenso weit verbreitet sind wie an vorderster Front,[26] bleibt Lipskys Beitrag zu »widerborstigen« Streetlevel-Bürokrat*innen vorherrschend.

In früheren Arbeiten[27] haben wir Lipskys recht willkürliche Unterscheidung zwischen Ermessen und Autonomie als Mittel zur Unterscheidung zwischen »gutem« (praktisch, lösungsorientiert) und »schlechtem« (politisch, abwehrend) Ermessen kritisiert. Nach der Untersuchung der Entscheidungsfindung von Migrationssachbearbeiter*innenn kamen wir zu dem Schluss, dass angesichts der allgemeinen Informalität der Einzelfallbearbeitung Streetlevel-Bürokrat*innen in vielen Fällen einfach selbst darüber entscheiden können, ob sie Regeln nun befolgen oder nicht. So gesehen spielt sich die bürokratische Praxis oft in Grauzonen ab, wo Ermessen und auch potenzieller Ungehorsam bei der Umsetzung geradezu erwartet werden.[28]

Das Ermessen wird in Relation zum Gesetzestext und zu potenziellen Abweichungen davon besprochen,[29] wir folgen jedoch der Argumentation von Hart, der zufolge es keine klare Trennlinie zwischen beiden Phänomenen gibt.[30] Es ist möglich, dass »gutes« Ermessen nur genutzt wird, um »schlechtes« Ermessen zu kaschieren, umgekehrt kann »schlechtes« Ermessen im Sinne der Lösung konkreter Fälle tatsächlich angemessener sein. Wir brauchen daher ein vielseitiges und

----

um anzudeuten, dass die Streetlevel-Bürokrat*innen, so frei von diskursiver Verfassung sie auch erscheinen mögen, immer in eine bestimmte soziale Struktur eingebunden sind. Ryan (Politics and Culture); Davies (The Concept of Agency, S. 51); siehe auch Emirbayer/Mische (What Is Agency?); Ortner (Anthropology and Social Theory: Culture, Power, and the Acting Subject)). Nur in diesem Kontext behalten Saatsangestellte die Fähigkeit, Diskursen und Praktiken zu widerstehen, diese zu untergraben oder zu verändern.

25   Bardach, The Implementation Game; Edwards, Implementing Public; Kshīrasāgara, Untouchability in India: Implementation of the Law and Abolition.

26   Evans/Harris, Street-Level Bureaucracy, Social Work and the (Exaggerated) Death of Discretion

27   Eule, Inside Immigration Law, S. 57–62.

28   Kadish/Kadish, Discretion to Disobey.

29   Galligan, Discretionary Powers: A Legal Study of Official Discretion.

30   Hart, Discretion.

integratives Verständnis der Wurzeln und Ursachen des Ermessens.[31] Im letzten Abschnitt dieses Kapitels (über das »Flickschustern«) geht es darum, wie wir diese Grauzonen in den Räumen asymmetrischer Aushandlungen konzeptualisieren. Das praktische Handeln kann demzufolge der konkreten Rechtsnorm zuwiderlaufen oder gar nicht erst darauf aufbauen, sondern sich aus Richtlinien, Anweisungen und Berufserfahrung, »Kultur« und Einstellungen entwickeln. Die bürokratische Struktur zeichnet sich nicht bloß durch die Vielzahl beteiligter Akteur*innen aus, einschließlich der Führungsebene, die ein Gleichgewicht zwischen der Einhaltung politischer Vorgaben und der Einbeziehung der Kritik von Mitarbeiter*innen finden muss. Bürokratien sind durch viel komplexere Prozesse aus strukturellen und individuellen Faktoren geprägt, die Ermessensspielräume schaffen und befördern – die Migrationskontrolle liefert uns dafür das perfekte Beispiel.

Die fehlende Harmonisierung der Asylverfahren und der praktischen Handhabung der Migration zwischen den europäischen Staaten, wie im vorherigen Kapitel dargelegt, spiegelt sich auch in den Ergebnissen der bürokratischen Entscheidungsfindung wider.[32] Beispielsweise variierte die Anerkennungsquote von Asylbewerber*innen aus Afghanistan im Jahr 2015 zwischen 31 % in Dänemark und 73 % in Deutschland[33], was Kritiker*innen veranlasste, von einer »Asyl-Lotterie«[34] zu sprechen. Bei näherer Betrachtung lassen sich jedoch ähnliche Unterschiede in der Auslegung und Durchsetzung auch innerhalb einzelner Staaten feststellen, ja sogar innerhalb ein und derselben Gerichtsbarkeit[35] – oder innerhalb einer einzigen Dienststelle.[36] Inkonsistenzen sind daher in solch breiten staatlichen Strukturen, in denen lokale, regionale, nationale und internationale Akteur*innen eine wichtige Rolle spielen und sich gegenseitig beeinflussen, vielleicht schlicht unver-

31 Evans, Professionals, Managers and Discretion.

32 Hamlin, Let Me Be a Refugee; Neumayer, Asylum Recognition Rates in Western Europe; Toshkov/de Haan, The Europeanization of Asylum Policy.

33 Clante-Bendixen, En barndom i ingenmandsland.

34 ECRE, ›Asylum Lottery‹ made in Germany; Schneider, The Asylum Lottery.

35 Johannesson, In Courts We Trust; Rehaag, Judicial Review of Refugee Determinations.

36 Eule, Inside Immigration Law.

meidlich. Die Gründe für diese internen Unterschiede und die Reaktion der Bürokrat*innen darauf bedürfen eingehender Betrachtung. Unsere früheren Arbeiten zeigten dabei vier Schlüsselbereiche auf – mündliche Rechtsüberlieferung, lokale Politik, marode Strukturen und fehlende Rechenschaftspflicht –, die das Ausmaß dieser Diskrepanzen deutlich erhöhten.[37]

Viele Arbeiten über Migration werfen bereits wichtige Fragen zur Moral der Arbeit vor Ort und zur Schaffung von Gerechtigkeit auf[38] und schließen dabei Maßnahmen der Inhaftierung[39] und Abschiebung[40] ein. Die Migrationskontrolle als eine Form sozialer Regulierung ist vom Spannungsfeld zwischen Rechten und Zwangsausübung geprägt.[41] Unsere Daten stützen diese Ergebnisse und stellen die zentrale Bedeutung sowohl von Migrationskontrollmitarbeiter*innen als auch von nichtstaatlichen Akteur*innen, der Zivilgesellschaft und Migrant*innen bei den Aushandlungen über Aufenthalt und Rückkehr in den Mittelpunkt. Die Relevanz alltäglicher praktischer Entscheidungen wird auch in der Rechtssoziologie bestätigt, die die Unterscheidung zwischen der konkreten Rechtsnorm und dem Recht in seiner praktischen Ausübung und Handhabung mit Nachdruck kritisiert. Diese Wissenschaftler*innen haben gezeigt, auf welche Weise sich »Recht« in der Praxis überhaupt erst verwirklicht[42] und dass es untrennbar damit verbunden ist, welches Verständnis und welche Sicht die Beteiligten auf Fragen von Recht und Gesetz haben.[43] In Anlehnung an unsere allererste Reflexion über das Recht und seine Auslegung durch den Sachbearbeiter im Schweizerischen Staatssekretariat für Migration stimmen wir mit der rechtssoziologischen Literatur darin überein, dass Rechtsstaatlichkeit oder die »Herrschaft des Rechts« oft pure Illusion ist. Die Diskrepanz zwischen rechtlichen Vorstellungen und Idealen einerseits

----

37   Ebd.
38   Fassin, Enforcing Order; Halliday u.a., Street-Level Tort Law.
39   Aas/Bosworth, The Borders of Punishment; Hall, ›These People Could Be Anyone‹.
40   Coleman, US Immigration Law and Its Geographies of Social Control; De Genova/Peutz, The Deportation Regime; Ellermann, States against Migrants.
41   Fassin u.a., At the Heart of the State; Ellermann, States against Migrants.
42   Moore, Law as Process.
43   Silbey, After Legal Consciousness; Levin/Mather, Lawyers in Practice.

und rechtlicher Praxis andererseits unterstreicht, dass man sich das Recht besser als eine Art Spielfeld vorstellen sollte, auf dem zahlreiche Akteur*innen ihre Vorstellungen von Recht, ihre Haltung dazu im Kontext von individuellen Rechten, Gerechtigkeit und Ermessen vorbringen und aushandeln. Die Auswirkungen davon manifestieren sich in den alltäglichen Entscheidungen von Streetlevel-Bürokrat*innen, aber auch von Migrant*innen (darauf gehen wir in Kapitel 4 ausführlich ein; siehe auch Hoag[44]).

Entscheidungsfindung – Anspruch und Wirklichkeit

Die beiden Beispiele im vorherigen Abschnitt zeigen, wie sehr ähnlich gelagerte Fälle innerhalb ein und derselben Dienststelle völlig unterschiedlich behandelt werden. Im ersten Fall wird die Absicht der beiden Männer, freiwillig in ihr Herkunftsland zurückzukehren und von ihrem Asylantrag Abstand zu nehmen, vom Personal im Migrationsamt gefördert und unterstützt, aber im zweiten Beispiel wird ein Mann ohne Pass, den er zur Heimreise benötigen würde, einfach weggeschickt. Hier hatte der Sachbearbeiter Bedenken wegen der körperlichen und finanziellen Fähigkeit des Mannes, überhaupt nach Hause zu reisen, und weigerte sich daher, dessen Asylbewerberstatus zu widerrufen und ihm seinen Pass auszuhändigen. Es gibt zwar keinen Paragrafen, der eine solche Ablehnung vorsieht, aber der Sachbearbeiter sah sein Vorgehen eindeutig im Rahmen seiner Zuständigkeit. Die Wahrnehmung des Sachbearbeiters beeinflusste somit sowohl die Beurteilung der konkreten Umstände des Falles als auch die Bewertung möglicher Lösungen. In unserer Feldforschung sind uns oft Situationen begegnet, in denen es auf die Wahrnehmungen konkreter Situationen und Handlungsweisen ankam und diese Wahrnehmungen den Ausgang von Entscheidungsprozessen beeinflussten und veränderten. Interessanterweise bestritten jedoch einige der von uns befragten Entscheider*innen, überhaupt einen nennenswerten Ermessensspielraum

----

44   Hoag, Assembling Partial Perspectives.

zu haben. Sie sahen sich vielmehr als neutrale Vollstrecker*innen des Gesetzes, welches ihnen, wenn auch etwas kontraintuitiv, ihr »individuelles« Handeln und Entscheiden erst ermöglichte. Natürlich waren ihnen in der eigenen Wahrnehmung oft die Hände gebunden: durch die konkrete Rechtsnorm, durch den Berufskodex oder durch abstrakte Vorstellungen davon, was das Gesetz von ihnen erwartete. Das Handeln der Streetlevel-Bürokrat*innen gegenüber dem Gesetz hing auch davon ab, für welche Behörde sie tätig waren, welches ihr gesetzlicher Auftrag war und inwieweit sie mit diesem Auftrag »leben konnten«. Ein litauischer Grenzschützer, der das gesetzliche Mandat hatte, Kontrollen an den Binnengrenzen durchzuführen, unbefugte Migrant*innen festzunehmen und Abschiebungen durchzusetzen – aber nicht befugt war, Entscheidungen über Aufenthaltserlaubnisse zu treffen –, beschrieb seine Rolle wie folgt:

> Ich bin Grenzschützer, also habe ich mich an das Gesetz zu halten. Dabei hast du manchmal schon das Gefühl, die Sache könnte man bestimmt auch besser regeln, aber Vorschrift ist nun mal Vorschrift. (Interview Litauen 2015)

Wie in diesem Beispiel eines Grenzschützers mit eher strenger Auslegung seiner Aufgaben bestehen einige Streetlevel-Bürokrat*innen darauf, das zu tun, was von ihrer beruflichen Funktion und damit vom Gesetz erwartet wird – auch wenn ihre persönlichen Ansichten nicht unbedingt mit ihrem beruflichen Auftrag in Einklang stehen. In die gleiche Kerbe schlägt ein schwedischer Grenzpolizist, der uns sagte, »die Definition guter Polizeiarbeit ist das Einhalten von Regeln, da gibt es keinen Spielraum für Abweichungen« – diese Haltung ist uns in unterschiedlicher Form immer wieder begegnet. Interessanterweise jedoch steht dieses Verneinen jeglichen »Spielraums für Abweichungen« oft im Kontrast zu der Wahrnehmung von weitreichenden Ermessensspielräumen an anderen Stellen. Ein anderer schwedischer Grenzpolizist meinte:

> Die Polizei ist nur für die Festnahme von Personen ohne Aufenthaltsrecht und für deren Abschiebung zuständig und führt die Entscheidungen der schwedischen Migrationsbehörde durch – sie hat weniger Ermessensspielraum als die Migrationsbehörde, sie regelt ausschließlich den »Vollzug«. (Interview Schweden 2017)

Ähnliches hörten wir 2015 von einem deutschen Polizisten:

Ich bin froh, dass ich mit den Entscheidungen über diese ganzen Migrationssachen nichts zu tun habe. Wir kontrollieren einfach nur die Papiere, rufen die Ausländerbehörde an und sagen denen, hier ist wieder einer! Und vielleicht treffen wir ihn irgendwann mal wieder und bringen ihn zum Flughafen. (Interview Deutschland 2015)

Unsere Gesprächspartner*innen aus den Reihen der Polizei sehen sich oft als verlängerter Arm der Migrationsbehörden und ignorieren ihre eigenen Ermessensspielräume. Die letzten beiden Zitate beziehen sich auf Ermittlungsmaßnahmen, bei denen schon gezeigt wurde, dass sie von Polizeistreifen mit erheblichem Ermessensspielraum durchgeführt werden können.[45] Es ist zwar richtig, dass Polizeieinheiten in der Regel keine Asylentscheidungen treffen, Ausweisungsverfügungen schreiben oder Aufenthaltsgenehmigungen erteilen, aber sie verfügen eindeutig über einen Ermessensspielraum bei ihren eigenen Kontrollaufgaben. Selbst wenn sie »nur« Migrant*innen bei der Abschiebung begleiten, entscheiden sie selbstverantwortlich, welche Zwangsmaßnahmen zu ergreifen sind. Schon das Anhalten, Kontrollieren und Festnehmen sind, wie ein Großteil der Polizeiarbeit, daher zwangsläufig Aktivitäten mit Ermessensspielraum, die weitreichende Auswirkungen auf Migrant*innen haben, auch wenn Bürokrat*innen sie nicht unbedingt als solche wahrnehmen. Dies bestätigen auch unsere Beobachtungen der Polizeiarbeit in der Feldforschung. Allerdings richtet sich das Ermessen von Polizist*innen nach der Dringlichkeit, mit der solche Entscheidungen getroffen werden müssen. Anders als Bürokrat*innen in Migrationsämtern können sich Polizist*innen oft nicht die Zeit nehmen, das Gesetz zu konsultieren und sich erst einmal untereinander zu besprechen.

Ein weiteres Beispiel sind mobile Patrouillen, die Personen auf illegale Beschäftigung zu überprüfen haben – diese Personen haben vielfach auch einen irregulären Aufenthaltsstatus. Eine von uns beobachtete mobile Einheit der schwedischen Grenzpolizei, die eng mit den schwedischen Finanzämtern zusammenarbeitete, überprüfte die Arbeitsplätze nur dann, wenn es Hinweise auf illegale Beschäftigung gab,

---

45 Siehe Maynard-Moody/Musheno, Social Equities and Inequities in Practice; Epp u. a., Pulled over: How Police Stops Define Race and Citizenship.

meist auf der Grundlage von Hinweisen des Finanzamts. Im Gegensatz dazu entschied eine andere mobile schwedische Grenzschutzeinheit in einer anderen Region nahezu autonom, wen sie kontrollierte und welche Art von Beweismitteln sie berücksichtigte. Letztere warf daher eher ein Auge auf Arbeitsplätze in Stadtvierteln oder Arbeitsbereiche mit hohem Ausländer*innenanteil, wie z. B. Nagelstudios, Autowaschanlagen, Restaurants (meist Kebab-Läden oder von Arbeiter*innen frequentierte Buffetrestaurants) oder Friseurläden in Vororten. Beide Einheiten hatten die Aufgabe, Personen zu kontrollieren, die sich ohne Genehmigung im Land aufhielten oder arbeiteten, aber beide führten ihre Arbeit sehr unterschiedlich aus. Als wir sie jedoch nach ihrem Ermessensspielraum befragten, bestritten die Bürokrat*innen beider Einheiten in der Regel ihren eigenen Handlungsspielraum und verwiesen auf die Migrationsbehörden, die natürlich auch Ermessensspielraum haben, wenn auch in ganz anderem Kontext (Feldnotizen aus Schweden, 2017). Behauptungen in Interviews oder in interviewbasierten Untersuchungen,[46] es gehe allein um die strikte Einhaltung des Gesetzes, sind daher mit Vorsicht zu genießen. Oftmals scheint es bei solchen Aussagen eher um das Abwälzen von Verantwortung zu gehen als um das eigene, konkrete Handeln. In Kapitel 6 wollen wir auf solche Fälle näher eingehen und zeigen, wie unterschiedliche Akteur*innen innerhalb des Migrationsregimes je nach den konkreten Umständen und ihrer eigenen Haltung Verantwortung übernehmen oder auf andere schieben.

Manchmal trafen wir auf Unterschiede zwischen behaupteten und beobachteten Ermessensspielräumen oder brauchten einige Zeit, um hinter die Mauer der angeblich strikten Einhaltung des Gesetzes blicken zu können, hinter der sich die Bürokrat*innen verschanzten. Es gab aber auch andere Gesprächspartner*innen, die viel offener waren. Ein lettischer Grenzpolizist erzählte uns 2016: »Das Gesetz liefert eine Grundlage, aber jeder Mensch hat seine eigene Interpretation, weshalb sich die [Grenzschützer*innen] untereinander beraten. Das Gesetz ist eben nicht immer klar und eindeutig, deshalb wird das unter Kolleg*innen besprochen, manchmal kontaktiert man auch andere, wei

---

46   Z.B. Cyrus/Vogel, Work-Permit Decisions in the German Labour Administration.

tere Kolleg*innen.« Wir trafen aber auch auf genau gegensätzliche Herangehensweisen.

Während der Feldforschung in Deutschland 2015 bekam Tobias ein Telefonat zwischen der Leiterin eines Migrationsamtes und einem Anwalt mit. Zunächst war nicht ganz klar, wovon sie sprachen, aber offenbar handelten sie einen Deal aus. An einer Stelle schrie die Amtsleiterin ins Telefon: »Scheiß auf das abgelaufene Visum, ich habe hier das Sagen! Ich mache das!« Weiter meinte die Amtsleiterin, der Bewerber »soll gefälligst die Klappe halten«. Schließlich vereinbarte die Leiterin einen Termin mit einem*r Sachbearbeiter*in in sechs Wochen und brachte damit einen Prozess auf den Weg, der dem Betroffenen einen geregelten Aufenthalt verschaffen sollte. (Feldnotizen, Deutschland 2015)

Das Zitat des lettischen Grenzschützers unterstreicht die Bedeutung individueller Interpretationen und kooperativer Entscheidungen,[47] das Beispiel aus dem deutschen Migrationsamt zeigt dagegen klar, wie sich Bürokrat*innen über das Recht stellen. Hier bedeutet »das Sagen haben«, dass es möglich ist, juristische Tatsachen (wie ein abgelaufenes Visum und damit höchstwahrscheinlich einen illegalen Aufenthalt) zu ignorieren und entsprechend zu handeln. Sowohl die Auslegung als auch die Missachtung des Gesetzes waren in den von uns beobachteten Entscheidungspraktiken weit verbreitet, auch wenn dieses Vorgehen der Sachbearbeiter*innen nicht allgemein zugegeben wurde. Dies zeigt auch die Diskrepanz zwischen den Vorstellungen von Recht und bürokratischer Professionalität unter Bürokrat*innen, die einerseits ihre Objektivität und politische Neutralität betonen, und andererseits aufzeigen, wie die Umsetzung des Rechts in der Praxis mit politischen Urteilen und Präferenzen, Bauchgefühlen und in den Ermessensspielraum fallenden alltäglichen Entscheidungen befrachtet ist.

Diese Diskrepanz erschwert es auch Migrant*innen und ihren Unterstützer*innen, mit der rechtlichen Umsetzungspraxis klarzukommen bzw. diese vorherzusehen. Ein drastisches Beispiel wurde in einem Bericht einer schwedischen Basisbewegung veröffentlicht, die sich um Asylbewerber*innen kümmert. Der Fall wirft ein Schlaglicht auf die

---

47   Siehe auch Rutz u. a., Enhancing Responsiveness and Consistency.

erheblichen Unterschiede bei Asylentscheidungen – die »Asyl-Lotterie«[48].

Ein juristischer Betreuer mehrerer unbegleiteter Jugendlicher vertritt zwei minderjährige Asylbewerber, die aus der gleichen Provinz in Somalia stammen, sich jedoch nicht kennen. Beide behaupten, sie wären von der fundamentalistischen Gruppe al-Shabaab in Somalia gefangen gehalten und unter Drohungen gezwungen worden, an Kriegshandlungen der Gruppe teilzunehmen. Keiner der beiden hat irgendwelche Ausweisdokumente, aber laut Angaben der für Asylfälle zuständigen Mitarbeiter*innen in der Schwedischen Migrationsbehörde gelten ihre Geschichten als schlüssig und glaubhaft. Die beiden Mitarbeiter*innen haben sich bei ihren endgültigen Entscheidungen auf Quellen aus dem gleichen Land gestützt, aber verschiedene Teile in deren Angaben als Grundlage für ihre Entscheidungen verwendet. Eine Mitarbeiterin hat diese Informationen als Rechtfertigung für eine Ablehnung genutzt, der andere hat auf Basis der gleichen Informationen eine Aufenthaltserlaubnis erteilt. Der andere Sachbearbeiter gibt an: »Es kommt vor, dass sie Soldaten niederen Rangs verfolgen und zur al-Shabaab zurückbringen«, urteilt dann aber, »die Informationen stützen allerdings nicht die Annahme, dass jeder Gefahr läuft, aufgespürt und zurückgebracht zu werden«. Im anderen Fall wird hingegen der gleiche Bericht als Beleg dafür gewertet, dass Kinder zwangsrekrutiert werden und diejenigen, die sich dieser Rekrutierung widersetzen, Gefahr laufen, umgebracht zu werden. Im letzteren Fall gewährt der Sachbearbeiter dem Bewerber eine Aufenthaltserlaubnis, der Asylantrag des erstgenannten unbegleiteten Jugendlichen wird dagegen abgelehnt.[49]

Wie dieses Beispiel zeigt, können die hier aufgetretenen Unterschiede in der Entscheidungsfindung enorme Folgen für die einzelnen Asylbewerber*innen haben. Die Sachbearbeiter*innen haben die gleichen rechtlichen Rahmenbedingungen und sogar Informationsquellen aus

----

48   Vgl. Hamlin, Let Me Be a Refugee; Neumayer, Asylum Recognition Rates in Western Europe; Toshkov/de Haan, The Europeanization of Asylum Policy.

49   #vistårinteut, Rapport om rättsosäkerhet i asylprocessen för ensamkommande barn och unga, S. 18.

dem gleichen Herkunftsland genutzt, um ganz ähnliche Fälle zu bewerten, aber ihr Ermessen gibt ihnen die Möglichkeit, die Fälle vollkommen unterschiedlich zu interpretieren und zu entscheiden. Man kann nicht behaupten, dass die Sachbearbeitenden, die den einen Antragsteller ablehnen, gegen irgendein Gesetz verstoßen, aber da der andere Fall zeigt, dass auch andere Interpretationen möglich sind, erscheint die Ablehnung willkürlich. In der Praxis gibt es einen schmalen Grat zwischen Entscheidungen im Ermessensspielraum und Entscheidungen, die willkürlich oder außerhalb der Entscheidungsbefugnis staatlicher Akteur*innen getroffen werden. Ob sich die Waagschale zugunsten oder zum Nachteil der betreffenden Asylbewerbenden neigt, scheint eine Frage der persönlichen Präferenz des*der Sachbearbeiters*in zu sein. Unsere ethnografischen Daten eignen sich nicht dazu, das Ausmaß dieser Fragen auf der Makroebene zu beurteilen, wir haben aber Belege für unterschiedliche Entscheidungen gefunden, und unsere Gesprächspartner*innen haben Bedenken wegen problematischer »Ermessensausübung« geäußert. Auch waren diese oft mit der jeweiligen Vorstellung von Recht und Professionalität verbunden. Ein weiteres Beispiel kommt aus Dänemark, wo Rechtsberater*innen Bedenken äußerten, dass, selbst wenn es eine Rechtsvorschrift gäbe, die Asylbewerber*innen bei deren Streben nach Aufenthaltsrecht helfen könnte, die Migrationssachbearbeiter*innen diese nicht anwenden würden, angeblich wegen des politischen Drucks, möglichst streng vorzugehen. Ein ehrenamtliche Rechtsberaterin sagte Annika:

> Selbst wenn das neue Gesetz schlecht ist, gibt es immer noch juristische Ausnahmen, aber die werden nicht genutzt. Stattdessen suchen sie [die dänischen Migrationsbehörden] nach Gründen, so restriktiv wie möglich zu handeln. Und es gibt immer Wege, die Menschen besser zu behandeln, aber die Behörden entscheiden sich dagegen. (Interview Dänemark 2016)

Tatsächlich wurde die dänische Regierung dafür kritisiert, die Migrationsgesetzgebung politisiert, die Asylbürokratie in eine restriktivere Richtung gedrängt zu haben und eine so detaillierte Gesetzgebung verabschiedet zu haben, dass der Ermessensspielraum der Migrationsverwaltung erheblich eingeschränkt oder in einigen Fällen sogar gänzlich aufgehoben wird. Dies gilt insbesondere für die haftähnlichen Bedingungen, die Personen auferlegt werden, welche nicht abgeschoben werden können, für die die Regierung jedoch versprochen hat, das Leben »unerträglich zu machen«[50]. Im Gegensatz dazu hatte die Büroleitung in einem deutschen Migrationsamt ihre Mitarbeiter*innen angewiesen, bei der Umsetzung des Gesetzes »proaktiv« vorzugehen und die bestmögliche Lösung für Migrant*innen zu suchen, selbst wenn sie diese gar nicht explizit beantragt hatten. Einige Sacharbeiter*innen waren damit nicht glücklich und vertrauten Tobias an, dies sei eine »unsinnige« Vorgabe, die in unzulässiger Weise »unseren gesamten Ermessensspielraum auf null reduzieren würde«. Keine Ermessensentscheidungen treffen zu können widersprach ihrem Verständnis vom gesetzlichen Auftrag. Unabhängig davon, welche politische Haltung oder Präferenz hinter diesen wahrgenommenen politischen Eingriffen in die Arbeit von Richter*innen, Anwält*innen und Streetlevel-Bürokrat*innen stand, wurde die Politisierung ihrer Arbeit generell mit Skepsis aufgenommen und bisweilen sogar von Bürokrat*innen direkt zurückgewiesen, die sie als Eingriff in ihre berufliche Kompetenz empfanden.[51]

Solange diese politischen Präferenzen jedoch bekannt waren und explizit dargestellt wurden, konnte man sich auch darauf einstellen. Dies war der Fall bei Akteur*innen, die im schweizerischen Asylbeschwerdeverfahren tätig sind, welches beim Bundesverwaltungsgericht angesiedelt ist. Da Schweizer Richter*innen auf der Basis von Parteilisten gewählt werden, bezeichneten viele unserer Gesprächspartner*innen sie als politisch voreingenommen. Dies wurde durch zwei Studien bestätigt, die beide eine starke Korrelation zwischen Parteizugehörigkeit und Restriktivität in Berufungsverfahren feststellten.[52] Die Rechtsberater*innen passten daher ihre Strategien und Hoffnungen auf eine Berufung an den*die in ihrem Fall jeweils zuständige*n Richter*in an. Ebenso hofften die Sachbearbeiter*innen auf bestimmte Richter*innen, weil sie das Gefühl hatten, dass einige ihre Arbeit eher unterstützten als andere.

Bei vielen der Beispiele in diesem Abschnitt lässt sich die Grenze zwischen guter oder schlechter Ermessensentscheidung, zwischen

---

50   Suarez-Krabbe u. a., Stop Killing Us Slowly.
51   Vgl. Ellermann, States against Migrants.
52   Hangartner u. a., Refugee Roulette Revisited; Rau / Skinner, Das sind die härtesten Asylrichter der Schweiz.

pragmatischer Lösung und politischem Widerstand nicht ohne Weiteres ziehen. Natürlich sind Streetlevel-Bürokrat*innen an Gesetzestexte und politische Vorgaben gebunden und stehen am unteren Ende der staatlichen Hierarchie. Dennoch üben Sachbearbeiter*innen regelmäßig beträchtliche Macht aus, erkennen diese aber oft gar nicht oder leugnen sie gänzlich. Dies zeigt auch, dass Vorstellungen und Wahrnehmungen vom Recht und dem Handeln, das es ermöglicht und einschränkt, für die Ergebnisse der Migrationskontrolle von großer Bedeutung sind. Recht kann, wie Charlie in unserem einleitenden Fallbeispiel sagte, mitunter etwas sein, hinter dem man sich gut verstecken kann. Als wir bei unserer Feldforschung hinter diesen Schleier des formalen Rechts blicken konnten, fragten wir uns bisweilen, wo das »Gesetz« geblieben ist bzw. was daraus wurde. Im nächsten Abschnitt untersuchen wir die Stellung des formalen, festgeschriebenen Rechts in den von uns beobachteten Praktiken der Entscheidungsfindung.

Wo bleibt die konkrete Rechtsnorm?

Im Jahr 2015 wurden die Behelfsunterkünfte für Asylsuchende in Deutschland so groß, dass in ihnen eigene Polizeieinheiten stationiert wurden. Bei Tobias' erstem Besuch dort sagte ihm die diensthabende Polizistin, die Polizei fühle sich insgesamt verantwortlich für das Wohlergehen der Asylsuchenden und dass in ihrer Dienststelle »alles zusammenkommt«: »Wir haben Notfallpläne, wir bekommen die finanziellen Mittel, wir regeln die Dinge.« Offenbar war die Polizei in der Lage, Computer für das örtliche Asylbüro des Bundesamts für Migration und Flüchtlinge zu beschaffen, die Polizei sorgte dafür, dass das Rote Kreuz eine feste Ersthilfestation einrichten konnte, und brachte die örtlichen Sportvereine dazu, mit den Kindern Fußball zu spielen. Die Polizistin betonte, »wir konzentrieren uns auf das Lösen von Problemen, nicht auf das Anwenden von Gesetzen«. (Feldnotizen, Deutschland 2015)
In gewisser Weise könnte man die Aussage einer Polizistin, nicht in erster Linie auf die Anwendung des Rechts fokussiert zu sein, als den Höhepunkt der »Flüchtlingskrise« des Jahres 2015 betrachten. Dabei war der Kontext unserer Begegnung zwar eindeutig ein besonderer, der

pragmatische Ansatz zur Rechtsanwendung dagegen durchaus typisch.[53] Viele Akteur*innen, von Grenzschützer*innen über Sachbearbeiter*innen bis hin zu Rechtsanwält*innen und Migrant*innen selbst, orientieren sich an der Prämisse »zuerst die Probleme, dann das Gesetz«. Sie konzentrieren sich in der Regel auf die Lösung konkreter Aufgaben und befassen sich erst später mit den formalen Fragen von Recht und Gesetz. Das heißt nicht, dass ihr Handeln notwendigerweise im Widerspruch zum Gesetz stehen würde – es gibt zuweilen einfach Wichtigeres. Auf der Basis zahlreicher Beobachtungen bei der Entscheidungsfindung wollen wir in diesem Abschnitt die Stellung des Rechts näher beleuchten. Wir behaupten, dass sich Entscheidungen zwar in einem gesetzlichen Rahmen abspielen, dass die konkrete Entscheidungsfindung jedoch eher der Intuition, dem Gefühl und den jeweiligen rechtlichen Vorstellungen folgt – dem »Rechtsbewusstsein«[54] – und nicht zwangsläufig der konkreten Rechtsnorm.

Beim Besuch einer Grenzstation in Lettland im Sommer 2016 sind wir zusammen mit zwei lettischen Grenzposten in einem Zivilfahrzeug unterwegs, und sie schildern uns ihren aktuellen Fall. Sie suchen einen Mann aus Russland, der schon als Baby nach Lettland gekommen war. Zuvor hatte er eine vorübergehende Aufenthaltsgenehmigung besessen, er konnte aber die Gebühr für die Verlängerung der Aufenthaltsgenehmigung nicht aufbringen. Deshalb hatte er seinen Aufenthaltsstatus eingebüßt und eine Ausweisungsverfügung erhalten. Die Grenzschützer*innen suchen nun den Mann, um ihn in Gewahrsam zu nehmen und seine Abschiebung durchzusetzen. Nachdem sie dem Mann den ganzen Tag auf der Spur waren, diverse Adressen aufgesucht hatten, zu denen sie Hinweise bekommen hatten, er könnte sich dort aufhalten, mit seiner Mutter und seiner Freundin gesprochen hatten, die erst kurz zuvor das gemeinsame Kind zur Welt gebracht hatte, bekamen die Bürokrat*innen Mitleid und beschlossen, mit ihrem*r Vorgesetzten zu sprechen. Der*die Vorgesetzte entscheidet später, die Strafgebühr zu senken, damit der Mann aus Russland einen neuen Antrag stel-

53   Vgl. Eule, The (Surprising?) Nonchalance of Migration Control Agents.
54   Merry, Getting Justice and Getting Even; Ewick/Silbey, The Common Place of Law.

len und für seine Aufenthaltsgenehmigung bezahlen kann, anstatt in ein Land abgeschoben zu werden, in dem er niemals gelebt hat. (Feldnotizen, Lettland 2016, siehe auch Borrelli und Lindberg[55]) Eine junge Frau betritt ein deutsches Migrationsamt. Sie zeigt ihre Aufenthaltserlaubnis als Studentin (mit einer Restgültigkeit von sechs Wochen) und ein Terminblatt vor. Sie erläutert, dass sie ihr Studium im März 2014 abgeschlossen hat (ca. 18 Monate zuvor) und nun ihre Aufenthaltserlaubnis erneuern möchte, da sie einen Master-Abschluss anstrebe. Die Sachbearbeiterin deutet auf die Aufenthaltskarte, aus der hervorgeht, dass ihr rechtmäßiger Aufenthalt mit dem erzielten Abschluss endet, und sagt ihr, dass sie damit »rein theoretisch« in Schwierigkeiten sei, da ihre Aufenthaltserlaubnis schon vor über einem Jahr abgelaufen sei. Die Frau wirkt schockiert und wiederholt, sie würde gerne ihren Master-Abschluss machen, und sie hat bereits sämtliche Dokumente bei sich, die für eine Erneuerung der Aufenthaltserlaubnis benötigt werden (ein biometrisches Passbild, eine Einschreibebestätigung der Universität sowie Angaben zu ihren finanziellen Verhältnissen). Die Sachbearbeiterin wendet sich an Tobias. »Normalerweise würde ich das mit der Abteilungsleitung besprechen, aber mir erscheint die Geschichte plausibel.« Der Antrag der Studentin wird angenommen, und die Sachbearbeiterin sagt ihr, sie würde in einigen Wochen Bescheid erhalten, dann könne sie ihre neue Aufenthaltserlaubnis abholen. (Feldnotizen, Deutschland 2015)
In Fällen wie diesen sehen wir Entscheidungen, die vermutlich juristisch zulässig waren, ohne unmittelbar auf das Gesetz Bezug zu nehmen. Es ist wohl recht wahrscheinlich, dass das lettische Recht einen Erlass von Strafgebühren[56] zur Vermeidung unangemessener Härten[57]

----

55 Borrelli/Lindberg, The Creativity of Coping.
56 Weitere Informationen zu Gebühren für Aufenthaltsberechtigungen und andere Verwaltungstätigkeiten vgl. die Angaben der Lettischen Migrationsbehörde unter: http://www.pmlp.gov.lv/en/home/services/residence-permits/state-fee-for-issuing-the-residence-permit.html.
57 Vgl. LVA-1995-L-63654 Gesetz über den Status von Bürgern der ehemaligen UdSSR, die nicht Bürger Lettlands oder eines anderen Staates sind; siehe auch Absatz 7(1) desselben Gesetzes. Leider lagen die lettischen Gesetze größtenteils nicht in Übersetzung vor; (zu weiteren Fällen ehemaliger Sowjetbürger, die nach

zulässt. Allerdings stellten die Bürokrat*innen ihre Entscheidung so hin, dass sie nicht auf dem Gesetz, sondern auf ihrem Mitleid mit dem Mann und seiner Familie beruhte, der unter einer Abschiebung unzumutbar zu leiden gehabt hätte. Außerdem bezogen sie sich nicht explizit auf eventuell vorhandene gesetzliche Möglichkeiten, die Situation zu lösen – wenngleich es vielleicht eine gegeben hätte. Ähnlich liegt der Fall mit der offiziell erloschenen Aufenthaltserlaubnis der Studentin: Sie hätte sich um eine Anschlussberechtigung als Arbeitssuchende bewerben und diese auch bekommen können (§ 16 Abs. 5 AufenthG). Daraus ergeben sich zwei wichtige Schlussfolgerungen. Erstens muss eine Entscheidungsfindung, bei der nicht ausdrücklich auf den Gesetzestext Bezug genommen wird, nicht automatisch der konkreten Rechtsnorm widersprechen – wir fanden dasselbe in unserer ersten Studie über deutsche Migrationsämter.[58] Zweitens kann es praktisch unmöglich sein, die »Rechtmäßigkeit« einer Entscheidung auf der Grundlage ethnografischer Daten festzustellen – wie im lettischen Fall, wo der Gesetzestext kaum greifbar ist. Das kann kaum überraschen, da geschriebenen Gesetzen und juristischer Argumentation eine nachrangige Stellung hinter der persönlichen Beurteilung gegeben wird[59] und die Bedeutung des »Rechtsbewusstseins« für den juristischen Ausgang bestens etabliert ist.[60] Bei unserer Feldforschung war die konkrete Rechtsnorm zugleich da und nicht da – sie bestimmte eindeutig, was geschah, und zur gleichen Zeit war sie nicht wirklich greifbar. Einige unserer Gesprächspartner*innen betonten diesen Punkt und argumentierten, das Migrationsrecht sei in besonderer Weise immateriell. Im lettischen Fall steht das Gesetz zunächst eindeutig im Vordergrund und führt fast zur Abschiebung des jungen Mannes. Nachdem der illegalisierte Migrant aufgrund von Geldnot nicht in der Lage war, seine abgelaufene Aufenthaltserlaubnis zu erneuern, wurde er kontinuierlich mit Geldstrafen und anderen Sanktionen belegt. Während die Polizist*innen jedoch bei

---

der Auflösung der Sowjetunion staatenlos geworden waren: Shevanova gegen Lettland (Streichung) [GC] – 58822/00, Kaftailova gegen Lettland, Nr. 59643/00 am Europäischen Gerichtshof für Menschenrechte oder Slivenko gegen Lettland [GC] – 48321/99).

58   Eule, Inside Immigration Law.
59   Lautmann, Justiz. Die stille Gewalt.
60   Merry, Getting Justice and Getting Even.

der Umsetzung der Ausweisungsverfügung auf Schwierigkeiten stoßen, scheint das Gesetz plötzlich an Gewicht zu verlieren und lässt sich zugunsten einer mitfühlenden Entscheidung zur Seite schieben – der Fall rückt dadurch in eine andere juristische Kategorie, in der eine Regularisierung des Aufenthalts möglich erscheint.

Bei der Feldforschung mit schwedischen Grenzpolizeieinheiten im Jahr 2016 betonten die Bürokrat*innen, wie viel diffuser ihnen das Migrationsrecht erscheine, insbesondere im Vergleich zum Strafrecht (das war zum Teil auch der Grund dafür, dass sie ganz froh waren, das Migrationsrecht eben nicht anwenden zu müssen). Sie verwiesen auf die Vielzahl europäischer, nationaler und subnationaler Gesetze, deren konstante Veränderung und die dazugehörigen politischen Gegebenheiten. Sie erwähnten die Diskrepanz zwischen öffentlichen Erklärungen, Recht und rechtsstaatlicher Durchsetzbarkeit in Sachen Abschiebung. Sie spielten auf Streitfragen wie Kirchenasyl an, das zwar keine rechtlich bindende Wirkung besaß, aber in der Regel als solches respektiert wurde, teils einfach aus Furcht vor öffentlichem Protest. Ein schwedischer Grenzpolizist erzählte uns, das Arbeiten mit dem Migrationsrecht sei in etwa »wie Schwimmen im Nebel« (Interview 2015).

Dieses Gefühl der Unlesbarkeit und fast unerträglicher Komplexität teilten viele unserer Gesprächspartner*innen. In Deutschland war eine der wenigen Gemeinsamkeiten aller hier und bei unseren früheren Arbeiten untersuchten Migrationsämter die Frustration angesichts des Umfangs und der Schnelligkeit der Veränderungen im Gesetzestext. In jedem Büro beklagten die Leute die »Flut der Verordnungen«, manchmal gingen sie sogar explizit auf Abstand zum Gesetz:

Bei einem Büromeeting in einem deutschen Migrationsamt im Frühjahr 2015 werden Fragen im Zusammenhang mit syrischen Staatsbürger*innen besprochen. Eine Sachbearbeiterin stellt die Frage, ob Syrer*innen, die sich schon vor dem Bürgerkrieg in Deutschland befanden, nun von der Pflicht befreit wären, zu ihrer Botschaft zu gehen, und stattdessen Reisepapiere für ausländische Staatsangehörige vom deutschen Staat bekommen könnten. Danach spricht das Team darüber, inwieweit man von Syrer*innen, die keine anerkannten Flüchtlinge sind, erwarten darf, ihre Botschaft aufzusuchen. Viele der Bürokrat*innen haben dazu sehr unterschiedliche Ansichten, aber kaum echte Erfahrung mit solchen

Fällen. Die Teamleitung erläutert, es gäbe einen Erlass des Bundes-
innenministeriums zum Umgang mit dieser Frage, dieser sei jedoch »voller Fehler«, und empfiehlt daher, diesen Beschluss gänzlich zu ignorieren. Die anderen, die von dem Beschluss offenbar
ohnehin nicht gehört hatten, sind einverstanden. Das Team beschließt, über diese Fragen von Fall zu Fall zu entscheiden, wenn sie
sich in der Praxis ergeben. (Feldnotizen, Deutschland 2015)

Manchmal, wie im beschriebenen Fall, kannten die Migrationssachbearbeiter*innen entweder die geltenden gesetzlichen Richtlinien nicht
oder ignorierten sie, oder sie fanden sie nicht praktisch anwendbar,
entweder weil die rechtlichen Entscheidungen als zu kompliziert wahrgenommen wurden oder sich nicht mit den politischen oder persönlichen Präferenzen der Sachbearbeiter*innen vertrugen.[61] Letzteres erfuhren wir in einem Interview mit der Leitung eines kantonalen
Migrationsamtes in der Schweiz im Jahr 2016. Die Büroleitung erläuterte, Abschiebungen, von denen auch Kinder betroffen wären, würden
nur selten vollzogen, weil die Polizei sie nicht während des Schuljahres
aus dem Land weisen wollte. Auch in den Oster- und Winterferien
wollten sie keine Kinder abschieben, weil dies die Zeit von Festen und
Familienfeiern war. Damit blieb – praktischerweise – nur die kurze Zeit
der Sommerferien (und dann sind viele Polizist*innen selbst in den Fe-
rien), um diese politisch und ethisch besonders heiklen Abschiebefälle
in die Tat umzusetzen.

In allen diesen Fällen lag eine Rechtsverordnung oder Entscheidung
vor, die umgesetzt werden musste. Allerdings waren diese juristischen
Dokumente entweder zu komplex oder nur unzureichend realitätstaug-
lich für die Sachbearbeiter*innen, die sie hätten umsetzen müssen. Ihre
Reaktionen auf diese Widersprüche unterstreichen die Tatsache, dass
die konkrete Rechtsnorm sehr oft beschreibt, was *nicht* statthaft ist, aber
nur selten alle Maßnahmen umfasst, die für Streetlevel-Bürokrat*innen
möglich und zulässig sind. Bürokrat*innen handeln nicht notwendigerweise im Widerspruch zum Gesetz, sie treffen nur eine Auswahl, wie sie
mit dem Gesetz umgehen: indem sie rechtliche Entscheidungen praxistauglich anpassen, indem sie alternative rechtliche Lösungen finden
oder indem sie die juristische Durchsetzung verschieben, bisweilen so

----

61   Siehe Borrelli, Whisper down, up and between the Lane.

weit, dass die Entscheidung ihre bindende Kraft verliert (siehe auch Kapitel 5). Mitunter war der Fall und dessen mögliche Lösung jedweder Beschäftigung der Sachbearbeiter*innen mit dem Gesetzestext vorgelagert. Wurde in der Praxis der Entscheidungsfindung der Gesetzestext nicht herangezogen, lag dies zum Teil an seiner Nichtgreifbarkeit für die Streetlevel-Bürokrat*innen, teils auch daran, dass diese entschieden, das Gesetz nachrangig zu behandeln und sich zunächst an ihren persönlichen Präferenzen zu orientieren. Bei manchen Entscheidungen legten viele Angestellte sogar explizit Wert auf die Feststellung, sie hätten den Gesetzestext nicht konsultiert.

Ein gutes Beispiel dafür ist Schenja, ein lettischer Grenzschützer, der im Hafen von Riga arbeitet. Gegenüber Lisa und Annika berichtete Schenja eingedenk der Veränderung der Arbeit an der Grenze seit dem Beitritt Lettlands zum Schengen-Raum Folgendes:

»Es war einfacher, als wir zu hundert Prozent die Kontrolle über die Grenze hatten und an jedem Grenzübergang in unseren Häuschen saßen und alles und jeden kontrollierten. Heute gibt es automatische Ticketlesegeräte für Reisende, die die Grenze passieren, deshalb müssen wir sie nicht mehr kontrollieren, sondern machen nur noch stichprobenartige Passkontrollen bei Leuten, die uns verdächtig erscheinen. Wir müssen auch Geheimdienstberichte und Risikoanalysen lesen. Unser Job ist also durch Schengen schwieriger geworden …« Auf die Frage, wie sie von all den neuen Gesetzen und Vorschriften erfahren haben, die mit dem Schengen-Beitritt verbunden waren, fährt Schenja fort: »Nun, da gab es Lehrgänge, aber wir bekamen auch diesen dicken Stapel mit Dokumenten vorgesetzt, die wir lesen sollten … Natürlich kann man sich diese Dokumente ansehen, aber du weißt nicht immer, wo du anfangen sollst zu suchen … also fragst du deine*n Vorgesetzte*n, deine*n Dienststellenleiter*in oder Kolleg*innen, sicher. Und je weniger Zeit du hast, desto dringlicher wird es, eine Entscheidung zu treffen und vielleicht auch Kreativität an den Tag zu legen, wie am Flughafen, beispielsweise.« (Feldnotizen, Lettland 2016)

Die Entscheidungsfindung ist mithin eindeutig eine Frage des »praktischen Ermessens«. Abweichend von der »Doughnut«-Metapher[62] wird

---

62   Dworkin, Bürgerrechte ernstgenommen.

jedoch die Frage, wo das Recht endet und das Ermessen beginnt, nicht vom Gesetz bestimmt, sie ist Teil des Ermessensspielraums der Bürokrat*innen. Schenja beruft sich nicht auf »diese Dokumente«, sondern fragt lieber Kolleg*innen oder Vorgesetzte. Streetlevel-Bürokrat*innen *entscheiden* also, ob es innerhalb ihrer Entscheidungsfindung einen Ermessensspielraum gibt.[63] Noch einmal: Dies bedeutet nicht, dass staatliche Akteur*innen notwendigerweise gegen das Gesetz handeln. Es bedeutet nur, dass die formelle Auseinandersetzung mit dem Gesetzestext eher die Ausnahme ist. Das Gesetz ist in der Wahrnehmung und Vorstellung der Akteur*innen durchaus präsent, aber es nimmt keine materielle Gestalt an. Im Gegensatz zu formellen Vorgehensweisen, zu denen die detaillierte Textanalyse der sprachlichen Spezifika von Paragrafen gehört, sorgt die alltägliche Praxis der Entscheidungsfindung dafür, dass das Gesetz auch funktioniert, ohne explizit zurate gezogen zu werden. Der nächste Abschnitt untersucht diese praktischen Verfahren der Entscheidungsfindung in Abwesenheit einer formellen Einbeziehung von Gesetzbüchern und formellen Ermessensrichtlinien. Wir werden zeigen, dass, wie bei Schenja, der Kreativität[64] eine wichtige Rolle zukommt.

Flickschusterei und die Aneignung des Gesetzes

»Natürlich ist es doch so: Je besser du dich mit dem Gesetz auskennst, desto einfacher hast du es« (Interview Schweden 2016).
Ein*e schwedische*r Grenzpolizist*in beschreibt hier die alltägliche Arbeit im Umgang mit Recht. Weiter oben konnten wir zeigen, dass die Präsenz des geschriebenen Gesetzes im Alltag von Streetlevel-Bürokrat*innen nicht immer ganz so offenkundig ist. Zugleich könnten sie auch ihrer eigenen Wahrnehmung folgen und somit eher nahe am oder mit größerer Distanz zum geltenden gesetzlichen Rahmen handeln. Die Überlegung des Staatsangestellten erscheint vernünftig. Sie erinnert an unsere Begegnung mit Charlie vom Anfang des Kapitels, als dieser zugab, Fälle so zu präsentieren, dass sein*e Vorgesetzte*r in der Regel in

---

63   Eule, Inside Immigration Law, S. 58.
64   Vgl. Borrelli/Lindberg, The Creativity of Coping.

der von ihm beabsichtigten Weise entscheiden würde. In vielen Fällen finden Akteur*innen Wege innerhalb des vorhandenen Spielraums, die auch bei einer juristischen Überprüfung noch immer unter »Ermessen« fallen könnten. Man kann noch nicht von direkter Manipulation der Fälle sprechen; Akteur*innen finden vielmehr Lösungen im Wege von Mikro-Entscheidungen und kleinen Anpassungen[65] oder »weichen Entscheidungen«[66]. Zu erkennen sind diese Lösungsansätze durch die Art, wie Bürokrat*innen ein wenig mehr Mühe darauf verwenden, Abschiebekandidat*innen zu beruhigen oder indem sie einfach Möglichkeiten wiederholen, die als gültige Gründe für Abschiebehindernisse infrage kommen könnten (Kapitel 1; siehe auch Gilliom[67]).

Diese Mikro-Entscheidungen fokussieren sich auf das *Wie* und nicht so sehr auf das *Ob*, wobei die geschriebenen Gesetze weitgehend eingehalten werden. Da Vorschriften und Gesetze niemals hundertprozentig die Realität des Einzelfalls abbilden können, müssen sie in Relation zu jeder konkreten Situation ausgerichtet und angepasst werden.[68] Um nun die Frage zu beantworten, wie man das Gesetz anwenden soll, nutzten Streetlevel-Akteur*innen nach unserer Beobachtung in vielen Fällen ihren Ermessensspielraum, um Fälle so »hinzubiegen«, dass diese in befriedigender Weise gelöst werden konnten. Diese »Flickschusterei« impliziert informelle Anpassungen formeller Vorgaben und gilt als Möglichkeit, etwas effizient geregelt zu bekommen – und dies nicht unbedingt auf anrüchige Weise, wie Studien im Gesundheitswesen und in den Naturwissenschaften gezeigt haben.[69] Die »Flickschusterei« stellt somit eine Möglichkeit dar, ein »geeignetes Arrangement (materiell, emotional, relational)«[70] zu erzielen. Sie lässt

---

65 Dubois, The Bureaucrat and the Poor.

66 Evans/Harris, Street-Level Bureaucracy, Social Work and the (Exaggerated) Death of Discretion; van der Woude/van der Leun, Crimmigration Checks in the Internal Border Areas of the EU.

67 Gilliom, Overseers of the Poor.

68 Lipsky, Street-Level Bureaucracy; siehe auch Maynard-Moody/Musheno, State Agent or Citizen Agent.

69 Mol u.a., Care in Practice; Knorr, Tinkering toward Success; siehe auch Nygaard-Christensen u.a., A Case Study of Casework Tinkering.

70 Winnance, Care and Disability, S. 95.

uns erfassen, wie die Entscheidungsfindung, die nicht selten in einem signifikanten Abstand zur konkreten Rechtsnorm erfolgt, verläuft.

Maria, eine Migrationssachbearbeiterin in Deutschland, bekommt einen Anruf von einem Vertreter einer Schiffswerft und stellt das Telefon auf Lautsprecher. Die Visa einiger Seeleute laufen ab, und der Firmenvertreter fragt, wie man da weiter vorgehen könnte. Offenbar haben die Seeleute die Aufgabe, ein U-Boot abzuholen, aber die Übergabe verzögert sich aufgrund kurzfristig angefallener Dockarbeiten. Die Sachbearbeiterin sieht zwei Optionen. Zunächst weist Maria darauf hin, dass »*wo kein Kläger, da kein Richter*« und schlägt vor: »Unter Wasser will niemand etwas von Visumpapieren wissen«, deshalb sollten die Seeleute einfach ihre Visa überziehen und erst gehen, wenn das U-Boot abholbereit ist. Als zweite Möglichkeit erläutert die Sachbearbeiterin, dass auch eine formelle Visaverlängerung möglich wäre, indem man einfach neue Visastempel in die Reisepässe druckt. Diese könnten nominell nur eine Gültigkeit von vier Wochen haben, das Büro könnte aber auch über diese Frist hinausgehen – in anderen Büros mache man das genauso. Dafür bräuchte es einen formellen Antrag, eine Liste aller Bewerber*innen, und die Sache ließe sich dann »in einem ruhigen Moment« über die Bühne bringen. Die Sachbearbeiterin betont, man sei »stets offen für schlanke Lösungen«, andernfalls »wirst du schlicht wahnsinnig«. Der Vertreter der Werft äußert sich nicht dazu, wie das Unternehmen verfahren will, jedenfalls gehen bei dem Büro in den folgenden Tagen keine Anträge auf Visaverlängerungen in größerer Zahl ein. (Feldnotizen, Deutschland 2015)

Besonders bei unserer Feldforschung in Deutschland schienen die Staatsangestellten bestrebt zu sein, Fälle im Sinne der eigenen Bequemlichkeit zu bearbeiten und dabei oftmals langwierige und ermüdende Prozesse zugunsten »schlanker« – üblicherweise informeller und pragmatischer – Lösungen zu vermeiden. Die Visa der Seeleute nicht verlängern zu müssen, bedeutet für Maria natürlich viel weniger Arbeit, und diese Möglichkeit wird dankbar angenommen. Da eine juristische Nachforschung nicht sehr wahrscheinlich ist, akzeptiert die Sachbearbeiterin die vermutlich entstehende Überziehung der Visa und damit die formelle »Illegalisierung« der betroffenen Seeleute. Zwar hat sich

Maria damit einiges an Arbeit erspart, aber solche »unbürokratischen« Lösungen sind nicht immer besonders effizient, wie das folgende Beispiel zeigt.

Kim, der Sachbearbeiter, den Tobias in einer deutschen Ausländerbehörde beobachtet, wird zum Hafen gerufen, wo zwei Seeleute gestrandet sind. Wir treffen uns mit unserer Kontaktperson von der Hafenbehörde und erfahren, dass die gültigen Schengen-Visa der beiden gestern abgelaufen sind und die Bundespolizei eine Erneuerung der Visa aus unbekannten Gründen abgelehnt hatte. Der Sachbearbeiter von der Hafenbehörde hat den Verdacht, die Polizist*innen wären unsicher gewesen, ob sie dafür überhaupt zuständig wären – allerdings war sogar ihm klar, dass sie sehr wohl befugt sind, Visa zu erneuern. Kim ist wütend, äußert aber, wenn auch missmutig, ein gewisses Verständnis – »solche Dinge passieren eben«. In der Regel versteht sich dieses Migrationsamt gut mit der Bundespolizei. Kim nimmt die beiden Pässe an sich (ohne dafür irgendetwas zu unterschreiben oder eine Empfangsbestätigung auszuhändigen, was nach den Vorschriften erforderlich gewesen wäre) und sagt der Kontaktperson, die Hafenbehörde würde die Pässe morgen mit erneuerten Visa zurückbekommen. Kim verspricht, den Fall zu »regeln« – vielleicht dadurch, dass er das Datum der Erneuerung auf gestern zurückdatiert. Die beiden Seeleute sollen im Seemannsheim bleiben, und Kim sieht keine Notwendigkeit, mit ihnen zu sprechen oder sie über den Verbleib ihrer Pässe zu informieren. Stattdessen verbringt Kim weitere zwei Stunden mit dem Kumpel von der Hafenbehörde, die beiden trinken Kaffee und plaudern übers Segeln. Als wir dann gehen, erzählt Kim, wie er vor einigen Jahren ein Visum einfach telefonisch verlängert hätte: »Das Visum wird hiermit verlängert. Gesiegelt und unterzeichnet, Kim, Migrationsbehörde«. (Feldnotizen, Deutschland 2015)

Kim verbringt ganz offenbar gerne Zeit in der Hafenbehörde. Die »Flickschusterei« – hier ebenso wie im vorherigen Beispiel das Umgehen des Visumablaufs und des »illegalen Aufenthalts« – ist dadurch motiviert, die Fälle geregelt zu bekommen, und zwar möglichst pragmatisch und weniger auf Rationalität oder Effizienz ausgerichtet. Ein weiteres Beispiel für diese Art des Vorgehens wird deutlich, wenn Bürokrat*innen sich genau diejenigen Gesetzestexte aussuchen, die sie für am ehesten geeignet erachten, um ihr angestrebtes Ziel zu erreichen. Sklansky[71] hat ausführlich beschrieben, wie ein derartiger »Ad-hoc-Instrumentalismus« ein zentrales Element der Inkraftsetzung von »Krimmigration«[72] sein kann, also der Vermengung und selektiven Nutzung unterschiedlicher Institutionen, Rechtsrahmen und Instrumente der Strafjustiz zum Zweck der Durchsetzung von Migrationskontrolle. Eine erfahrene schwedische Grenzpolizistin, die wir 2017 interviewten, bekennt sich zu solchen Praktiken: »Ich weiß, wie man Leute aus der Abschiebehaft herausholt, und ich weiß, wie man sie hineinkriegt – einem Juristen würde ich das aber nicht erzählen.« Die Polizistin führt gegenüber Annika weiter aus, wie die Polizei versucht, Strafanzeigen gegen Asylbewerber*innen und illegalisierte Migrant*innen voranzutreiben, die sich geringfügige Ordnungswidrigkeiten hatten zuschulden kommen lassen, da ein Ermittlungsverfahren der Polizei erweiterte Befugnisse für den Zugriff auf private Daten von Verdächtigen verschaffen würde. Ein reiner Zuwanderungsfall würde dafür nicht ausreichen. Entsprechend gibt sie auch zu, der Polizei wären Ausweisungsbefehle lieber als eine Inhaftierung, wenn es um ausländische Straftäter*innen geht, denn »wir wollen diese Dieb*innen, Schurk*innen und Bandit*innen außer Landes haben«. Die Polizistin betreibt mithin ebenfalls Flickschusterei mit den Werkzeugen, die ihr das Migrationsrecht und die Strafjustiz an die Hand geben: Im ersten Fall nutzen sie strafrechtliche Verfahren, um Ziele zu erreichen, die in Verbindung mit Migrationskontrolle stehen, im zweiten Fall wird Migrationskontrolle als Vehikel zur Durchsetzung von Strafrecht missbraucht.[73]

Eine Frau ruft bei einem deutschen Migrationsamt an und möchte etwas für eine andere Frau erfragen, die im Urlaub ist, aber fürchtet, nicht nach Deutschland zurückkehren zu können, da sie eine Aufenthaltserlaubnis auf der Grundlage ihres schlechten Gesundheitszustands besitzt, welche eine Abschiebung verhindert. Die Sachbearbeiterin stellt den Anruf zur Amtsleitung durch, die das Telefon auf Lautsprecher stellt und die Tür zum Büro der der Sach-

---

71   Sklansky, Crime, Immigration, and Ad Hoc Instrumentalism.
72   Stumpf, The Crimmigration Crisis.
73   Vgl. Bosworth u. a., Punishment, Globalization and Migration Control.

bearbeitung öffnet, damit die Bürokolleg*innen und Tobias mithören können. Während des Gesprächs wird klar, dass die Frau in Wirklichkeit in eigener Sache anruft, aber eine fiktive Situation nutzt, um herauszufinden, was geschehen würde. Offenkundig plant sie selbst eine Urlaubsreise, besitzt aber eine Aufenthaltserlaubnis auf der Grundlage ihrer gesundheitlich bedingten Reiseunfähigkeit, die einer Abschiebung im Wege steht. Die Sachbearbeiterin schaltet sich ins Gespräch ein und ruft durchs Büro, das hätte sie doch auch gleich sagen können. Die Amtsleitung antwortet, »wir lassen auch bei nur geduldeten Personen Toleranz walten« – in der Regel aber nur innerhalb des Schengen-Raums. Die Frau möchte allerdings nach Marokko reisen. Die Amtsleitung wendet sich an sie:»Schauen Sie, ich kann Ihnen nicht sagen, dass Sie bleiben müssen, ich kann Ihnen auch nicht garantieren, dass an der Grenze nichts passieren wird, und das ist für uns auch nicht sehr wichtig. Wenn allerdings ihre Aufenthaltserlaubnis erlischt, müssen wir überprüfen, ob Sie noch im Land leben, wissen Sie.« Die Frau erklärt, dass sie nur Urlaub in Marokko machen möchte. Die Amtsleitung fügt hinzu, sie müsse »schon nachweisen, nach wie vor nicht transportfähig zu sein« für eine Reise in ihre Heimat. Die Frau erklärt, das wäre natürlich »ein ganz anderer Fall«, bedankt sich und verabschiedet sich. Nach dem Gespräch wendet sich die Sachbearbeiterin stinksauer an Tobias – obwohl uns ihre Vorgesetzten nach wie vor bestens hören können –: »Ich wäre ein bisschen strenger, wenn jemand, der nicht reisefähig ist, in Urlaub fahren will.« (Feldnotizen, Deutschland 2015)

Diese Flickschusterei basiert oftmals auf rein persönlichem Handeln und ist keineswegs unumstritten, wie dieses Beispiel zeigt. Wie im Fall der Frau, die einerseits juristisch betrachtet zu krank zum Reisen ist, andererseits aber eine Urlaubsreise plant, sind Sachbearbeiter*innen und Abteilungsleitung offenkundig uneins in ihrer Interpretation. Ähnlich wie bei Kim, dem ein weiterer Ausflug zum Hafen nichts ausmachte, kann die Lösung eines »zurechtgebogenen« Falls extrem unterschiedlich ausfallen, je nachdem, wer damit befasst ist. Diese Form der Entscheidung weist also auf die Grenzen der Betonung eines kollektiven Rechtsbewusstseins hin: Die konkrete Rechtsnorm ist eindeutig nicht die materielle Grundlage der Entscheidungsfindung, ein allgemeines Rechtsverständnis aber auch nicht. Ganz im Gegenteil sorgt die Flickschusterei – scheinbar zulässige »Ermessenshandlungen« – für viele unterschiedliche Handhabungen innerhalb Behörden. Man könnte darin auch einen Widerspruch zum Gedanken der Verfahrensgerechtigkeit sehen. Zugleich ist es eine durchaus verbreitete Vorgehensweise, und sie löst ja auch reale Probleme, anstatt »dem Recht zur Durchsetzung zu verhelfen«, wie es unser Gesprächspartner im deutschen Aufnahmezentrum ausdrückte.

Fazit: Entscheidungsfindung durch Flickschustern des Rechts

Das Flickschustern schließt mithin Entscheidungen ein, die in der Regel dem Gesetz nicht diametral widersprechen, die aber auf der selektiven Anwendung mehrerer, bisweilen unterschiedlicher Gesetze gründen. Dazu gehört, mal hier, mal da ein wenig zu improvisieren, bis eine – zumindest für Sachbearbeiter*innen – zufriedenstellende Lösung herauskommt. Die Entscheidungsfindung beruht in hohem Maße auf dem persönlichen Handeln der Bürokrat*innen und erfolgt in einer gewissen Distanz zur konkreten Rechtsnorm. Auf diese Weise geschieht es, dass die Entscheidungsfindung den Fall, ganz ähnlich wie bei Kafkas Bürokraten in *Das Schloß*, »wenn auch meistens sehr richtig, so doch immerhin willkürlich abschließt«. Streetlevel-Bürokrat*innen stehen regelmäßig vor der Aufgabe, komplexe Probleme zu lösen, auf der Grundlage komplizierter Gesetzestexte, belastet mit moralischen Implikationen und innerhalb der Gemengelage eines hochgradig politisierten Kontexts. Durch das Ermessen, und nicht etwa trotz desselben, wird dem Recht zur Funktionsfähigkeit verholfen. Die »Flickschusterei« an Entscheidungen, um sie an die Realität vor Ort anzupassen, erscheint uns als zutiefst menschlich. Wie an anderer Stelle ausgeführt[74], scheinen die praktischen Verfahren der Migrationskontrolle weitgehend von einer gesunden Portion Pragmatismus geleitet zu sein, und die Entscheidungsfindung folgt dem, was Simon und Bar-

---

74   Eule, The (Surprising?) Nonchalance of Migration Control Agents.

nard mit dem Begriff »Satisficing« beschreiben.[75] Das beobachtete Verhalten und die erhaltenen Erläuterungen scheinen demzufolge nicht durch ein moralisches Urteil motiviert zu sein, noch lassen sie sich auf die reine Funktion maschinengleicher bürokratischer Effizienz oder Rationalität reduzieren. Vielmehr orientieren sie sich daran, was in der gegebenen Situation als »halbwegs vernünftig« erachtet wird. Um die Praxis der Migrationskontrolle zu verstehen, müssen wir erforschen, wie das Gesetz im Alltag der dafür zuständigen Behörden angewendet wird, wie es das Handeln von Akteur*innen ermöglichen oder einschränken kann, und wie es je nach den jeweiligen Präferenzen der Handelnden selektiv genutzt wird. Überdies können diese Präferenzen und Handlungen auch durch asymmetrische Aushandlungen beeinflusst werden, da Bürokrat*innen auch die Präferenzen anderer Personen mit ihren eigenen in Einklang bringen müssen, und nicht etwa nur mit einem spezifischen Paragrafen.

Diese pragmatischen Entscheidungen haben allerdings auch ihren Preis. Wenn das Recht die Entscheidungsfindung gleichsam wie ein Nebel einhüllt und die Resultate der Entscheidungsfindung uneinheitlich und schwer nachzuvollziehen sind, können diese Praktiken willkürlich und weitgehend vom Zufall abhängig erscheinen. Bürokratische Entscheidungsfindung und Durchsetzung des Rechts werden dann schwer vorhersehbar und steuerbar. Die Folgen dieser Dynamik sind Thema des nächsten Kapitels.

---

75   Simon/Barnard, Administrative Behavior: A Study of Decision-Making Processes in Administrative Organization; siehe auch Barros, Herbert A. Simon and the Concept of Rationality.

4

Unlesbarkeit im Migrationsregime

Richtiges Auffassen einer Sache und Mißverstehn
der gleichen Sache schließen einander nicht vollständig aus.
Franz Kafka, Der Proceß, *S. 297*

In Kafkas Parabel »Vor dem Gesetz« erfahren wir, wie der Türhüter des
Öfteren kleine Verhöre mit dem Mann vom Lande anstellt, über seine
Heimat und andere Dinge. Dennoch nimmt der Türhüter demonstra-
tiv keinen großen Anteil an den Befragungen und den Antworten des
Mannes, und am Ende bescheidet er ihm stets, er könne ihn nicht einlassen. Der Mann hat auch allerlei Dinge auf seiner Reise eingesam-
melt, die er allesamt dem Türhüter gibt in der Hoffnung, ihn damit
günstig stimmen zu können. Der Türhüter nimmt all dies an, ohne
dem Mann jedoch irgendetwas zuzusichern. Der Mann setzt seine Bemühungen unermüdlich fort, den Türhüter zu überzeugen, und wartet
viele Jahre vor der Tür, ohne jemals zu erfahren, was genau zwischen
ihm und dem Gesetz steht und ob ihm denn jemals Einlass gewährt
werden wird.
　　Die ebenso unermüdlichen wie offenbar fruchtlosen Bemühungen
von Kafkas Mann vom Lande, herauszufinden, was »das Gesetz« von
ihm verlangt, haben eine verblüffende Ähnlichkeit mit den Kämpfen
unserer migrantischen Gesprächspartner*innen, wenn es darum geht,

die Justizbehörden zu »lesen«, die ihr Schicksal so stark beeinflussen. Die Absurdität und Unvorhersehbarkeit, die sie bei diesen Bemühungen erleben, lassen sich teilweise dadurch erklären, dass Personen nur begrenzte Kenntnisse über und Zugang zum »Gesetz« haben. Teilweise gründen sie auch auf Lücken und Überschneidungen in der Rechtsprechung (siehe Kapitel 2) und lassen sich auf die Unvorhersehbarkeit der juristischen Praxis und auf die begrenzte Kenntnis, die selbst Sachbearbeiter*innen von ebendiesem rechtlichen Rahmen haben, zurückführen.

Im vorherigen Kapitel haben wir gezeigt, wie über die konkrete Rechtsnorm hinaus Ermessensentscheidungen kreative Möglichkeiten schaffen, am Gesetz zu »flickschustern«, um es an die komplexe Realität anzupassen. Im vorliegenden Kapitel geht es um die Auswirkungen informeller rechtlicher Praktiken und ebenso informeller Formen von Kenntnissen über das Gesetz, auf die Migrant*innen, Expert*innen des Migrationsrechts und Staatsangestellte gleichermaßen zurückgreifen. Dieses Kapitel stellt mithin die Frage, wie der Wissenstransfer bezüglich der Gesetze zwischen Migrant*innen, staatlichen und anderen Akteur*innen stattfindet. Wir kommen zu dem Schluss, dass Gerüchte und andere Formen unsicherer Informationen eine bedeutende Rolle bei der Ausgestaltung von Strategien und Verhaltensweisen verschiedener Akteur*innen spielen. Um zu verstehen, wie die praktische Anwendung des Rechts antizipiert und wie auf sie reagiert wird, müssen wir berücksichtigen, wie der Zugang zu Informationen über das Gesetz erfolgt und wie diese Informationen innerhalb eines Umfelds asymmetrischer Aushandlungen geteilt, interpretiert und verwendet werden. Aus der Perspektive unserer Untersuchung stellen wir fest, dass sowohl für Laien als auch für Staatsangestellte »das Recht« ziemlich viel Distanz zum gedruckten Text hat. In der Folge lässt sich rechtliche Praxis nicht allein aus dem Vergleich zwischen der konkreten Rechtsnorm und der behördlichen (In-)Aktivität begreifen. Wir müssen vielmehr die unterschiedlichen Formen erfassen, in denen sich das Gesetz im Alltag verschiedener Akteur*innen innerhalb des Migrationsregimes manifestiert. Unsere Besuche in Migrationsämtern, Haft- und Asylzentren und Grenzposten enthüllen chaotische und bisweilen widersprüchliche Praktiken, die nicht streng der konkreten Rechtsnorm folgen, sondern auf informellem Wissen und Erwartungen beruhen, die einen Rechtsrahmen ersetzen müssen, der oftmals unverständlich ist und dem die Beteiligten vielfach misstrauen. Wenn sich staatliche Akteur*innen, Rechtsbeistände und Migrant*innen auf eher vage Vorstellungen vom Recht und auf mündliche Überlieferungen und Gerüchte stützen, eignen sie sich das Gesetz auf ihre jeweils eigene Weise an und erzeugen so neue Hoffnungen, Vorstellungen und Rechtspraktiken, die für sie »halbwegs plausibel« sind, sodass sie damit klarkommen können. Indem wir Antizipation und Nutzung des Gesetzes durch Migrant*innen beleuchten, unterstreichen wir, wie diese einerseits »*vor dem Gesetz*« stehen – wie der Mann in Kafkas Parabel –, zugleich aber auch *inmitten* rechtlicher Verfahren gefangen sind und sich deshalb auch *mit dem Gesetz* auseinandersetzen müssen. Aufgrund der prekären rechtlichen Stellung unserer migrantischen Gesprächspartner*innen und der Schwierigkeiten, auf die sie stoßen, wenn sie die Implementierung von Migrationskontrolle zu antizipieren versuchen, erlangt das Gesetz eine nahezu magische Macht, was zur Folge hat, dass sich Migrant*innen dem Gesetz gänzlich machtlos ausgeliefert fühlen. Das Recht kann dabei durchaus neue Wege eröffnen, es dient aber auch dazu, bestehende Machtverhältnisse zu reproduzieren.

Das Kapitel ist dreigeteilt. Zunächst zeigen wir auf, inwiefern staatliche Praktiken als absurd und überwältigend erlebt werden. Dabei sind es keineswegs nur die formellen Machtmittel, die staatlichen Akteur*innen zur Verfügung stehen, sondern auch die informellen und unverständlichen Wege, auf denen diese Macht ausgeübt wird, was bei Migrant*innen das Gefühl der Machtlosigkeit und des Ausgeliefertseins erzeugt. Zweitens legen wir – ohne die Informalität und Undurchschaubarkeit dieser Praktiken überbetonen zu wollen – Wert darauf, das zu beschreiben, was wir den Unlesbarkeitseffekt (»illegibility effect«) nennen. Damit wollen wir unterstreichen, wie wichtig Wissen ist, um sich im Labyrinth des Migrationsregimes zurechtzufinden, so unvollständig dieses Wissen auch sein mag. Der dritte Teil des Kapitels untersucht, wie der Zugang zu Wissen über das Gesetz erfolgt, wie das Wissen unter Akteur*innen im Migrationsregime ausgetauscht und von diesen genutzt wird. Wir werden zeigen, dass so ziemlich jede*r seine liebe Mühe hat, zumindest »genug« zu wissen, und dass aufgrund der Komplexität der Anwendung von Migrationsrecht Migrant*innen, aber auch Rechtsbeistände und Staatsangestellte ihr Handeln auf Gerüchte und informelle Vorstellungen vom Gesetz gründen. Das Kapitel schließt mit der Feststellung, dass unsichere Informationen inhärent produktiv sind und nicht nur informelles Handeln gestalten, sondern auch als Basis für formalisierte Rechtsanwendung dienen. Diese Dynamik trägt auch dazu bei, rechtliche Praxis »unlesbar« zu machen, und zwar nicht nur für diejenigen, die dem Gesetz unterworfen sind, sondern auch für Staatsangestellte, die dem Gesetz Geltung verschaffen müssen. Wir behaupten, diese Unlesbarkeit ist größtenteils das Ergebnis informeller Praktiken und keineswegs vorsätzlich herbeigeführt. Allerdings kann sie auch gezielt genutzt werden, um die Durchsetzung des Rechts zu stärken oder auch zu behindern.

Erfahrungen mit bürokratischen Absurditäten

Daniel, ein Mann Mitte dreißig, hatte seit vielen Jahren in Österreich gelebt. Sein Asylantrag war abgelehnt worden, und auf die Frage, ob er verstehe, warum ihm kein Asyl oder ein andersgearteter legaler Aufenthaltsstatus in Österreich gewährt wird, betont er den Einfluss von Polizist*innen, »Referenten«, wie er sie nannte, die für seinen Fall eingeteilt worden waren. Nach Daniels Darstellung besitzen diese Sachbearbeiter*innen einen großen Ermessensspielraum hinsichtlich juristischer Abläufe:

D: Du siehst diese Leute [in den Behörden] … sie machen, was sie wollen. Sie behandeln uns, wie sie wollen. [...]

A: Aber weißt du, wieso du keine Dokumente bekommst?

D: Weil [der Referent] es nichts beweisen will. [...]. Es ist seine Entscheidung. Er ist mein Referent, jeder hier hat einen Referenten.

A: Aber es gibt doch auch das Recht?

D: Das Recht arbeitet nicht für uns [...], für Immigranten [...]. Es kommt nur darauf an, dass du einen guten Referenten hast [...]. Ist er oder sie gut gelaunt, dann können sie alles Mögliche für dich tun. (Interview Österreich 2016)

In Erwartung der oder beim Nachdenken über die Ergebnisse ihrer Anträge auf Asyl oder andere Formen legalen Aufenthalts erinnerten sich viele Migrant*innen an Ereignisse und Abläufe, die nur wenig mit

ordentlichen Verfahren, der Herrschaft des Rechts oder den nieder-
geschriebenen Migrationsgesetzen zu tun haben. Ihnen erschien die
Art und Weise, in der Sachbearbeiter*innen ihre Fälle handhaben,
verwirrend und voreingenommen. Gerade die Wahrnehmung von
Willkür und Absurdität war eines der immer wiederkehrenden Themen in der Erfahrung von Migrant*innen mit dem Rechtsvollzug in
Europa.

Im oben zitierten Beispiel beruht für Daniel die Entscheidungsfindung nicht auf einem rechtlichen Rahmen, sondern schlicht auf der aktuellen Laune von Angestellten, die einen beachtlichen Spielraum haben. Das ist eine sehr gängige Vorstellung vieler Migrant*innen über
die Verwaltung, was sich zum Teil durch den Ermessensspielraum der
Entscheidungsträger*innen erklären lässt (siehe Kapitel 3). In ähnlicher Weise sprach Bruno, ein Asylbewerber, den Anna in der Schweiz
traf, von »Glück«, wenn er über sein Asylverfahren nachdachte. 2013
war er in Italien angekommen und beantragte Asyl. Da ihm das Verfahren zu lange dauerte, zog er weiter in die Schweiz, wo er einen zweiten
Asylantrag stellte.

Ich weiß nicht, vielleicht sagt Gott, mein Glück liegt nicht in Italien. [...] Ich denke, die Italiener [...] geben uns ohne Grund einen
Negativ [negativen Bescheid]. Weil ich [ihnen] von meinem Problem erzählte [...], warum ich mein Land verließ, und dass es wahr
ist. [...] Mir ist wirklich etwas widerfahren. Deshalb habe ich mein
Land verlassen. [...] Sie wollen nicht, dass wir Papiere bekommen.
(Interview Schweiz 2014)

Wenn Bruno von seiner Interpretation der Entscheidungsfindung
durch die Behörden in Italien erzählt, klingt das, als wäre die Durchsetzung des Rechts eine Frage der Laune, vor allem abhängig vom
»Willen« der Behörden und ihrer tendenziellen Weigerung, Asylbewerber*innen zu glauben. Schon gar nicht sieht Bruno die Entscheidungsfindung auf einem ausgefeilten rechtlichen Rahmen beruhend, der zu
definieren hätte, wer Schutz verdient – oder eben nicht verdient. Vielmehr sieht er die amtlichen Entscheidungen als Ergebnis der Aversion
seitens der Behörden gegenüber ihm und anderen Personen in der gleichen Situation. Die Tatsache, dass er von »Glück« spricht, unterstreicht
seine Wahrnehmung, die juristische Entscheidungsfindung sei willkürlich. Als Ben, ein Asylbewerber in der Schweiz, gefragt wurde, warum er

in die Schweiz kam, obwohl ein anderes Schengen-Land für seinen Asylantrag zuständig war, antwortete er ganz ähnlich, diesmal hätte er vielleicht »mehr Glück«. Er war bereits innerhalb Europas entsprechend den Dublin-Regeln weitergereicht worden und musste folglich um die geringen Chancen gewusst haben, in der Schweiz einen Schutzstatus zu erhalten. Die Tatsache, dass oft von »Glück« die Rede war, wenn es um die Hoffnung auf eine Legalisierung des Aufenthaltsstatus ging, mag verwundern angesichts des akribischen bürokratischen Apparats, der doch errichtet wurde, um die Entscheidung über eine solche Legalisierung in Übereinstimmung mit »dem Gesetz« zu bringen – und auch angesichts der Tatsache, dass die Akteur*innen nach wie vor häufig von dieser Vorstellung überzeugt sind.

In den vorherigen Kapiteln haben wir den höchst komplexen Rechtsrahmen beschrieben, die Informalität der Entscheidungsfindung und den substanziellen Ermessensspielraum von Bürokrat*innen und Behörden, der die Durchsetzung der Migrationsgesetze charakterisiert. Aus der Kombination dieser Aspekte ergibt sich, wenig überraschend, dass Migrant*innen – und, wie wir aufzeigen werden, staatliche Funktionsträger*innen und Rechtsexpert*innen nicht minder – die Erfahrung machen, dass die Anwendung des Migrationsrechts einer rationalen rechtlichen Grundlage entbehrt. Oft wird »das Gesetz« als nicht vorhanden, nicht funktionsfähig oder als ein der Autonomie, den persönlichen Vorlieben einzelner Bürokrat*innen untergeordneter Aspekt wahrgenommen – oder eben als pure Glückssache. In ihrer Arbeit über Geflüchtete aus Eritrea, die via Italien nach Europa kamen und später in andere europäische Länder weiterzogen, macht Belloni[1] ganz ähnliche Beobachtungen. Sie sieht in ihren Gesprächspartner*innen so etwas wie »Glücksspieler*innen«: »Migration ist zu einer Lotterie geworden, bei der der ›Jackpot‹ in dem besteht, was sie und ihre Referenzgruppe als das ›gute Leben‹ im nördlichen Europa«[2] wahrnehmen. In ähnlicher Weise zeigt Ryo[3], wie sich »juristischer Zynismus« unter Migrant*innen in den USA manifestiert, weil sie die Diskrepanz

---

1   Belloni, Refugees as Gamblers.
2   Ebd., S. 104.
3   Ryo, Fostering Legal Cynicism through Immigration Detention.

zwischen geschriebenem und praktiziertem Gesetz erkennen[4] und das Rechtssystem als strafend, willkürlich und vorsätzlich undurchschaubar erfahren. Darüber hinaus haben mehrere Studien gezeigt, wie schwierig es ist, sich im Migrationsregime in Europa zurechtzufinden, und die Kämpfe beleuchtet, die Migrant*innen auszufechten haben, wenn sie etwas über das Rechtssystem erfahren und Zugang zu diesem finden möchten.[5] Wir stellen entsprechend fest, dass Menschen sich – oft erfolglos – mühen, einen ganzen Wust rechtlicher Prozeduren zu durchschauen, der für sie von entscheidender Bedeutung ist, weil davon ihre Aussichten auf einen zukünftigen (legalen) Aufenthalt abhängen.[6] Die von unseren Gesprächspartner*innen ausgedrückte Frustration steht in direktem Zusammenhang mit den unberechenbaren staatlichen Maßnahmen, die Migrant*innen im Labyrinth der europäischen Bürokratien erleben, und ist keineswegs nur Ergebnis ihrer negativen Erfahrungen mit den Behörden in ihrer Heimat – was eine sehr verbreitete Wahrnehmung unter Streetlevel-Bürokrat*innen ist.

Barsky schreibt über die Willkürlichkeit des US-amerikanischen Migrationsregimes und erläutert darin die Unberechenbarkeit von Verfahren und Ergebnissen als Effekt der »unumschränkten Machtausübung«[7] von Bürokrat*innen, was in der Tat dem gleicht, was Migrant*innen bei ihren Begegnungen mit juristischen Behörden erleben. In ähnlicher Weise stellen Hoag[8] und Sutton u. a. in ihrer Untersuchung der Arbeit des South African Home Office und dessen Abschiebepraxis fest, dass »wir von scheinbar absurden Formen der Staatsmacht umgeben sind«[9]. Wie von Ryo bemerkt,[10] hat das daraus erwachsende Misstrauen gegenüber dem »Rechtssystem« weitergehende Folgen: Die nor-

---

4   Siehe auch Gould / Barclay, Mind the Gap: The Place of Gap Studies in Sociolegal Scholarship.

5   Z. B. Schapendonk, Navigating the Migration Industry; Tuckett, Strategies of Navigation; van Liempt, Navigating Borders.

6   Vgl. Coutin, Legalizing Moves; Hoag, The Magic of the Populace; Scheffer, Asylgewährung.

7   Barsky, Undocumented Immigrants in an Era of Arbitrary Law, S. 16.

8   Hoag, The Magic of the Populace.

9   Sutton u. a., Waiting in Liminal Space, S. 640.

10 Ryo, Fostering Legal Cynicism through Immigration Detention; siehe auch Tyler, Why People Obey the Law.

mative Beurteilung von Migrant*innen über juristische Behörden beeinflusst nicht nur die Interaktion der Migrant*innen mit den Behörden, sondern auch den Ruf und die (De-)Legitimation des Rechtssystems an sich.[11]

Die Wahrnehmung des Rechts als willkürlich und absurd wurde bis zu einem gewissen Grad von den Unterstützungsnetzwerken der Migrant*innen, von NGOs und sogar von Rechtsexpert*innen geteilt, die im Bereich Migration und Asyl tätig sind.[12] Während eines Interviews (im Jahr 2016) mit Lou, einem Mitarbeiter einer Dachorganisation mehrerer NGOs, die sich für Asylsuchende und Geflüchtete in Österreich einsetzen, kamen wir auf das allgemeine Risiko für illegalisierte Personen zu sprechen, in ihr Herkunftsland abgeschoben zu werden. Lou sagte, für Menschen aus Nigeria sei das Risiko wegen des bestehenden Rückübernahmeabkommens zwischen Österreich und Nigeria ziemlich groß. Wir sprachen auch darüber, ob das Risiko zunimmt, wenn eine Person vorbestraft ist. Dies war die Beobachtung eines unserer Gesprächspartner aus Nigeria, der viele Jahre als abgelehnter Asylbewerber in Österreich gelebt hatte. Er hatte Anna erzählt, solange er sich »korrekt« verhielt und nicht straffällig wurde, wäre die Gefahr einer Abschiebung gering. Lou antwortete: »Nun, das ist die Frage. Ich denke, da geht es recht willkürlich zu.« Hier sind zwei Aspekte besonders zu berücksichtigen: Zunächst geht es darum, wie unser nigerianischer Gesprächspartner einerseits und Lou andererseits versuchen, das Handeln der Entscheidungsbehörde vorherzusagen. Zwar wissen beide nicht, was genau vor sich geht, und beide haben Mühe, sich einen Reim darauf zu machen, aber in diesem Fall versucht der abgelehnte Asylbewerber durch akribische Einhaltung der Gesetze die Kontrolle über sein Schicksal zu behalten, was den disziplinierenden Effekt potenzieller Zwangsmaßnahmen unterstreicht. Dies erinnert an das, was Goffman[13] als »sekundäre Adaptation« oder was Dubois[14] unter dem Begriff »good recipients« subsumierte. Zweitens sagt das Rückübernahmeab-

---

11 Siehe auch Epp u. a., Pulled over: How Police Stops Define Race and Citizenship.

12 Spescha, Vom Geist der Abwehr.

13 Goffman, Asylums: Essays on the Social Situation of Mental Patients and Other Inmates.

14 Dubois, The Bureaucrat and the Poor.

kommen zwischen Österreich und Nigeria[15] nichts über irgendwelche Prioritäten einer Abschiebung straffällig gewordener Migrant*innen aus. In dem Abkommen heißt es lediglich: »Jede Vertragspartei nimmt auf Ersuchen der anderen Vertragspartei jede Person in ihr Hoheitsgebiet auf, die nicht oder nicht mehr in das Hoheitsgebiet der ersuchenden Vertragspartei einreisen oder sich dort aufhalten darf (Art. 2 von BGBl. III 2012, Fassung vom 19. 08. 2019). Dies unterstreicht die Diskrepanz zwischen politischen Zielen und deren Implementierung und lenkt die Aufmerksamkeit auf die Grenzen des geschriebenen Gesetzestexts. Auf der Basis unserer Forschung erscheint sowohl Lous Interpretation als auch diejenige unseres Gesprächspartners aus Nigeria, der die Ausweisung fürchten muss, durchaus plausibel. Einige von uns befragte Entscheidungsträger*innen äußerten eine starke Präferenz für die Ausweisung Straffälliger und bezeichneten diese Lisa und Tobias gegenüber als »das eigentliche Problem«, als »die Richtigen« oder gar als »Ratten« und, gegenüber Annika auch als »Bandit*innen« (Interviews in Schweden, Schweiz, Deutschland, 2015–2017). Andere waren wesentlich pragmatischer und setzten ihre Prioritäten einfach in Abhängigkeit vom jeweils in Bearbeitung befindlichen Abschiebefall, oder davon, was sich eben am einfachsten umsetzen lassen würde. Wie diese Beispiele auch zeigen, beschränkt sich die Beschreibung des Verwaltungshandelns als willkürlich keineswegs auf die Wahrnehmung von Migrant*innen. Diese schließt auch, wie wir hier sehen, Fachleute ein, die sich seit Jahren mit dem Migrationsrecht beschäftigen.[16]

Selbst Streetlevel-Bürokrat*innen räumen bisweilen ein, dass sich die tägliche Stimmung darauf auswirkt, wie sie Fälle bearbeiten, einschließlich der Frage, inwieweit ein Fall es wert ist, sich »richtig reinzuhängen«. Sie geben auch zu, dass es keine eindeutigen rechtlichen Richtlinien (oder Kenntnisse) gebe. Ein Beispiel ist Alexis, eine ehemalige Angestellte an einem Migrationsgericht, die heute als Rechtsberaterin für das Rote Kreuz in Schweden arbeitet. Alexis beschreibt ihre

----

15   BGBl. III, Agreement on Readmission between the Austrian Federal Government and the Government of the Federal Republic of Nigeria.

16   Siehe auch Spescha, Vom Geist der Abwehr.

Gedanken über den »Seitenwechsel« vom Verteidigen negativer Asyl-entscheidungen durch die schwedische Migrationsbehörde vor Gericht zur Vertretung von Asylbewerber*innen, die aus ihrer Sicht unrecht-mäßig abgelehnt wurden:

> Wenn du für die Migrationsbehörde oder bei Gericht arbeitest, sind alle der Ansicht, die Asylbewerber*innen würden einen fairen Prozess bekommen und hätten nichts zu befürchten. Als ich aber begann, für die andere Seite zu arbeiten [d.h. für die Zivilgesell-schaft], veränderte sich diese Wahrnehmung. Es ist mehr als ein-mal seit meinem Einstieg beim Roten Kreuz vorgekommen, dass wir eine Ablehnung mit Ausweisungsverfügung in einen legalen Flüchtlingsstatus umwandeln konnten. Und da fragt man sich na-türlich, wie viele ähnliche Fälle es noch geben könnte. (Interview Schweden 2016)

Die Geschichte von Alexis unterstreicht, wie ein Seitenwechsel – von der Durchsetzung zur Hinterfragung der juristischen Interpretation von Migrationsbehörden – für Alexis geradezu zu einer Offenbarung wurde: Sie stellte danach die geltende Grundannahme infrage, das Rechtssystem sei fair und gerecht. Für manche Bürokrat*innen diente der Glaube an die Fähigkeit des Rechtssystems, Gerechtigkeit zu schaf-fen und »korrekte« Verfahren zu produzieren, als eine Art Bewälti-gungsmechanismus, oder er war gar eine notwendige Voraussetzung, um ihre Tätigkeit angesichts der harten Wirklichkeit des Alltags zu le-gitimieren (siehe Kapitel 6). Alexis' Geschichte unterstreicht allerdings auch, wie die Wahrnehmung von Fairness und Legitimität in der Ver-waltung sich verändern kann, je nachdem, welche Rolle ein*e Ak-teur*in im Migrationsregime einnimmt.

In ihrer Gesamtheit verstärken diese Faktoren sehr wahrscheinlich das Gefühl vieler Migrant*innen, nicht greifbaren Prozeduren unter-worfen zu sein. In allen untersuchten Ländern haben wir Erfahrungs-berichte von Personen gesammelt – von Migrant*innen ebenso wie von Bürokrat*innen und Rechtsexpert*innen –, die das Recht als schwer verständlich erlebt haben, jedenfalls solange nur von der kon-kreten Rechtsnorm die Rede ist. Die Häufigkeit, in der wir diese Wahr-nehmung beobachten, führt uns zu der Annahme, dass die Unüber-schaubarkeit und ein gewisses Maß an Beliebigkeit konstitutive Elemente der Rechtsdurchsetzung im Migrationsregime sind. Unvorhersehbarkeit und »Unlesbarkeit« von Kontrollpraktiken waren Dinge, die alle beteiligten Akteur*innen in unterschiedlichem Ausmaß erlebten.[17]

Der Unlesbarkeitseffekt

In Dänemark sind neu eingetroffene Asylbewerber*innen verpflichtet, an einem Einführungskurs in das dänische Asylsystem teilzunehmen. Dieser findet in der vom Roten Kreuz betriebenen Erstaufnahmeeinrichtung statt, wo sie sich nach ihrer Ankunft aufhalten. Die erste Kursstunde wird vom Migrationsamt abgehalten, die zweite von einer NGO, die Rechtsberatung anbietet. Die folgenden Feldnotizen basieren auf Beobachtungen bei einem dieser Kurse.

Im Raum herrscht große Verwirrung. Asylsuchende setzen sich nach Sprachgruppen geordnet zusammen: Arabisch, Englisch, Kurdisch, aber Farsi fehlt, deshalb erklärt sich ein Asylsuchender freiwillig bereit, ins Farsi zu übersetzen. Für die Asylsuchenden ist es schwierig, die Dolmetscher*innen über die langen Tischreihen hinweg zu hören. Die Mitarbeitende des Migrationsamt, welche die Einführungsstunde abhält, ist gestresst und gereizt – man hat eine Menge abzuarbeiten in dieser einen Stunde, und die Uhr tickt. Manche Dolmetscher*innen sind schneller als andere. Die Mitarbeiterin stellt rasch die verschiedenen Behörden vor, die am Asylverfahren beteiligt sind: Die Polizei registriert den Antrag, das Migrationsbüro verarbeitet ihn, das Rote Kreuz und die Gemeinden betreiben die Asylzentren. Danach geht sie die drei »Phasen« des Asylverfahrens zügig durch. Zunächst kommt die Einstufung der Asylanträge, bei der diese in drei Gruppen aufgeteilt werden: eindeutig unbegründet, Dublin oder reguläres Verfahren; danach folgt die Beurteilung des materiellen Asylanspruchs, diese endet entweder mit einer Aufenthaltsgenehmigung oder der Ablehnung. Allerdings bedeutet, wie die Mitarbeiterin betont, eine Ablehnung nicht das Ende der Fahnenstange, da sie automatisch an den Flüchtlingsrat zur Anfechtung weitergeleitet wird; »selbst wenn das Migra-

---

17   Das, The Signature of the State.

tionsamt Ihren Antrag ablehnt, kann es also sein, dass Sie mit einer Aufenthaltsgenehmigung aus dem Verfahren des Flüchtlingsrats herauskommen! Wenn dann immer noch eine Ablehnung das Ergebnis ist, müssen Sie das Land verlassen oder werden von der Polizei zwangsweise abgeschoben.« Hier unterbricht ein Mann den Vortrag mit der Frage, wie lange man nach einer endgültigen Ablehnung warten muss, bis man einen neuen Asylantrag stellen kann. »Das darf ich Ihnen nicht sagen«, antwortet die Behördenvertreterin. »Sie können aber auch um einen Aufenthalt aus humanitären Gründen ersuchen. Dafür müssen Sie allerdings sehr alt oder sehr krank sein.« (Feldnotizen, Dänemark 2016)

Diese kurze Einführung in das Migrationsrecht unterstreicht mehrere Gründe, warum die praktische Funktionsweise dieses Rechts so schwer verständlich ist: Es werden Entscheidungen getroffen, aber sie sind nicht endgültig. Die Dauer eines Rechtsverfahrens lässt sich nicht abschätzen, und die Behörden handeln selektiv hinsichtlich der Preisgabe von Informationen (in diesem Fall will die Behördenvertretung nicht sagen, wie lange ein*e abgelehnte*r Asylbewerber*in untergetaucht bleiben muss, bevor er oder sie einen neuen Asylantrag stellen darf – das soll vermutlich die Asylbewerber*innen davon abhalten, unterzutauchen und möglichst unerkannt auf ihre zweite Chance zu warten). Unterschiedliche Akteur*innen sind für die verschiedenen Phasen ein und desselben Verfahrens zuständig. Das trägt zum Eindruck von verwirrenden institutionellen Labyrinthen und ebenso verwirrenden rechtlichen Grundlagen bei. Die Vielzahl der Akteur*innen im Migrationsregime macht es auch schwer, deren spezifische Rollen und Aufgabenbereiche zu durchschauen – vor allem für Menschen, die mit dem örtlichen Kontext ohnehin nicht vertraut sind (siehe auch Kapitel 2 und 6). Migrant*innen, die in diesem System feststecken, haben also oft Mühe, die Mandate der diversen Behörden und Akteur*innen zu verstehen, und oft überschneiden sich diese auch noch. Und vor allem zeigt das beschriebene Beispiel, wie schwierig es sein kann, Informationen zwischen unterschiedlichen Akteur*innen zu vermitteln. Die Verflechtung unterschiedlicher Zuständigkeiten und Akteur*innen in Kombination mit dem begrenzten Zugang zu Informationen macht es noch schwieriger, die Funktionsweise der Durchsetzung von Migrationsgesetzen einzuschätzen.

Wir verwenden den von Veena Das[18] eingeführten Begriff der »Unlesbarkeit« *(illegibility)* des Staates, um das Gefühl der Orientierungslosigkeit und Ungewissheit über den Ablauf von Rechtsverfahren zu beschreiben. Ihr Konzept erklärt uns, warum sowohl Migrant*innen – und oft auch Streetlevel-Bürokrat*innen und nichtstaatliche Akteur*innen wie humanitäre Organisationen und Rechtsexpert*innen – den Staat als unergründlich und in der Folge als höchst unberechenbar wahrnehmen.[19] Wir arbeiten dieses Konzept weiter aus, indem wir die Auswirkungen der scheinbar magischen Praktiken der Migrationskontrolle an den Rändern des Staates analysieren. Zudem untersuchen wir die »vielen verschiedenen Räume, Formen und Vorgehensweisen, durch die der Staat kontinuierlich erlebt, zugleich aber quasi aufgelöst wird durch die *Unlesbarkeit* seiner eigenen Handlungen, Dokumente und Worte«[20]. Wir halten es für hilfreich, den Begriff der Unlesbarkeit auf das Migrationsregime anzuwenden. Auf diese Weise können wir erläutern, warum das Gesetz trotz aller Unzulänglichkeiten und inhärenten Widersprüche eine nahezu magische Macht ausübt. Veena Das beschreibt den Staat als im Alltag machtvoll präsent der dabei aber zugleich ungreifbar bleibt:

> Wir gelangen zu einer Sicht des Staates als weder gänzlich rationalbürokratische Organisation noch als purer Fetisch, sondern vielmehr als eine Form der Regulierung, die zwischen einem rationalen und einem magischen Wesenszustand oszilliert. Als rationale Organisation ist der Staat in der Struktur von Regeln und Vorschriften präsent, die sich im Gesetz sowie in den Institutionen für dessen Durchsetzung manifestieren. Aus der Perspektive der Menschen, mit denen ich gearbeitet habe, ist das Gesetz das Zeichen einer entrückten, aber überwältigenden Macht, die in das Gefüge des Alltagslebens durch die Repräsentation und Umsetzung ihrer Regeln in Form von Gerüchten, Klatsch, Spott und mimetischer Darstellung eingreift.[21]

---

18   Das, The Signature of the State.
19   Siehe auch Hoag, The Magic of the Populace.
20   Das/Poole, Anthropology in the Margins of the State, S. 9 f.
21   Das, Life and Words, S. 162.

Das' theoretisches Modell gründet auf ethnografischer Arbeit während der Unruhen nach der Ermordung der ehemaligen indischen Premierministerin Indira Gandhi sowie auf von einer indischen Kaste entworfenen Scheidungsvereinbarungen. Natürlich ist das ein deutlich anderer Kontext als der, mit dem wir uns in diesem Buch beschäftigen. Allerdings halten wir es für hilfreich, ihre Ideen in unser theoretisches Instrumentarium aufzunehmen, um die Funktion von Staaten in Europa zu verstehen und um uns von dem Gedanken fernzuhalten, die Funktionalität dieser Staaten gründe auf klaren und eindeutigen Regeln (siehe Rozakou, die in Griechenland ganz ähnliche Beobachtungen gemacht hat[22]). Das selbst betont, es handle sich hier keineswegs um ein Spezifikum nichtwestlicher Staaten. Überdies halten wir Das' Verständnis des Staates für nützlich, da es die Bedeutung der »Ränder des Staates« ernst nimmt, denn genau dort, so argumentiert sie, lässt sich das »Projekt Staat« am besten beobachten.[23] Es ist ja gerade Teil der Logik des Staates, dass »er sich selbst als unvollständiges Projekt konstruiert, weil es immer Ränder gibt und geben wird, an denen Menschen herangezogen werden müssen, um zu richtigen Staatsbürger*innen werden zu können«[24]. Die Praktiken der Migrationskontrolle fallen gewiss in diese Kategorie staatlichen Handelns.

Es ist bedenkenswert, dass dieses Handeln nicht nur Laien obskur erscheint, sondern auch den staatlichen Funktionär*innen selbst.[25] Das heißt, auch wenn die Durchsetzung der Migrationsgesetze durch enorme und substanzielle Machtasymmetrien geprägt ist, werden die Schwierigkeiten, das Funktionieren der Gesetze zu lesen und zu verstehen, von allen beteiligten Akteur*innen geteilt. Außerdem erleben auch Streetlevel-Bürokrat*innen das Handeln von Migrant*innen nicht selten als unvorhersehbar und »unlesbar«. Viele Bürokrat*innen haben uns beispielsweise erzählt, sie hätten große Mühe, das Handeln von Migrant*innen vorherzusehen, und sie drückten Frustration über die Schlupflöcher in Gesetzen und Vorschriften aus, die Migrant*innen dann ausnutzen könnten – etwa wenn Scheinehen geschlossen würden

----

22   Rozakou, Nonrecording the ›European Refugee Crisis‹ in Greece.
23   Das, Life and Words, S. 183.
24   Dies., The Signature of the State, S. 249.
25   Ebd. S. 234.

oder Asylsuchende den schleppenden Berufungsprozess ausnutzen, um nach Ablehnung ihrer Anträge dennoch im Land bleiben zu können (siehe Kapitel 5). Ein Mitarbeiter, der in einem Abschiebegewahrsam in Dänemark arbeitet und gescheiterte Abschiebungen als Resultat taktischen Widerstands (und nicht etwa als Folge der Unzulänglichkeiten des Asylverfahrens) erlebt, sagte zu Annika, bezogen auf die Asylsuchenden: »Diese Typen sind wirklich raffiniert« (Dänemark 2017). Weiter, und im Einklang mit Hoags Analyse der Streetlevel-Bürokrat*innen des South African Home Office, nehmen diese Angestellten nicht nur das Gesetz oder die diesem unterworfenen Migrant*innen, sondern auch die Öffentlichkeit als Quelle der Unlesbarkeit wahr, da diese ebenfalls »magische, gefährliche Eigenschaften an den Tag legt«[26].

Selbstverständlich ist der Eindruck der Machtlosigkeit durch die Unlesbarkeit des Rechts für Migrant*innen in ihrer prekären Situation viel stärker spürbar. Die Schwierigkeit, den Ausgang rechtlicher Verfahren abzuschätzen, verstärkt für sie Gefühle von Stress, Ungewissheit und Machtlosigkeit noch zusätzlich. Die Antizipation von Rechtsanwendung wird im Alltag von Migrant*innen mit prekärem Rechtsstatus omnipräsent: Das ganze Leben wird dadurch diktiert, nach Polizeistreifen Ausschau zu halten oder in den bürokratischen Prozeduren auf dem Laufenden zu bleiben oder den Alltag an die Hausordnung in der Asyleinrichtung anzupassen. Adrian, dessen Asylanträge in mehreren europäischen Ländern abgelehnt worden war, drückt sein Gefühl der Hoffnungslosigkeit angesichts des allgegenwärtigen, machtvollen Gesetzes wie folgt aus:

> Ich weiß, was mit mir passieren wird. Ich kriege hier eine 5-Prozent-Chance auf ein normales Leben. Aber plötzlich ist das Gesetz gegen mich. […] Wenn du in der Mitte stehst, umgibt dich das Gesetz bereits von allen Seiten, und du kannst dich nirgendwohin bewegen, weil dir keiner glaubt. (Interview Schweiz 2014)

Adrian erlebt das Gesetz als etwas, das ihn »einsperrt«. Das kann man wörtlich nehmen, da er wegen seines illegalen Status mehrfach festgenommen und inhaftiert wurde. Dies kann sich aber auch auf ein Gefühl der Immobilität beziehen, das aus der Furcht erwächst, von der Polizei entdeckt zu werden, sobald die Behörden ihm seinen halblega-

---

26 Hoag, The Magic of the Populace, S. 10.

len Status wieder wegnehmen. Zugleich wird das Gesetz auch als persönlicher Feind wahrgenommen. Es ist nicht die konkrete Rechtsnorm, die Adrian illegalisiert, es ist das Gesetz in seiner praktischen Anwendung durch die Person einer*s Streetlevel-Bürokraten*in, der*die Adrians Geschichte nicht glaubt. Adrians Aussage zeigt, wie die Erfahrung, »im Gesetz gefangen« zu sein, seine Handlungsfreiheit einschränkt, was Gefühle tiefer Verunsicherung produziert. Dies enthüllt die ambivalente Bedeutung des Rechts für Migrant*innen mit prekärem Rechtsstatus und reflektiert das in Kapitel 2 ausgeführte Argument: Wir müssen die bei den unterschiedlichen Akteur*innen virulenten Vorstellungen von Recht und Staat zur Kenntnis nehmen. Einerseits ist da auch das Narrativ des Rechts als Garant von Objektivität, Rationalität, Gerechtigkeit und korrekten Verfahren. Demgegenüber wird Recht aber als unzugänglich erlebt, und als Ursache von willkürlichen Entscheidungen, Polizeigewalt und unfairen Verfahren. Beide Narrative sind nicht miteinander kompatibel, dennoch können sie nebeneinander bestehen. Das erstgenannte Narrativ wird oft als (ahistorische) Wahrheit angeführt, die den Status quo legitimiert; das zweite wirkt eher anekdotisch und irrelevant gemäß dem nach wie vor quasi hegemonisch geltenden Narrativ. Im obigen Beispiel begründet Recht Hoffnung auf »ein normales Leben«, zugleich jedoch gibt es diese ständige Furcht davor, dass sich »das Gesetz gegen dich wendet«, wie es Adrian erlebt. Beide Wahrnehmungen – und ihre Divergenz – formen die subjektive Haltung der Menschen zu Gesetz und Staat.

Der Kampf um Zugang zu und Kenntnis über das Recht

Der Zugang zu Informationen ist ein Eckpfeiler des Rechtssystems: Zu wissen, auf welcher Grundlage der Staat gegen eine Person juristisch vorgeht, ist ein fundamentales Element gerichtlicher und administrativer Verfahren. Artikel 5 der Europäischen Menschenrechtskonvention, der die Freiheitsentziehung regelt, betont beispielsweise, dass betroffenen Personen in einer ihnen verständlichen Sprache mitgeteilt werden muss, welche Handlungen eine Freiheitsentziehung nach sich ziehen können. Bei unserer Beobachtung von Interaktionen zwischen Migrant*innen und Staatsangestellten, aber auch mit Rechtsbeiständen, konnten wir allerdings mehrfach feststellen, wie wichtige Informationen bei der Übersetzung verloren gehen,[27] und wie sich die asymmetrischen Machtverhältnisse innerhalb des Migrationsregimes auch am ungleichen Zugang zu juristischem Wissen zeigen. Umgekehrt kann auch der Besitz der »richtigen Sorte« (informeller) Kenntnisse die Hoffnungen und Aussichten von Migrant*innen verbessern, und auch ihre Fähigkeit, sich in der Praxis der Migrationskontrolle zurechtzufinden.

Angesichts der »Unlesbarkeit« des Migrationsrechts in seiner praktischen Umsetzung ist der Zugang zu Wissen, das die Antizipation staatlichen Handelns erleichtert, von entscheidender Bedeutung für alle Beteiligten. Wie dieser Abschnitt zeigt, stehen jedoch vor allem Migrant*innen regelmäßig vor der Schwierigkeit, überhaupt an dieses Wissen zu kommen. Die große Verwirrung, die den weiter oben beschriebenen Einführungskurs im dänischen Asylzentrum prägte, unterstreicht diesen Punkt und steht exemplarisch für das häufige Scheitern des Wissenstransfers. Trotz amtlicher Ordner mit Informationen und von den Behörden verteiltem Informationsmaterial zu den Rechten und Pflichten von Asylbewerber*innen ist die tatsächliche Erfüllung der behördlichen Anforderungen und das Antizipieren eines Verfahrensausgangs alles andere als einfach. Ganz ähnlich wie Kafkas Mann vom Lande finden es viele unserer Gesprächspartner*innen schwierig bis unmöglich, zu verstehen, was »das Gesetz« und die Justizbehörden von ihnen verlangen und wie sie sich entsprechend zu verhalten haben. Das Gesetz mag zwar in seiner geschriebenen Form vorhersehbar sein und auch eindeutig erscheinen, wenn man es liest. Die praktische Umsetzung des Rechts ermöglicht wohl ein grobes Abschätzen der Erfolgswahrscheinlichkeit, lässt jedoch, wie wir in Kapitel 3 gesehen haben, auch jede Menge Interpretationsspielraum.[28] Überdies kann es auch sein, dass Migrant*innen auf schlecht informierte Staatsangestellte stoßen, sie oftmals nicht mit dem jeweiligen örtlichen Kontext vertraut sind und weder Hilfe durch soziale Netzwerke noch finanzielle Mittel für einen Rechtsbeistand zur Verfügung haben. Finan-

---

27   Siehe auch Borrelli, Whisper down, up and between the Lane.
28   Ewick/Silbey, The Common Place of Law.

zielle, soziale und schulische Ressourcen haben somit allesamt Einfluss auf den Zugang zu Informationen und deren Einordnung im jeweiligen rechtlichen Umfeld.[29] Der Zugang zu formellen wie informellen Informationen ist oft auch in Bereichen eingeschränkt, in denen Migrant*innen den Ausgang bürokratischer Verfahren abwarten müssen, vor allem in der Abschiebehaft (wie in Dänemark gesehen), aber auch in Asylzentren (wie in der Schweiz).[30] Die »offiziellen« Kanäle des Wissenstransfers, die Migrant*innen über ihre Rechte informieren sollen, erreichen sogar häufig gar nicht erst ihre Zielgruppe. Wissenstransfer kann beispielsweise daran scheitern, dass Migrant*innen es nicht gewohnt sind, Informationen zu lesen (sondern eher zu hören), oder dass die Informationen, die die Menschen wirklich brauchen, eher »inoffizieller« und stillschweigender Natur sind.

Die offiziellen und inoffiziellen Erfordernisse des Gesetzes erlernen, verinnerlichen und einhalten zu müssen stellt oftmals eine große Herausforderung für Migrant*innen dar, vor allem auch weil die Rechtssprache ausgesprochen schwer zugänglich ist. Allerdings sind auch Staatsangestellte keineswegs immer in der juristischen Fachsprache bewandert. Einige der von uns beobachteten Unterhaltungen zwischen Migrationssachbearbeiter*innen und Migrant*innen waren gänzlich verwirrend, vor allem wegen der mangelhaften Kenntnisse oder kommunikativen Fähigkeiten der Behördenvertreter*innen. Ein beredtes Beispiel ist die Interaktion zwischen Gian, einem Schweizer Migrationsamtssachbearbeiter, und Awet, den Lisa in der Abschiebehaft besucht hat. Ohne Dolmetscher*in musste sich Gian auf sein gebrochenes Englisch verlassen, um die Feinheiten der Schweizerischen Haftgesetze auf der Grundlage des Dublin-Übereinkommens, das Wiedereinreiseverbot und die gesetzlichen Möglichkeiten zu erklären:

Ich heiße [Gian]. Ich bin von der Polizei. Sie kennen Ihre Situation? […] Das ist meine Anweisung. Sie unterschreiben? Sie gehen zurück Deutschland. Unterschreiben Sie oder nicht, wie Sie wollen. […] Deutschland möchte Sie. Sie gehen Stuttgart oder Frankfurt. Ich weiß nicht genau, wohin – welches Dorf. Aber ich organi-

---

29   Tuckett, Strategies of Navigation.
30   Vgl. Wall u. a., Syrian Refugees and Information Precarity; Dekker u. a., The Use of Online Media in Migration Networks.

siere Flugzeug für Sie. [...] Das Staatsgebiet der Schweiz ist für Sie geschlossen, drei Jahre keine Schweiz. Nur Information, das Migrationsamt hat sie Ihnen gegeben, nur Info. Sie unterschreiben, oder nicht? [...] Sie verstehen? Ja, Sie verstehen. Das Staatsgebiet der Schweiz ist für Sie drei Jahre lang geschlossen, und Sie können hier zu dem Problem sagen, was Sie wollen. Ich erkläre Ihnen Ihre Situation. Sie verstehen. (Feldnotizen, Schweizerische Kantonspolizei 2017)

Später fragte Awet mehrmals, ob er »zurück«kann, aber es blieb unklar, ob er »zurück in sein Herkunftsland« meinte oder nur »zurück, um seine Tasche zu holen«. Gian beendet das Gespräch ziemlich schroff mit dem Hinweis, »ab jetzt Deutschland« – nun ist Deutschland für den Fall zuständig. Nach dem Besuch schien Gian mit dem Gespräch recht zufrieden zu sein und war sich sicher, dass Awet alle relevanten Details seines Falls verstanden hätte. Uns, und offenbar auch Awet, kam nur sehr wenig von alledem verständlich vor.

In einem weiteren Beispiel zeigen die folgenden Feldnotizen aus einem dänischen Abschiebehaftzentrum die alltäglichen Barrieren beim Zugang zu Informationen über das eigene rechtliche Verfahren:

Die Mitarbeiter*innen führen die abendliche Zählung der Insass*innen in einem der Gebäudeflügel durch. Ein Mann kommt mit einem bedruckten Blatt Papier auf uns zu und fragt: »Heißt das, ich kann hier raus?« – »Nein, nein«, sagt Robin, einer der Mitarbeiter, dem der plötzliche Kontakt ein wenig Stress zu bereiten scheint. Er fährt fort, offenbar im Versuch, einen Witz zu machen: »Wir können dir die Freiheit nehmen, aber nicht deine Träume!« Wir verlassen den Flügel, und die Abschiebehaftmitarbeitenden schließen die Tür hinter uns. Als wir draußen sind, wird Robin von einem Kollegen zurechtgewiesen: »Ich weiß nicht, was diese Entscheidungen bedeuten, deshalb lese ich sie ihnen auch niemals vor, damit ich ihnen nichts Falsches sage.« (Feldnotizen, Dänemark 2017)

Durch ihre aktive Entscheidung, welche Informationen sie gegenüber Migrant*innen zurückhalten, ausblenden oder weitergeben, demonstrieren Streetlevel-Bürokrat*innen nicht nur ihre Macht, sie treffen auch Urteile darüber, was nach ihrer Erfahrung und Wahrnehmung von den Vorkenntnissen (Fähigkeiten) der Migrant*innen relevant ist und was nicht. Die Bürokrat*innen räumten jedoch auch ein, dass das begrenzte, bisweilen auch nicht vorhandene Vertrauen von Migrant*innen in den Staat diese häufig daran hinderte, die von den Behörden gegebenen Informationen überhaupt zu akzeptieren. Andererseits betonten viele Streetlevel-Bürokrat*innen auch immer wieder, wie gut informiert Migrant*innen beispielsweise über das Dublin-System waren (nach dem Eintreffen im Aufnahmezentrum); manche, insbesondere solche, die schon langjährige Erfahrung mit Verwaltungsbehörden im Migrationsbereich haben, wissen sogar sehr gut, wie »das System« funktioniert. Doch die Beispiele von Gian und Robin zeigen, dass Migrant*innen oft unzureichende, verwirrende oder gänzlich ungenaue Informationen bei ihren täglichen Begegnungen mit Polizei, Abschiebehaftmitarbeiter*innen oder Mitarbeiter*innen in Asylzentren bekommen. Dabei überrascht es kaum, dass diesen Akteur*innen Kenntnisse über die juristischen Details fehlen – sie sind nun einmal keine Rechtsexpert*innen. Wir stellten auch fest, dass selbst Rechtsberater*innen und Anwält*innen oft nur begrenzte Kenntnisse über das geschriebene Gesetz besitzen, wie das folgende Beispiel zeigt:

Bei einem Netzwerkmeeting für Rechtsberater*innen präsentiert die Vertretung einer großen christlichen NGO einen Fall, in dem das Widerspruchsrecht verweigert wurde, weil man anscheinend den entsprechenden Termin verpasst hatte. Der Vertreter, der seit über einem Jahrzehnt in der Asylberatung tätig ist, wundert sich und sucht Hilfe bei den Kolleg*innen. Die Gruppe untersucht den Fall genauer und stellt fest, dass das Problem am Zeitpunkt der Bekanntgabe der Asylentscheidung gegenüber dem Mandanten gelegen haben muss, da der Asylbewerber minderjährig ist. Allerdings weiß niemand genau, wann dieser »Zeitpunkt der Eröffnung« ist oder wie lang die formelle Frist ist. Die Tatsache, dass dieser Antrag abgewiesen wurde, berührt eindeutig alle und in den nächsten dreißig Minuten versucht die Gruppe gemeinsam, sich ins Gedächtnis zu rufen, was exakt das Gesetz dazu sagt. Obwohl alle Teilnehmenden Smartphones bei sich hatten, kommt erstaunlicherweise niemand auf die Idee, den betreffenden Gesetzestext nachzuschlagen. Auf dem Heimweg gesteht Jo, ein Anwalt, der in der gleichen Stadt lebt wie wir, die Situation wäre ihm peinlich gewesen. »Wir wissen schon ganz gut, was im Asylrecht steht, in

Straßburg [beim Europäischen Gerichtshof für Menschenrechte], und natürlich auch, was im Irak oder in Afghanistan los ist, aber weißt du, viele von uns sind in Sachen Verwaltungsrecht ziemlich schwach. Ich meine, es ist auch sehr schwierig für Berater*innen, die kein Jurastudium haben, aber selbst für uns Anwält*innen, weißt du …« Jo zuckt mit den Achseln. (Feldnotizen, Schweiz 2016) Wie wir von Jo erfahren, fehlt selbst Rechtsanwält*innen oft die exakte Kenntnis des relevanten rechtlichen Rahmens; oft machen sie sich noch nicht einmal die Mühe, den entsprechenden Paragrafen zu konsultieren. Das wirft natürlich die Frage auf, wie wir die »Gestalt« des Rechts in seiner ganz normalen Allgegenwart erfassen wollen. Das Gesetz und der Staat sind im Alltag nur selten in Schriftform präsent. Vielmehr manifestiert sich die »Handschrift« des Staates[31] in den alltäglichen Diskursen und Praktiken, in unseren Fällen durch das Personal der Haft- oder Asylzentren, aber auch in Polizeikontrollen, in der Frage, ob man ein Bus- oder Bahnticket vorzeigen kann, in der Verpflegung, die in eine Asylunterkunft geliefert wird, oder in Begegnungen mit Rechtsanwält*innen. Das Gesetz gewinnt also in vielfältiger Form eine bestimmte Gestalt, was dazu führt, dass Akteur*innen sich um alternative Informationskanäle bemühen, abseits der konkreten Rechtsnorm, um die rechtliche Vorgehensweise zu entziffern. Akteur*innen sind damit ständig gezwungen, die Logik des Migrationsregimes irgendwie zu »lesen«, und müssen feststellen, dass sie auf einer äußerst wackligen Grundlage handeln.

In manchen Fällen beobachteten wir, dass der Mangel an rechtlicher Kenntnis bei Migrant*innen das Ergebnis einer mehr oder weniger willkürlichen Weigerung der Staatsangestellten war, genügend Informationen bereitzustellen.[32] Dies verstärkt natürlich den Eindruck von Willkür seitens der Verwaltung noch zusätzlich. Tatsächlich räumten Streetlevel-Bürokrat*innen ein, sie würden Informationen teilweise vereinfachen oder filtern, oftmals in der Annahme, die detaillierten Informationen würden von einer anderen staatlichen Stelle bereitgestellt (Feldnotizen, Schweden, Schweiz 2017). Streetlevel-Bürokrat*innen in allen untersuchten Ländern betonten oft, wie sicher sie waren, alle In-

---

31   Das, The Signature of the State.
32   Borrelli, I Spy with My Little Eye Something That Is.

formationen, die sie den Migrant*innen gegenüber hätten mitteilen
bzw. wiederholen sollen, wären diesen bereits in der Erstaufnahmeeinrichtung, während der Anhörung im Asylverfahren, vom Personal in
der Unterbringungseinrichtung oder von anderen Stellen bereitgestellt
worden. Diese Annahme verleitet Streetlevel-Bürokrat*innen dazu, das
letztlich notwendige Wiederholen von Informationen zu vermeiden
und stattdessen bei Begegnungen mit Migrant*innen mehr Wert auf
Effizienz zu legen – also auf eine möglichst schnelle und reibungslose
Abwicklung. Beispielsweise haben wir mehrfach beobachtet, wie Asylsuchende »informiert« wurden, ihr Fall fiele unter die Dublin-Regelung, und zwar mit knappen Sätzen wie »Italien will Sie zurück«,
»Deutschland hat über Sie entschieden« (Feldnotizen, Schweiz 2016,
Schweden 2017). Oft wurde Häftlingen nur sehr eilig mitgeteilt, sie
könnten gegen eine Entscheidung Widerspruch einlegen. Und wie bei
der allerersten Beobachtung in Kapitel 2 wurden Asylsuchende, die in
ihr Heimatland zurückkehren wollten, von einer Stelle zur nächsten ge-
schickt, anstatt über das rechtlich korrekte Verfahren informiert zu
werden.

Obgleich Berechenbarkeit als wichtiges Merkmal des bürokratischen Alltags gilt, wird in manchen Fällen eine gewisse Unlesbarkeit
von Staatsangestellten sogar strategisch verwendet, um Rechtsanwendung zu ermöglichen. Plötzliche und unvorhersehbare Aktionen bei
der Rechtsdurchsetzung können von Bürokrat*innen beispielsweise
dazu genutzt werden, illegalisierte Migrant*innen zu erwischen.[33] Wir
konnten z. B. beobachten, wie Behörden Abschiebungstermine nicht
ankündigten, um Migrant*innen »ruhig« zu halten und den Abschie-
beprozess möglichst reibungslos abzuwickeln.[34] Folglich müssen Migrant*innen stets auf der Hut sein und ein hohes Maß an Flexibilität
an den Tag legen, um spontan auf die behördliche Durchsetzung solcher Zwangsmaßnahmen reagieren zu können. Ein Sachbearbeiter der
schwedischen Grenzpolizei, der sich mit Abschiebungen befasst, erklärte uns:

----

33   Burnett, ›Dawn Raids‹; Gibney, Asylum and the Expansion of Deportation in the
      United Kingdom; Gill, Longing for Stillness.
34   Siehe Kapitel 5; Borrelli, I Spy with My Little Eye Something That Is.

> Wir arbeiten mit abgestuften Zwangsmaßnahmen, wenn wir Ab-
> schiebungen vorbereiten, und wir müssen sicherlich das richtige
> Maß finden, wie transparent wir sein können, ohne zu riskieren,
> dass unsere Maßnahmen wirkungslos verpuffen. Wenn sie nämlich
> genau wissen, wann sie abgeschoben werden sollen, tauchen sie
> mit Sicherheit unter, bevor es so weit ist. Also müssen wir hier auf-
> passen. Von uns wird Vorhersehbarkeit bei der Arbeit erwartet,
> aber die hat auch ihre Schattenseiten. (Interview Schweden 2017)

Der Angestellte beschreibt hier einen eindeutigen Widerspruch zwischen Transparenz und »Effektivität« der Umsetzung von Maßnahmen
der Migrationskontrolle, vor allem im Zusammenhang mit Abschiebungen. Während der Planung von Abschiebungen in der Schweiz und
in Schweden erwähnten Polizist*innen oft, sie würden den genauen
Abschiebetermin gegenüber den Inhaftierten geheim halten. Diese
Wissensasymmetrie, bei der die zur Abschiebung vorgesehenen Personen absichtlich im Unklaren gelassen werden, rechtfertigten sie mit humanitären Gründen, etwa der Minimierung des Risikos, dass sich die
Abschiebekandidat*innen selbst verletzten.[35]

Ein dänischer Abschiebehaftmitarbeiter räumt ein, dass man bei
dieser Strategie unter Umständen sogar glatt lügt, wenn es um die Absichten der eigenen Behörde ginge, um möglichst wenig Konflikte entstehen zu lassen und einen »reibungslosen« Ablauf der Rechtsdurchsetzung sicherzustellen:

> Die Polizei sagt den Inhaftierten nicht immer, warum sie hier sind.
> Ich denke, sie wollen Konflikte vermeiden, was zwar verständlich
> ist, aber manchmal lügen sie die Leute einfach an und sagen ihnen,
> sie würden nach Sandholm gebracht [das Asylzentrum des Roten
> Kreuzes ganz in der Nähe]. Und dann ist es an uns, ihnen zu sagen,
> dass sie jetzt hier sind und niemand weiß, wie lange sie hierbleiben
> müssen. Natürlich ist das für die Insass*innen der Anstalt frustrie-
> rend. (Feldnotizen, Dänemark 2017)

In ähnlicher Weise wurde bei mehreren Interviews die Unvorhersehbarkeit der Implementierung von Kontrollmaßnahmen als Strategie
des Staates angeführt, die sogenannte Pull-Effekte verhindern sollte.
Blaine, ein Mitarbeiter der Schweizerischen Dublin-Stelle in Italien, er-

---

35 Siehe auch Borrelli, I Spy with My Little Eye Something That Is.

klärte uns, die Schweizer Behörden versuchten, ihre Entscheidungen bezüglich der humanitären Klausel[36] nicht auf offenkundige Kategorien der Schutzbedürftigkeit zu gründen, um eine Situation zu vermeiden, in der mehr Migrant*innen auf der Basis dieser Information ihren Fall neu aufrollen lassen könnten.

Deshalb will die Schweiz keine neuen Kategorien schaffen (wie etwa Schwangere usw.). Wir wollen keinen Pull-Effekt erzeugen. Das ist bei Syrer*innen passiert, als Deutschland sagte, wir überstellen keine Syrer*innen mehr an andere Dublin-Staaten. Deshalb halten wir uns bezüglich der Kriterien möglichst erst einmal bedeckt. Außerdem beurteilen wir jeden Fall für sich. Es geschieht wirklich auf der Grundlage der medizinischen Einstufung und der konkreten Situation. (Interview Italien 2015)

Dies stützt auch die Analyse eines erfahrenen Mitarbeiters einer NGO, die Geflüchteten in Österreich hilft. Beim Thema der Chancen auf Regularisierung in Österreich interpretierte der NGO-Mitarbeiter die fehlende Transparenz als gewollte Strategie im Interesse der Behörden, ja sogar als inhärentes Merkmal des Migrationsregimes: »Es gibt auch Fälle, die man regularisieren könnte. Aber da gibt es auch, wenn man so will, eine Politik bewusster … hmm, Zweideutigkeit. Damit kein Automatismus der Regularisierung erkennbar wird [lacht]« (Interview in Österreich 2016).

Diese Beispiele zeigen, dass Streetlevel-Bürokrat*innen selbst nicht nur die Migrationsgesetze als uneinheitlich und bisweilen chaotisch umgesetzt betrachten, sie beteiligen sich sogar selbst aktiv am Erzeugen von Missverständnissen und Verwirrung. Das aktive Zurückhalten von Informationen unterstreicht ja gerade, dass die Unlesbarkeit aktiv als Werkzeug im Migrationsregime eingesetzt werden kann. Wie sollen angesichts solch bedeutender Hindernisse und Einschränkungen für

---

36   In Artikel 17 der Dublin-III-Verordnung heißt es: »Die Mitgliedstaaten sollten insbesondere aus humanitären Gründen oder in Härtefällen von den Zuständigkeitskriterien abweichen können, um Familienangehörige, Verwandte oder Personen jeder anderen verwandtschaftlichen Beziehung zusammenzuführen, und einen bei ihm oder einem anderen Mitgliedstaat gestellten Antrag auf internationalen Schutz zu prüfen, auch wenn sie für eine solche Prüfung nach den in dieser Verordnung festgelegten verbindlichen Zuständigkeitskriterien nicht zuständig sind« (*Verordnung (EU) Nr. 604/2013*).

den Zugang zu Informationen die verschiedenen Akteur*innen an relevante Informationen über praxisnahes Recht kommen, und wie sollen sie sich in der unergründlichen Durchsetzung von Migrationskontrolle zurechtfinden oder gegen diese wehren?

Die informelle Gestalt praktischer Rechtsanwendung

Bislang haben wir gezeigt, dass das Recht häufiger in mündlicher und damit dynamischerer Form präsent ist als im geschriebenen Text. Da die Kenntnis der konkreten Rechtsnorm nicht ausreicht, um die Umsetzung von Gesetzen zu antizipieren, müssen die Menschen überdies auf andere Formen rechtlicher Kenntnisse zurückgreifen. Wir wenden uns nun der Frage zu, wie dieses mündlich vermittelte Wissen erzeugt und erworben wird. Trotz der Probleme beim Zugang zu Informationen und der Tatsache, dass diese auf nahezu unverständliche Weise vermittelt werden, bleibt es unerlässlich für Migrant*innen, sich Wissen über das Migrationsregime anzueignen, was auch die Worte von Henry, einem abgelehnten Asylbewerber, unterstreichen:

> Wenn du in dieser Situation lebst, musst du alles wissen. Du musst eine Menge Leute kennen. Tunesier*innen, Algerier*innen, Afrikaner*innen ... [...] Du musst alles wissen. Und du erfährst ja auch jeden Tag neue Geschichten *[lacht]*. [...] Der eine kam zum Beispiel aus dem Gefängnis raus. Warum? Er hatte eine Frau. Der andere geht dafür ins Gefängnis. [...]. Es gibt viele solche Geschichten. So macht man seine Erfahrungen. Jede*r sagt dir, mach dies, mach das, mach jenes. So findest du immer irgendeine Lösung. Verstehst du? So kommst du an eine Menge Informationen. (Interview 2014)

> Wenn wir zum Beispiel von Leuten reden, die keine Papiere haben und einen Weg suchen, wie sie an Papiere kommen. Sie versuchen, sich Informationen über alle Länder Europas zu beschaffen [...]. Ich bin zum Beispiel jetzt in der Schweiz, ich muss [in ein anderes Land] gehen. Wenn ich etwas darüber weiß, dass man sich in Spanien Papiere besorgen kann, gehe ich vielleicht dorthin. Vielleicht gibt es in Italien ein Gesetz, dass sie Papiere ausstellen. [...].

> Die Leute könnten auch versuchen, zu heiraten. [...] Ich habe zum Beispiel gehört, in Norwegen gibt es eine Menge Frauen ...

[lacht] […] ›Okay, ich versuch mal mein Glück.‹ Alle suchen nach dem, was sie gerne hätten. Und alle werden sie irgendwo hingehen. (Interview 2015)

Wer sich im Migrationsregime zurechtfinden will, muss sich, wie Henry zu Recht sagt, Wissen über die verschiedenen nationalen und regionalen Gesetze beschaffen, über Schlupflöcher in der Verwaltung, über Chancen auf Regularisierung, aber auch Informationen über Jobs auf dem inoffiziellen Arbeitsmarkt. Es überrascht nicht, dass die »offiziellen« Kanäle keine solchen Informationen liefern – und wenn, würde man sie für nicht verlässlich halten. Henry betont, wie wichtig es ist, viele Leute zu kennen und über den Austausch von Informationen mit anderen Migrant*innen auf dem Laufenden zu bleiben. Die Unlesbarkeit des Migrationsregimes führt dazu, dass Migrant*innen ihre Entscheidungen eher auf informelle und zweifelhafte Informationen als auf »offizielles« und in gedruckter Form übermitteltes Wissen gründen. Gerade die Unlesbarkeit der Rechtsanwendung generiert eine Verbreitung von Gerüchten, die man auch als »Mund-zu-Mund-Propaganda«, basierend auf »nicht belegten« Informationen[37], bezeichnen könnte. Gerüchte »füllen unsere Wissenslücken«[38] und liefern uns Informationen; sie tragen damit zu unseren Schlussfolgerungen bei – auch wenn diese Informationen vielleicht nicht »wahr« sind, sind sie für die Menschen immerhin »brauchbar«, um ihr Handeln danach auszurichten. Julia Eckert[39] beschreibt »Gerüchte vom Recht« neben regierungsamtlichen und kommerziellen Formen juristischen Exports als einen der grundlegenden Wege der Vermittlung von Informationen über das Recht. Eckert untersucht, wie »Gerüchte vom Recht sich über den Globus verbreiten und dabei Rechtsnormen auf eine ganz spezielle Weise verbreiten«[40]. Weiter schreibt sie:

> Zunächst einmal ist das, was wir über das Recht wissen, geprägt durch die Ängste und Hoffnungen derer, die das Gerücht verbreiten, und derer, die es vernehmen. Diese Prozesse horizontalen Wissenstransfers selektieren mithin Rechtswissen in Bezug auf

---

37 Harney, Rumour, Migrants, and the Informal Economies of Naples, Italy, S. 376.
38 Knapp, A Psychology of Rumor, S. 22.
39 Eckert, Rumours of Rights.
40 Ebd., S. 147.

konkrete Situationen, insbesondere die Wahrnehmung von Problemen und Konflikten, die sich von den oft diskutierten vertikalen Prozessen der Verbreitung rechtlicher Informationen unterscheiden.[41]

Während Eckert in ihrer Arbeit primär auf Gerüchte über bestimmte, potenziell vorteilhafte Rechte eingeht, halten wir es für wichtig, ihren Ansatz zu erweitern und auch Gerüchte zu berücksichtigen, die sich auf Strategien der Rechtsanwendung beziehen. Diese können potenziell als Warnung dienen und damit zu Ausweichtaktiken führen, um beispielsweise der Implementierung von Zwangsmaßnahmen zu entgehen. Gerüchte können auch relevante Informationen über Schlupflöcher in der Migrationskontrolle oder andere vielversprechende Aussichten liefern, etwa über Arbeitschancen oder Möglichkeiten der Legalisierung. Wie das obige Zitat von Henry zeigt, entsteht in migrantischen Netzwerken ein kollektives Wissen durch den kontinuierlichen Austausch von Erfahrungen und Informationen.[42] Wir wollen darlegen, dass Gerüchte ein inhärent produktives Element in Bezug auf die Routen von Migrant*innen durch Länder und Institutionen sein können, da Gerüchte eine zentrale Rolle bei der Entscheidungsfindung spielen und somit darüber bestimmen können, welchen Weg Migrant*innen einschlagen und wie Behörden und Staaten auf sie reagieren.

Die Unlesbarkeit erklärt auch, warum der regulatorische Apparat des Migrationsregimes als erdrückend wahrgenommen wird, aber auch, warum Einzelne allen Widrigkeiten zum Trotz Hoffnungen hegen können und immer wieder neue Opportunitäten finden. Es ist ja gerade die Unberechenbarkeit des Migrationsregimes, die Hoffnung schafft und die Migrant*innen veranlasst, zu bleiben und Härten hinzunehmen, trotz geringer Chancen auf eine Legalisierung ihres Status. Wir verstehen folglich dieses Beharrungsvermögen als getrieben durch die Unlesbarkeit der Rechtsanwendung. Wie im obigen Zitat von Henry erzeugt schon das Hörensagen gelegentlicher Erfolgsgeschich-

---

41 Ebd., S. 148.
42 Borri/Fontanari, Lampedusa in Berlin; Brekke/Brochmann, Stuck in Transit; Szczepanikova, Between Control and Assistance.

ten anderer Migrant*innen neue Hoffnung und sorgt dafür, dass Menschen weiterziehen.[43] Wie in Kapitel 2 ausgeführt, gibt es beispielsweise viele Menschen, die *nicht* in das Land zurückgeschickt werden, in dem erstmals ihre Fingerabdrücke registriert wurden, wie es das Dublin-System eigentlich vorsieht. Eine solche uneinheitliche Handhabung der Gesetze führt dazu, dass Menschen weiterziehen, obwohl ihnen klar ist, dass eine solche sogenannte Sekundärmigration möglicherweise durch eine Abschiebung rückgängig gemacht werden kann.[44] Somit können sich Gerüchte – unabhängig vom Wahrheitsgehalt – als grundsätzlich produktiv erweisen, was die Routen von Migrant*innen betrifft. Leo beschrieb dies im Gespräch mit Anna so:

> L: Ich habe gehört, dass es nächsten Monat, im Februar, eine Chance geben soll, … in Italien Papiere zu bekommen. Ich weiß nicht. Die Wahrheit ist, ich habe einen Freund in Zürich. Er hat mir erzählt … Er hat mich gefragt, ob ich nicht kommen will. »Hier kannst du arbeiten.«
>
> A: Wo ist diese Arbeit? […] Von was für einer Arbeit sprach er?
>
> L: Er hat mir gesagt: »Komm her, es ist besser als in Italien oder Frankreich.« Das hat er mir gesagt. Und deshalb bin ich gekommen. Ich wusste nichts über Regeln und Gesetze. […] Ich dachte, ich kann mit den Papieren arbeiten, die sie mir gegeben haben [Ausweis, der ihn als Asylsuchenden ausweist]. (Interview Schweiz 2015)

Solche Gerüchte über mögliche Opportunitäten reflektieren die alltägliche Realität von Migrant*innen mit prekärem Rechtsstatus schon insofern, als sie ungewiss sind. Sich an ihnen zu orientieren kann wiederum neue Chancen erzeugen, aber auch die Instabilität der Situation von Migrant*innen aufrechterhalten. Die Leute hören etwas von irgendeiner Gelegenheit, ergreifen die Chance und reisen in ein anderes Land, wo sie dann vielleicht feststellen müssen, dass die Information falsch war oder auf ihren speziellen Fall nicht zutrifft. Falsche Gerüchte können damit unnötige Migrationsbewegungen auslösen und das

---

43 Siehe auch de Coulon, ›L'Illégalité régulière‹ au cœur du paradoxe de l'Etat-nation.

44 Vgl. Belloni, Refugees as Gamblers.

scheinbar ziellose Hin und Her auf den »unsteten Wegen« von Migrant*innen noch verstärken.[45]

Aber nicht nur Migrant*innen verlassen sich auf unsichere rechtliche Informationen. Wir stellen vielmehr fest, dass sich auch Rechtsanwendung oft auf Informationen stützt, die das gedruckte Gesetz nicht hergibt, die Staatsangestellten aber dennoch als »brauchbar« erscheinen, um danach zu handeln.[46] Tatsächlich erfahren und praktizieren staatliche Akteur*innen die Anwendung von Gesetzen über Geschichten vom Recht, mittels »mündlicher Überlieferung«[47]. Wenn Informationen mündlich weitergegeben werden, kann sich auch ihr Inhalt verändern, je nachdem, wer alles an der Weitergabe beteiligt ist, und abhängig davon, welche Informationen hinzugefügt oder korrigiert werden.[48] Entsprechend hat auch Borrelli[49] gezeigt, wie Informationen quasi per Flüsterpropaganda über die Flure der Migrationsämter wandern können, wo Informationen von einer Person zur nächsten durchsickern, die dann ggf. selbst auf der Grundlage dieser zweifelhaften Information handeln könnte.

Die informelle Kenntnis des Gesetzes war auch ein entscheidendes Element bei Streetlevel-Bürokrat*innen, die ansonsten Mühe gehabt hätten, mit den zahlreichen Veränderungen unterworfenen und bisweilen gänzlich undurchdringlich geschriebenen Gesetzen Schritt zu halten, und die stattdessen Praktiken etablieren mussten, die »für sie irgendwie funktionierten«.[50] In schwierigen Fällen konsultierten Bürokrat*innen teilweise lieber ihre Kolleg*innen als das Gesetzbuch, was dann Geschichten hervorbrachte, in denen das Gesetz nur scheinbar als Grundlage von Entscheidungen fungierte.[51] Viele derjenigen, die zumindest versucht hatten, im Gesetz nachzulesen, teilten ihre Frustration anderen mit und gründeten ihre Entscheidungen lieber auf den gemeinsamen Erfahrungsaustausch als auf den eigentlichen Gesetzestext. Ein typisches Beispiel war Mika, Sachbearbeiter in einem deut-

---

45 Wyss, Stuck in Mobility?
46 Vgl. Silbey, After Legal Consciousness.
47 Eule, Inside Immigration Law.
48 Siehe auch Eckert, Rumours of Rights.
49 Borrelli, Whisper down, up and between the Lane.
50 Siehe Kapitel 3; siehe auch Borrelli, Whisper down, up and between the Lane.
51 Siehe auch Eule, Inside Immigration Law.

schen Migrationsamt. Mika sprach davon, dass er aufgegeben hatte, mit den exakten gesetzgeberischen Änderungen Schritt zu halten und (wortwörtlich) lieber nach Hörensagen verfuhr. Mikas Motto war »Augen zu und durch«. Neue oder schwierige Fallkonstellationen wurden dementsprechend am besten im Austausch mit anderen Kolleg*innen gelöst, deren Erinnerung an den Gesetzestext und eventuelle Änderungen mit Mikas eigenen Kenntnissen abgeglichen wurden. Wenn die anderen zu beschäftigt waren oder Mika allein im Büro war, bestand die bevorzugte Methode darin, die Entscheidung einfach zu verschieben. Oftmals deckte sich das »Bauchgefühl« sogar mit der tatsächlichen Rechtslage, was unsere Erkenntnisse aus der Untersuchung bei anderen Migrationssachbearbeiter*innen bestätigt.[52] Als es um die Beurteilung des Aufenthaltsgesuchs einer jungen Frau ging, deren Einkommen kaum das gesetzliche Minimum für sie und ihren kleinen Sohn deckte, erachtete es Mika (korrekt) als »vernünftig«, dass vom Staat geleistete Vorschüsse auf Unterhaltszahlungen nicht dazu führten, dass die Frau als »auf Sozialhilfe angewiesen« eingestuft wurde (die entsprechende Gesetzesänderung war erst sechs Wochen zuvor verabschiedet worden), und Mika gewährte deshalb die Aufenthaltserlaubnis. Die vorsätzliche Unkenntnis des Gesetzestexts zeigt sich noch offenkundiger – wenn auch ein wenig drastisch – im folgenden Beispiel. Es basiert auf den Notizen von Tobias bei seiner Feldforschung in einem deutschen Migrationsamt.

> Die Abteilungsleitung in einem Migrationsamt geht den riesigen Stapel Dokumente auf ihrem Schreibtisch durch. Offenbar handelt es sich sämtlich um aktuelle (und verbindliche) Mitteilungen über Änderungen an Gesetzen, Verordnungen, Gerichtsentscheidungen und verfahrensrechtliche Verfügungen, die das Amt nun durchzuarbeiten hätte. Die Abteilungsleitung erläutert, wie man diese Dokumente in drei Kategorien aufteilen würde: a) Unsinn – wandert direkt ins Altpapier, b) Zeugs, das irgendwo abzuheften ist – die Abteilungsleitung hat Ordner, auf denen schlicht »Zuwanderungsrecht« steht, und c) Zeug, das man tatsächlich lesen muss und über das man dann den Mitarbeiter*innen berichten müsse. Insgesamt ist die Amtsleitung davon überzeugt, die meisten Erlasse und Ver-

---

52 Eule, Inside Immigration Law.

ordnungen seien nichts als »gegorene Schifferscheiße«, weil sie viel
zu lang wären und ohnehin niemand das Zeug lesen würde. (Feldnotizen, Deutschland 2015)

Das vielleicht extremste Beispiel war Uli, die während Tobias' Feldar-
beit im Jahr 2015 zur Leiterin einer Ausländerbehörde in Deutschland
befördert wurde. Nach der Versetzung vom Sozialamt der Stadt an
diese Stelle war Uli zuversichtlich, sich schnell und mehr oder weniger
nebenher in den gesetzlichen Rahmen ihrer neuen Aufgabe einarbeiten
zu können. In einem Meeting sechs Wochen nach ihrer Ernennung ge-
stand Uli allerdings, dass sie schon mit den einfachsten Grundregeln zu
kämpfen hätte, etwa dem Unterschied zwischen einer Aufenthaltserlaubnis und einer Abschiebeanordnung. Nachdem Uli mehrere Optionen angeboten wurden – etwa das Studium der relevanten Gesetzgebung, der Besuch eines Seminars oder das Beobachten erfahrener
Sachbearbeiter*innen –, beschließt sie, die eigentliche Kenntnis der
Gesetze wäre vielleicht gar nicht so wichtig, schließlich »weiß keiner,
was wirklich los ist, und trotzdem funktioniert alles doch irgendwie«.

Studien über die Implementierung des Rechts zeigen oftmals, wie
Recht »in action« bzw. in der Praxis eine Art Eigenleben entwickelt –
das kann so weit gehen, dass es am Ende vom ursprünglichen rechtlichen Rahmen signifikant abweicht.[53] Für manche Staatsangestellte wie
Uli scheint dies aber kein nennenswerter Grund zur Besorgnis zu sein.
Andere wiederum bemühen sich nach Kräften, sich möglichst an die
konkrete Rechtsnorm zu halten. Die meisten Streetlevel-Bürokrat*innen erleben allerdings auch die inhärenten Grenzen der praktischen
Umsetzbarkeit staatlicher Bürokratie aufgrund politischer, normativer
oder administrativer Spannungen innerhalb der verschiedenen regulatorischen Rahmen, zwischen politischen Entscheidungsträger*innen
und Bürokrat*innen, und innerhalb der Bürokratie als solcher.[54] Eine
Mitarbeiterin mit Jurastudium, die bei der schwedischen Grenzpolizei
arbeitete und die zu rechtlich bindenden Entscheidungen über die Inhaftierung von Migrant*innen autorisiert war, drückte es so aus: »[Die
Politiker*innen] geben uns die Vorschriften und Gesetze, aber nicht die

---

53   Moore, Law as Process.
54   Lipsky, Street-Level Bureaucracy; Edwards, Implementing Public Policy; Bar-
     dach, The Implementation Game.

Werkzeuge, um diese auch umzusetzen«.[55] Diese Grenzpolizistin gehörte, was den Rechtsrahmen und die Paragrafen angeht, zu den am präzisesten arbeitenden und kenntnisreichsten Staatsangestellten, mit welchen Lisa gesprochen hatte. In Kenntnis des geschriebenen Gesetzes und im Bemühen, dieses auch anzuwenden, war die Grenzpolizistin frustriert darüber, dass keine Richtlinien und Rahmenbedingungen vorgegeben wurden und der Gesetzestext selbst oft vage und unklar blieb. Solche divergierenden Positionen zur konkreten Rechtsnorm konnten wir in allen untersuchten Ämtern feststellen. Manche Bürokrat*innen gaben zu, selbst nur begrenzt Bescheid zu wissen, bestätigten aber auch, dass sie nicht sicher waren, ob denn eine umfassende Kenntnis der Gesetze überhaupt möglich war, da sie regelmäßig auf Situationen trafen, in denen es keine anwendbaren gesetzlichen Richtlinien gab.

Das leidige Bemühen um das »richtige« Wissen

Für Migrant*innen ist informelles Wissen über das Recht oftmals nicht ausreichend. Vor allem in Fällen, in denen sie sich auf Rechtsverfahren einlassen wollen, sind substanzielle Informationen über das geschriebene Gesetz unabdingbar. Hier können Anwält*innen als Vermittler*innen und als eine Art letzte Hoffnung tätig werden. Peter, für dessen Asylverfahren Spanien zuständig war, war nach Österreich weitergereist. Er hatte gehofft, seinen Status legalisieren zu können, und sagte: »Die Anwältin kämpft für mich, hier gelten die Menschenrechte. Also … die Anwältin kämpft für mich und meinen Fall und […] ich kann bleiben« (Interview in Österreich 2016). Anwält*innen sind Gestalten, die ähnlich dem Staat mit einer Art magischer Aura ausgestattet zu sein scheinen. Das überrascht nicht, schließlich sind sie es, die implizit das Versprechen aufrechterhalten, die Mittel zu haben, um eine Person »legal« zu machen. Allerdings führt die »juristische Sprache«, die die Anwält*innen bei Gesprächen mit ihrer Mandantschaft benutzen, nicht selten zu Missverständnissen und auch zu übertriebenen Hoffnungen. Daraus kann auch Enttäuschung erwachsen, wenn das Verfahren nicht so schnell und nicht so positiv verläuft wie erwartet – und weil das Ganze als »Versprechen« der Anwält*innen verstanden

---

55   Siehe auch Borrelli, Whisper down, up and between the Lane.

wird. Ein Rechtsberater in Dänemark, den wir 2016 interviewten, drückte es so aus: »Rechtsanwälte sind oft ein wenig verquer und verstecken sich beim Umgang mit anderen Menschen hinter ihren Paragrafen, sie sind nicht immer auf unbequeme Gespräche vorbereitet.« Selbst wenn also Anwält*innen einen möglichen Schlüssel für den Zugang zum Recht in Händen halten, sind sie oft selbst nicht sehr zugänglich. Viele Migrant*innen können sich gar keine anwaltliche Unterstützung leisten und vertrauen auf NGOs, die Rechtsberatung anbieten. In vielen Interviews mit Migrant*innen wurde jedoch erwähnt, dass »kostenlose Anwält*innen« (ehrenamtliche Rechtsberater*innen, die keine Gebühren verlangen) nicht helfen. Die Tatsache, dass Rechtsanwält*innen schwer zu bekommen sind, beispielsweise aufgrund fehlender finanzieller Mittel, kann deren magische Aura sogar noch verstärken. Einige der interviewten Rechtsberater*innen drückten auch die Sorge aus, ihre Einbindung in Fälle könnte sogar zur Ungerechtigkeit und Willkürlichkeit des Rechtssystems beitragen. Ein ehrenamtlicher dänischer Rechtsberater meinte dazu:

> Wir können helfen, wenn die Asylsuchenden unangemessen lange auf Neuigkeiten zu ihrem Verfahren warten mussten. Wir haben die persönlichen E-Mail-Adressen von Sachbearbeiter*innen und fragen schriftlich an, was Sache ist. Das funktioniert normalerweise auch, was gut ist für die Betroffenen, weil es das Verfahren objektiv beschleunigt. Wenn wir eingeschaltet werden, können wir normalerweise »die richtigen Hebel in Bewegung setzen« und den Prozess beschleunigen, und die Asylsuchenden bekommen dann normalerweise die Entscheidung über ihr Verfahren ein paar Tage nach unserer E-Mail zugestellt – aber es ist auch höchst unfair, es ist Vetternwirtschaft. Ich bekomme ein schlechtes Gewissen, wenn ich an die anderen denke, weil ich immer nur einigen wenigen helfen kann und den anderen nicht … Auch das zeigt, wie unfair das System ist. (Interview Dänemark 2016)

Die Bedenken des Rechtsexperten verraten uns auch etwas über die Erfahrungen von Migrant*innen, die einen positiven Ausgang ihres Verfahrens als Glückssache erachten, wie weiter oben beschrieben. Es bedarf schon einigen Glücks, um genau die Person zu finden, die »die richtigen Hebel in Bewegung setzt« und das Verfahren in die richtige Richtung lenkt. Außerdem kann das individuelle Engagement von Anwält*innen und Staatsangestellten auch auf Mitleid beruhen, auf dem Gefühl, die betreffende asylsuchende Person habe Hilfe verdient oder sei besonders schutzbedürftig, quasi als Vorbedingung für außergewöhnliche Anstrengungen.[56] Dies hat wiederum einen disziplinierenden Effekt auf Migrant*innen, die in der Folge oftmals eine leidende, apolitische und Gnade verdienende Rolle einnehmen müssen, weil dies ihre Chancen auf Unterstützung verbessern könnte (siehe auch Kapitel 6).

Wie Henry weiter oben anmerkte, suchen sich Migrant*innen ihre Informationsquellen in den täglichen Interaktionen mit anderen Migrant*innen, oder mit anderen Vermittler*innen, wie dem Personal von (Abschiebe-)Haft- und Asylzentren, Freund*innen, Freiwilligen oder Sozialarbeiter*innen. Auch wenn einige dieser Personen beachtliche Kenntnisse über das Migrations- und Asylrecht besitzen mögen, bleibt doch festzuhalten, dass die meisten wenig Rechtsexpertise haben. Das kann aus anderen Gründen zum Problem werden, wie im Interview mit Kari, einem Sachbearbeiter in der schwedischen Migrationsbehörde, zum Ausdruck kommt:

K: Wir haben gesetzliche Vertreter*innen von unbegleiteten Minderjährigen, die bei diesen oftmals falsche Erwartungen wecken. Und das ist schrecklich! Ich habe das gemerkt, als ich auch in den Haftanstalten gearbeitet habe – die NGOs gehen da hin und wecken falsche Hoffnungen bei den Leuten, und sie machen für die Häftlinge alles nur viel schlimmer. Hast du die Dokumentation über schwedische Asylhaft gesehen? Da konnte man es sehen. Mitarbeiter*innen vom Roten Kreuz sagten »Wir regeln das schon«, aber ich finde, das ist gefährlich! Das ist leicht gesagt, aber dann müssen die Asylsuchenden mit den Konsequenzen leben – und nicht die, die ihnen diese falschen Hoffnungen einreden. Die gesetzlichen Betreuer*innen arbeiten beispielsweise oft gegen uns – und das macht mich wütend. Für die ist es ganz einfach, zu sagen, »mach dir keine Sorgen, ich bin auf deiner Seite, wir kriegen das schon hin«. Aber was heißt das in der Praxis? Deshalb müssen wir diese Betreuer*innen fragen: Weiß der Junge, was passiert, wenn er

---

56   Siehe auch Kalir/Wissink, The Deportation Continuum.

abgelehnt wird? Es ist besser, wenn wir die leiblichen Eltern finden, haben Sie das überhaupt versucht? Stattdessen sagen sie, »Nur nicht aufgeben«, und sie hoffen auf ein »Vollzugshindernis« als letztes Mittel …

A: Behaltet ihr nicht auch die Gesetze und Vorschriften im Blick?

K: Nicht jeder kennt die Regeln und Gesetze so gut wie wir. Es ist nicht so, dass wir einen Sinn darin sehen würden, jemanden zurückzuschicken, wenn bei einem das Verfahren neu aufgerollt wird, das ist wunderbar – es kommt bloß nicht sehr oft vor … Der wichtigste Teil unserer Arbeit besteht also darin, ihnen die richtigen Informationen an die Hand zu geben! Wir müssen uns klar und deutlich ausdrücken, auch wenn das manchmal bedeutet, dass wir fies zu ihnen sein müssen … (Interview Schweden 2017)

Karis Tirade wegen der »schrecklichen« Ratschläge vonseiten der Unterstützungsnetzwerke von Migrant*innen demonstriert den Kampf um die »richtige« Information, welche nach Karis Ansicht die endgültige Entscheidung über die Ablehnung ist, gegen die Asylsuchende und ihre Unterstützer*innen Widerspruch einzulegen versuchen. Was jedoch eine »korrekte« Information ist, lässt sich – angesichts des Ermessensspielraums der Entscheidungsträger*innen und der informellen Anwendung der Gesetze (Kapitel 3) – nicht immer definieren. Für Kari ist der Fall entschieden, es mögen sich zusätzliche Wege zur Regularisierung auftun – und das kann neue Hoffnungen und Erwartungen aufseiten von Migrant*innen wecken. Dennoch: Die Staatsangestellten bleiben oft ziemlich misstrauisch und sogar verächtlich gegenüber den vielen Berater*innen und »Gutmenschen«, die sich als »Helfende« in rechtlichen Verfahren engagieren. Ein anderer schwedischer Sachbearbeiter bemerkte dazu:

Es gibt auch eine Menge Anwält*innen, die schlicht keine Ahnung haben. Du brauchst bloß 15 ECTS [entspricht einem halben Semester an der Universität] zu haben, um Rechtsberater*in zu werden, und es gibt eine Menge Leute, die Migrant*innen Ratschläge erteilen, was sie tun sollten und was nicht. Und warum sollten sie dann auf uns hören, wenn sie eine Stunde lang mit uns reden und den Rest der Zeit draußen sind und mit aller Welt reden, mit Rechtsberater*innen und anderen, die ihnen sagen, was sie denken und sagen und tun sollen. Und dann treffen sie falsche Entscheidungen und tauchen in den Untergrund ab. (Interview Schweden 2017)

Interessanterweise beharren die Bürokrat*innen darauf, wie wichtig es sei, dass die Migrant*innen auf sie (d.h. auf die Behördenvertreter*innen) hören und die »richtigen Informationen bekommen«. Damit implizieren sie zugleich, die Staatsangestellten wären im Besitz des entsprechenden Wissens um die »korrekte« Interpretation des Gesetzes. Dies traf auch auf die Sachbearbeiter*innen in der Schweiz und Italien zu, die regelmäßig die mangelnde Professionalität von Rechtsberater*innen oder sogar deren ausbeuterische Haltung beklagten. Wie wir jedoch in diesem Kapitel gesehen haben, sind Staatsangestellte oft alles andere als verlässliche Informationsquellen. Ihre Frustration beruht freilich auf einem staatszentrierten Verständnis dessen, welche Art von Information »korrekt« und »hilfreich« ist und welche nicht. Das zeigt sich an der Verärgerung über Migrant*innen, die die »falsche« Entscheidung treffen und in den Untergrund abtauchen, anstatt sich der Abschiebeanordnung gehorsam zu fügen. Wie allerdings Renee bemerkt, ein dänischer Abschiebehaftangestellter, der in einem offenen dänischen Abschiebezentrum arbeitet: »Wir können nicht mehr tun, als ihnen zu sagen, wie das Verfahren aussieht. Wir wissen aber nicht, was für sie das Beste ist […] wenn sie beschließen, hier zu bleiben, obwohl sie abgewiesen wurden, dann vermutlich deshalb, weil das immer noch besser ist als eine Rückkehr, wo auch immer sie herkamen.« (Interview Dänemark 2016)

Der Kampf um die richtige Art von Informationen hinsichtlich der Migrationskontrolle endet nicht an Europas Grenzen. In bestimmten Herkunftsländern haben die europäischen Staaten einiges in verschiedene Programme zur Abschreckung von Flüchtenden investiert. Dabei geht es darum, potenziellen Migrant*innen Informationen zu geben, von denen angenommen wird, sie könnten naiverweise auf unrealistische Gerüchte über Europa als das Land, wo Milch und Honig fließen, hereinfallen.[57] In Zusammenarbeit mit einem nigerianischen Filmemacher hat beispielsweise das Schweizerische Staatssekretariat für Migration einen »Nollywood«-Film produziert, der die Strapazen wäh-

---

57 Vgl. Andersson, Illegality, Inc. Clandestine Migration and the Business of Bordering Europe.

rend des Asylverfahrens in der Schweiz zeigt und die fehlenden Aussichten auf Regularisierung für Staatsbürger*innen Nigerias.[58] Auf ähnliche Weise wollte Dänemarks Regierung Asylsuchende davon abbringen, sich Dänemark als Zielland auszusuchen. In vier libanesischen Zeitungen platzierte man Anzeigen mit Informationen über die neu verabschiedeten Beschränkungen der Rechte von Asylbewerber*innen und betonte dabei die schlechten Bedingungen für Asylsuchende in Dänemark.[59] Die dänische Ombudsperson kritisierte die Anzeigen als Verstoß gegen die Verpflichtung öffentlicher Behörden, Menschen über ihre Rechte aufzuklären. Er befand die Anzeigen als irreführend und damit im Widerspruch zu geltenden Grundsätzen und Richtlinien.[60] Eine Mitarbeiterin des Danish Refugee Council (DRC), mit der Annika sprach, meinte zu dem Thema:

> Das DRC hat versucht, die Wogen zu glätten und für Ausgewogenheit in den Berichten zu sorgen, da die Situation eine Menge Fehlinformationen und Gerüchte produziert hat. Deshalb wurden Berater*innen an die Grenze geschickt, um die Menschen über Asylvorschriften und Bedingungen usw. zu informieren. Die falschen Informationen kamen dabei nicht nur von den Kampagnen der Regierung, sondern auch aus der Zivilgesellschaft. Das DRC hat sogar ein »Anti-Poster« zu den Anzeigen der Regierung produziert, auf dem erklärt wurde, welche Folgen die neuen Regeln für die Geflüchteten tatsächlich haben würden und was für diese relevant oder irrelevant sein würde. (Interview Dänemark 2017)

Diese Beispiele zeigen sehr schön die unterschiedlichen Aspekte auf, die wir herausgearbeitet haben: unsichere Informationen, Widerstreit um Wissen sowie die vielen Akteur*innen, die sich an diesem Widerstreit beteiligen. Wir können abschließend folgern, dass der Kampf um hilfreiche und präzise Informationen nicht nur Migrant*innen mit prekärem Rechtsstatus betrifft, sondern bis zu einem gewissen Grad auch Staatsangestellte, Rechtsexpert*innen und Akteur*innen aus der

---

58   swissinfo.ch, Nollywood against Migration.

59   Taylor, Refugee Crisis: Denmark Discourages Asylum Seekers with Newspaper Adverts in Lebanon.

60   Siehe http://www.ombudsmanden.dk/find/nyheder/alle/kritik_af_flygtningeannonce_/pdf1/ [29.11.2019].

Zivilgesellschaft. Vor dem Hintergrund eines hochgradig undurchschaubaren Migrationsregimes führt der lautstarke Ruf nach dem
»richtigen« Wissen letztendlich dazu, dass Menschen sich auf inoffizielle und auf Gerüchten basierende Informationen stützen.

Die Produktivität der Unlesbarkeit

Wir betrachten Unlesbarkeit nicht als vom Staat, von einem geheimnis-
vollen Superhirn oder einer alles beherrschenden Behörde absichtlich
herbeigeführt. Die Unlesbarkeit kann jedoch von verschiedenen Akteur*innen produktiv genutzt werden und ist daher nicht nur als dis-
ruptives und destabilisierendes Element zu sehen, sondern vielmehr als
inhärente Tatsache, mit der alle Akteur*innen im Raum asymmetrischer Aushandlungen umgehen müssen. Wir konnten tatsächlich
mehrfach Praktiken herausarbeiten, die auf unsicheren Informationen
beruhen und damit durch die Unlesbarkeit des Rechts *überhaupt erst
entstehen.* Im Folgenden wollen wir daher die Produktivität der Unlesbarkeit untersuchen.

Migrant*innen mit prekärem Rechtsstatus sind oft – wenn nicht
ständig – im Alltag mit dem Gesetz konfrontiert. Ihr Handeln ist hochgradig durch das Gesetz eingegrenzt und definiert, sei es im Asylzentrum, während des Asylverfahrens oder in Erwartung bzw. in der konkreten Situation der Durchführung von Polizeikontrollen, in Asylhaft
oder während einer Abschiebung. In dieser intensiven und häufigen
Konfrontation mit dem Gesetz wächst ihr »Rechtsbewusstsein«.[61] Wie
allgegenwärtig das Gesetz ist – und wie wichtig es ist, damit umgehen
zu können –, lässt sich anhand der ehrlich überraschten Reaktion eines
anerkannten Flüchtlings in Italien veranschaulichen, als Anna ihm gegenüber erwähnte, sie hätte selbst keine*n Rechtsanwält*in. »Als
Flüchtling brauchst du eine*n Anwält*in. […]. Natürlich, ich brauche
eine*n Anwält*in, ich bin doch als Flüchtling hier.« Während also Migrant*innen mit prekärem Rechtsstatus oftmals versuchen, der Rechtsdurchsetzung, die auf ihren Ausschluss, ihre Inhaftierung oder Ab-

----

61   Ewick/Silbey, The Common Place of Law.

schiebung abzielt, zu entgehen, beschäftigen sie sich auch aktiv mit dem Gesetz, indem sie Asyl beantragen oder versuchen, andere rechtliche Wege zu finden, um ihren Status zu legalisieren. Mit der Zeit entwickelt sich daher ein Wandel in ihrem Verhältnis zum Gesetz. Hier ist es hilfreich, auf Scheels[62] Konzeptualisierung von Praktiken der Aneignung zurückzugreifen, in denen er die »Waffe der Schwachen«[63] sieht: »Diese hochgradig asymmetrischen Machtverhältnisse erklären, warum Migrant*innen, anstatt sich dem restriktiven Grenzregime offen entgegenzustellen, in der Regel versuchen, die Mechanismen der Kontrolle zu Mitteln der Inbesitznahme umzucodieren.«[64] Um das Gesetz umzucodieren – bzw. es sich anzueignen –, müssen Individuen ein gewisses Maß an Gesetzeskonformität an den Tag legen.

Wir sprachen etwa mit einem Mann, der schon seit über zehn Jahren zwischen Belgien, den Niederlanden, der Schweiz und Deutschland hin und her gezogen war. Er hatte 23 Mal Asyl beantragt und schien sich dabei einiges an rechtlicher Expertise angeeignet zu haben, was ihn widerstandsfähiger gegen die staatlichen Kontrollanstrengungen machte. Staatsangestellte gaben mitunter sogar zu, dass Migrant*innen sich im Rechtssystem besser auskennen würden als sie selbst. Albin, eine erfahrene Sachbearbeiterin in der Rückführungseinheit der schwedischen Migrationsbehörde, sagte: »Sie reden miteinander und behalten stets im Blick, was sie brauchen. Es ist schon vorgekommen, dass sie mich korrigiert haben – sie sagen mir ›nein, das verhält sich so‹, oder ›nein, Sie müssen mir dies oder jenes geben‹, und es stellt sich heraus, dass sie recht haben« (Interview in Schweden 2017). Das Rechtsbewusstsein und die Fachkenntnis von Migrant*innen sorgen mithin dafür, dass bestimmte gesetzliche Praktiken weniger rätselhaft und dafür eher nutzbar werden. Auf ihrem Weg durch das Migrationsregime bauen Migrant*innen auf informelles oder unvollständiges, aber »brauchbares« Wissen, nicht nur um dem Gesetz aus dem Weg zu gehen, sondern um sich aktiv damit auseinanderzusetzen. Unterstützungsnetzwerke von Migrant*innen, Rechtsberater*innen und Aktivist*innen gebrauchen in ähnlicher Weise solche Praktiken der Aneignung. In vielen Fäl-

---

62   Scheel, Real Fake?
63   Scott, Weapons of the Weak.
64   Scheel, Real Fake?, S. 9.

len stützen sie sich auf inoffizielle Praktiken, wie etwa im Fall von Michele, einem Priester, der sich an Protestaktionen gegen Abschiebungen in Schweden beteiligte (Interview in Schweden 2018). Im Zentrum dieser Proteste stand das Schreiben von Gesuchen, um Abschiebungen nach Afghanistan zu verhindern. Als Annika Michele fragte, ob dafür nicht eine Menge juristischen Fachwissens nötig sei, meinte Michele: »Nein, ich war selbst überrascht, ich bin kein Rechtsanwalt, aber man liest sich so einiges an, nicht wahr? Und es kommt ja auf das Fallrecht an. Einen unserer Migranten konnten wir so aus der Haft holen und seine Abschiebung verhindern, ein Lehrer, der ihn kannte, schrieb einfach das Gesuch. Er hatte so etwas nie zuvor gemacht, aber es hat geklappt!« Ein weiteres Beispiel stammt aus der Schweiz:

> Sich mit Kolleg*innen über verschiedene Fälle auszutauschen war wichtig für die von Tobias beobachteten Rechtsberater*innen. Kenntnisse und Erfahrungen mit unterschiedlichen Richter*innen halfen ihnen, Lösungen für die eigenen Mandant*innen zu finden, auf die sie sonst nicht gekommen wären. Bei einem dieser Treffen erzählt ein Jurist von einem Fall, bei dem der Asylantrag abgelehnt wurde. Der Asylbewerber gehört zur größeren Familie eines anerkannten Flüchtlings, und im Verlauf der Diskussion stellt sich heraus, dass die meisten Teilnehmenden davon ausgehen, es gäbe hier keine rechtliche Grundlage für die Asylgewährung. Allerdings erinnern sich mehrere Leute, dass die Asylbehörde in früheren vergleichbaren Fällen eine Aufenthaltserlaubnis aus humanitären Gründen erteilt hat. Eine der erfahreneren Beraterinnen schlägt vor, dies in den Gesuchen zumindest beiläufig zu erwähnen und zu argumentieren, es gäbe eine Tradition der Asylgewährung für Angehörige verfolgter Personen. (Feldnotizen, Schweiz 2016)

Hier beriefen sich die Rechtsberater*innen bei ihrem Gesuch nicht auf das geschriebene Gesetz, sondern »erfanden« eine rechtliche Tradition, die eindeutig von der betreffenden juristischen Grundlage abwich, aber, und darauf kommt es an, tatsächlich der staatlichen Praxis entsprach. Die Rechtsberater*innen versuchten also, eine informelle Praxis des Staates quasi gegen diesen zu verwenden und ein formelles juristisches Argument daraus zu machen – auch das ist nicht unbedingt »im Sinne des Rechtsstaats«. Wie in Kapitel 3 beschrieben, beruhen die asymmetrischen Aushandlungen über die Rechtsdurchsetzung im Migrationsregime überwiegend auf informellen Praktiken. Dort haben wir gezeigt, wie Streetlevel-Bürokrat*innen routinemäßig auf der Grundlage dessen handeln und entscheiden, was in ihren Augen »anzunehmen« oder »brauchbar« ist oder sein könnte. Für die Bürokrat*innen ist das oft eine Strategie, um mit der Komplexität von Einzelfällen und der raschen Veränderung des Gesetzestextes klarzukommen. Staatliche Akteur*innen handeln auf der Grundlage dessen, was ihnen in der gegebenen Situation als angemessen erscheint – betrifft dies nun abgelaufene Visa oder technisch annullierte Aufenthaltserlaubnisse. Wie an anderer Stelle ausgeführt,[65] geht es dabei eher um eine »zufriedenstellende« als um die »korrekte«, »beste« oder »effizienteste« Lösung. Wir hatten also bei unserer Forschung zahlreiche Begegnungen wie diejenige mit Paris, einer jungen Anwältin, die in der Schweiz Polizist*innen ausbildete und Praxisrichtlinien verfasste und die uns während eines Workshops erzählte, die wichtigste Aufgabe in diesem Job sei es, das »Gesetz weniger gesetzhaft« erscheinen zu lassen, damit die Praktiker*innen es besser anwenden könnten. Entsprechend bestätigte Ira, eine erfahrene Anwältin und frühere Staatsanwältin, Tobias, »Sie als Soziologe müssen sich die Zahlen und Fakten ansehen und versuchen herauszufinden, was wohl stimmen könnte – wir Jurist*innen können uns nach dem Bauchgefühl richten.« Im Ergebnis sinken die Hemmschwellen für die Entscheidungsfindung und werden weniger formell. Bürokrat*innen handhaben das Recht, indem sie das tun, was »halbwegs brauchbar« ist, weil sie oft spontan reagieren und mit unklaren Vorschriften umgehen müssen, die nicht geeignet sind, immer die akkurate Lösung für die komplexe Wirklichkeit zu liefern, mit der sie zu tun haben. Damit machen sie sich zu »Kompliz*innen« bei der Schaffung von noch mehr Unlesbarkeit, denn ihr Handeln ist für Migrant*innen nicht ohne Weiteres vorhersehbar. Was Gerüchte über Gesetze angeht, haben wir allerdings bereits betont, dass auch Migrant*innen ihre Entscheidungen oft auf zweifelhafte Informationen gründen.

---

65 Eule, The (Surprising?) Nonchalance of Migration Control Agents.

Machtlosigkeit durch unberechenbare Rechtsanwendung

Uneinheitliche rechtliche Praktiken können Hoffnungen schüren, aber Unlesbarkeit führt auch zu mehr Machtlosigkeit aufseiten von Migrant*innen mit prekärem Rechtsstatus. Selbst in Situationen, in denen Migrant*innen wissen, welche rechtlichen Mittel gegen sie eingesetzt werden können, ist es für sie nicht vorherzusehen, *wann* diese Mittel zum Einsatz kommen werden. Die Undurchsichtigkeit der alltäglichen Bürokratie und ihrer Prozeduren zwingt sie, zugleich auf den besten und den schlimmsten Fall gefasst zu sein, vor allem weil die Abschiebung stets als Damoklesschwert über ihnen schwebt. Deshalb hat die Unlesbarkeit oft potenziell dramatische Folgen für Migrant*innen und perpetuiert die Machtasymmetrien. Wenn Bürokrat*innen im Alltag mit einem ziemlich absurden System umgehen müssen, lassen sie den Fall am Ende des Tages einfach liegen, gehen nach Hause und für einige Zeit auf Abstand zu der bisweilen unauflösbaren Diskrepanz zwischen Richtlinien, Rahmenbedingungen und der Rechtsnorm. Während wir also das »Dickicht« der Unlesbarkeit sowohl bei staatlichen Akteur*innen als auch bei Migrant*innen feststellen, die schon Mühe haben, zwischen für und gegen sie arbeitenden Personen und Institutionen zu unterscheiden, ist wichtig festzuhalten, dass dies sehr unterschiedliche Konsequenzen hat. Verwirrung oder Misstrauen innerhalb von Behörden bzw. zwischen Staatsangestellten und den Rechtsbehörden kann gewiss unbequem für die staatlichen Akteur*innen werden, aber für sie erwächst aus dieser undurchschaubaren Praxis keine existenzielle Bedrohung. Für Migrant*innen mit prekärem Rechtsstatus dagegen wird die Unlesbarkeit zu einer zweiten und mächtigen Form der Beherrschung durch den Staat. Migrant*innen stehen ja nicht nur der geballten Last der Staatsmacht gegenüber, sprich: dem Risiko, festgehalten, durchsucht, vernommen, eingesperrt und abgeschoben zu werden, alles mit rechtlich zulässigen Mitteln; sie können auch nicht absehen, was als Nächstes oder, in manchen Fällen, was überhaupt geschehen wird. Wir sehen in dieser Unvorhersehbarkeit der Rechtsdurchsetzung einen der machtvollsten Effekte der Unlesbarkeit. Es ist diese »unstete Natur staatlicher Kontrolle, die Unlesbarkeit des Gesetzes«[66], die Migrant*innen neben einer möglichen Abschiebung ständige Stressgefühle berei-

---

66 Das, Life and Words, S. 177.

172 Unlesbarkeit im Migrationsregime

tet und jede Form von Planung praktisch unmöglich macht (siehe Kapitel 5), wie auch die folgende Darstellung von Daniel veranschaulicht:

> Weißt du, hier weiß man nie, was sie vorhaben. Vielleicht wachen sie eines Morgens auf und sagen, mein Asyl ist vorbei, sie können mit der Polizei kommen und einen früh morgens aus dem Schlaf heraus abholen, sie haben alles in der Hand. (Dialog via Internet 2015)

Diese Unvorhersehbarkeit macht es auch schwer, die Funktionsweise des Migrationsregimes zu antizipieren und damit der Durchsetzung seiner Kontrolle zu widerstehen oder aus dem Weg zu gehen. De Genova[67] hat bereits gezeigt, wie unvollständig und unvorhersehbar die Rechtsdurchsetzung ist – das erinnert alle Migrant*innen daran, dass ihnen ständig die Rechtsdurchsetzung droht, etwa in Form von Inhaftierung und Abschiebung, besonders macht- und gewaltvolle Mittel gesellschaftlicher Kontrolle.[68] Die Unlesbarkeit verstärkt mithin den Effekt der Entmachtung in der hochgradig prekären Situation der »Abschiebbarkeit«.[69] Das Ausmaß der Vorsätzlichkeit hinter derartigen implizit disziplinierenden Maßnahmen ist zwar sehr schwer zu beurteilen, wir sind jedoch der Ansicht, dass der Effekt der Unlesbarkeit gewiss besonders stark ist, je schutzbedürftiger die Betroffenen sind. Jedenfalls ist er für alle Akteur*innen innerhalb des Migrationsregimes spürbar. Die vereinzelten Chancen, die dieser Effekt jenen bietet, die es schaffen, mit einer extrem unsicheren Situation klarzukommen bzw. diese zu ertragen, gleicht nicht die Tatsache aus, dass die Unlesbarkeit die Machtasymmetrie zwischen dem ausführenden Teil des Migrationsregimes und den Migrant*innen weiter verschärft.

---

67 De Genova, Migrant ›Illegality‹ and Deportability in Everyday Life; ders., Detention, Deportation, and Waiting.

68 Siehe auch Hasselberg, Enduring Uncertainty.

69 De Genova, Migrant ›Illegality‹ and Deportability in Everyday Life; ders./Peutz, The Deportation Regime; Wicker, Das Ausschaffungsregime.

Fazit

Das Gesetz durchdringt das Migrationsregime in Europa, aber nicht in Form eindeutiger Regeln, sondern in Form von vagen Begriffen, von Gerüchten, Ideen und erfundenen Traditionen, und in Form von Quellen der Hoffnung, der Verzweiflung und grenzenloser Verwirrung allenthalben. Nur wenn wir erkennen, dass informelle Rechtspraktiken regelmäßig in einem Großteil der Durchsetzung von Migrationsrecht vorliegen, sind wir in der Lage, Praktiken sinnvoll einzuordnen, die uns andernfalls als schlicht absurd erscheinen müssten. Trotz des beobachteten rechtlichen Dschungels bleibt der Glaube an die Vernunft, Logik und Gerechtigkeit des Rechts erhalten, weil dessen ideologische Kraft bestehen bleibt.[70] Das Maß an Informalität und kreativer Problemlösung innerhalb von Behörden weist darauf hin, dass diese ihren Job verblüffend mittelmäßig erledigen und dennoch unfassbare Macht zu besitzen scheinen, weil sie so gut wie alles tun oder entscheiden zu können scheinen. Wir haben den Nutzen des von Veena Das[71] eingeführten Begriffs der Unlesbarkeit beschrieben, weil er die Macht just jenes Chaos und der fehlenden Transparenz – wenn auch im Kontext der Bürokratie Indiens – beschreibt. Wie in diesem Kapitel gezeigt, müssen wir solche Gedanken in unser theoretisches Rüstzeug aufnehmen, wenn wir umfassend verstehen wollen, wie die Staaten Europas Herrschaft über ihre Bevölkerungen ausüben.[72]

Informalität und Unlesbarkeit sind nicht allein Folge des Scheiterns der Politik, sie sind vielmehr ebenso systemisch wie produktiv. Innerhalb des Migrationsregimes schaffen Reibungsflächen und Lücken neue Herausforderungen, da das Recht weitgehend unberechenbar und undurchdringlich ist – auch und gerade für diejenigen Akteur*innen, die sie durchsetzen. Das Migrationsregime bricht dennoch nicht zusammen, nicht einmal im »Sommer der Migration« des Jahres

---

70   Siehe auch Silbey, After Legal Consciousness.
71   Das, The Signature of the State.
72   Mathur, Paper Tiger; Rozakou, Nonrecording the ›European Refugee Crisis‹ in Greece.

2015.[73] Es steckt vielmehr voller informeller Praktiken, die das Migrationsregime zusammenhalten und nicht zuletzt Chancen für die Akteur*innen bieten, sich mit dem Gesetz auseinanderzusetzen. Die Routine von Improvisation und Informalität produziert und reproduziert kurioserweise Stabilität und angenommene Legitimität und trägt damit sogar zur Schaffung von Ordnung bei (siehe Kapitel 7). Wenn wir die Staatsgewalt verstehen wollen, müssen wir mithin die kleinteiligen Aktivitäten untersuchen, die Ordnung ermöglichen – ein »Echo« von Gibson Burrells[74] »diabolischer«[75] Sicht der Organisationstheorie. Die Fokussierung auf die produktive Natur der Informalität zeigt uns die doppelte Machtasymmetrie von Gesetzeskraft und Unlesbarkeit, wie weiter oben beschrieben.

Wir sind am Beispiel von Adrian auch auf die ambivalente Bedeutung des Rechts für Migrant*innen mit prekärem Rechtsstatus eingegangen, die darin besteht, dass das Recht gleichermaßen Hoffnung wie auch das Gefühl des Gefangenseins evoziert. »Die Frage – in Kafkas Parabel ebenso wie im Fall von Abschiebekandidat*innen – ist die ›Abstraktheit‹ des Gesetzes, d.h. seine Verfügbarkeit bezüglich internationaler Konventionen und Deklarationen und zugleich seine Unzugänglichkeit für diejenigen, die es wirklich brauchen.«[76] Macht und Privilegien lassen sich mithin durch diese scheinbare Trennlinie aufrechterhalten, und dies ermöglicht dem Gesetz, seine Aura der Legitimität zu wahren und eine überwältigende Macht zu behalten.[77] Unserer Ansicht nach sind die undurchdringliche Präsenz des Rechts und die Tatsache, dass das Recht in der praktischen Umsetzung keineswegs auf der Basis eines eindeutigen regulatorischen Rahmens erfolgt, am Ende vielleicht sogar geeignet, die Macht der Gesetze noch zu verstärken.

Migrant*innen wiederum setzen ihre Hoffnung auf das Recht, da in ihm die magische Macht liegt, ihren Status zu legalisieren. Trotz der

73   Buckel, Welcome Management; Fiedler u.a., Umkämpfte Bewegungen nach und durch Europa; Hess/Kasparek, De- and Restabilising Schengen; Rozakou, Non-recording the ›European Refugee Crisis‹ in Greece.

74   Cooper/Burrell, Modernism, Postmodernism and Organizational Analysis.

75   Hancock/Tyler, u.a., Gibson Burrell: Diabolical Architect.

76   Khosravi, Sweden: Detention and Deportation of Asylum Seekers, S. 54.

77   Silbey, After Legal Consciousness.

Tatsache, dass die meisten Rechte für sie unzugänglich zu bleiben
scheinen, bleibt auch ein Hoffnungsschimmer – nicht selten hervorgerufen durch den angeblich unantastbaren Status der Menschenrechte.[78]
Die unlesbare Präsenz des Gesetzes hält auch unzugängliche Versprechungen bereit, die wiederum deren machtvolle Präsenz verstärken.
Nach Teubners Interpretation von Kafkas Parabel ist das Thema »nicht
pure Negativität, sondern exzessive Ambivalenz. Denn das Recht produziert immer beides zugleich: Es setzt Leute ins Unrecht, andere ins
Recht. Es verursacht mit seinen Verurteilungen Schmerzen, Leid und
Qualen, aber erzeugt zugleich Erwartungssicherheit und Vertrauen,
auf denen die Leute ihre Lebenspläne bauen können.«[79]

»Alle streben doch nach dem Gesetz«, sagt der Mann, »wieso
kommt es, dass in all den Jahren niemand außer mir Einlass verlangt
hat« (Kafka, »Vor dem Gesetz«). Kafkas Parabel endet, ohne dass der
Mann vom Lande jemals Zugang zum Gesetz bekommen hat. Während also das Durchhaltevermögen des Mannes vom Lande den Türhüter dazu gezwungen haben mag, die Unzugänglichkeit des Gesetzes
gegenüber denjenigen zu rechtfertigen, die es benötigen, hat es den
Mann vom Lande zugleich gezwungen, sein gesamtes Leben wartend
zu verschwenden. Auch die Standhaftigkeit von Migrant*innen macht
die Durchsetzung des Rechts schwierig, was Agambens Interpretation
von Kafkas Parabel veranschaulicht: »Dann ist es möglich, sich vorzustellen, dass das ganze Verhalten des Mannes vom Lande nichts weiter
ist als eine komplizierte und geduldige Strategie, um die Tür verschlos-
sen zu halten, damit die Macht des Gesetzes unterbrochen werde.«[80]
Allerdings sind Migrant*innen ständig gezwungen, zu bleiben und zu
warten, draußen vor der Tür, die sich vielleicht öffnet, vielleicht aber
auch nicht, oder sie müssen ständig umherziehen, während sie weiter
im Wartestand bleiben. Die Unlesbarkeit im Migrationsregime zwingt
Migrant*innen, zahlreiche Umwege beim Versuch in Kauf zu nehmen,
ihre Migrationsprojekte in die Tat umzusetzen – sowohl räumliche
Umwege, was den Verlauf ihrer Reise innerhalb Europas angeht, als
auch zeitliche Umwege, wenn sie sich gefangen oder im Stillstand fin-

---

78 Siehe auch Eckert, Rumours of Rights.
79 Teubner, Das Recht vor seinem Gesetz, S. 183.
80 Agamben, Potentialities, S. 174.

den, was den Lauf ihres Lebens angeht. Im folgenden Kapitel werden wir diesen temporalen Aspekt des Migrationsregimes näher beleuchten und zeigen, wie das Gesetz dadurch durchgesetzt wird, dass man Menschen beiderseits der Tür zum Warten nötigt und wie Akteur*innen die Zeit als einen Weg der Selbstbehauptung nutzen.

5

Verschwendete Zeit, umkämpfte Zeit

In Kafkas Parabel bietet der Türhüter des Gesetzes dem Mann vom Lande einen Schemel an, damit der sich setzen kann, während er vor dem Tor wartet. Tag um Tag, Jahr um Jahr sitzt der Mann da, und immer wieder bittet er den Türhüter um Einlass. Dieser stellt ihm regelmäßig allerlei Fragen, über sein Heimatland und viele andere Dinge. Doch seine Fragen sind teilnahmslos, und die Sache endet immer damit, dass der Türhüter ihm sagt, er könne ihn noch nicht einlassen. Die Parabel beschreibt hier den disziplinierenden Effekt des Wartens vor einem unergründlichen, unzugänglichen Gesetz, aber auch die Ausdauer des Mannes vom Lande, der unermüdlich versucht, doch noch eingelassen zu werden. Wie van Houtum[1] bemerkt, bewirken das »noch nicht« aus dem Munde des Türhüters und die Tatsache, dass er die Geschenke annimmt, die ihm der Mann im Bemühen gibt, die imaginären Bedingungen des Gesetzes zu erfüllen, dass der Mann trotz der Teilnahmslosigkeit des Türhüters die Hoffnung nicht verliert. Die Parabel lenkt hier unsere Aufmerksamkeit auf die zeitlichen Aspekte des Grenz- und Migrationsregimes. Sie reflektiert die Machtlosigkeit und das Gefühl des »Festsitzens«[2], das viele

---

1   Van Houtum, Waiting before the Law: Kafka on the Border.
2   Hage, Waiting Out the Crisis: On Stuckedness and Governmentality; Missbach, Waiting on the Islands of ›Stuckedness‹.

unserer Gesprächspartner*innen empfanden, während sie sich in einem scheinbar endlosen Wartezustand vor dem Gesetz befanden: in Asyl- und (Abschiebe-)Haftzentren oder während langwieriger, sich wiederholender bürokratischer Verfahren. Dies betont somit die Rolle der Zeit als zusätzlichen wichtigen Faktor, welcher die Interaktionen der Akteur*innen mit dem Gesetz im Migrationsregime strukturiert.

In der Tat manifestiert sich Macht sowohl über zeitliche als auch über räumliche Kontrolle. Staaten regieren und strukturieren das Leben ihrer Bevölkerung über banale bürokratische Prozeduren, mit Antragsfristen und langatmigen Verwaltungsprozessen sowie mit Qualifizierungsphasen, die vor dem Zugang zu einer Reihe unterschiedlicher Rechte und Privilegien, vor allem der Staatsbürgerschaft, durchlaufen werden müssen.[3] Die »bürokratische Zeit« des Staates hat Vorrang vor der Zeit des Individuums und gestaltet diese, besonders wenn sich das Individuum in einer erhöhten Abhängigkeitsbeziehung zum Staat befindet.[4] Diese bürokratische Zeit manifestiert sich in der Zeit, welche die »Kund*innen des Staates«[5] in Warteräumen verbringen müssen, wo sie auf Termine und Dokumente warten müssen, oder in den scheinbar endlosen Telefonschleifen, bis sie endlich von einer Vermittlungsstelle zum*r gewünschten Gesprächspartner*in durchgestellt werden. Zeit ist eine Form von Kapital, das akribisch gezählt und auch ausgegeben, gespart oder verschwendet werden kann.[6] Jedoch ist dieses Kapital ungleich verteilt, und die Art und Weise, in der Zeit verbracht oder »ausgegeben« wird, unterliegt bestimmten sozialen Hierarchien. Jemanden warten zu lassen ist ein Akt der Herrschaft,[7] während das Warten zunehmend als zentrale Erfahrung von unterpri-

---

3   Anderson, Migration, Immigration Controls and the Fashioning of Precarious Workers.

4   Gross, Time-Space Relations in Giddens' Social Theory; Cwerner, Faster, Faster and Faster: The Time Politics of Asylum in the UK.

5   Dubois, The Bureaucrat and the Poor.

6   Ewick/Silbey, The Common Place of Law; Lefebvre, Critique of Everyday Life; Schwartz, Queuing and Waiting; Thompson, Time, Work-Discipline, and Industrial Capitalism.

7   Bourdieu, Social Being, Time and the Sense of Existence.

vilegierten Bevölkerungsgruppen wahrgenommen wird.[8] Diese Wartezeit ist gekennzeichnet durch Beliebigkeit, Machtlosigkeit und Verletzlichkeit.[9]

Im Verlauf unserer Feldforschung fanden wir Situationen, in denen die Zeit einen zutiefst entmachtenden und disziplinierenden Effekt hatte, weil sie Migrant*innen einen langwierigen Zustand in der Schwebe aufzwang. Das Vorherrschen von Informalität und des »Unlesbarkeitseffekts« (vgl. Kapitel 4) erzeugt das Gefühl, in einem höchst ungewissen Zustand vor dem Gesetz gefangen zu sein. Die Untersuchung der zeitlichen Dimensionen des Migrationsregimes hilft uns, einige der absurden Effekte der Migrationskontrolle aufzudecken, etwa die zyklischen Muster der Illegalisierung und Regularisierung. Aber wir haben auch beobachtet, dass Zeit von verschiedenen Akteur*innen genutzt werden kann, um neue Handlungsoptionen zu eröffnen, und die Hoffnung auf Veränderung und ein gutes Ende am Leben erhält. In der noch spärlichen, aber wachsenden Literatur über die zeitliche Dimension von Migrations- und Grenzkontrolle[10] finden wir mehrere, bisweilen sich widersprechende Geschwindigkeiten, was die »multiple Natur der Zeit an sich«[11] zusätzlich unterstreicht. Einerseits gibt es die zeitliche Dimension der Stagnation und des langwierigen Wartezustands, die in Asylverfahren und im Alltag der Asylzentren zu erkennen ist, wo man die Asylsuchenden darauf warten lässt, dass Termine für Befragungen oder Anhörungen festgelegt, Dokumente vorbereitet und Entscheidungen getroffen werden.[12] Andererseits kennzeichnet ein schneller oder »fieberhafter« Zeitablauf[13] plötzliche Brüche, die auftreten, wenn Migrant*innen die Kontrolle über ihre Zeit entgleitet. Dies ist insbesondere der Fall, wenn staatliche Zwangsmaßnahmen in-

--- --- ---

8   Auyero, Patients of the State; Bayart, Global Subjects: A Political Critique of Globalization; Dubois, The Bureaucrat and the Poor.
9   Khosravi, Waiting.
10   Andersson, Illegality, Inc. Clandestine Migration and the Business of Bordering Europe; Griffiths u. a., Migration, Time and Temporalities; Griffiths, The Changing Politics of Time in the UK's Immigration System; Khosravi, Waiting.
11   Cwerner, The Times of Migration, S. 14.
12   Brekke, Life on Hold – The Impact of Time on Young Asylum Seekers; Griffiths, Out of Time; Kobelinsky, Waiting: Asylum Seekers in France.
13   Griffiths u. a., Migration, Time and Temporalities.

volviert sind – so z. B. wenn illegalisierte Migrant*innen von der Polizei aufgegriffen, inhaftiert oder abgeschoben werden.[14] Jedenfalls konzentriert sich die existierende Literatur vor allem darauf, wie Migrant*innen zugleich langwieriges Warten und konstanten Stress erleben. Gleichzeitig bleibt die zeitliche Dimension der Erfahrungen und Praktiken von Sachbearbeiter*innen, Polizist*innen und Grenzposten, die ja im Grunde diejenigen sind, die die Migrant*innen vor dem Gesetz warten lassen und dadurch quasi mit diesen zusammen vor dem Gesetz warten, weitgehend unerforscht.

In diesem Kapitel über die »Zeiten der Migration«[15] möchten wir diese Lücke in der Literatur schließen. Wir unterstreichen darin die Rolle der Zeit in asymmetrischen Aushandlungsräumen der Migrationssteuerung und die Art und Weise, in der sich Migrant*innen und staatliche Akteur*innen mit den widersprüchlichen zeitlichen Aspekten des Migrationsregimes arrangieren. Diese Abhandlung umfasst drei Schritte: Zuerst zeigen wir auf, dass zyklische Zeit- und Schleifeneffekte inhärente und geradezu konstitutive Merkmale des Regierens von Migration sind. Hier hilft uns die Zeit, die widrigen und bisweilen absurden Effekte der Migrationskontrolle herauszuarbeiten. Danach untersuchen wir Situationen, in denen die Kämpfe um die Herrschaft über Beschleunigung und Verlangsamung innerhalb des Migrationsregimes Macht verleihen und einschränken können. Diese Herrschaft impliziert Situationen, in denen Individuen – das können Migrant*innen, Bürokrat*innen oder Rechtsbeistände sein – die Kontrolle über ihre Zeit behalten und Wege finden, diese Zeit den eigenen Wünschen und Bedürfnissen entsprechend auszufüllen. Die Zeit kann mithin dazu dienen, die Durchsetzung der Migrationsgesetze zu erleichtern, zu modifizieren oder zu untergraben.

---

14   Ellermann, States against Migrants; Griffiths, The Changing Politics of Time in the UK's Immigration System.

15   Griffiths u. a., Migration, Time and Temporalities; Griffiths, Out of Time; Hage, Waiting Out the Crisis: On Stuckedness and Governmentality; Khosravi, Waiting; Mavroudi u. a., Timespace and International Migration; Sontowski, Speed, Timing and Duration.

Zeitzyklen im Migrationsregime

In Transitländern, Asyl- und (Abschiebe-)Haftzentren, Notunterkünften und in den Schlangen vor den Migrationsämtern müssen Migrant*innen mit prekärem Rechtsstatus auf das Gesetz warten – darauf, dass bürokratische Prozeduren beginnen, dass Papierkram erledigt wird oder dass Entscheidungen gefällt und durchgesetzt werden.[16] Migration, die ja oft mit Mobilität in Beziehung gesetzt wird, ist gleichzeitig auch durch räumliches und soziales »Festsitzen« und durch ständige Wiederholungen, erzwungene Untätigkeit und langes Warten gekennzeichnet.[17] Eine solche Immobilität ist oftmals verbunden mit nachteiligen Folgen für die seelische Gesundheit und die Lebensperspektiven dieser »Wartenden an der Grenze«.[18] Migrant*innen zahlen im wahrsten Sinn des Wortes mit ihrer Zeit, um für die Regularisierung ihres Aufenthaltsstatus infrage zu kommen, während sie in einem rechtlich und sozial extrem prekären Zustand verharren müssen. Die Zeit lässt sich hier als Ware begreifen,[19] zu der manche Zugang haben und andere nicht. Diese Ware kann gehandelt, gestohlen und zurückgewonnen werden. Wie Coutin[20] betont, impliziert schon der Begriff »Asylsuchende« einen temporären Übergangszustand zwischen Illegalität, Flüchtlingsstatus und einer drohenden Abschiebung. Kafka paraphrasierend könnte man sagen, Migrant*innen mit prekärem Status führen ihr Leben in einem Zustand des »unendlichen Aufschubs«, welcher keineswegs zufälliger Natur, sondern, wie wir ausführen werden, ein intrinsisches Merkmal des Chaos und der Unlesbarkeit ist, die wir innerhalb des Migrationsregimes beobachten. Im Folgenden möchten wir Beispiele vorbringen, die die schädlichen Wirkungen solcher Zustände für Migrant*innen veranschaulichen, und wir wollen die These herausarbeiten, dass der Unlesbarkeitseffekt an sich schon »Zeitfallen« erzeugt, in denen sich trotz der extrem gegensätzlichen Machtverhält-

---

16   Griffiths, Out of Time.
17   Hage, Waiting Out the Crisis: On Stuckedness and Governmentality.
18   Khosravi, Waiting.
19   Griffiths, Out of Time.
20   Coutin, Contesting Criminality; siehe auch Cabot, The Governance of Things.

nisse nicht nur Migrant*innen, sondern auch staatliche Akteur*innen wiederfinden – gefangen in unendlichen Zyklen von Kontrolle und Umgehung dieser Kontrolle.

Geschichten von Zeitverschwendung und Erschöpfung

Asyl- und (Abschiebe-)Haftzentren zeichnen sich für ihre Bewohner*innen und Insass*innen durch langwieriges Warten in erzwungener Untätigkeit und Ungewissheit aus. Migrant*innen erleben dort physische und gesellschaftliche Isolation, haben nur begrenzte oder gar keine Gelegenheit, zu arbeiten, sich weiterzubilden oder sich ein Gefühl des »Vorankommens« im Leben zu bewahren. Damit gerät ihre Existenz sozusagen »aus dem Takt« im Vergleich mit der sie umgebenden Gesellschaft und wird stattdessen massiv durch bürokratische Zeit diktiert.[21] In diesen Situationen haben Migrant*innen zwar jede Menge Zeit, aber nicht die Freiheit, sie nach eigenen Vorstellungen zu gestalten, woraus das Gefühl erwächst, die eigene Zeit zu verschwenden. Die Erfahrung, in diesen scheinbar niemals endenden Warteschleifen festzustecken und der Unvorhersehbarkeit des Verfahrensausgangs ausgesetzt zu sein, kann sich auf das Wohlbefinden von Personen nachteilig auswirken.[22] Das Gefangensein in repetitiven Verwaltungsprozeduren oder das Warten auf die Umsetzung einer Entscheidung in ihrer Rechtssache vermitteln Migrant*innen mit prekärem Rechtsstatus das Gefühl, auf ihrem Lebensweg aufgehalten zu werden. Es ist daher sinnvoll, von zwei unterschiedlichen zeitlichen Dimensionen dieses Zustands zu sprechen: Zum einen gibt es *zu viel* leere Zeit im täglichen Leben, da die Tage durch das Warten auf bürokratische Prozeduren und erzwungene Tatenlosigkeit geprägt sind,[23] weil es nicht erlaubt ist, zu arbeiten oder in die Schule zu gehen, und weil es nicht möglich ist, in dieser Situation die eigene Zukunft zu planen. Andererseits werden diese langen Perioden des Wartens auch als »verschwendete oder negierte Zeit« erlebt.[24] Die letztgenannte zeitliche Dimension bezieht sich auf die Erwartungen an das eigene Leben und das Gefühl, *zu wenig Zeit*

---

21   Cwerner, Faster, Faster and Faster: The Time Politics of Asylum in the UK.
22   Wyss, Stuck in Mobility?
23   Griffiths, Living with Uncertainty.
24   Lucht, Darkness before Daybreak, S.72.

zu haben, um die eigenen Zielsetzungen zu verwirklichen. Beispielsweise daran gehindert zu sein, sich der Elternschaft oder einer beruflichen Karriere zu widmen. All dies wird als Verschwendung von Lebenszeit wahrgenommen.[25] Henry, Ende zwanzig, beschreibt es so: »Die wichtigste Zeit meines Lebens ist vorbei, weißt du« (Interview Schweiz 2015). Er hatte in Italien und in der Schweiz insgesamt sieben Jahre lang versucht, seinen Status regularisiert zu bekommen und sich ordentlich niederzulassen. John, der über dreißig ist und danach strebt, endlich in Italien arbeiten zu können, sagt: »Manchmal kann ich nur noch dasitzen und heulen. Du verschwendest dein Leben. Ich werde schließlich nicht jünger« (Interview in Italien 2015). Diese beiden jungen Männer erleben Stagnation im eigenen Leben und haben das Gefühl, nicht voranzukommen, sondern in einer zeitlichen Erstarrung festzustecken. Hage bezeichnet diesen Zustand als »existenzielle Immobilität«, sozusagen das Gegenteil von »Vorankommen«.[26]

Es ist nicht nur diese »leere Zeit«, die einem das Gefühl der Zeitverschwendung vermittelt, dazu trägt auch die Wiederholung bestimmter Erfahrungen bei – besonders das Gefangensein im bürokratischen Zyklus wiederholter Versuche, den eigenen Status zu legalisieren. Diese zyklische Erfahrung, immer und immer wieder die gleichen Prozeduren zu durchlaufen, lässt auch die Hoffnung schwinden. Manche unserer Gesprächspartner*innen stecken seit bis zu 17 Jahren in diesen Zyklen fest und haben in dieser Zeit ohne jeden Erfolg ihr Glück in diversen europäischen Ländern versucht. Am Ende verlieren sie die Fähigkeit, sich eine Alternative zu diesem Dasein auch nur vorzustellen. Gefangen in repetitiven Prozessen während des Versuchs, den eigenen Rechtsstatus zu verbessern, beantragen sie Asyl, legen Widerspruch gegen eine Ablehnung ein, legen Widerspruch gegen Asylhaft oder eine Abschiebungsanordnung ein, oder sie nehmen an irgendeiner Art von Regularisierungsprogramm teil. Dann wird ihr Antrag wieder abgelehnt und sie müssen weiterziehen, oder sie werden zwangsweise an ein anderes Land überstellt, was im Rahmen der Dublin-Regelung sehr oft geschieht. Sie alle sind des Weglaufens müde und sind erschöpft vom wiederholten Scheitern sowie von der erfahrenen Machtlosigkeit und einer

---

25 Siehe auch Picozza, Dubliners.
26 Hage, Waiting Out the Crisis: On Stuckedness and Governmentality, S. 97.

extremen Instabilität über sehr lange Zeiträume. Viele von ihnen erleben eine »richtungslose Zeit«, hervorgerufen durch eine unklare Zukunft, weil »ihre Gegenwart in keine bestimmte Richtung weist«.[27] Dies hat negative Folgen für ihre Gesundheit, ihr Leben und ihre Lebensperspektiven – wie das bei jedem Menschen in vergleichbarer Situation der Fall wäre. Solche negativen Folgen der erfahrenen Zeitverschwendung, die viele Migrant*innen erleben, bestätigen Beobachtungen zu den Konsequenzen anderer Formen existenzieller Immobilität, wie etwa Langzeitarbeitslosigkeit.[28] Adrian, ein Mann in seinen Dreißigern, dessen Asylantrag mehrmals abgelehnt worden war, drückte seine Ermüdung ob des Gefangenseins in diesem zeitlichen Zyklus wie folgt aus:

Ich habe es in diesen elenden 16 Jahren so oft versucht. Manchmal ist mir einfach egal, was passiert. Anna, ich bin so müde. (Internet-Gespräch 2015)

Ich sagte, wenn sie mich in die Schweiz schicken, bekomme ich drei Mal eine Ablehnung. Okay? Und dann versuchen sie, mich nach Griechenland zurückzuschicken. Und jetzt geht der Scheiß wieder von vorne los. Okay. Mehr als ein Jahr in der Schweiz. Yeah. Und dann wieder ein Jahr hier [in Deutschland] und dann ... Okay, und dann schicken sie mich wieder zurück an den Anfang. (Interview Deutschland 2016)

Adrian liefert hier ein Zeugnis für den Erschöpfungseffekt seiner wiederholten und scheinbar fruchtlosen Versuche, seinen Status in Europa zu legalisieren, und die gleichermaßen »gescheiterten« Versuche der Staaten, eine Lösung für seine Situation anzubieten. In Betrachtung ähnlicher Geschichten wie derjenigen Adrians meinen de Vries und Welander[29], dass diese »Erschöpfung« nicht nur die alltägliche Realität von Migrant*innen, die im europäischen Migrationsregime feststecken, beschreibe. Vielmehr sollte eine solche Erschöpfung auch als besonderes Werkzeug der Politik und der Kontrolle von Migrant*innen verstanden werden.[30] Die politische Strategie lässt sich als gewollt und

---

27   Brekke, Life on Hold – The Impact of Time on Young Asylum Seekers, S.164.

28   Siehe Jahoda u.a., Die Arbeitslosen von Marienthal.

29   De Vries/Welander, Refugees, Displacement, and the European ›Politics of Exhaustion‹.

30   Siehe auch Griffiths, The Changing Politics of Time in the UK's Immigration System.

explizit beschreiben, wie etwa in der Errichtung von Grenzzäunen oder der Verabschiedung restriktiver Gesetze, die darauf abzielen, den Zugang der Migrant*innen nach Europa zu beschränken oder ihre Regularisierungsverfahren zu verschleppen.[31] Dies führt im Ergebnis dazu, dass mehr Menschen über noch längere Zeit in einem hochgradig prekären rechtlichen und sozialen Status verharren müssen. Zusätzlich kann zu diesen Zermürbungsstrategien auch gehören, unerwünschte Migrant*innen unerträglichen Bedingungen auszusetzen, wie z.B. in Dänemark, als die Regierung ihre Absicht bekundete, das Leben für abgelehnte Asylbewerber*innen so »unerträglich« zu machen, dass diese am Ende aufgeben und das Land freiwillig verlassen.[32]

Es entbehrt vielleicht nicht einer gewissen Ironie, dass die Bürokrat*innen, die in den von uns untersuchten Ländern in Asyl- und (Abschiebe-)Haftzentren arbeiten, ebenfalls Langeweile und Tatenlosigkeit erleben, während sie zusammen mit den Asylsuchenden oder Inhaftierten nichts weiter tun können, als abzuwarten. In den Haftzentren in Schweden und Dänemark, in denen Annika Feldforschung betrieben hat, verbrachte beispielsweise das Personal den größten Teil der Arbeitszeit auf dem Sofa und im Sessel im Büro; man trank Kaffee und beaufsichtigte die Inhaftierten und man »ist da, falls etwas passiert« – auch wenn die allermeiste Zeit eben nichts passiert (Feldnotizen aus Dänemark 2016–2017). Einige Bürokrat*innen, die in diesen Zentren arbeiteten, berichteten dementsprechend auch von der Erfahrung »toter Zeit«, wenngleich mit dem entscheidenden Unterschied, dass sie wieder in ihren »normalen Lebensrhythmus« zurückkehren konnten, im Takt mit der übrigen Gesellschaft, wenn der Arbeitstag zu Ende war.

Das tatenlose Warten und die daraus resultierende Ermüdung führen nicht automatisch dazu, dass Migrant*innen ihre Versuche einer Regularisierung aufgeben. Vielmehr hält das ständiger Veränderung unterworfene Einwanderungsrecht auf nationaler wie auf supranationaler Ebene die Hoffnung von Migrant*innen auf Regularisierung aufrecht, wenn sie es nur schaffen, den Staat »auszusitzen«: entweder in-

----

31 Lemberg-Pedersen, European Deterrence Politics and the End of Humanitarianism; Redress, Mass Refugee Influxes, Refoulement and the Prohibition against Torture.
32 Suarez-Krabbe u.a., Stop Killing Us Slowly.

dem Asylentscheidungen oder Abschiebeanordnungen verfallen (eine Taktik, auf die wir weiter unten in diesem Kapitel zu sprechen kommen werden) oder in der Erwartung politischer Veränderungen.

Erzwungene Zeitzyklen

Melanie Griffiths[33] hat gezeigt, wie das taktisch motivierte Beharrungsvermögen von Migrant*innen, die in Großbritannien am Rand der Gesellschaft leben, fälschlich als illegitimer »Missbrauch« oder »Diebstahl« der »britischen« Zeit bezeichnet wird. Die Zeitzyklen, in denen diese Migrant*innen gefangen sind, werden regelmäßig als Schuld der (»illegitimen«) Hinhaltetaktik der Migrant*innen beschrieben, worauf die britische Regierung mit einer Beschleunigung der Abschiebeverfahren reagiert. Wir haben im Gegensatz dazu festgestellt, dass die Erfahrung von Zeitzyklen durch Migrant*innen ein spezielles, intrinsisches Merkmal des Migrationsregimes reflektiert und nicht (ausschließlich) den widerständigen Taktiken einzelner Migrant*innen zugeschrieben werden kann. Manchmal entstehen diese Zeitzyklen durch die ständige Veränderung von Einwanderungsgesetzen, was die Durchsetzung des Rechts erschwert oder ganz blockiert und neuen Hoffnungen den Weg ebnet, allerdings auch der Gefahr, Migrant*innen in einem prekären Schwebezustand zu halten. Bei anderen Gelegenheiten sind es die inhärenten Widersprüche des Migrationsrechts oder die Unmöglichkeit, juristische Entscheidungen umzusetzen, die solche Zeitschleifen produzieren.

In einem für die Rückführung zuständigen Amt der schwedischen Migrationsbehörde beklagte Halle, ein Sachbearbeiter, der Fälle von »freiwilliger« Rückkehr bearbeitet, wie gesetzliche Änderungen seine Arbeit erschwerten. Er nannte ein Beispiel, das seiner Abteilung zu der Zeit die größten Probleme bereitete, nämlich junge Asylsuchende aus Afghanistan. Viele von ihnen waren im Jahr 2015 als Minderjährige eingetroffen, nur um dann feststellen zu müssen, dass ihre Chancen auf Regularisierung drastisch gesunken waren, nachdem Schweden 2016 ein sehr restriktives »temporäres« Gesetz in Kraft gesetzt hatte. »Die Sachbearbeiter*innen legten die Fälle beiseite, weil sie sehr kompliziert waren ... deshalb warten heute (Anfang 2018) viele von ihnen noch im-

---

33   Griffiths, The Changing Politics of Time in the UK's Immigration System, S. 52 f.

mer auf ihre Asylentscheidung unter dem neuen Gesetz«, berichtete Halle. Während dieser Wartezeit waren einige Asylsuchende volljährig geworden, was ihre Chance auf Asyl von ca. 82 auf 38 % schrumpfen ließ (laut schwedischer Migrationsbehörde 2017). Die durch diese Verzögerung entstandene Ungerechtigkeit zog Kritik vonseiten der Zivilgesellschaft und der Unterstützungsnetzwerke der Migrant*innen auf sich, und Halle hatte das Gefühl, dass die Migrationsbehörde nun unter einigem Druck stand. Die Regierung reagierte darauf mit einem weiteren Gesetz, das einigen dieser jungen Afghan*innen eine temporäre Aufenthaltserlaubnis ermöglichen sollte, damit sie die Schule abschließen konnten, sprich: Ihre Abschiebung oder Ausweisung wurde hinausgeschoben. Wie sich jedoch zeigte, war das Gesetz nur schwer zu interpretieren und umzusetzen und führte letztlich nur dazu, dass der unsichere Wartezustand für diese Asylsuchenden noch länger anhielt – und die Frustration Halles und seiner Kolleg*innen ebenso. Nun warteten alle auf eine zweite, erweiterte Fassung des neuen Gesetzes, während Abschiebungen derjenigen, die unter dem aktuellen Gesetz abgelehnt worden waren, weiterhin durchgesetzt wurden.[34] Halle beklagte, dass diese mehrdeutigen Aussagen der Politiker*innen bezüglich der künftigen Aussichten auf Regularisierung dieser jungen Afghan*innen die Fairness und Glaubwürdigkeit ihrer Arbeit untergruben: »Wie soll ich jemanden davon überzeugen, dass die freiwillige Rückkehr die einzige Option ist, wenn sich ständig neue Chancen auf Regularisierung auftun oder, wer weiß, vielleicht sogar eine Generalamnestie im Raum steht?« (Interview Schweden 2017).

Das Beispiel unterstreicht die Bedeutung von Zeit und Timing, wenn es um den Ausgang von Asylverfahren geht. Ebenso verdeutlicht es, wie zentral Antizipation von Gesetzesänderungen für die Wahrung von Hoffnungen ist, während Migrant*innen zugleich in einem verlängerten und höchst prekären Schwebestatus gehalten werden. Die Lage junger Afghan*innen in Schweden ist keineswegs ein Einzelfall: Wir haben ähnliche Schwebezustände »nicht abschiebbarer« Migrant*innen auch in vielen anderen Ländern angetroffen. Obgleich diese oft noch weniger Chancen auf Regularisierung hatten, blieben ihre Hoffnungen bestehen, einfach aufgrund der Schwankungen, denen das Migrations-

---

34   Lappalainen, Migrationsverket: ›Gymnasielagen ingen räddning‹.

recht und seine praktische Umsetzung unterworfen sind. In der Literatur wird von der »Abschiebungslücke« (Deportation Gap)[35] gesprochen, in welcher diese abgelehnten Asylbewerber*innen und andere illegalisierte Migrant*innen, die trotz Abschiebeanordnung im Territorium von Staaten verbleiben, gefangen sind. Ihre Fälle belegen die Undurchsetzbarkeit gewisser gesetzlicher Verordnungen. Staatliche Akteur*innen bekunden oft ihre Verärgerung über diese Fälle und beklagen, dass die Kontrollanstrengungen erschienen zyklisch, absurd und zwecklos. In Schweden sagte uns die Grenzpolizei, was passiert, wenn eine Abschiebung als nicht durchsetzbar erachtet wird – sei es wegen fehlender Ausweisdokumente, wegen einer Aussetzung von Abschiebungen ins betreffende Zielland oder wegen der »Nichtbefolgung« durch die abzuschiebende Person. Die Polizei archiviert die Akte der betreffenden Personen in einem Ordner, mit verschiedenen farblichen Kennzeichnungen und sortiert nach dem Durchsetzungspotenzial – Rot bedeutet »nahezu hoffnungslos« (Feldnotizen in Schweden 2017). Für Abschiebungen zuständige Bürokrat*innen in mehreren Ländern bestätigten, dass der Gedanke, »diese eine Person außer Landes zu bekommen, diese eine Entscheidung durchzusetzen und seine Arbeit zu erledigen«, würde sie geradezu verfolgen (Feldnotizen der Schweizer Kantonalen Migrationsbehörde 2016; schwedische Grenzpolizei 2017). Die Rolle des Rechts und der bürokratische Papierkrieg, der solche sogenannten Implementierungsdefizite erst erzeugt,[36] wurden kaum einmal eingeräumt. Stattdessen gaben die Bürokrat*innen den Migrant*innen die Schuld, die die Situation »aussitzen« und nach vier Jahren wieder auf der Matte stehen würden, wenn ihre Ausweisungsverfügung erloschen war und der Fall wieder von vorne beginnen konnte, mit einem frischen Asylantrag, der dann ein zweites Mal auf ihrem Schreibtisch landete. Die Staatsangestellten sahen sich in einer Wiederholungsschleife gefangen: »immer das gleiche Spiel, das Ganze fängt wieder von vorne an« (Feldnotizen; Schweizer Kantonale Migrationsbehörde, 2016). Laurence, eine schwedische Polizistin, erklärt dazu:

---

35   Gibney, Asylum and the Expansion of Deportation in the United Kingdom; Rosenberger/Küffner, After the Deportation Gap.
36   Rosenberger/Küffner, After the Deportation Gap.

Es kann passieren, dass ich einen Fall bekomme, und die betreffende Person hat keinerlei Ausweisdokumente. Dann möchte die Person nicht freiwillig gehen, und manche Länder nehmen die Leute nur dann zurück, wenn sie freiwillig zurückkehren. Letztendlich kann der Fall nicht bearbeitet werden, nichts lässt sich zwangsweise durchsetzen, und dann sind vier Jahre vorbei, und die Ausweisungsanordnung ist erloschen. Dann kann es passieren, dass die Person erneut Asyl beantragt und der Fall wieder auf meinem Tisch landet. Das heißt aber nicht, dass die Sache dann einfacher wird [...]. Die Leute glauben, sie müssten einfach vier Jahre abwarten, dann bekämen sie automatisch Asyl. Das ist aber nicht der Fall. Sofern sich an deinem Fall oder in deinem Land nichts geändert hat, bleibt die Entscheidung die gleiche. Du musst immer noch gehen. (Interview Schweden 2017)

Laurence betont hier, dass die Zeit nicht automatisch die Chancen der Asylsuchenden verbessert, ihren Status zu regularisieren, und auch nicht die Chancen auf eine vermeintlich erfolgreiche Durchsetzung des Rechts. Selbst in Fällen, in denen es Laurence und seine*ihre Kolleg*innen geschafft haben, eine Abschiebungsanordnung durchzusetzen, war der Fall damit noch lange nicht abgeschlossen. Wie die jüngere Literatur zu Ergebnissen nach der Abschiebung hervorhebt,[37] bildet sie nur selten den letzten Schritt im Migrationsprozess. Wir zitieren Khosravi: »Abgeschobene Migrant*innen gehen nicht zurück nach Hause, sie betreten vielmehr (erneut) einen transnationalen Raum der Ausweisung und oszillieren zwischen erneuter Abreise und Rückgängigmachen der Abschiebung.« Drei unserer migrantischen Gesprächspartner*innen wurden in ihr Herkunftsland abgeschoben und schafften es zurück nach Europa. Einer davon wurde allerdings kurz nach seiner Ankunft in Italien gleich wieder abgeschoben. Aber selbst nach seiner letzten Abschiebung wurde bei einer Unterhaltung via Internet klar, dass dieses Migrationsprojekt damit nicht zu Ende war. Dasselbe traf auf eine weitere abgeschobene Person zu. Über transkontinentale Informationskanäle suchten diese Personen erneut nach Wegen, nach Europa zurückzukommen, wo sie bereits soziale Netzwerke oder sogar eine Fa-

---

37 Khosravi, After Deportation: Ethnographic Perspectives; Schuster/Majidi, What Happens Post-deportation?

milie gegründet hatten. Deshalb ertrugen sie die räumlichen und zeitlichen Unterbrechungen ihrer Versuche, in Europa zu bleiben, und dieses Bestreben wurde nicht unterdrückt, obwohl sie wiederholt Zwangskontrollmaßnahmen unterworfen waren.

Staaten schaffen es ihrerseits nicht, nachhaltige Lösungen für diese »Deportspora«[38] abgelehnter Asylbewerber*innen, illegalisierter Migrant*innen, von Abschiebehäftlingen und Staatenlosen, zu schaffen. Stattdessen bleiben diese Personen in den wiederholten Versuchen staatlicher Institutionen, sie abzuschieben, gefangen. Diese Dynamik wird besonders augenfällig bei Personen, die zwischen den durchlässigen Schengen-Grenzen und gemäß der Dublin-Regelung wiederholt hin und her geschoben werden. Bei unseren Untersuchungen in Abschiebehaftzentren für Migrant*innen berichteten Mitarbeiter*innen von Fällen, in denen die Behörden ebenso unermüdlich wie erfolglos versuchten, Asylsuchende an den Staat zu überstellen, den sie als zuständig für den Asylantrag erachteten – am nächsten Tag standen die Leute schon wieder vor der Tür. Toni, ein schwedischer Mitarbeiter in einem Abschiebehaftzentrum, erzählte Annika, sie hätten eine ganze Menge Leute, die in unregelmäßigen Abständen immer wieder ins Zentrum zurückkommen würden. Als ehemaliger Gefängniswärter bediente sich Toni des Knastjargons und bezeichnete diese Leute als »Drehtür-Fälle«. Er sah diese Endlosschleifen mit einer Mischung aus Verärgerung und Staunen: »Es ist die pure Zauberei – Zauberei! – Du lieferst sie an einem Tag am Flughafen ab, und zwei Tage später greift sie die Polizei auf, und schon sind sie wieder hier« (Interview in Schweden 2017). Wie in Kapitel 2 beschrieben, machten Tonis Kolleg*innen oft Witze darüber, als sie gesehen hatten, dass Leute wiederholt von Dänemark nach Schweden zurückgeschickt wurden, nur um mit dem nächsten Pendlerzug wieder zurückzukommen. In ähnlicher Weise berichten Sachbearbeiter*innen aus der Schweiz und Italien halb im Scherz von Abschiebefällen, in denen die Migrant*innen wieder im Land waren, noch bevor die Bürokrat*innen selbst vom Abschiebetransport zurück in ihrem Büro angekommen waren. Deutsche Polizist*innen berichten davon, dass regelmäßig »ganze Dörfer ankommen

---

38   Khosravi, After Deportation: Ethnographic Perspectives.

und Asyl beantragen«, dann werden sie abgelehnt und kommen ein Jahr später wieder.

Wichtig ist allerdings auch, dass gemäß unseren Untersuchungen derartige zyklische und repetitive bürokratische Prozeduren und die daraus resultierenden Gefühle des Feststeckens im Schwebezustand weder allein durch »Zuwiderhandlungen« der Migrant*innen (wie im Beispiel von Dublin-Überstellten, die zwischen Dänemark und Schweden »pendeln«) noch durch schleppenden, unwissenden oder strategischen Einsatz des Ermessens durch Staatsangestellte (wie in Kapitel 3 besprochen; siehe auch Kapitel 6) entstehen. Vielmehr scheinen diese Zeitzyklen eine Folge mehrfacher Ungewissheiten hinsichtlich gegenwärtiger und zukünftiger Bedingungen der Migrationspolitik zu sein. Diese lässt den Akteur*innen gar keine andere Wahl, als die gegenwärtige Situation mehr oder weniger »auszusitzen«. Wir sehen in diesen Zeitzyklen ein inhärentes und sogar konstitutives Merkmal unlesbarer Politik, die »Zeitfallen« erzeugt, in welche sowohl Migrant*innen als auch Staatsangestellte geraten können. Beide Seiten verfangen sich in Zyklen von Kontrolle und Widersetzen, ohne Aussicht darauf, die jeweilige Situation auflösen oder überwinden zu können. Wir stimmen mit Dunn und Cons[39] überein, dass die Informalität beim Regieren massive Unsicherheit sowohl für diejenigen generiert, die regieren sollen, als auch für die, die regiert werden. Diese Ungewissheiten ziehen wiederum Folgehandlungen nach sich, was neue Versuche kreiert, die Kontrolle und Ordnung wiederherzustellen, und so entsteht eine Dynamik der Kontrolle, die »inhärent zyklisch« verlaufen muss. Die spontane und unberechenbare Natur der Durchsetzung von Migrationsgesetzen – die wir im vorherigen Kapitel als »Unlesbarkeitseffekt« beschrieben haben – entsteht just durch solche widersprüchlichen Vorschriften und Praktiken; die Bedingung unendlichen Aufschiebens der Vergabe von sicheren Aufenthaltsstatus, der finalen Abschiebung oder des Schließens und Archivierens der Fallakten von Migrant*innen gehört zu den Nebenwirkungen der »Herrschaft durch Unlesbarkeit«.

Dies hat einerseits einen disziplinierenden Effekt, erzeugt aber auch neue Handlungsoptionen. Selbst unter diesen ungewissen Bedin-

---

39   Dunn/Cons, Aleatory Sovereignty and the Rule of Sensitive Spaces; siehe auch Das, The Signature of the State.

gungen suchen die Akteur*innen nach Wegen, wieder die Kontrolle über ihre »verschwendete« oder »davonlaufende« Zeit zu erlangen, indem sie sich neue »Strategien« und »Taktiken« ausdenken,[40] die sie in die Lage versetzen, die Kontrolle zu erlangen, bzw. staatlichen Kontrollversuchen auszuweichen, und die Rechtsdurchsetzung gemäß ihren Bedürfnissen und Wünschen zu gestalten. Staatliche Akteur*innen können Ermüdungsstrategien anwenden, um Migrant*innen zur Regelbefolgung zu drängen, oder sie nutzen plötzliche Aktionen als Strategie, um Abschiebungen zwangsweise durchzusetzen (siehe Kapitel 4). Migrant*innen wehren sich gegen diese Strategien, indem sie gegen bürokratische Entscheidungen wieder und wieder Einspruch einlegen oder indem sie untertauchen, um einer Abschiebung zu entgehen. Diese Kämpfe können dazu führen, dass Akteur*innen in ihrer Position stecken bleiben, wie im Fall jener, die sich in der erwähnten »Abschiebungslücke« wiederfinden und quasi unendlich lange in einer höchst prekären Rechtssituation verbleiben könnten. Diese Kämpfe tragen allerdings auch dazu bei, wie die Durchsetzung des Migrationsrechts ausgestaltet wird. Die Zeit lässt sich innerhalb solcher Szenarien als Herrschaftswerkzeug begreifen, aber auch als etwas, das genau diese Herrschaft behindert. Im Folgenden wollen wir herausarbeiten, wie dieses zeitbezogene Ringen das Handeln innerhalb des Migrationsregimes fördert und zugleich einschränkt – und wie es wichtige Fragen zu Ignoranz und Verantwortung aufwirft.

Das Ringen um die Herrschaft über die Zeit

Zeitlimits und Fristen sind entscheidende Elemente bei der Anwendung von Migrationsgesetzen – wie bei jedem anderen Gesetz auch.[41] Die Fristen der Dublin-Regelung bestimmen beispielsweise, welcher Staat für einen Asylantrag zuständig ist. Visaerteilung und Aufenthaltsberechtigung erfolgen meist auf befristeter Basis und verlangen damit von den Inhaber*innen einer solchen Genehmigung, Termine einzuhalten, Dokumente erneut vorzulegen und damit einen kontinuier-

40   De Certeau, The Practice of Everyday Life, siehe unten.
41   Higgins, Time and the Law.

lichen Kontakt zu staatlichen Einrichtungen zu pflegen. Ablehnungen von Asylanträgen, Abschiebeanordnungen und Wiedereinreiseverbote sind allesamt befristet, was die Aussichten von Migrant*innen auf zukünftige Chancen der Regularisierung prägt. Streetlevel-Bürokrat*innen in allen von uns untersuchten Staaten bestätigten, unter erheblichem Druck zu stehen, um Asyl- und andere bürokratische Verfahren effizienter zu gestalten und die finanziellen Kosten der Zeitverschwendung zu minimieren. Wie weiter oben ausgeführt, ist es in der alltäglichen Realität der Migrationskontrolle nur selten möglich dieser Forderung nach Beschleunigung nachzukommen. Unterschiedliche Akteur*innen nutzen Beschleunigung und Verlangsamung jedoch als Wege, die Zeit innerhalb des Migrationsregimes zu »manipulieren«. Im Folgenden wollen wir nachzeichnen, wie sowohl staatliche als auch migrantische Akteur*innen versuchen, Macht über dieses Zeitchaos zu erhalten.[42] De Certeau differenziert zwischen dem kalkulierten Handeln der Akteur*innen im Besitz der Macht, mit dem sie die Kontrolle über die Machtlosen zu behaupten suchen, einerseits, und dem Erkennen von Chancen und Vorteilen, die sich aus dem Umgang der (relativ und relational) Machtlosen mit ihrem begrenzten Handlungsspielraum ergeben, andererseits. In der Literatur, die sich mit derlei alltäglichen Widerstandspraktiken befasst, erscheint die Zeit als entscheidender Faktor: Scott[43] sowie Ewick und Silbey[44] listen eine ganze Reihe von Taktiken des alltäglichen Widerstands auf: Verzögern, Ausweichen, zum Schein »das Spiel mitspielen«, Diebstahl, vorgebliche Unkenntnis, Verleumdung und Sabotage. Mehrere dieser Praktiken entsprechen unmittelbar den Taktiken von Migrant*innen im Bestreben, die Kontrolle über ihre eigene Zeit zu behaupten. Dabei ist wichtig festzuhalten, dass Bürokrat*innen ebenfalls Strategien anwenden können, die die Durchsetzung des Rechts entweder unterminieren oder umgestalten, wenn sie den Eindruck haben, dass dies der Fairness oder der Machbarkeit dieser Rechtsdurchsetzung dient – oder einfach nur, weil sie keine Lust haben, die Dinge auf andere Weise zu erledigen (siehe auch Kapitel 6). Solche Kämpfe um Zeit stehen keineswegs unbedingt für eine Dyna-

---

42   De Certeau, The Practice of Everyday Life.
43   Scott, Weapons of the Weak; ders., Domination and the Arts of Resistance.
44   Ewick/Silbey, The Common Place of Law.

mik im Sinne von »Staat gegen Migrant*in«: Ein Fokus auf die zeitliche Dimension hilft, einige der Defizite und nachteiligen Auswirkungen eines unlesbaren Migrationsregimes aufzudecken. Ebenfalls können sich Akteur*innen Zeit zunutze machen, um mit solchen systemischen Mängeln im Migrationsrecht und der Bürokratie insgesamt besser klarzukommen. Damit unterstreicht dieser Kleinkrieg um die Herrschaft über die Zeit nicht nur die Bedeutung der Zeit als Werkzeug von Regierungsgewalt und Subversion, sie lenkt auch unsere Aufmerksamkeit auf das Handeln der verschiedenen Akteur*innen und die Art und Weise, in der dieses das Migrationsregime formt.

Das Ausüben von Regierungsgewalt mithilfe bürokratischer Zeit

Die Kontrolle über die Zeit von Migrant*innen – oder das, was Griffiths als »temporal governance«[45] bezeichnet – ist keineswegs ein bloßer Nebeneffekt der Bürokratie; sie wird explizit als Strategie eingesetzt, um die Menschen zu disziplinieren, damit sie bei Asyl- und Abschiebeverfahren mit den Behörden kooperieren. Durch die auferlegte bürokratische Zeit wird Migrant*innen die Herrschaft über die eigene Zeit aktiv genommen: wichtige Beispiele hierfür sind, wie bereits erwähnt, die Vorgabe bürokratischer Fristen und Termine, etwa der Verpflichtung, sich regelmäßig bei der Polizei oder den Migrationsbehörden zu melden.[46] In Deutschland werden die berüchtigten *Duldungen* – also der zeitweilige Aufschub einer Abschiebung – von den Migrationsbehörden vielfach nur um eine Woche oder weniger verlängert. Damit sind die »Geduldeten« gezwungen, alle paar Tage bei den Migrationsbehörden vorzusprechen, in der Schlange zu stehen und auf die Erneuerung ihrer Papiere zu warten.[47] In ähnlicher Weise sorgen langwierige Asylverfahren und die zunehmende Nutzung temporärer Schutz- und Bleibestatus in allen europäischen Staaten dafür, dass Migrant*innen ermüdenden Prozeduren unterworfen werden – sie müssen wiederholt die Gründe für ihren Aufenthaltsstatus nachweisen, was sie an jeder längerfristigen Planung hindert und sie dazu verdonnert,

---

45   Griffiths, The Changing Politics of Time in the UK's Immigration System.
46   Vgl. Hasselberg, Enduring Uncertainty.
47   Eule, Inside Immigration Law, S. 39 f.

weiterhin in einer prekären Situation zu verharren.[48] Diese vorübergehenden Zustände durchdringen die gesamte Migrationspolitik: schon
die Grundlagen des Migrations- und Asylrechts sind eigentlich nichts
anderes als ein Flickenteppich aus Notlösungen,[49] die mit der Zeit tendenziell in Dauerlösungen übergehen. Dies verleiht den Eindruck, dass
das Dasein von Geflüchteten ein temporäres und vorübergehendes
Phänomen ist. In der Schweiz heißt der subsidiäre Schutz beispielsweise »vorläufige Aufnahme«. Diese Begrifflichkeit wird von Politiker*innen wie von NGOs kritisiert[50]: Trotz der Tatsache, dass viele der
»vorläufig Aufgenommenen« dauerhaft in der Schweiz bleiben, kann
schon der Anschein von Ungewissheit des Aufenthaltsstatus zu Schwierigkeiten führen, wenn es um Job- oder Wohnungssuche geht. Auf
Arbeitgeber*innen oder Vermieter*innen wirkt die scheinbar nur
vorübergehende Anwesenheit ihrer Bewerber*innen geradezu abschre-
ckend. Schweden ist im Rahmen seiner neuen Abschreckungsstrategie
der Regierung neuerdings auch von seiner Tradition abgerückt, anerkannten Flüchtlingen ein dauerhaftes Bleiberecht zu gewähren.

Auf der Ebene der Verwaltung ist allerdings bemerkenswert, dass
langwierige Warteperioden nicht immer das Ergebnis bewusster Entscheidungen waren oder genutzt wurden, um Asylsuchende abzuschrecken bzw. ihnen das Leben möglichst unerträglich zu machen.
Vielmehr schienen den Bürokrat*innen die Implikationen unnötiger
Verzögerungen in der Entscheidungsfindung oft einfach gleichgültig
zu sein, oder sie dachten gar nicht erst darüber nach.[51] Dieses »Warten-
lassen« durch Nachlässigkeit – und nicht etwa mit Vorsatz – konnten
wir 2014 in einem Migrationsamt in einer deutschen Stadt beobachten.
Wir nahmen dort an einer Arbeitsgruppe teil, die die Aufgabe hatte, ein
Terminsystem auszuarbeiten. Davor waren die Klient*innen einfach
nach dem Motto »Wer zuerst kommt, mahlt zuerst« bedient worden,
was in geschäftigen Zeiten bedeuten konnte, dass Migrant*innen den

----

48   Brekke, Life on Hold – The Impact of Time on Young Asylum Seekers.
49   Malkki, Speechless Emissaries; siehe auch Brun, Active Waiting and Changing
      Hopes; dies., There Is No Future in Humanitarianism; Inhetveen, Die politische
      Ordnung des Flüchtlingslagers.
50   Gemperli, Neun Antworten zum Status der vorläufig Aufgenommenen.
51   Siehe auch Eule, Inside Immigration Law.

ganzen Tag vor dem Büro warten mussten, ohne eine*n Sachbearbeiter*in zu Gesicht zu bekommen. Mehrere Monate nach der Bildung der Arbeitsgruppe und nach Dutzenden von Stunden Diskussion über das Für und Wider von Terminvereinbarungen hatte Eli, eine der erfahrensten Sachbearbeiter*innen in der Gruppe, einen sichtbaren Heureka-Moment. »Wisst ihr«, sagte Eli zu Max, und zwar so, dass es jeder hören konnte, »es muss sich echt beschissen anfühlen, stundenlang herumzusitzen und zu warten.« Max antwortete: »Hmm, […] ja, […] schon, mich nervt es ja schon, wenn ich bei meinem Hausarzt eine halbe Stunde im Wartezimmer sitze!« Das brachte die anderen Teilnehmenden zum Nachdenken, und im Großen und Ganzen waren sie der gleichen Meinung wie Eli. Die Arbeitsgruppenleitung sprach später von einem »Durchbruch« bei dem Projekt.

Dennoch wurde bei der Untersuchung in Zentren für Asylsuchende und abgelehnte Asylbewerber*innen in der Schweiz (2014–2015), in Dänemark (2016–2017) und in Schweden (2017) offenkundig, dass Asylsuchende darunter litten, keine Kontrolle mehr über die Zeit in ihrem Alltag zu haben. Insbesondere Migrant*innen, die auf bürokratische Entscheidungen warteten, machten die Erfahrung, einer Vielzahl von Vorschriften unterworfen zu sein, die ihren Alltag rigide strukturierten. Dies zeigt das folgende Zitat von Daniel, einem abgelehnten Asylsuchenden: »Du kannst überhaupt nichts mehr machen. Und irgendjemand sitzt irgendwo und hat die Kontrolle über deine Zeit, darüber, dass du gehst und wiederkommst …« (Interview in Österreich 2016). Daniel klagte über die strikte Zeitregelung in einem Aufnahmezentrum für Asylsuchende in der Schweiz, das die Bewohner*innen nur innerhalb festgelegter Zeitfenster während des Tages verlassen durften. Wenn sie zu spät zurückkamen, durften sie am Tag darauf zur Strafe das Zentrum überhaupt nicht verlassen. Die Zeit in dem eingezäunten Gebäudekomplex war ebenso penibel strukturiert: Es gab »Essenszeiten, Duschzeiten, xy-Zeiten …«. Selbst die Schlafenszeiten waren reguliert. »Wenn du die Frühstückszeit versäumst, gibt's kein Frühstück, wenn du die Mittagszeit verpasst, gibt's kein Mittagessen, wenn du die und die und die Zeit verpasst … Alles, alles ist zeitlich geregelt …«, wie es Daniel ausdrückte. Die Kontrolle über die Zeit der Asylsuchenden, sowohl in Bezug auf die Gegenwart als auch auf die Zukunft, kann auch gezielt genutzt werden, um Druck auf abgelehnte Asylbewerber*innen und andere zur Abschiebung anstehende Migrant*innen auszuüben, damit diese das Land verlassen. Der vielsagendste Fall sind vielleicht die »offenen Ausreisezentren« in Dänemark, die abgelehnte Asylbewerber*innen zur Ausreise motivieren und deren Leben möglichst »unerträglich« machen sollen. Die dort Untergebrachten dürfen weder ihr eigenes Essen kochen noch arbeiten, zur Schule gehen oder irgendwelche Aktivitäten betreiben, die Struktur und Sinn in ihr Alltagsleben bringen könnten. In der Folge waren diese Zentren, in denen Annika Feldforschung betrieb, charakterisiert durch Untätigkeit und ein angespanntes Warten darauf, dass der Staat etwas tut. Die Insass*innen im dänischen Beispiel waren zwar nicht inhaftiert, aber die Pflicht, mehrmals wöchentlich oder gar täglich bei einer Meldestelle zu erscheinen, wirkte als zeitliche Maßnahme, die ihre Bewegungsfreiheit entscheidend einschränkte. Auf diese Weise blieb ihr Alltag stets unter der Aufsicht von Abschiebehaftmitarbeitenden, deren Funktion darauf beschränkt worden war, das Kommen und Gehen der Insass*innen zu überwachen und diese von Zeit zu Zeit zu registrieren. Eine Abschiebehaftmitarbeiterin in diesem Zentrum erklärte gegenüber Annika, die Bestimmung dieser Zentren liefe letztendlich darauf hinaus, dass die Bewohner*innen den Rest ihres Lebens darin verbringen könnten, sofern sich an ihrer rechtlichen Situation nichts änderte – es sei denn, sie verlassen Dänemark »freiwillig«. Die Aussage dieser Angestellten erinnert uns an den Mann vom Lande und den Türhüter bei Kafka. Beide warten quasi unendlich vor dem Gesetz, bis ans Ende ihrer Tage. Emmanuel, ein Langzeitinsasse dieses dänischen Ausreisezentrums, erwähnte gegenüber Annika sein Gefühl, dass »die Zeit stehen bleibt [...] besonders wenn du nicht weißt, wie lange das so weitergeht [...]. Das Leben hat keinerlei Sinn.«[52]

Die Zeitregeln, die den Insass*innen von Asyl- und Abschiebezentren im Alltag auferlegt werden, und das nicht absehbare Ende ihres Schwebestatus reflektieren eine Form der zeitlichen Exklusion, die das Gefühl, außerhalb der übrigen Gesellschaft zu leben, noch verstärkt[53] – das erinnert fast an Häftlinge, die eine langjährige oder gar lebenslange

----

52   Zitiert in Suarez-Krabbe u. a., Stop Killing Us Slowly, S. 27.
53   Vgl. Cwerner, Faster, Faster and Faster: The Time Politics of Asylum in the UK.

Gefängnisstrafe verbüßen.[54] Dieses Gefühl der Isolation verschärft sich noch durch die Tatsache, dass Asylzentren oft in abgelegenen Landesteilen liegen, was es schwer – wenn nicht unmöglich – macht, Beziehungen zu Gemeinschaften und Unterstützungsnetzwerken außerhalb der Asylzentren zu knüpfen oder zu pflegen.[55] Emmanuel erinnert sich auch, wie er während seines gesamten Asylverfahrens immer wieder zwischen diversen Asylzentren verlegt wurde, was unterstreicht, wie die Strategie der Herrschaft via Mobilität[56] den Asylsuchenden die Möglichkeit nimmt, etwas Stabilität in ihr Leben zu bekommen, besonders was soziale Beziehungen angeht.[57] Und schließlich ist dem Fall der dänischen Ausreisezentren, dem deutschen Duldungsstatus und der verstärkten Nutzung temporärer Schutz- und Aufenthaltsstatus in allen europäischen Ländern eines gemein: Asylsuchende und illegalisierte Migrant*innen sind einem potenziell unendlichen Wartestatus in hochgradig prekärer Lebenssituation ausgesetzt, mit mageren Aussichten darauf, sich eine stabile Zukunft aufbauen zu können. Die schädlichen Folgen dieses Daseinsmodus bestätigten auch staatliche Funktionsträger*innen. Kai, ein Mitarbeiter eines dänischen Asylzentrums, bemerkte dazu:

> Es gibt einige [abgelehnte Asylbewerber*innen], die von Anfang an Fürsorge gebraucht hätten. Aber diejenigen, die nun in schlechtem Zustand von unserem Fürsorgeteam betreut werden, brauchten bei ihrer Ankunft eben noch keine Pflege. Das hat sich bei denen erst während der Warterei entwickelt [...] es ist das Resultat ihres sozialen Status. (Interview Dänemark 2016)

In dieser Hinsicht ist bemerkenswert, dass Dänemark mehrere Fälle erlebt hat, in denen abgelehnten Asylbewerber*innen letztendlich Aufenthalt aus humanitären Gründen gewährt wurde, aufgrund schwerer psychischer und physischer Probleme, die sich erst während des Wartens im dänischen Asylsystem gezeigt hatten.[58]

---

54   Crewe u.a., Swimming with the Tide.
55   Gill, Longing for Stillness; Whyte, Enter the Myopticon.
56   Vgl. Gill, Longing for Stillness.
57   Wyss, Stuck in Mobility?
58   Clante-Bendixen/Komitéen Flygtninge Under Jorden, Asylcenter Limbo.

Im Bestreben, die nachteiligen Folgen verschwendeter Zeit und endlosen Wartens in Angriff zu nehmen, erfanden die Betreiber*innen von Asyl- und (Abschiebe-)Haftzentren neue Arten von Kontrolltechniken, die darauf abzielten, die Wartezeit mit Sinn zu füllen. Wie wir in Asyl- und (Abschiebe-)Haftzentren in der Schweiz, in Dänemark, Schweden, Lettland und Litauen beobachten konnten, boten die Behörden verschiedene Aktivitäten an, so etwa Englischkurse, Computerunterricht, CV-Workshops, Handwerkskurse sowie Zugang zu Lese- und Fitnessräumen. In Anstalten in Schweden wurde eine Art (mäßig besuchtes) »Gefängnis-Yoga« angeboten, mit einer Reihe von Bewegungsübungen speziell für eingesperrte Menschen. Alle diese Aktivitäten hatten zum Ziel, die Insass*innen auf positive Gedanken und eine gewisse Struktur und Routine in deren Alltag zu bringen (Feldnotizen aus Schweden 2017). In manchen Fällen fanden die Betreiber*innen von (Abschiebe-)Haftanstalten sogar Wege, die Zeit der Inhaftierten und Asylsuchenden finanziell und gesellschaftlich »profitabel« zu gestalten – man bot die Teilnahme an Berufsbildungsprogrammen an, ähnlich denen, die auch in normalen Gefängnissen stattfinden. Das Ziel dieser Programme, nämlich Struktur in die Zeit der Insass*innen zu bringen – um die Last des Gefangenseins erträglicher zu machen –, bietet allerdings keinen Ersatz für den Mangel an Freiheit und Handlungsspielraum, dem die Migrant*innen in der Haft ausgesetzt sind, und auch nicht für die erzwungene Tatenlosigkeit, die Isolation und die Ungewissheit, die in den Asylzentren herrschen und essenziell repressive staatliche Praktiken darstellen,[59] welche sich auf diejenigen, die diesen Praktiken ausgesetzt sind, immer nachteilig auswirken.

Zu den Strategien der Beherrschung der Zeit von Migrant*innen zählen auch Versuche, ihre Zukunft zu manipulieren: Beratung zur »freiwilligen« Rückkehr, oftmals organisiert von Behörden in Zusammenarbeit mit humanitären Organisationen, »zielen darauf ab, den Migrant*innen die Chancen schmackhaft zu machen, die sich ihnen im Fall einer Rückkehr bieten würden [...]. Die Idee dahinter ist nicht, dass die Leute einfach nur in die Heimat zurückgehen, sie sollen in der Lage sein, sich dort ein gutes Leben aufzubauen«, meinte ein*e Bera-

---

59 Bosworth, Inside Immigration Detention; Drotbohm/Hasselberg, Deportation, Anxiety, Justice.

ter*in vom dänischen Roten Kreuz (Interview aus dem Jahr 2016), der*die seine*ihre Beratungsdienste abgelehnten Asylbewerber*innen in dänischen Ausreisezentren anbot. In Litauens Abschiebehaftzentren, wo die meisten abgelehnten Asylbewerber*innen auf ihre Abschiebung warten müssen, ließen die Grenzschützer*innen die Insass*innen Geschichten aus ihren Heimatländern erzählen, eine Tradition, die, wie man uns erklärte, bei den Inhaftierten Gedanken an die Heimat und »Heimweh« erzeugen sollte. Auch in der Abschiebehaft in Schweden sollten die »Perspektiven bei der Rückkehr« theoretisch bei jedem Gespräch zwischen Personal und Insass*innen präsent sein. Die Mitarbeiter*innen räumten zwar ein, dass dies nicht immer möglich war, aber die täglichen Unterhaltungen eröffneten ihnen dennoch Chancen, die Insass*innen zur Kooperation mit den Behörden zu »motivieren«: »manchmal, wenn beispielsweise die Frage der Reisepapiere aufkommt, können wir ihnen sagen, wenn sie ihren Pass bekommen, sind sie auch schneller hier raus …«. Alex, ein*e schwedische*r Abschiebehaftangestellte*r sah in in dieser Manipulation der Hoffnungen und Erwartungen von Migrant*innen einen der Hauptzwecke der Inhaftierung und meinte, das sollte dafür sorgen, dass die Insass*innen »ihren Traum von einer möglichen Zukunft in Schweden begraben« und sich lieber eine Zukunft anderswo ausmalen (Interviews und Feldnotizen, Schweden 2017).

Allerdings scheint es für Staatsangestellte sehr schwer zu sein, die verbleibende Hoffnung auf Veränderung und Verbesserung der Zukunftsaussichten bei Migrant*innen, die ein solches vom Staat auferlegtes, endloses Warten ertragen,[60] gänzlich auszulöschen. Migrant*innen werden zwar auf diese Weise in einer prekären und sich hinschleppenden Gegenwart noch weiter an den Rand gedrängt, aber deren kontinuierliche Hoffnungen auf Verbesserung bedeutet auch eine Herausforderung für die Migrationspolitik. Im vorherigen Kapitel haben wir die subversiven und mitunter transformativen Auswirkungen besprochen, die Gerüchte und anhaltende Hoffnungen auf die Durchsetzung migrationspolitischer Entscheide hatten. In ähnlicher Weise und als Reaktion auf die Versuche der Bürokratie, Gegenwart und Zukunft zeitlich zu strukturieren, wenden Migrant*innen mit prekärem Rechts-

---

60   Griffiths, Out of Time; Hasselberg, Enduring Uncertainty.

status, die in einer sich hinziehenden Situation voller Ungewissheit gehalten werden, eine ganze Reihe von Taktiken an, um die Kontrolle über ihren Alltag und ihre Zukunftsaussichten zu bewahren. Überdies, und wie in der reichhaltigen Literatur über die Randbereiche staatlicher Kontrolle – wie etwa Grenzgebiete, Lager und Gefängnisse – ausgeführt, finden Menschen selbst angesichts extrem eingeschränkter Lebensbedingungen immer wieder Wege, sich eine sinnvolle Existenz zu schaffen und trotz aller Widrigkeiten ein halbwegs »normales« Leben zu führen. Das »Ausharren«, Ertragen und die Suche nach Stabilität und Fortbestand im Alltag, trotz aller Versuche des Staates, genau dies zu unterbinden, ist daher als subversives und bis zu einem gewissen Grad transformatives Handeln zu verstehen.[61]

Herrschaft über die Geschwindigkeit in Zeiten der Beschleunigung

Ganz im Gegensatz zu diesem Erleben einer zäh dahinfließenden Zeit werden bedeutende Ressourcen investiert, um die Geschwindigkeit und Effizienz von Migrations- und Grenzkontrollen zu steigern. Die Behörden stehen unter Druck, die Asyl- und Abschiebeverfahren zu beschleunigen und effizienter zu gestalten, um die ökonomischen und menschlichen Kosten eines sich hinziehenden Wartens und die wahrgenommene Zeitverschwendung zu minimieren. Simon Sontowski[62] zeigt, wie die Entwicklung neuer Technologien bei der Grenzkontrolle, wie etwa das Europäische Maßnahmenpaket »Smart Borders«, durch solche politischen Überlegungen motiviert sind. Die »Qualität« der Asylverfahren in den europäischen Staaten wird ebenfalls verstärkt an der durchschnittlich aufgewendeten Zeit bis zum Abschluss des Verfahrens bemessen. Die Bürokratie steht unter Zeitdruck, Kontrollmaßnahmen durchzusetzen, darunter auch Fristen für Dublin-Abschiebungen

----

61   Dunn/Cons, Aleatory Sovereignty and the Rule of Sensitive Spaces; Ellermann, Undocumented Migrants and Resistance in the Liberal State; Hasselberg, Enduring Uncertainty.

62   Sontowski, Speed, Timing and Duration.

und zeitliche Grenzen für die Inhaftierung von Migrant*innen.[63] In der Schweiz und Deutschland zielen neue und beschleunigte Asylverfahren auf eine deutlich schnellere Abwicklung der Asylfälle ab, um auf diese Weise für effiziente Prozeduren zu sorgen. In ihrer geplanten Reform des Gemeinsamen Europäischen Asylsystems (GEAS) hat die Europäische Kommission vorgeschlagen, eine Verpflichtung zur Beschleunigung von Asylprozessen ins EU-Recht aufzunehmen.[64] Unter dieser neu vorgelegten Regelung wird auch empfohlen, dass Asylbewerber*innen, die aus sogenannten sicheren Drittstaaten stammen, und diejenigen, die im Verdacht stehen, Asyl zu beantragen, um die Durchsetzung ihrer Abschiebung zu verzögern, in ein beschleunigtes Verfahren überführt werden sollen. Der Mechanismus des Einordnens ins beschleunigte Verfahren basiert nicht selten auf der Nationalität der Bewerber*innen (so wird das System etwa u.a. in Deutschland, Griechenland, den Niederlanden und Schweden gehandhabt) oder auf dem Verdacht auf »Missbrauch« des Asylverfahrens. Dies hat die Kritik von Menschenrechtsorganisationen auf sich gezogen, die warnen, diese selektive Beschleunigung könnte eine Diskriminierung darstellen und die Verfahrensgarantien gefährden.[65] Da Entscheidungen über beschleunigte Verfahren auf der administrativen Praxis und nicht auf dem Gesetz beruhen, bringen sie ein weiteres Element der Undurchsichtigkeit in die Asylverfahren ein.

Auf der Ebene der Behörden konnten wir feststellen, dass Bürokrat*innen diesen Zeitdruck oft als beängstigend empfinden. Er setzte auch Migrant*innen unter Druck, ihre Taktiken anzupassen, um schneller reagieren zu können, also z.B. einer zügigen Abschiebung entgegenzuwirken.[66] Im Folgenden wollen wir untersuchen, wie verschiedene Akteur*innen bestrebt sind, die Kontrolle über immer schnellere rechtliche Verfahren zu behalten.

----

63   Cwerner, Faster, Faster and Faster: The Time Politics of Asylum in the UK; Griffiths, Living with Uncertainty.
64   Siehe Art. 40 der vorgeschlagenen Richtlinie für Asylverfahren; Europäische Kommission, *Verordnung (EU) Nr. 604/2013.*
65   Siehe AIDA, Accelerated, Prioritised and Fast-Track Asylum Procedures.
66   Borrelli, Whisper down, up and between the Lane; Wyss, Stuck in Mobility?

Migrationskontrolle im Turbogang

Zügige Asylverfahren werden oft als ein Werkzeug der »Optimierung« der Migrationspolitik beschrieben. Aus der Sicht staatlicher Bürokratien ist Zeitgewinn wirtschaftlich vorteilhaft; außerdem beschreiben staatliche Akteur*innen Schnelligkeit als weniger »schädlich« für Migrant*innen, weil sie weniger falsche Hoffnungen auf eine Zukunft im Zielland wecken würde. Ein dänischer Mitarbeiter der Grenzpolizei, der für die Durchsetzung von Abschiebungen zuständig ist, drückte es so aus: »Alle wissen, dass sie wieder gehen müssen, und wir müssen dafür sorgen, dass die Ausreiseprozedur in geordneten Bahnen verläuft – dazu gehört auch, dass sie möglichst schnell über die Bühne gehen sollte. Das ist viel humaner, als sie ein Jahr lang herumsitzen und auf die Abschiebung warten zu lassen« (Interview in Dänemark 2016). Ähnliches hörten wir auch von einer schwedischen Grenzpolizistin (2017; siehe auch Kapitel 1), die ebenfalls betonte, dass eine schnelle Rückkehr nur von Vorteil sei: »Es gibt Leute, die sind zehn Jahre lang illegal in diesem Land. Aber auch die müssen irgendwann wieder zurück. Es ist viel besser, jetzt zu gehen als erst nach zehn Jahren. Denn dann haben sie angefangen, sich hier einzuleben. Aber ja, einfach ist das natürlich nicht.« Zeitdruck wird somit in vielen Ländern genutzt, um die unerwünschte und angeblich »unrechtmäßige« Integration der Asylsuchenden zu verhindern.[67] Frühere Untersuchungen bestätigen, dass Gewahrsam, Haft und Abschiebung ethisch und politisch problematischer werden und auch praktisch schwerer durchzusetzen sind, wenn die Abschiebekandidat*innen einmal in der örtlichen Gemeinde Wurzeln geschlagen haben. Das führt zu mehr Widerstand unter Migrant*innen und ihren Unterstützer*innen.[68] Durch die Beschleunigung von Verfahren werden somit Kontrollmaßnahmen durchgesetzt und vorsorglich potenzielle Widerstandtaktiken seitens Migrant*innen und ihrer Unterstützer*innen verhindert. Diese Asyl-Schnellverfahren nehmen auch Migrant*innen die Kontrolle über ihre eigene Zeit und setzen sie unter Druck, rasche Entscheidungen im Sinne der behördlichen Forderungen zu treffen. Ein Gesprächspartner, der eine leitende Stellung im Schweizer Staatssekretariat für Migration innehat,

---

67   Siehe Griffiths, The Changing Politics of Time in the UK's Immigration System.
68   Ellermann, States against Migrants; Gill, Longing for Stillness.

sagte uns z. B. bezüglich des neuen Schweizer Asylverfahrens, das 2019 in Kraft tritt, dass Zeit im wahrsten Sinn des Wortes Geld ist: Asylbewerber*innen, die »freiwillig« in ihr Herkunftsland zurückkehren, erhalten eine finanzielle Rückkehrhilfe, deren Höhe davon abhängt, wie früh sie gehen. Beim früheren System war es möglich, bis zum letzten Moment des Rückkehrprozesses, wenn der Flug gebucht wurde, eine solche Rückkehrhilfe zu bekommen. In einem Workshop mit Schweizer Staatsangestellten im Jahr 2017 berichteten diese, die Beschleunigungsstrategie von Asylverfahren zur Steigerung der Kontrolle scheine einen gegenteiligen Effekt zu haben: In Reaktion auf die administrative und zeitabhängige Sortierung der Asylfälle passten Migrant*innen ihre Taktiken an. Laut einem Schweizer Migrationssachbearbeiter, der das neue, beschleunigte Asylverfahren überwachte, war ein unmittelbarer und offenbar systemischer Effekt der Beschleunigung ein stärkerer Druck auf Asylsuchende, sich schnell zu entscheiden, ob sie untertauchen oder sich der Gefahr einer Abschiebung aussetzen sollten, wenn die Chancen auf Asyl gering war. Der Mitarbeiter ergänzte mit einem gewissen Zynismus, dass die Beschleunigung die Kosten für die Behörden senken würden, schließlich »mussten sie für die Untergetauchten nicht mehr aufkommen«.

Doch während die Beschleunigung strategisch zur Erleichterung von Migrationskontrolle eingesetzt wird,[69] erleben Staatsangestellte auch den Imperativ von Schnelligkeit und Zeitdruck als beträchtlichen Stressfaktor. Grenzpolizist*innen in Dänemark und Schweden (2015, 2016) erzählten uns, ihre Arbeitszeit sei immer stärker bis ins Kleinste vorgegeben, mit Quoten und Normen, anhand welcher die Produktivität bemessen wird, die Qualität der Arbeit zählt nicht mehr.[70] In Interviews in den Jahren 2015 und 2016 berichteten deutsche und schwedische Polizist*innen, wie ihnen die Zeit und die Ressourcen fehlten, Strategien zu entwickeln, um die tägliche Ankunft Tausender Menschen zu bewältigen, und wie sie stattdessen gezwungen waren, mehr oder weniger spontan irgendetwas Praxistaugliches zu improvisieren.

----

69 Cwerner, Faster, Faster and Faster: The Time Politics of Asylum in the UK; Gibney, Asylum and the Expansion of Deportation in the United Kingdom; Griffiths, Out of Time.
70 Siehe auch Gilliom, Overseers of the Poor.

Einige Polizist*innen in Schweden, Deutschland und der Schweiz gaben sogar zu, es sei ihnen egal, wenn dies bedeutete, dass sie manche der Geflüchteten aus den Augen verloren, die in der Folge aus ihren Meldelisten verschwanden: Das sparte für die Behörden einige Zeit, weil sie diese Fälle nicht mehr bearbeiten mussten (Schweizer Kantonspolizei 2017; schwedische Grenzpolizei 2017, vgl. Kapitel 1). Andererseits sollen Vorschriften ja gerade verhindern, dass Bürokrat*innen Fälle übersehen oder auf diesen »sitzen bleiben«, damit sie nicht Verantwortung abschieben können: Die Dublin-Regelung verpflichtet beispielsweise Sachbearbeiter*innen, Fälle schnell zu bearbeiten und Fristen für Dublin-Abschiebungen einzuhalten, um zu vermeiden, dass ihr jeweiliges Land letztlich für den Fall zuständig wird. Unter den Bedingungen, in denen staatliche Akteur*innen unter Druck gesetzt werden, ihre Fälle schneller zu bearbeiten, stellt somit das Verzögern und »Sichdrücken« vor diesen Aufgaben eine Form von »Fehlverhalten« aufseiten der Streetlevel-Bürokrat*innen dar, die gestaltend auf die Durchsetzung der Verwaltung einwirkt.[71] Wie wir weiter unten zeigen werden, fällt dies manchmal zugunsten der Migrant*innen aus, manchmal auch zu deren Nachteil.

Das Ringen um Zeit im Abschiebeverfahren

Der Beschleunigungsdruck betrifft nicht allein Asyl- und Regularisierungsverfahren. In der Folge dessen, was als »Abschiebungswende« *(deportation turn)* in der europäischen Migrationspolitik bezeichnet wurde,[72] stehen Behörden in allen Ländern unter wachsendem Druck, Abschiebungen zu beschleunigen.[73] Die für Abschiebungen zuständigen Behörden der Grenzpolizei sind bekannt dafür, schnelles, plötzliches und überraschendes Handeln strategisch zu nutzen, um Haft- und Abschiebeverfügungen durchzusetzen.[74] Unsere Berichte von Grenzpolizist*innen in mehreren Ländern bestätigen den Einsatz dieser Stra-

---

71 Thomas/Davies, Theorizing the Micro-politics of Resistance.
72 Drotbohm/Hasselberg, Deportation, Anxiety, Justice; Gibney, Asylum and the Expansion of Deportation in the United Kingdom; De Genova/Peutz, The Deportation Regime; De Genova, Detention, Deportation, and Waiting.
73 Griffiths, Out of Time.
74 Burnett, ›Dawn Raids‹; Gibney, Asylum and the Expansion of Deportation in the United Kingdom; Gill, Longing for Stillness; siehe auch Kapitel 4.

tegien, um zügige und erfolgreiche Rechtsdurchsetzung zu ermöglichen und Widerstandsmöglichkeiten vonseiten der Migrant*innen zu verringern. Wie in Kapitel 4 beschrieben, werden unangekündigte Abschiebungen als Strategie regelmäßig von Polizeibehörden eingesetzt, mit der Abschiebekandidat*innen unter Druck gesetzt werden sollen.[75] Schwedische Grenzpolizist*innen und Bürokrat*innen der Schweizer Kantonalpolizei gaben zu, es gehöre zu ihrer Strategie, Abschiebekandidat*innen über den tatsächlichen Termin ihres Flugs im Unklaren zu lassen.[76] Ein Schweizer Kantonspolizist sagte dazu: »Sie wissen, dass das der letzte Schritt ist, man hat ihnen gesagt, was passieren wird, sie wissen, dass sie die Chance hatten zu gehen, das haben sie aber nicht getan. Sie kennen die Prozedur; sie wissen bloß nicht, wann es passieren wird« (Interview Schweiz 2017).

Was von behördlicher Seite oft als Maßnahme dargestellt wird, um Menschen daran zu hindern, sich einer Abschiebung physisch zu widersetzen, etwa durch Selbstverletzung, versuchten Suizid oder körperlichen Widerstand gegen die Bürokrat*innen, die die Abschiebung durchzuführen haben, impliziert letztlich auch einen Kampf um Zeit. Jede Unannehmlichkeit oder Unterbrechung droht die Abschiebung zu verzögern und erhöht damit den Druck auf die zuständigen Bürokrat*innen, die Einhaltung von Fristen zu gewährleisten. Bei der Durchführung von Abschiebungen muss die Polizei Vorschriften über zeitliche Fristen für die Abschiebehaft, die Mitteilung über Ausweisungsentscheidungen, Fristen für Dublin-Verfahren und für zeitlich nur befristet gültige Reisedokumente im Blick behalten, und dazu noch die Anzahl der Abschiebekandidat*innen, die auf normalen Linienflügen zulässig sind. Wenn Migrant*innen erfolgreich Widerstand leisten, fangen all diese Prozeduren wieder von vorne an, oftmals zum Verdruss der Bürokrat*innen. Die »Überrumpelungsstrategie« dient auch dazu, Unterstützer*innen von Migrant*innen an Protestaktionen und Versuchen zu hindern, den Ablauf der Abschiebung zu stören, indem sie sich vor den Toren von Abschiebehaftzentren oder am Flughafen in Stellung bringen (dänische Fremdenpolizei 2016; schwedische Grenzpoli-

75   Griffiths u. a., Migration, Time and Temporalities.
76   Borrelli, Whisper down, up and between the Lane.

zei 2017).[77] Auf diese Überrumpelungsstrategie der Polizei antworten die abzuschiebenden Migrant*innen allerdings bisweilen mit den gleichen Mitteln: Personal in Abschiebehaftzentren, die Zeug*innen solcher gescheiterten Abschiebeversuche wurden, beschrieben uns, wie die Migrant*innen manchmal »bis zum allerletzten Moment« beim Besteigen des Flugzeugs abwarteten, bevor sie Widerstand zu leisten begannen. So war die Polizei nicht vorbereitet, und es ergab sich die Chance, dass der oder die Flugkapitän*in oder die Passagiere protestieren würden und die Prozedur abgebrochen werden musste. Walters[78] hat bereits auf die Bedeutung der infrastrukturellen und materiellen Voraussetzungen für eine erfolgreiche Abschiebung hingewiesen; darüber hinaus erscheint auch die Zeit als zentrales Werkzeug für die Umsetzung oder Einschränkung staatlicher Zwangsmaßnahmen.

Konfrontiert mit derlei unvorhersehbaren Details der Rechtsdurchsetzung erleben abgelehnte Asylbewerber*innen und andere, die von der Abschiebung bedroht sind, ein ständiges Gefühl von Stress und Ungewissheit, wie das folgende Zitat von Henry zeigt, einem abgelehnten Asylbewerber: »Ein Haufen Kontrolle, ein Haufen Stress. Weißt du, du kannst gar nicht mehr ruhig schlafen. Du denkst daran, dass die Polizei manchmal um zwei Uhr nachts vor der Tür steht […] sieben Uhr, acht Uhr morgens. Irgendwann eben. Sie haben alles unter Kontrolle« (Interview in der Schweiz 2014).

Illegalisierte Migrant*innen versuchen zu antizipieren, wann die Gefahr einer Abschiebung am größten ist, indem sie ständig das Verhalten, die Routinen und Praktiken von Polizei- und Abschiebehaftmitarbeitenden studieren, und auch indem sie untereinander Erfahrungen und Informationen austauschen. Taktiken, um einer Abschiebung zu entgehen, erfordern allerdings ein hohes Maß an Flexibilität und Anpassungsfähigkeit von Migrant*innen. Diese Flexibilität – so z.B. abzutauchen und damit die Möglichkeit, alles hinter sich zu lassen – unterstreicht eine gewisse Handlungsmacht seitens der Migrant*innen und stellt die Verwaltung vor Probleme. Aber es ist wichtig zu betonen, dass diese Handlungsmacht ungleich verteilt ist hinsichtlich Geschlecht,

77 Siehe auch Gill, Longing for Stillness.
78 Walters, The Flight of the Deported; ders., Aviation as Deportation Infrastructure.

Alter und Gesundheitszustand. Gesunde junge Männer ohne familiäre Bindung sind auf solche Bedingungen wohl eher eingerichtet als alleinstehende Frauen oder Familien mit Kindern und als Ältere, Kranke oder Menschen mit Behinderung.[79] Es ist allerdings auch schon vorgekommen, dass Familien mit Kindern, Alte und schwangere Frauen »von der Bildfläche verschwanden«, als die Abschiebung unmittelbar bevorstand (dies wurde in der Schweiz 2017 und in Deutschland 2015 beobachtet), oftmals zum Erstaunen von Bürokrat*innen.[80] Schnelligkeit kann also einerseits einen entmachtenden Effekt auf illegalisierte Migrant*innen haben, wenn sie in Sachen Abschiebung ganz plötzlich vor vollendete Tatsachen gestellt werden.[81] Andererseits kann Schnelligkeit aufseiten von Migrant*innen ermächtigend sein, mit plötzlichem Widerstand auf Zwangsmaßnahmen zu reagieren und diesen dadurch zu entgehen.

Aber mit den beschleunigten Asyl- und Abschiebeverfahren wird es noch schwerer für Asylsuchende und deren Rechtsbeistände, die Fristen für Einsprüche gegen die Ablehnung ihres Antrags oder die Abschiebeanordnung einzuhalten. Einsprüche in letzter Minute vor der Abschiebung sind deshalb oft die einzige Chance, die Kontrolle über das rechtliche Verfahren und die zur Verfügung stehende Zeit zurückzuerlangen. Chris, ein Rechtsanwalt, der seit über 20 Jahren Asylsuchende in der Schweiz vertritt und den wir 2017 trafen, erzählte uns, sie würden stets neue Asylanträge stellen (d.h., wenn sich Veränderungen im Herkunftsland des Asylsuchenden oder bei den Asylgründen nach dem Verlassen des Landes ergeben würden) und nicht etwa neue Beweise in bereits laufende Verfahren aufnehmen. Da die Asylbehörden Zeit brauchten, um festzustellen, dass für ein und dieselbe Person zwei Anträge vorlagen, bedeutete dies oft einen »Zeitgewinn« für die Bearbeitung des Asylantrags. Bürokrat*innen taten solche Handlungen oft als vorsätzliche Widerstandstaktiken ab, obwohl erfolgreiche Einsprüche auch zeigten, dass zuerst eine fehlerhafte Entscheidung der Behörden vorgelegen hatte.[82] Dennoch weckten Einsprüche in letzter Minute

----

79   Picozza, Dubliners, S. 76.
80   Borrelli, Whisper down, up and between the Lane.
81   Griffiths, Out of Time.
82   Vgl. Gibney, Asylum and the Expansion of Deportation in the United Kingdom.

bei den Polizeibehörden den Verdacht, diese würden nur vorgebracht, um eine Abschiebung hinauszuzögern, und nicht aufgrund von Fehlern im Asylverfahren. Eine schwedischer Grenzpolizist sagte dazu: »Die Leute legen wie verrückt Einspruch ein, einer nach dem anderen. In 99 Prozent der Fälle gibt es nichts Neues, also werden sie wieder abgelehnt. […] Einmal hatten wir einen Einspruch rund 30 Minuten vor dem Flug. Mein Kollege stand in ständigem Kontakt mit den Entscheidungsträgern, während die Sache bearbeitet werden musste.« Der Grenzpolizist erläuterte, dass das Zeitlimit für Einsprüche erst dann abläuft, »wenn du am Flugsteig bist. Sobald du eingecheckt hast und durch die Schranke gegangen bist, ist es vorbei.« (Interview Schweden 2017)
Die Frustration bei den für Abschiebung zuständigen Mitarbeiter*innen war nicht nur im wahrgenommenen Widerstand der Abschiebekandidat*innen begründet, sondern auch in der inhärenten Langsamkeit des Bürokratieapparats, die in scharfem Kontrast zur erwarteten unmittelbaren Umsetzung von Abschiebungen stand. 2015 betrug in Italien die Wartezeit, bis ein*e Asylbewerber*in überhaupt angehört wurde, etwa ein Jahr. Damit hatten die Bewerber*innen erst einmal für diese Zeit eine Aufenthaltserlaubnis, obwohl die Fälle eigentlich unverzüglich bearbeitet werden sollten. Luca, die eine leitende Position in der italienischen Migrationsbehörde innehatte, war sichtlich genervt von der Tatsache, dass im Fall einer Ablehnung Einspruch eingelegt werden konnte. Luca kritisierte, dass Asylsuchende im Wissen um diese langen Wartezeiten die Situation »ausnutzen«, um ihren halblegalen Status zu verlängern (Feldnotizen bei der italienischen Migrationsbehörde 2015). Aber diese Wartezeit ist bisweilen die einzige Chance für Migrant*innen mit prekärem Rechtsstatus, die Bedingungen der Migrationskontrolle neu zu verhandeln.

Kontrolle und Entschleunigung

Wie weiter oben in diesem Kapitel ausgeführt, bergen langwierige und wiederholte Verwaltungsprozeduren und die ermüdende und bisweilen zyklische Dynamik wiederholter Versuche der Regularisierung große Kosten für Migrant*innen, die in einem oder zwischen mehreren prekären Rechtsstatus gefangen sind. Allerdings bieten solche liminalen Positionen auch Handlungsoptionen und können ihnen die notwendige Zeit verschaffen, um neue Chancen auf Regularisierung des Rechtsstatus zu finden und neue Pläne zu entwerfen. Im Gegenzug nahmen Migrations- und Grenzpolizist*innen die migrationsbezogenen Prozeduren als »zu langsam« wahr. Wir beobachteten Lex und Nicko, zwei lettische Grenzpolizisten, die die Aufgabe hatten, Kontrollen an der Binnengrenze durchzuführen und nach sogenannten irregulären Migrant*innen auf dem Staatsgebiet Lettlands zu suchen. An einem normalen Arbeitstag im Büro und auf Streife im Auto erklärten sie uns, die Arbeit mit Migrationsfällen wäre mit lästigem bürokratischen Papierkrieg verbunden – genau das Gegenteil der »Action«, die sie sich eigentlich von der Polizeiarbeit erhofft hatten. Didier Fassin[83] hat hervorgehoben, inwiefern Polizeiarbeit oft durch Leerlauf und Langeweile charakterisiert ist, was in krassem Gegensatz zu dem Bild von Action und Notfalleinsatz steht, das im politischen Diskurs ebenso wie in Medien und Krimis transportiert wird. Entsprechend waren die »Unerzwingbarkeit« bürokratischer Zeit[84] und die Diskrepanz zwischen der Erwartung von Action, Schnelligkeit und Unmittelbarkeit einerseits und der langsamen, monotonen Natur der Alltagsarbeit andererseits immer wiederkehrende Themen in unseren Gesprächen mit Staatsangestellten an allen Orten unserer Feldforschung. Die Langsamkeit macht daher die Rechtsdurchsetzung zwar zu einer frustrierenden Erfahrung, aber sie macht sie auch überhaupt erst möglich. Wir stimmen mit Griffiths u. a.[85] dahin gehend überein, dass nicht nur Prozesse der Beschleunigung Beachtung verdienen, sondern auch Prozesse der Verzögerung und Entschleunigung. Wir stellen auch fest, dass die oftmals entmachtende – langsame – Bürokratie strategisch genutzt werden kann, um »vernünftigeren« Formen migrationspolitischer Maßnahmen den Weg zu ebnen.

----

83   Fassin, Writing the World of Policing.
84   Fuglerud, Constructing Exclusion; Gupta, Red Tape.
85   Griffiths u. a., Migration, Time and Temporalities, S. 21.

Aussitzen des Staats

Als Taktik des Widerstands gegen den Einsatz von Beschleunigung und Zeitdruck durch die staatlichen Akteur*innen haben Migrant*innen die Möglichkeit, bürokratische Prozesse durch »Verweigerung« gezielt zu verlangsamen. Dazu können sie beispielsweise Informationen über ihre Identität oder Nationalität zurückhalten und damit eine Abschiebung erschweren, oder sie tauchen unter und verstecken sich nach einer negativen Asylentscheidung. Mit diesen Taktiken können sie sich etwas Zeit verschaffen, und in manchen Fällen eröffnen sich dann alternative Wege zur Regularisierung – gerade weil die Zeit auch die Fähigkeit des Staates zur Rechtsdurchsetzung eingrenzt und strukturiert. Ein abgelehnter Asylantrag erlischt nach vier Jahren, die Frist für Dublin-Abschiebungen beträgt sechs Monate, bzw. 18 Monate für den Fall, dass der Asylsuchende untergetaucht ist. Diese Fristen könnten von Migrant*innen und Aktivist*innen genutzt werden, etwa in Fällen des organisierten Kirchenasyls in der Schweiz und in Deutschland. Dort werden Asylsuchende unterstützt, die die sechs Monate überbrücken wollen, um eine Überstellung auf der Basis des Dublin-Systems zu verhindern.[86] Solche Fristen im Blick zu behalten kann sich mithin als entscheidender Faktor für die Aussichten auf Regularisierung des Status von Migrant*innen erweisen. Ein in Italien arbeitender Schweizer Dublin-Sachbearbeiter bemerkte dazu: »Der Typ, der sechs Monate und einen Tag nach Ablauf seines Visums hier auftaucht und Asyl beantragt, weiß sehr genau, dass es nach sechs Monaten zu spät ist« (Interview in Italien 2015). Wenn ein Asylsuchender es schafft, das Leben über diese Dauer in liminalem, legalem oder sogar irregulärem Status auszuhalten, bekommt er möglicherweise eine zweite Chance. Die Migrant*innen haben also einen Weg, die schwierige und psychisch belastende Ungewissheit zu ihrem Vorteil zu nutzen, auch wenn sie dafür mit ihrer »Zeit« bezahlen mussten für den Fall, dass die Sache negativ entschieden wird. Entsprechend ist das »Aussitzen« des Staates auf Kosten der eigenen Lebenszeit eine der Voraussetzungen, um sich für die sogenannte Härtefallregelung zu qualifizieren. In der Schweiz müssen illegalisierte Personen (neben weiteren Kriterien) mindestens fünf

---

86 Kirchhoff u. a., Worth the Effort.

Jahre im Land gelebt haben, um für eine solche Aufenthaltserlaubnis infrage zu kommen, wenngleich in der Praxis, wie Lisa beobachtete, die Leute kaum einmal in diesem Regularisierungsprozess berücksichtigt wurden, wenn sie weniger als zehn Jahre in diesem marginalisierten Zustand zugebracht hatten. Ein längerer Aufenthalt in einem Land kann bedeuten, dass auch diejenigen mit irregulärem Status eine Chance auf gesellschaftliche Integration im Gastland haben und damit in den Augen der Öffentlichkeit die Aufnahme verdienen, was wiederum vor Abschiebung schützen kann.[87] Durch die Schaffung von Solidaritätsnetzwerken mit den Menschen vor Ort und das »taktische« Engagement für inklusive rechtliche Rahmen könnten sie einen Status der zumindest partiellen gesellschaftlichen Aufnahme erreichen. Das »Aussitzen« des Staates kann damit für Migrant*innen einen Weg darstellen, um ihre politische, soziale und rechtliche Präsenz im Land zu fordern bzw. zurückzufordern – und damit »weniger illegal« zu werden.[88] Dies wiederum gestaltet die rechtlichen Bedingungen für Inklusion, die die Migrationsbehörden berücksichtigen müssen, wenn sie über Regularisierung oder Abschiebung entscheiden. Ein Mitarbeiter des UNHCR in Italien erläutert:

> Es kann bis zu vier Jahre dauern, bis ein Fall entschieden ist. Dann fällt die Entscheidung, und oft – weil die [Gerichte der zweiten oder dritten Instanz] keine professionellen Asylgerichte oder auf Ausländerrecht spezialisierte Gerichte sind – kommt es vor, dass Migrant*innen keinen Flüchtlingsschutz auf Grundlage der Genfer Konvention bekommen, aber vielleicht subsidiären Schutz oder eine Aufenthaltserlaubnis aus humanitären Gründen. »Er ist seit vier Jahren hier, hat sich anständig verhalten und spricht auch schon ganz gut Italienisch. Jetzt darf er bleiben« *[imitiert den Richter]*. Die Italiener*innen – man muss das einfach so sagen – haben eben ein großes Herz. (Interview Italien 2015)

Auf diese Weise kann die Zeit als Hilfsmittel zum »Erlangen einer Aufenthaltserlaubnis während des Verfahrens führen, wenn sie eigentlich noch Asylsuchende sind«, wie uns der Leiter der Dublin-Behörde in

---

87   Chauvin/Garcés-Mascareñas, Becoming Less Illegal; Leerkes u.a., Local Limits to Migration Control; Schweitzer, Integration against the State.
88   Chauvin/Garcés-Mascareñas, Becoming Less Illegal, S. 423.

Rom 2015 erzählte, zumindest für die, denen gegenüber Italiens Behörden »ihr Herz öffneten«. Tatsächlich erwähnten mehrere Migrationsexpert*innen in Italien die Tatsache, dass Migrant*innen, wenn sie über längere Zeit in ihrem Fall Einspruch eingelegt hatten, eine bessere Chance haben, irgendeine Form von Aufenthaltsgenehmigung zu bekommen. Die Nutzung langwieriger Prozesse der Entscheidungsfindung bietet allerdings keine Garantie für eine Regularisierung. »Am Ende sagen wir Nein, und sie bekommen eine Ausweisungsanordnung.« Auf die Zeit zu vertrauen, um die Chancen auf Regularisierung zu verbessern, bleibt daher eine riskante Angelegenheit. Das unterstreicht aber auch, wie Verzögerungen, die dem bürokratischen System selbst inhärent sind oder durch Fehler oder ein überlastetes System entstehen, zum Vorteil für die Migrant*innen ausschlagen können, auch wenn die ziemlich gutwillige Haltung wie im Beispiel mit dem »großherzigen« Einwanderungsrichter in Italien aller Wahrscheinlichkeit nach von Land zu Land und auch zwischen einzelnen Entscheidungsträger*innen ganz unterschiedlich ausfallen kann. Wie uns ein Schweizer Migrationsamtssachbearbeiter 2016 erzählte, ist die illegale Anwesenheit in der Schweiz über längere Zeit »niemals genug, um sicher sein zu können, dass man bleiben darf«. Außerdem gibt es Beispiele dafür, dass Diskurse über die »Taktik« der Migrant*innen, auf Zeit zu spielen, sogar als Rechtfertigung für restriktive Maßnahmen dienten, wie etwa die unbegrenzte Inhaftierung Asylsuchender im Vereinigten Königreich[89] und den unbegrenzten Quasi-Gewahrsam abgelehnter Asylbewerber*innen in Dänemark.[90] Während die Dauer des Verbleibs im Land – mit oder ohne Papiere – traditionell ein letzter Ausweg für Nichtstaatsangehörige darstellt, ein Bleiberecht zu verlangen, werden diese Wege der Regularisierung in der Rechtsprechung und/oder in der Praxis immer restriktiver gehandhabt.[91] In Anlehnung an Griffiths Beobachtung[92], dass Migrant*innen mit prekärem Rechtsstatus allein aufgrund

---

89   Pinkowska, Complying with What?

90   Suarez-Krabbe u. a., Stop Killing Us Slowly.

91   Griffiths, The Changing Politics of Time in the UK's Immigration System; Lundberg, Uppehållstillstånd på grund av praktiska verkställighetshinder och preskription.

92   Griffiths, The Changing Politics of Time in the UK's Immigration System.

ihres Verbleibs im Land ohne Aufenthaltstitel als »Zeitdiebe« wahrgenommen würden, hat schon dieser Verdacht der Bürokrat*innen im
Prinzip den Rechtsansprüchen dieser Personen die Grundlage entzogen. Diese Bürokrat*innen kämen allerdings schwerlich auf den Gedanken, dass sich die Bedingungen auch umkehren könnten: dass
nämlich das Pendeln zwischen extremem Zeitdruck und ausgedehnten
Wartephasen auch als Stehlen der Zeit von Migrant*innen interpretiert
werden könnte.

Zeit für eine »angemessene Rechtsdurchsetzung« schaffen

Während die angeblich subversive Verzögerungstaktik der Migrant*innen für die Bürokrat*innen oft frustrierend ist, weil ihre Fälle »unab-
geschlossen« liegen bleiben, kann eine solche Verzögerung jedoch auch
ein Mittel für sie sein, um die Herrschaft über ihre eigene Arbeitszeit
zu erlangen. Sachbearbeiter*innen in Migrationsbehörden und für Abschiebungen zuständige Polizist*innen in Schweden und der Schweiz
erzählten uns, dass sie sich in Fällen, in denen keine Flüge zu bekommen waren oder keine neuen Informationen zu einem Fall vorlagen, er-
lauben würden einfach »eine Weile abzuwarten« (Feldnotizen Schweiz
2016, 2017; Schweden 2017). In Deutschland gaben Bürokrat*innen zu,
sie hätten gelegentlich Fälle einfach vergessen, wenn sie in Urlaub gingen, oder dass sie sich nicht die Mühe hätten machen wollen, den
wachsenden Papierstapel überhaupt zu beachten, mit der Folge, dass
die Migrant*innen eben warten mussten. Derlei Ignoranz aufseiten der
Bürokrat*innen[93] könnte sich sowohl auf einzelne Fälle auswirken,
etwa wegen versäumter Fristen, als auch auf die »Lesbarkeit« und Berechenbarkeit der Rechtsdurchsetzung insgesamt. Ein gutes Beispiel
dafür war Olli, ein Sachbearbeiter in einem deutschen Migrationsamt,
der oftmals komplexe Entscheidungen über die Regularisierung ver-
schob, wenn sie »nach seinem Gefühl« noch nicht zu treffen waren. Auf
diese Weise »fand« Olli regelmäßig neue Dokumente, die angeblich für
die Entscheidung erforderlich waren, und vereinbarte neue Termine
in der gleichen Sache, obgleich die Entscheidung eigentlich noch am
gleichen Tag hätte gefällt werden können. In hochkomplexen Fällen –
etwa der Gewährung von Aufenthaltsgenehmigungen für Härtefälle

---

93   Borrelli, Whisper down, up and between the Lane.

oder der Anerkennung der fehlenden Transportfähigkeit einer Person –
legte Olli mehr als einmal Termine auf die Ferienzeit und meinte dazu,
»dann sollen sich andere damit herumschlagen« (Feldnotizen in
Deutschland 2015). Zweifellos nahm Olli seine berufliche Verantwortung nicht sehr ernst (auf dieses Thema werden wir in Kapitel 6 noch
näher eingehen), aber seine Absicht war es in erster Linie, sich um Entscheidungen zu drücken – und nicht etwa, die Migrant*innen unnötig
warten zu lassen.

Solches Verschleppen kann auch gezielt als Abschreckungsstrategie
eingesetzt werden. Monir, ein ehrenamtlicher Rechtsberater in Dänemark, hatte beispielsweise den Verdacht, der Migrationsdienst würde
Asylverfahren absichtlich verschleppen, damit die Leute so lange warten mussten, dass sie am Ende aufgaben und von selbst in ihr mutmaß-
liches Herkunftsland zurückkehren oder in ein anderes Land in Europa
gehen würden. Vor allem für Asylsuchende, deren Familie in einem anderen Land lebte, verlängerte dies oftmals die Zeit, bis die Familie wieder zusammenfand, und dann gaben sie manchmal lieber auf, anstatt
in Dänemark zu warten. Dies war jedenfalls das erklärte Ziel der neuen
Politik der dänischen Regierung, nach der das Recht auf Familienzusammenführung für Geflüchtete um drei Jahre hinausgeschoben
wurde.[94] Monir erzählte allerdings auch, dass der Einwanderungsdienst
immer dann, wenn Rechtsberater*innen anriefen und Druck machten,
plötzlich die Bearbeitung beschleunigte,[95] worin sie einen Beweis sahen, dass der Migrationsdienst die Fälle keineswegs aus Überlastung
nicht bearbeiten konnte, sondern sie einfach nicht bearbeiten wollte,
entweder aus Ignoranz oder als Teil dieser gezielten Abschreckungsstrategie. Ein weiterer Rechtsberater äußerte einen ähnlichen Verdacht,
dass der dänische Einwanderungsdienst einer ausdrücklichen Anordnung der Regierung folgte, Asylverfahren zu verschleppen und die Inkraftsetzung eines neuen und restriktiveren Asylrechts abzuwarten.
Das Misstrauen gegenüber den Behörden spiegelt sich auch in den Erfahrungen von Asylsuchenden und Inhaftierten wider, mit denen wir
sprachen. Diese hatten das Gefühl, willkürlichen Wartezeiten ausgesetzt zu werden (Feldnotizen aus Dänemark 2016). Ähnlich Fragen

---

94   Clante-Bendixen, En barndom i ingenmandsland.
95   Siehe auch Forbess/James, Acts of Assistance.

kamen in Deutschland auf, wo sowohl Anwält*innen als auch Rechtsberater*innen zugaben, den Behörden regelmäßig rechtliche Schritte
gegen ihre Untätigkeit angedroht zu haben, gemäß § 75 der deutschen
Verwaltungsgerichtsordnung (VwGO). Meist half das auch, und Fälle
wurden auf wundersame Weise innerhalb weniger Tage erledigt. Im
Gegensatz zu unserem dänischen Gesprächspartner erzählten uns
allerdings die deutschen Rechtsexpert*innen, nach ihrer Beobachtung
wären Verzögerungen nicht etwa gezielte Strategie, sondern eher die
Folge von Ineffizienz und Personalmangel. Die undurchschaubaren
Wege, auf denen manche Fälle dann Priorität vor anderen erlangten,
trugen zur Verbreitung von Gerüchten und Verdächtigungen in Asyl-
und (Abschiebe-)Haftzentren bei, die bürokratischen Verfahren wären
von vornherein ungerecht und willkürlich (siehe auch Kapitel 4; Feldnotizen Dänemark 2016, Schweden 2017). Wieder entsteht das Bild
eines unlesbaren Staates, in dem die Menschen, die vor dem Gesetz
warten, sich kaum einen Reim darauf machen können, welche Faktoren ihnen Zugang verschaffen und welche ihre Chancen sogar noch untergraben könnten.

Einzelne Bürokrat*innen konnten allerdings auch im Rahmen ihres Ermessensspielraums die Verschleppung strategisch nutzen, um das
auszugleichen, was sie als systemische Defizite oder »unangemessene«
Implikationen der Rechtsdurchsetzung betrachteten. Wir haben gehört, wie Mitarbeiter*innen in Ämtern in Lettland und Schweden erzählten, wie sie manchmal mit Absicht Vorgänge verlangsamt haben,
um einzelnen Personen zusätzliche Zeit zu geben, sich entweder auf die
Abschiebung vorzubereiten – oder um eine weitere Chance auf Regularisierung ihres Status zu bekommen. Ein lettischer Migrationsamtssachbearbeiter erklärte uns dazu:

> Manchmal haben sie eine Menge Hypotheken, und es ist nicht so
> einfach, wenn du jemandem sagst, du musst innerhalb von zehn
> Tagen alles geregelt haben, wenn die Leute schon seit zehn Jahren
> hier leben. Manchmal ist das einfach inhuman. Du hast eine Be-
> rechtigung und sie kann nicht verlängert werden. Das bedeutet
> Stress für diese Leute, und wir sagen ihnen nicht, »ihr müsst sofort
> gehen«, wir geben ihnen Zeit, ihre Angelegenheiten zu regeln. Wir
> können ihnen beispielsweise 45 Tage geben. (Interview Lettland
> 2016)

Als wir mit den lettischen Grenzposten Nicko und Lex wieder einmal im Auto waren, erinnerten sich diese an einen für sie besonders schwierigen Fall. Es ging um eine Ukrainerin, die mit einem Letten verheiratet war. Zuerst hatte die Frau angegeben, »es war wahre Liebe«, aber der Mann wurde zum Alkoholiker, und die Frau verließ ihn nach vier Jahren und zog in eine eigene Wohnung. Der Grund für ihre Aufenthaltserlaubnis war damit hinfällig geworden, und theoretisch hätte die Erlaubnis entzogen werden müssen; aber Lex sagte, »sie hatte ihr ganzes Leben in Lettland zugebracht, hatte einen Job und alles, war schon über fünfzig, wohin hätte sie denn zurückgehen sollen? Da gab es nichts.« Als die Grenzbehörden daher feststellten, dass der Grund für den Aufenthalt – nämlich die Ehe – nicht mehr bestand, beschlossen sie, »zwei Augen zuzudrücken«, und ließen die Frau im Land bleiben. Auf diese Weise, erläuterte Lex, bekam die Frau die notwendige Zeit, um eine eigenständige und dauerhafte Aufenthaltserlaubnis zu beantragen, die nicht von ihrem Ehemann abhing, und nachdem sie diesen Status erhalten hatte, konnte sie sich scheiden lassen und, in Lex' Worten, »frei sein«. Lex beendete die Geschichte mit der Feststellung: »Du musst das Gesetz eben auf vernünftige Weise anwenden« (Feldnotizen Lettland 2016). Ein weiteres Beispiel zeigt, wie Sachbearbeiter*innen der schwedischen Migrationsbehörde – ganz im Unterschied zu ihren dänischen Kolleg*innen, bei denen man Verschleppungstaktik vermutete – des Versuchs »beschuldigt« wurden, das Inkrafttreten des neuen, temporären Asylrechts in Schweden hinauszuzögern, das die Bedingungen für alle Schutzstatus deutlich verschlechterte und die rechtlichen Möglichkeiten zur Erlangung einer Aufenthaltserlaubnis für bestimmte Gruppen, vor allem für Minderjährige, stark beschnitt. Konservative Medien nahmen das Gerücht auf, Asyl-Sachbearbeiter*innen hätten versucht, in den Tagen vor dem Inkrafttreten des neuen, restriktiven Gesetzes so viele Fälle wie möglich abzuarbeiten.[96]

Im Kontrast zu der oben beschriebenen, als ignorant oder gar böswillig verdächtigten Nutzung einer langsameren Durchsetzung der Verwaltung im Migrationsrecht zeigen also die Geschichten von Lex, Nicko und den sogenannten Asylaktivist*innen bei der schwedischen Migrationsbehörde, wie Bürokrat*innen sogar aktiv Maßnahmen er-

---

96 Gudmundson, Asylaktivism på Migrationsverket.

greifen können und damit ein Gegengewicht zu dem schaffen, was ansonsten als »unangemessener« oder unfairer juristischer Ausgang[97] interpretiert werden könnte. Das tun sie jedoch, ohne zwangsläufig gegen Gesetze oder Verfahrensregeln zu verstoßen; sie nehmen vielmehr geringfügige zeitliche Anpassungen an den geltenden Regelungen vor. Zeit wird somit von den Streetlevel-Bürokrat*innen als entscheidender Faktor in Ermessenshandeln und Entscheidungsfindung genutzt und eingebettet. In beiden Fällen gründeten sie ihre selektiv laxe Haltung allerdings oft auf eigenen Vorstellungen davon, was die betreffenden Migrant*innen »verdienen«[98] oder eben nicht (siehe auch Kapitel 6). In Lettland machte man Ausnahmen für Einzelpersonen, die schon lange Zeit im Land gelebt hatten oder, wie im Fall der Ukrainerin, die von der Person, von der sie wegen des Aufenthaltsstatus abhängig war, betrogen oder sogar missbraucht worden war. Da drängt sich die Frage nach den spezifischen Bedingungen auf, unter denen Bürokrat*innen bereit sind, eine Ausnahme zu machen, oder sogar ihr Mandat, dem Gesetz »in angemessener Weise« zur Durchsetzung zu verhelfen, bis zum Rand des Vertretbaren strapazieren.[99] Wie in Kapitel 3 gezeigt, haben die Ermessenspraktiken von Staatsangestellten und die spontane Unterstützung durch Rechtsberater*innen und Hilfsorganisationen signifikante, bisweilen entscheidende Auswirkungen auf die Zukunftsaussichten der Migrant*innen. Dies trägt zwar zusätzlich zur Undurchschaubarkeit rechtlicher Praktiken bei,[100] es hält aber auch die Hoffnung am Leben und gibt den Migrant*innen mehr Handlungsoptionen – Handlungsoptionen, die, wie gesehen, subversive, aber auch transformative Auswirkungen auf ihre Lebensperspektiven und auf das Migrationsregime insgesamt haben können.

----

97 Borrelli/Lindberg, The Creativity of Coping; Feldman, ›With My Head on the Pillow‹.

98 Chauvin/Garcés-Mascareñas, Becoming Less Illegal; Yarris/Castañeda, Discourses of Displacement and Deservingness.

99 Vgl. Feldman, ›With My Head on the Pillow‹; Maynard-Moody/Musheno, State Agent or Citizen Agent.

100 Zacka, Adhocracy, Security and Responsibility.

Fazit: Das Paradox der Zeitverschwendung

Die hier erwähnten Beispiele aus der Alltagspraxis zeigen, wie Migrant*innen, Vertreter*innen der Staatsmacht und Dritte um die Kontrolle über die Zeit streiten und damit effektiv Einfluss auf die Durchsetzung des Migrationsrechts nehmen. Wir haben die verschiedenen Möglichkeiten aufgezeigt, wie die Herrschaft über die Zeit im Migrationsregime wirkt und wie der Wechsel zwischen Beschleunigungsdruck und de facto Verschleppung die Kontrollbemühungen sowie die Taktik der Migrant*innen beeinflusst. Dazu haben wir einen bisher wenig erforschten Aspekt der Herrschaft über die Zeit näher beleuchtet, nämlich die Erfahrungen, die Strategien und bisweilen auch die blanke Ignoranz von Bürokrat*innen bei der Durchsetzung von »Bürokratiezeit«. Die Uneinheitlichkeit und Unberechenbarkeit des Timings von Verwaltungen lösen profunde Ängste und Stress bei den Migrant*innen aus und haben disziplinierende Effekte.[101] Wir haben auch festgestellt, dass Migrant*innen und staatliche Akteur*innen, auch wenn sie in Sachen Machtverhältnisse extrem unterschiedliche Positionen innerhalb des Migrationsregimes einnehmen, erstaunlicherweise ganz ähnliche Erfahrungen der Langeweile und Tatenlosigkeit teilten, während sie – siehe Kafka – »vor dem Gesetz warteten«. Der Druck auf Geschwindigkeit und Effizienz, der sich in Maßnahmen zur Senkung der Kosten wahrgenommener Zeitverschwendung im Migrationsregime widerspiegelt, entspricht nur selten der alltäglichen Realität der Migrationskontrolle. Vielmehr unterstreichen unsere Beobachtungen, wie alle beteiligten Akteur*innen ihre Frustration über schleppende und sich wiederholende bürokratische Prozeduren und unvorhersehbare zyklische Prozessschleifen ausdrückten. Die »Entschleunigung« scheint in der Entwicklung des Migrationsregimes ebenso präsent zu sein wie in dessen Anfechtung. Dabei ist die Wartezeit keineswegs sinnlos vertane oder leere Zeit. Wie Scott beschreibt,[102] ist die Verschleppung Teil des alltäglichen Widerstands der Schwachen. Durch das Aussitzen des Staates oder das »Zeitschinden« mittels Einsprüchen gegen negative

---

101 Andersson, Illegality, Inc. Clandestine Migration and the Business of Bordering Europe; Pijpers, Waiting for Work.
102 Scott, Weapons of the Weak; ders., Domination and the Arts of Resistance.

Entscheidungen dehnen die Migrant*innen beispielsweise ihren halb-legalen Status aus.[103] Streetlevel-Bürokrat*innen können ebenfalls Pro-zesse verlangsamen – entweder durch schlichte Ignoranz oder um die Migrant*innen gezielt zu zermürben. Alternativ können sie aber auch Zeiträume im bürokratischen Gefüge öffnen und damit den Mi-grant*innen neue Chancen anbieten, die diese zu ihrer Regularisierung ergreifen können – wobei die Bürokrat*innen die Herrschaft über die zusätzlich gewährte Frist nicht aus der Hand geben. Während also die Entscheidung über Verkürzung oder Beendigung des Verbleibs abge-lehnter Asylbewerber*innen und irregulärer Migrant*innen in der Hand der Bürokrat*innen bleibt, können diese dennoch beschließen, individuelle Bedenken zu berücksichtigen, um auf diese Weise die Rechtsdurchsetzung »angemessener« zu gestalten.

Das Migrationsregime ist durch extreme Machtungleichgewichte gekennzeichnet, wobei die Migrant*innen diejenigen sind, die am wenigsten Autonomie besitzen, um über ihre Zeit zu bestimmen, und auch diejenigen, die am meisten unter der Gefangenschaft in Zeit-zyklen leiden. Es ist deshalb nicht klar, ob die Beschleunigung oder Ver-zögerung für die Migrant*innen günstig oder ungünstig ist. Das Rin-gen um die Herrschaft über die Zeit verändert in aller Regel nicht den Ausgang von Verfahren: Das »Zeitschinden« durch Blockieren des Ab-schlusses eines juristischen Verfahrens mag als strategische Maßnahme erscheinen, aber es wird nicht unbedingt die Situation von, beispiels-weise, abgelehnten Asylbewerber*innen mit geringen bis gar keinen Aussichten auf Regularisierung verändern. Vielmehr riskieren sie, in einem permanenten Schwebezustand gefangen zu bleiben.[104] Mi-grant*innen werden am Ende dennoch abgeschoben, trotz aller Versu-che, diese Prozesse hinzuzögern. Aber unter bestimmten Umständen erweist es sich als lohnend, langwieriges Warten und Ungewissheit aus-zuhalten, weil es neue Wege zur Regularisierung eröffnet. Die schein-bar vergeudete Zeit kann somit auch Migranten Wege bieten, ihre in-dividuelle Situation zu verbessern und die Hoffnung auf eine bessere Zukunft am Leben zu erhalten, was immerhin einen entscheidenden

---

103 Kubal, Conceptualizing Semi-legality in Migration Research.
104 Brun, Active Waiting and Changing Hopes; dies., There Is No Future in Huma-nitarianism; Menjívar, Liminal Legality.

Wendepunkt in ihrem Schicksal darstellen könnte. So verlockend es sein mag, die Sinnlosigkeit des Wartens in Kafkas Parabel »Vor dem Gesetz« zu bestätigen, bietet der Kampf um die Zeit auch Chancen für die Akteur*innen, ihre Handlungsoptionen zu wahren. Die Zeit kann Wege öffnen, »dem Recht Geltung zu verschaffen«, sie entblößt aber auch die temporäre und flüchtige Natur rechtlichen Handelns. Diese Dynamiken unterstreichen die Bedeutung der Macht als inhärentes Element der Zeit und die temporäre, instabile, aber auch repetitive und zyklische Natur des Ringens um Mobilität. Die zeitliche Dimension hilft uns, die strukturellen Ineffizienzen, die Undurchschaubarkeit und bisweilen Absurdität bürokratischer Prozeduren bloßzulegen.

Wie wir gezeigt haben, sind die Möglichkeiten der Migrant*innen, die ihnen zur Verfügung stehende Zeit zu aktivem Handeln zu nutzen, oft eine Frage des Ermessens staatlicher Akteur*innen (siehe Kapitel 3, 6). Die Ignoranz, die Absichten und Urteile dieser »Türhüter des Gesetzes« sowie ihre Tendenz, Verantwortung für die bisweilen nachteiligen Konsequenzen der Umsetzung von Migrationsgesetzen abzuwälzen, können entscheidenden Einfluss auf die beschlossenen Ergebnisse haben. Auch wenn dieser »Zeitstreit« einige der Taktiken und Strategien beleuchtet, die genutzt werden, um mit der Machtasymmetrie zwischen den verschiedenen Akteur*innen im Migrationsregime klarzukommen, müssen wir noch immer die Bedingungen genauer untersuchen, unter denen die Akteur*innen bewusste Entscheidungen treffen, die Migrationsgesetze zu ignorieren, zu verschieben, zu disziplinieren oder durch Zwang umzusetzen. Im folgenden Kapitel werden wir deshalb untersuchen, wann, warum und wie die verschiedenen Akteur*innen die Verantwortung für ihr Handeln in einem Migrationsregime von sich weisen bzw. übernehmen, in dem so viele Hände, Interessen und bisweilen gegensätzliche Absichten mitmischen.

6

Verantwortung in einem Migrationsregime der vielen Hände

> [...] mächtig bin ich nämlich, im Vertrauen gesagt, wirklich nicht. Und habe infolgedessen vor den Mächtigen wahrscheinlich nicht weniger Respekt als du.
> [...] wir aber, wir kleinen Leute, halten uns an die Regel, das könnt ihr uns nicht verdenken.
> *Franz Kafka*, Das Schloß, *S. 16 und 25*

In den vorherigen Kapiteln haben wir gezeigt, wie innerhalb der Ermessensspielräume der Entscheidungsfindung, im Streit um die »Lesbarkeit« von Recht und um die Zeit, Streetlevel-Bürokrat*innen und andere Akteur*innen von Fall zu Fall sehr unterschiedlich agieren können. Zugleich haben wir betont, dass diese Akteure keineswegs autonom handeln, sondern oft durch Gesetze, die Struktur ihrer jeweiligen Organisation sowie durch ihre eigene Stellung innerhalb des Migrationsregimes gebunden sind. Darüber hinaus schreckt sie die Undurchschaubarkeit der staatlichen Macht innerhalb der Migrationskontrolle, die sie ausüben, selbst auf. Kafkas Hauptfigur K. in *Das Schloß* trifft als Landvermesser in einem Dorf ein und sucht Zugang zum Schloss, wird daran jedoch durch diverse bürokratische Hürden und Regeln gehindert, die noch nicht einmal die Beschäftigten des Schlosses zu erklären vermögen. Ganz ähnlich erleben Migrant*innen ebenso wie Streetlevel-Bürokrat*innen die Konfrontation mit einem machtvollen und oft undurchschaubaren Rechtssystem, dessen Teil sie sind und in dem sie sich zugleich irgendwie zurechtfinden müssen.

In diesem Kapitel wollen wir zeigen, wie sich die Unlesbarkeit durch die vielen verschiedenen Akteur*innen innerhalb des Migrationsregimes mit ihren unterschiedlichen Interessen, Rollen und nicht selten sich überschneidenden oder im Widerspruch zueinander stehenden Verantwortungsbereichen noch verstärkt. Wie wir darlegen werden, erzeugt die Fülle an beteiligten Akteuren Situationen, in denen sich am Ende niemand mehr für den juristischen Ausgang verantwortlich fühlt, weder rechtlich noch persönlich. Das Fehlen eines klar zu bestimmenden Verantwortlichen ist auch ein Schlüsselmerkmal struktureller Gewalt. Dieser Begriff beschreibt, wie bestimmte Bevölkerungsgruppen systematisch Ungerechtigkeit und Schaden erleiden können, ohne dass es dafür formell Verantwortliche gibt.[1] In Kapitel 3 und 5 haben wir Beispiele geschildert, in denen Nachlässigkeit oder bewusste Unkenntnis von Gesetzen und Vorschriften seitens staatlicher Akteur*innen, aber auch die dieser Unkenntnis innewohnende Mehrdeutigkeit, zu Situationen führten, in denen Migrant*innen im Ungewissen und in endlosem Wartestatus gehalten oder in denen Entscheidungen auf einer undurchschaubaren und bisweilen willkürlichen Basis getroffen wurden. Wir haben auch gesehen, dass staatliche Akteur*innen ihre Unsicherheit bezüglich der möglichen oder geforderten Anwendung des geschriebenen Gesetzes durchaus einräumten. Streetlevel-Bürokrat*innen verwiesen oft auf das webersche Ideal eines entmenschlichten, vorgeblich politisch und moralisch »neutralen« Staatsapparats und erklärten das Handeln nach diesem Ideal zu ihrem Ziel. Wir stellten jedoch auch fest, dass einzelne Vertreter*innen des Staates sehr unterschiedliche Vorstellungen von ihrer Aufgabe hatten. Einige gaben offen zu, sie würden das Gesetz kreativ oder strategisch nutzen, und rechtfertigten ihre Entscheidungen durch Verweis darauf, was die betreffenden Migrant*innen »verdienen« würden, und nicht etwa auf die Ideale von Objektivität, Fairness oder Gerechtigkeit. Wir

----

1   Gupta, Red Tape.

kamen daher zu dem Schluss, dass Beschreibungen der Bürokratie als anonyme Maschinerie isolierter und indifferenter Akteur*innen, gänzlich frei von jeder persönlichen Handlungsmacht oder Verantwortung,[2] einer nuancierten Beurteilung bedürfen. Tatsächlich nahmen Staatsangestellte oftmals eine politische oder moralische Bewertung der von ihnen um zusetzenden Maßnahmen vor, auch wenn diese Bewertung nicht notwendigerweise dazu führte, dass sie ihre Handlungsweise änderten. Die Dilemmata der Streetlevel-Bürokrat*innen reflektieren die im Migrationsregime von vornherein angelegten Spannungen, zwischen Rechten und Zwang, oder zwischen juristischer Gerechtigkeit und Fairness. Der Einfluss von Moral und Sozialisierung, die wir innerhalb der Verwaltung feststellen, unterstreicht auch die Unmöglichkeit, eine klare Trennlinie zwischen »dem Staat« und der (Zivil)Gesellschaft zu ziehen.[3]

In diesem Kapitel stellen wir deshalb die Frage nach der Verantwortlichkeit: Wer fühlt sich in einem Migrationsregime mit so vielen Akteur*innen und Interessen verantwortlich, und gegenüber wem? Inwiefern nehmen die Strategien der Akteur*innen im Umgang mit rechtlicher und moralischer Verantwortung Einfluss auf die konkreten Ergebnisse der Umsetzung von Gesetzen? Um diese Fragen in Angriff nehmen zu können, müssen wir die emotionalen, politischen und moralischen Dilemmata ernst nehmen, welche sich auf menschlicher Ebene manifestieren wo Migrationsrecht durchgesetzt wird.[4] Wie bereits von Fassin u. a. betont,[5] haben Streetlevel-Bürokrat*innen nicht nur gegenüber den von ihnen umzusetzenden Gesetzen und Vorschriften eine Verantwortung, sondern auch, und in manchen Fällen sogar primär, gegenüber einzelnen Bürger*innen (oder Migrant*innen), mit denen sie zu tun haben. In ihrer täglichen Arbeit müssen sie ständig mit den Spannungen zwischen Sicherheit und Menschenrechten, zwischen

---

2   Arendt, Elemente und Ursprünge totaler Herrschaft; Bauman, Wasted Lives: Modernity and Its Outcasts; Herzfeld, The Social Production of Indifference.

3   Abrams, Notes on the Difficulty of Studying the State; Trouillot, The Anthropology of the State in the Age of Globalization.

4   Eule u. a., Contested Control at the Margins of the State; Laszczkowski/Reeves, Affective States: Entanglements, Suspensions, Suspicions.

5   Fassin u. a., At the Heart of the State.

Zwang und Fürsorge jonglieren. Mit Fassin u. a. sind wir der Ansicht, dass diese Spannungen »dann am stärksten sind, wenn die Bevölkerung, mit der der Staat umzugehen hat, durch ihren prekären Status charakterisiert ist, sei es nun ökonomisch oder rechtlich«.[6]

Im Folgenden wollen wir nachvollziehen, wie im Verwaltungsalltag Behörden und handelnde Personen Verantwortung für das Schicksal von Migrant*innen mit prekärem Rechtsstatus je nach Situation abwälzen, delegieren oder übernehmen. Zunächst untersuchen wir, wie strukturelle Bedingungen in einem Migrationsregime der »vielen Hände«[7] Lücken und Überschneidungen in der rechtlichen und praktischen Zuständigkeit erzeugen, was die Schwierigkeiten von Migrant*innen erklärt, herauszufinden, wer »auf ihrer Seite steht«. Wir stellen fest, dass Verantwortung oft diffus oder nicht anwendbar ist, teils wegen der Unübersichtlichkeit des regulatorischen Rahmens, aber auch als Effekt der Struktur von Verwaltung, die so konstruiert ist, dass sie die institutionelle und persönliche Verantwortung minimiert. Wir sehen also nicht nur sehr viele, sondern auch sehr »chaotische Hände«. Diese Strukturen sollten eigentlich die »Integrität« des Bürokratieapparats gewährleisten, aber sie ermöglichen auch den einzelnen Staatsvertreter*innen, auf die Verantwortung anderer zu verweisen und somit moralisch und emotional schwierige Aufgaben an andere Akteur*innen weiterzureichen. Trotzdem gibt es Fälle, in denen sich Angestellte ihrer persönlichen Verantwortung stellen und die Rechtsdurchsetzung am eigenen moralischen Kompass ausrichten. Ihre Haltung kann entscheidenden Einfluss auf die Chancen von Migrant*innen haben, ihre Hoffnungen Wirklichkeit werden zu lassen. Indem wir uns die Organisation des Migrationsregimes zusammen mit dem inneren Widerstreit von Streetlevel-Bürokrat*innen anschauen, können wir untersuchen, wie Handelnde innerhalb des undurchschaubaren Regimes, in dem sie sich bewegen, einen Sinn erkennen und ihre individuelle Haltung dazu finden können.

6   Fassin, Governing Precarity, S. 2.
7   Thompson, Moral Responsibility of Public Officials.

Migrationsregime der vielen Hände

Der Staat ist ein vielschichtiges Gebilde, in dem viele Hände[8] von Akteur*innen mit höchst unterschiedlichen Erfahrungen und Hintergründen mitwirken.[9] Im Migrationsregime gehören zu diesen vielen Händen Streetlevel-Bürokrat*innen ebenso wie nichtstaatliche Akteur*innen auf lokaler, nationaler und transnationaler Ebene. Innerhalb dieses weit gestreuten Regimes finden wir auch eine Vielzahl von Prinzipien, Interessen und Haltungen, worauf auch in der wachsenden Literatur zur »Migrationsindustrie«[10] hingewiesen wird. Dieser Zweig der Literatur zeigt, wie gewinnorientierte ökonomische Akteure, staatliche Stellen und NGOs interagieren und die auf die Migrant*innen bezogenen Praktiken von »Überwachung und Patrouille, Fürsorge und Rettung, Beobachten und Kennen«[11] ausgestalten. Vertreter*innen des Staates, der Wirtschaft und der Zivilgesellschaft können immer schwerer unterschieden werden. Wie Gammeltoft-Hansen und Sørensen[12] anmerken, muss dies aber nicht bedeuten, dass die Staaten dabei »die Kontrolle aus der Hand geben« – die Kontrolle erfolgt eben nur mit anderen Mitteln. Wir halten es deshalb für wichtig, die Dynamik und die Effekte dieses Kontrollmodus zu untersuchen.

Der folgende Fall aus der Praxis beschreibt eine recht gewöhnliche Situation in einem kantonalen Migrationsamt in der Schweiz und erlaubt uns einen Blick auf das komplexe Gefüge der verschiedenen in den Einzelfall involvierten Akteur*innen:

----

8 Thompson, Moral Responsibility of Public Officials; Bendix u.a., Going beyond the State?; Bevir/Rhodes, The State as Cultural Practice; Tullock, The Politics of the Bureaucracy.

9 Lipsky, Street-Level Bureaucracy.

10 Cranston u.a., New Directions in Exploring the Migration Industries; Gammeltoft-Hansen/Sørensen, The Migration Industry and the Commercialization of International Migration; Hernández-León, Metropolitan Migrants; Xiang/Lindquist, Migration Infrastructure.

11 Andersson, Illegality, Inc. Clandestine Migration and the Business of Bordering Europe, S.13.

12 Gammeltoft-Hansen/Sørensen, The Migration Industry and the Commercialization of International Migration.

Ein Mann hat in der Schweiz einen Asylantrag gestellt. Wie sich herausstellt, ist er zunächst in Italien angekommen und wird demzufolge auf der Grundlage der Dublin-Verordnung nach Italien zurückgeschickt. Der Brief, mit dem ihm die Ablehnung seines Asylgesuchs mitgeteilt wird, kommt vom Schweizer Staatssekretariat für Migration [SEM; siehe Art. 31 a AsylG]. Er wird von Mitarbeitenden des Aufnahmezentrums zugestellt, in dem der Asylsuchende untergebracht ist. Die kantonale Migrationsbehörde, die für den Fall zuständig ist, lädt sodann den abgelehnten Bewerber ein, um die weiteren Schritte zu besprechen. In der Zwischenzeit kann der Asylsuchende beim Bundesverwaltungsgericht Widerspruch gegen die Entscheidung einlegen – in der Regel mit Unterstützung von Rechtsexpert*innen (bezahlt oder ehrenamtlich). Damit wird nicht zwangsläufig das Abschiebeverfahren ausgesetzt, da die Ablehnung eines Asylantrags mit Rückführung in ein Dublin-Land in eine spezielle Kategorie fällt, bei der die Abschiebung bzw. Überstellung nicht gestoppt wird, auch nicht im Fall eines laufenden Berufungsverfahrens. Deshalb schickt die kantonale Migrationsbehörde eine Vorladung an den abgelehnten Bewerber im Aufnahmezentrum. Dort muss das Personal sicherstellen, dass ein Dokument unterschrieben wird, aus dem hervorgeht, dass der abgelehnte Asylbewerber die Einladung des Migrationsamts erhalten hat. Nach erfolgter Vorladung muss der*die Sachbearbeiter*in den*die Arzt*Ärztin des Bewerbers kontaktieren, welche*r ein Attest über mögliche Hindernisse ausstellt, die der Überstellung des abgelehnten Asylbewerbers nach Italien im Wege stehen könnten. Das Dublin-Büro im SEM wird eingeschaltet, um mit dem italienischen Dublin-Büro Kontakt aufzunehmen und dieses über die Überstellung in Kenntnis zu setzen. Des Weiteren wird die Swiss-Repat, eine ebenfalls zum SEM gehörende nationale Behörde, die für Flugbuchungen und Reisepläne zuständig ist, informiert und mit der Buchung der entsprechenden Flüge beauftragt. Sobald das ärztliche Attest vorliegt, kontaktiert der*die Sachbearbeiter*in die Oseara AG [ein medizinischer Dienst, der im Auftrag der Schweizer Regierung arbeitet]. Diese Stelle entscheidet, ob die Person reisefähig ist und ob eine medizinische Begleitperson erforderlich ist oder nicht. Oseara hat die endgültige Entscheidungsgewalt darüber, ob eine Person mit einem bestimmten Krankheitsstatus reisefähig ist oder nicht – auf der Basis der zuvor eingeholten medizinischen Zertifikate. Der*die zuständige Sachbearbeiter*in des Kantons muss dann in Kontakt mit anderen Polizeidienststellen bleiben, um den Transport des betreffenden Asylbewerbers vom Aufnahmezentrum zum Flughafen zu organisieren. (Feldnotizen, Schweiz 2017)

Das Beispiel schildert den Alltag eines kantonalen Migrationsamts in der Schweiz bei der Vorbereitung der Dublin-Abschiebung eines Asylbewerbers. Daran sind mehrere ganz unterschiedliche Stellen beteiligt, nicht nur staatliche Einheiten, sondern auch NGOs samt Rechtsberater*innen sowie Wirtschaftsunternehmen, dazu eine ganze Reihe technischer, medizinischer, administrativer sowie ggf. Zwangsmaßnahmen durchführender Dienstleister. Da nichtstaatliche Akteur*innen vermehrt Funktionen des Staates übernehmen, wird es für Asylbewerber*innen immer schwieriger, zwischen »unterstützenden« und »antagonistischen« Akteur*innen[13] zu unterscheiden. Eines der wichtigsten Merkmale des Migrationsregimes scheint gerade darin zu liegen, dass sich kaum noch überblicken lässt, wer wie worin involviert ist. Mit der Verlagerung der Migrationskontrolle von der staatlichen Ebene »nach oben, nach unten und seitwärts«[14] ist die Zahl der Beteiligten an der politischen und moralischen Ökonomie[15] exponentiell gestiegen. Die Multiplikation der mitmischenden »Hände« steht in Verbindung mit der Profitabilität der Migrationsindustrie,[16] was auch bei unseren Gesprächspartner*innen (etwa in der italienischen Migrationsbehörde) kritisch angemerkt wurde, aber auch mit den Schnittmengen zwischen Migrationskontrolle und Sicherheit,[17] Strafverfolgung (»*Crimmigration*«[18]) und Sozialpolitik[19] zusammenhängt.

Im Ergebnis erleben viele private und öffentliche Stellen eine »Migrantisierung« ihrer Arbeit. In Lettland und Litauen machte beispiels-

---

13   Kalir/Wissink, The Deportation Continuum.
14   Lahav/Guiraudon, Actors and Venues in Immigration Control.
15   Fassin, Compassion and Repression; ders., Governing Precarity.
16   Andersson, Europe's Failed ›Fight‹ against Irregular Migration.
17   Siehe Abiri, The Securitisation of Migration; Allen u.a., Who Counts in Crises?
18   Stumpf, The Crimmigration Crisis.
19   Ataç/Rosenberger, Social Policies as a Tool of Migration Control.

weise der Beitritt zum Schengener Abkommen im Jahr 2004 die Länder
zu einer immer attraktiveren Transitroute für Migrant*innen, die nach
Westeuropa wollten, was dazu führte, dass die Grenzschutzbehörden
ihre massiv militarisierte »Grenzschutzarbeit«[20] neu überdenken mussten. Die schwedische Polizei, welche sich vor allem auf Kleinkriminali-
tät sowie auf Verkehrskontrollen und Ermittlungen fokussiert, musste
aber feststellen, dass sie sich vermehrt mit Aufgaben der Migrationskontrolle auseinandersetzen muss und Migration eine größer wer-
dende Rolle in ihrem Alltag spielt. Während des »Sommers der Migration« im Jahr 2015[21] bekamen die Polizist*innen plötzlich Merkblätter
zur Ausweiskontrolle in die Hand gedrückt, damit sie zwischen Migrant*innen mit und ohne gültige Aufenthaltserlaubnis unterscheiden
konnten. So wurden sie zu sekundären Migrationssachbearbeiter*innen. In Dänemark, wo dem Gefängnis- und Bewährungsdienst kürz-
lich die Leitung von Abschiebezentren übertragen wurde, fanden wir
passend dazu Gefängniswärter*innen, die mit einer symbolischen
Macht »qua Uniform« ausgestattet waren. Dieselben Angestellten hatten aber Mühe, sich einen Reim auf ihr fehlendes Mandat zur Zwangsausübung oder »Rehabilitierung« gegenüber den abgelehnten Asylbewerber*innen zu machen, die sie zu beaufsichtigen hatten.[22]

   Eine Folge dieser bunten Vielfalt an Akteur*innen innerhalb des
Migrationsregimes ist die Überschneidung von Aufgabenbereichen
und Zuständigkeiten zwischen Kontroll- und Betreuungsstellen, eine
Beobachtung, die während unserer Forschungsarbeit immer wieder
greifbar wurde. Ganz im Einklang mit Marti u.a.[23], die das Verständnis
von institutioneller Logik des Gefängnispersonals im Hinblick auf
lebenslänglich Einsitzende in Hochsicherheitsgefängnissen untersuchten, sehen wir eine widersprüchliche Logik von Kontrolle und Betreu-
ung, was eine Herausforderung für die Prinzipien und Routinen längst
etablierter organisatorischer Strukturen darstellt. Diese Widersprüche
werden noch greifbarer, wenn zusätzliche Akteur*innen im Migra-

----

20 Borrelli/Lindberg, Lithuania's ›Hotel‹ with Special Guests.
21 Buckel, Welcome Management.
22 Lindberg, The ›Mysterious‹ Configuration of Open Immigration Removal Cen-
    tres; Suarez-Krabbe u.a., Stop Killing Us Slowly.
23 Marti u.a., End of Life in High-Security Prisons in Switzerland.

tionsregime auftauchen, die oftmals Mühe haben, ihre Stellung innerhalb dieses Systems zu finden.

Frankie arbeitet in einem von der Gemeinde betriebenen Asylzentrum in einem abgelegenen Teil Dänemarks und möchte lieber »nicht ständig über die Schwächen im System nachdenken«, sonst wäre am Ende gar nicht mehr klar, »was unsere eigentliche Aufgabe ist, worauf wir uns in der Beziehung zu den Leuten konzentrieren müssen, mit denen wir […] im Asylzentrum zu tun haben«. Das erinnert an die in Kapitel 3 besprochene Pragmatik der Entscheidungsfindung. »Wir stehen auf der gleichen Seite«, fährt Frankie fort, »Mohamed und ich können zusammen lachen und uns gegen das Migrationsamt solidarisieren.« Es macht die Arbeit einfacher, erklärt Frankie weiter, wenn sie in der Lage sind, Witze über die sonst oft verzweifelte Situation zu machen, mit der die Menschen konfrontiert sind. Diese Solidarität kann als Kritik an anderen (entscheidungsbefugten) staatlichen Stellen begriffen werden und unterstreicht die Diskrepanzen zwischen Stellen, die eigentlich auf der Seite des Staates tätig sind:

> Eines Tages kamen ein paar Sachbearbeiter*innen aus dem Migrationsamt zu Besuch. Wir rechneten mit einer Art »Men in Black« mit Anzug, Sonnenbrille und Aktenkoffer, putzten das Büro, bereiteten alles schön vor, kochten Kaffee für die Besucher*innen … und dann tauchten zwei überarbeitete Anwält*innen hier auf, die sich mit hohlen Augen umsahen, wahrscheinlich waren sie ewig nicht mehr an der frischen Luft gewesen, sondern hatten seit Jahren nur noch in ihren Büros gehockt. […] Was ich damit sagen will, ist: Wir müssen an das glauben, was wir hier tun, und keinen Gedanken an die Migrationsbehörde oder an die Politik verschwenden. (Interview Dänemark 2016)

Frankies Bericht unterstreicht, wie Strategien der Solidarisierung und der Distanzierung vom Staat, in dessen Auftrag sie arbeiten, den Mitarbeitenden helfen, Sinn in ihren Aufgaben und der Realität zu finden, mit der sie Tag für Tag konfrontiert sind – dann positionieren sie sich zuweilen sogar mit den Migrant*innen und gegen den Staat. Doch die Trennlinie, die hier gezogen wird, ist nicht ohne Weiteres sichtbar – vor allem nicht für Migrant*innen. Und diese Unschärfe nimmt noch zu, wenn NGOs und humanitäre Organisationen sowohl in Fürsorge- als auch in Kontrollfunktionen eingebunden sind und eine Art »mitfühlende Repression«[24] ausüben. Sasja arbeitet im Koordinationsstab des Roten Kreuzes in Dänemark und betont: »Hier in Skandinavien sehen wir den Staat nicht als Feind.« Diese Haltung diente angeblich dem dänischen Roten Kreuz als Rechtfertigung, sich an der »Asylindustrie« des Landes zu beteiligen und im Staatsauftrag Asylzentren zu betreiben. Sasja fährt fort: »Ich glaube, wir können auf vertraglicher Basis mit dem Staat kooperieren und Probleme gemeinsam lösen, ohne unsere Unabhängigkeit aufs Spiel zu setzen« (Interview in Dänemark 2016). Sasjas Haltung macht das Rote Kreuz einerseits zum »Komplizen« der Exekutive während es andererseits Petitionen gegen die immer strengere Behandlung von Asylbewerber*innen in Dänemark einreicht. Was allerdings Frankie und Sasja gemeinsam haben, ist ihr Bild vom »Staat« und dessen Lenkungsfunktion als externer und separater Einheit, mit der sie nun in bestimmter Weise kooperieren, zu der sie aber dennoch auf Abstand bleiben.[25] Ihre Berichte unterstreichen auch, wie innerhalb des Migrationsregimes die Aufgaben von Kontrolle und Unterstützung von Migrant*innen in der Praxis nicht so ohne Weiteres auseinanderzuhalten sind; die Akteure haben oft auch gar nicht die Wahl, auf welcher »Seite« sie stehen wollen. Ihre Positionierung ist vielmehr oft kontextspezifisch, da die sich verändernde Dynamik der Migrationskontrolle immer neue Chancen bietet, sich in die Migrations- und Grenzindustrie einzuschalten.

Gerade der oft zitierte angebliche Höhepunkt der »Migrationskrise« im Sommer 2015 bot reichhaltige Wachstumschancen für die humanitäre Migrationsindustrie. Ein näherer Blick auf die sich verlagernde Ökonomie der Einbindung von NGOs in Deutschland, wo wir zu dieser Zeit forschten, demonstriert, wie viele etablierte Organisationen ihre Dienste aufstockten und Beratung für Asylsuchende anboten. Die Leitung eines Arbeitervereins gab z.B. durchaus freimütig zu, dass das Personal nicht gut über Asylrecht oder Asylverfahren Bescheid wusste und dass der Verband zumindest teilweise wegen der Finanzierungschancen sein Angebot auf Asylberatung ausgeweitet hatte. Nachdem der Verband einen namhaften Förderbetrag erhalten hatte,

24 Fassin, Humanitarian Reason, S. 135.
25 Siehe Dubois, The Bureaucrat and the Poor; Eule, Inside Immigration Law; Eule, Advice as a Vocation.

spezialisierte man sich am Ende auf Familienzusammenführung, die damals am wenigsten komplexe und weitgehend unumstrittene rechtliche Frage in der Asylpolitik. Die Leitung des Verbands sah »keine Notwendigkeit« der Beratung von Migrant*innen in Dublin-Fällen, bei Widersprüchen gegen abgelehnte Asylanträge oder bei Abschiebeanordnungen. Nachdem eine Gesetzesänderung bestimmte Bereiche der Familienzusammenführung einschränkte, stellte der Asylberatungsdienst ganz auf Integrationsberatung um. Das zeigt, wie NGOs, wenn sie einmal auf dem Gebiet der Migration engagiert sind, ihre Position an sich verändernde Gesetze und Beteiligungschancen anpassen können. Darüber hinaus können etablierte NGOs auch als Türhüter gegenüber anderen, weniger organisierten Formen der Unterstützung für Migrant*innen fungieren. So versuchten in Deutschland viele etablierte NGOs wie die Caritas oder das Rote Kreuz, die Flut freiwilliger Hilfsbemühungen in den Jahren 2015 und 2016 zu lenken und zu systematisieren. In einer deutschen Stadt richtete die Caritas sogar ein Zertifizierungssystem für Freiwillige ein, unter dem diese Freiwilligen einen (staatlich finanzierten) Kurs belegen mussten, bevor sie den Asylsuchenden in Notunterkünften und temporären Asylzentren helfen durften. In ähnlicher Weise koordiniert die Caritas in der Schweiz Freiwillige, die Asylsuchenden helfen wollen, während die Organisation zugleich staatliche Gelder für die Unterbringung von Asylsuchenden erhält.

Das Engagement der NGOs reicht vom Ausfüllen der Lücken staatlicher Unterstützungsleistungen bis zum Erzwingen von behördlichen Entscheidungen. So wurden beispielsweise zwei sehr ähnliche NGOs auf recht unterschiedliche Weise involviert. In einer deutschen Stadt wurde eine kleine evangelische Organisation, die freiwillige Hilfsdienste in der Gemeinde koordinierte, zu einem entscheidenden Vermittler im chaotischen Wechselspiel zwischen Migrationsbehörden, dem Bundesamt für Migration und Flüchtlinge sowie der örtlichen Asylbewerberleistungsstelle. Mit einem Kleinbus und Anhänger organisierte die NGO den Transport von Asylsuchenden zwischen Aufnahmezentren, Registrierungsterminen und Behelfsunterkünften. Auf diese Weise dienten sie auch als Vermittler zwischen verschiedenen staatlichen Stellen und betrieben aktive Lobbyarbeit für weitere Geldmittel und verbesserte Verfahren, von denen die Migrant*innen ebenso profitierten wie Staatsangestellte, ohne dass sie selbst für ihre Dienste entlohnt worden wären. In einer anderen Stadt in Deutschland erhielt eine kleine evangelische Organisation, die freiwillige Hilfen einer Gemeinde koordinierte, finanzielle Förderung in beachtlicher Höhe, um ein Beratungsbüro einzurichten, das die Aufgabe hatte, Zugewanderte zu überreden, »freiwillig« in ihre Herkunftsländer zurückzukehren.

Die wechselnden Rollen von NGOs in Deutschland, aber auch Überlegungen anderer NGO-Mitarbeiter*innen (z.B. Sasja in Dänemark) zeigen die Vielfalt der Positionen und Verantwortlichkeiten, die Akteure der Zivilgesellschaft einnehmen, von denen manche »profitabler« sind als andere. So gesehen könnten NGOs auf Nachfrage reagieren, ihre Arbeit wissentlich in Richtung von Finanzierungschancen verlagern und den Bedürfnissen staatlicher Stellen entsprechen, ohne dabei aufzugeben, sich als humanitäre Gruppe darzustellen, die auf der Seite der Migrant*innen steht. Ihre »Kundschaft« können somit Geflüchtete sein, aber auch »der Staat«, mit der Folge, dass ihre wandlungsfähige Haltung widersprüchlich und für Migrant*innen schwer durchschaubar erscheint. Kalir und Wissink[26] haben geschildert, wie staatliche und nichtstaatliche Akteure in ihrer Interaktion mit Migrant*innen Positionen entlang eines »Kontinuums« politischer Positionen, Diskurse und Praktiken besetzen. Besonders etabliert ist das Outsourcen der staatlichen Beratungspraktiken zur »freiwilligen Rückkehr« an NGOs oder zwischenstaatliche Organisationen wie das Rote Kreuz und die Internationale Organisation für Migration (IOM) – und dies nicht nur in Deutschland, sondern auch in Dänemark, Schweden, Litauen, Lettland, Italien und der Schweiz. Oft werden diese Praktiken als »humanitäre Aufgaben«[27] (Interviews Dänemark 2016) rationalisiert.

Wie von Kalir und Wissink[28] beobachtet, stellten jedoch humanitäre Akteure oft nicht die Legitimität des Systems infrage, innerhalb dessen sie tätig waren. Wie Sasja weiter oben erläutert, sahen sie keinen Widerspruch zwischen der Bereitstellung von Diensten für den Staat

---

26 Kalir/Wissink, The Deportation Continuum.
27 Webber, How Voluntary Are Voluntary Returns?
28 Kalir/Wissink, The Deportation Continuum.

und für die Asylsuchenden. Die Verschmelzung von Zuständigkeiten und Positionen der vielen Hände im Migrationsregime hinterlässt durchweg den Eindruck der Mehrdeutigkeit innerhalb von Organisations- und Machtstrukturen.[29] Die unter den Migrant*innen mit prekärem Rechtsstatus vorherrschende Ungewissheit, was die Aufgabenbereiche und Mandate der vielen in ihren Fall eingebundenen Hände betrifft, kann daher kaum überraschen. Und diese Ungewissheit kann von den Mitarbeiter*innen in Asyl- und (Abschiebe-)Haftzentren auch als Druckmittel missbraucht werden: Ein schwedischer Mitarbeiter einer Asylunterkunft für unbegleitete Minderjährige erzählte Annika, wenn die Heranwachsenden »Schwierigkeiten machten«, könnte das Personal drohen, ihr Verhalten an den Migrationsdienst zu melden, was wiederum ihrem Asylantrag schaden würde – obwohl dies gar nicht stimmte (Feldnotizen Schweden 2017).

Das Durcheinander, das aus den Lücken und Überschneidungen in den Zuständigkeiten hervorgeht, macht es oft schwer, die tatsächlich für bestimmte Maßnahmen verantwortlichen Personen und Institutionen eindeutig zu bestimmen (siehe auch Kapitel 4). Trotz des Fehlens koordinierter Zweckbindung und zugeschriebener Verantwortungsbereiche lassen sich jedoch immer noch systematische Ergebnisse erreichen. Denken wir an das Zitat von Adrian aus Kapitel 4, der sich vom Gesetz eingesperrt sah. Migrant*innen fühlen sich oft mit einem immer enger gezogenen Netz von Akteur*innen konfrontiert, die alle auf diese oder jene Weise zum »System« gehören. Insofern schließen wir uns der Argumentation in der wachsenden Literatur über die Migrationsindustrie an[30]: Trotz des fast chaotischen Charakters ist das Verschwimmen von Zuständigkeiten oftmals geeignet, Herrschaft auszuüben, und behindert diese keineswegs nur. Arendt[31] spricht von der »Tyrannis ohne Tyrannen«, d. h., die von niemandem ausgeübte Macht bedeutet keineswegs, dass keine Macht existiert. In der Tat sind es ge-

----

29   Jos, Moral Autonomy & the Modern Organization.
30   Andersson, Illegality, Inc. Clandestine Migration and the Business of Bordering Europe; ders., Europe's Failed ›Fight‹ against Irregular Migration; Gammeltoft-Hansen/Sørensen, The Migration Industry and the Commercialization of International Migration.
31   Arendt, Macht und Gewalt, S. 80.

rade das scheinbare Fehlen jeder Koordination und die Unvorhersehbarkeit der Regeln, welche eine unlesbare Herrschaft ausmachen.[32]
Überdies versetzt die Verteilung der Verantwortlichkeit auf viele Hände
die Akteur*innen – zumal staatliche Akteur*innen und NGOs – in die
Lage, die Verantwortung für unbequeme Entscheidungen und damit
auch für die Folgen der Migrationskontrolle abzuwälzen und zu vertei-
len. Im Folgenden untersuchen wir die strukturellen Mechanismen
und individuellen Strategien der Verteilung und Weitergabe rechtlicher
und institutioneller sowie persönlicher Verantwortung für die Ergebnisse von Verwaltungshandeln. Danach befassen wir uns mit der Frage,
unter welchen Bedingungen Akteur*innen Verantwortung übernehmen.

Verantwortung zwischen Gesetz und Politik

2015 traf der 14-jährige Esmat aus Afghanistan in Schweden ein und er-
suchte um Asyl. Er schloss sich seinem großen Bruder Assad an, der bereits in Schweden war. Zwei Jahre nach Esmats Ankunft wurden die
Asylanträge beider Brüder abgelehnt. Da Esmat noch immer ein unbegleiteter Minderjähriger war, musste die Asylbehörde berücksichtigen,
ob in Afghanistan »korrekte Aufnahmevorkehrungen« für seine Rückkehr bestanden. Die Eltern waren bereits tot. Die schwedische Migrationsbehörde (SMA) bestimmte, dass Assad, der zu dem Zeitpunkt gerade 18 Jahre alt geworden, allerdings auch stark sehbehindert war, in
der Lage sein würde, für seinen inzwischen 16 Jahre alten Bruder in
Afghanistan zu sorgen, und dass demzufolge keine Hinderungsgründe
vorlagen, die gegen eine Abschiebung sprachen. Nach Erhalt dieser
Nachricht beging Assad Selbstmord. Die schwedische Migrationsbehörde änderte in der Folge ihre Entscheidung über Esmats Fall, und
man gab ihm eine dauerhafte Aufenthaltserlaubnis. Die Entscheidung
lautete wie folgt: »Ihr Bruder ist inzwischen verstorben. Die schwedische Migrationsbehörde stellt somit fest, dass ihre frühere Entscheidung angesichts der neuen Umstände offenkundig inkorrekt war.«

----

32 Das, The Signature of the State; Rozakou, Nonrecording the ›European Refugee
    Crisis‹ in Greece.

Der tragische Fall erregte großes mediales Aufsehen, das sich noch verstärkte, nachdem die SMA eingeräumt hatte, dass die ursprüngliche Entscheidung inkorrekt war, da angesichts von Assads jugendlichem Alter und seiner Sehbehinderung vernünftigerweise nicht anzunehmen war, er allein würde in der Lage sein, ein ausreichendes Netzwerk für seinen kleinen Bruder in Afghanistan aufzubauen. Der Leiter der Kommunikationsabteilung in der SMA beklagte die Umstände in einem Radiointerview und meinte, »manchmal treffen wir inkorrekte Entscheidungen. Das Schlimme in diesem Fall ist, dass die Sache niemals bis zum Einwanderungsgericht gelangt ist, und dass sich ein junger Mann stattdessen in den Suizid getrieben sah.«[33] Assad und sein Bruder hatten keine Beschwerde gegen die negative Entscheidung eingelegt, und der Fall wurde deshalb niemals vom schwedischen Migrationsgericht überprüft. Die Aussage des SMA-Kommunikationsleiters scheint anzudeuten, dass sich die Behörde im Prinzip darauf verlässt, das Gericht würde die Entscheidungen der SMA nochmals prüfen und gegebenenfalls korrigieren. Die SMA übernimmt also keine Verantwortung für ihre eigenen Entscheidungen, sondern vertraut stattdessen auf die Kontrollfunktion einer anderen Behörde.

Generell finden wir hier also ein komplexes System der Verantwortungsverteilung. Polizist*innen auf der Straße können den Fall an die Migrationsbehörde weiterreichen, welche die Entscheidung über Ablehnung und Abschiebung trifft; örtliche Migrationsbüros verweisen die Sache zurück an die nationale Behörde und deren Entscheidungsbefugnis, die sich wiederum auf das Gericht beruft, das fehlerhafte Entscheidungen festzustellen und zu korrigieren hat. Eine weitere Lesart der Tragödie von Esmat und Assad ist, dass sie uns einige der brutaleren Folgen einer Aufteilung von Verantwortung drastisch vor Augen führt: Die SMA kann die Verantwortung für ihre eigenen Fehlentscheidungen abwälzen, und damit auch für den tödlichen Ausgang dieses Falls, und zwar mit dem Argument, ihre Fehler hätten vom Gericht ausgebügelt werden müssen. Was wir hier sehen, ist das Vertrauen auf die »selbstkorrigierende« Natur des Asylsystems sowie die Vorstellung von Gerichten als Garanten der Gerechtigkeit.[34] Hier wird die Kontrollfunk-

----

33   Kerpner, Nio beslut leder fram till Ismats död – ingen tar ansvar.
34   Johannesson, In Courts We Trust; Eule, Inside Immigration Law.

tion, die als juristische Absicherung innerhalb des Bürokratieapparats installiert wurde, um gerade solche tödlichen Irrtümer zu verhindern, stattdessen missbraucht, um Verantwortung von sich zu weisen.

In ähnlicher Weise verweisen staatliche Akteure gern auf politische Entscheidungen und darauf, dass politische Akteure zur Verantwortung gezogen werden müssten, denn letztlich seien sie es ja, die entscheiden, welche Maßnahmen die Verwaltungen zu treffen haben. Angestellte der schwedischen Grenzpolizei reagierten beispielsweise mit Wut, Ironie und Verwirrung, als im Jahr 2016 der schwedische Minister für Einwanderung die Absicht kundtat, 80 000 Menschen innerhalb der kommenden drei Jahre abzuschieben.[35] Da sie nach eigener Einschätzung nicht die Mittel hatten, um diese Anweisung umzusetzen, weigerten sie sich, irgendwelche Verantwortung für ein potenzielles Scheitern an dieser neuen Zielsetzung zu übernehmen. Vergleichbares trug sich zu, als Vertreter*innen staatlicher Ministerien, der Polizei und die Leiter großer Ausländerbehörden vom deutschen Innenministerium Ende 2015 zu einem Workshop über Integration von Migrant*innen eingeladen wurden. Sie reagierten ganz ähnlich, als der Minister höchstpersönlich eine Grundsatzrede hielt, ein Mann mittleren Alters, der als einer der engsten Verbündeten von Kanzlerin Merkel gegolten hatte. Anstatt jedoch über Integration und »Willkommenskultur« zu referieren, gab der Minister standhaft Ansichten über die »Flüchtlingskrise« und darüber zum Besten, wie der Staat diese in den Griff bekommen sollte. Als der Minister eine »enorme Verbesserung« in Sachen »freiwilliger« Rückkehr und Abschiebungen versprach und dabei eine Zahl von 180 000 Abschiebungen aus Deutschland im Jahr 2016 ankündigte, im Bemühen, abgelehnte Asylbewerber*innen »loszuwerden«, erregte er den Unmut eines großen Teils seiner Zuhörenden. Da diese vorwiegend aus Praktiker*innen bestand, die die Aufgabe hatten, diese Abschiebungen durchzuführen, setzte ein Murren und Tuscheln im Publikum ein, und nicht wenige verweigerten am Ende der Rede des Ministers jeden Beifall. Anschließend steckten die Leitungen der Migrationsbehörden die Köpfe zusammen und diskutierten über die Rede untereinander, und mit Tobias. Alle waren sich einig, dass der Minister

---

35   Borrelli, Whisper down, up and between the Lane; Crouch, Sweden Sends Sharp Signal with Plan to Expel up to 80,000 Asylum Seekers.

eindeutig keine Ahnung hatte, wovon er redete, und dass 180 000 Abschiebungen ohne jeden Zweifel absolut unmöglich waren – was sich selbstverständlich als zutreffend erwies.

Ellermann[36] hat ausgeführt, staatliche Akteur*innen, deren Aufgabengebiet Abschiebungen umfasst, seien gefangen in der Kritik, einerseits »unmenschlich« und andererseits nicht »streng« oder »effizient« genug bei der Abschiebung unerwünschter Fremder zu sein.[37] In solchen heiklen Fällen haben die Staatsangestellten oftmals das Gefühl, mit dem inhärenten Druck einer komplexen Entscheidungsfindung alleingelassen zu werden[38] und zugleich die Ersten zu sein, denen irgendwelche Fehler vorgeworfen werden. Dies führte zu Unmut gegen die Regierung oder übergeordnete staatliche Stellen. Die oben erwähnten Reden boten gerade den Politiker*innen ein Mittel, die Verantwortung für »gescheiterte« Umsetzung politischer Entscheidungen auf untergeordnete Behörden abzuwälzen. Wie ein deutscher Polizist in einem Gespräch mit Lisa bemerkte, ist die Polizei auf der Straße »das letzte und schwächste Glied in der Kette, und wir sind immer automatisch mit der Kritik der Zivilgesellschaft und der Medien konfrontiert. Wir sind die, die am Ende den Kopf hinhalten müssen.« Diese exponierte, für alle sichtbare Stellung gibt Akteur*innen auf unterster Ebene das Gefühl, angreifbar zu sein. Auch Angestellte in Abschiebehaftanstalten in Dänemark und Schweden (2016, 2017) erlebten, wie sie von Migrant*innen, Medien und zivilgesellschaftlichen Organisationen für den Ausgang von Asylverfahren »beschuldigt« und damit (ungerechterweise) für Entscheidungen verantwortlich gemacht wurden, die nicht ihre Entscheidungen waren. Ein schwedischer Abschiebehaftangestellter macht sich beispielsweise Gedanken über die viel diskutierten Abschiebungen nach Afghanistan, die eine Reihe von Protestaktionen vor den Toren des Abschiebezentrums ausgelöst hatten:

> Sie müssen erkennen, dass wir nur einen begrenzten Verantwortungsbereich haben. Sie sagen, wir da drin wären furchtbare Menschen, und sie erfinden Lügen, wir würden die Abschiebehäftlinge nicht anständig behandeln … Ich habe keine Lust, mich an diesen

---

36   Ellermann, States against Migrants.
37   Siehe auch Vega, Empathy, Morality, and Criminality.
38   Bouchard / Carroll, Policy-Making and Administrative Discretion.

Diskussionen zu beteiligen, weil die Medien nun mal entschieden haben, dass ich es bin, der lügt. Ich habe gelernt, Menschen anzu-hören, ohne ihnen zuzuhören – das geht gar nicht anders, sonst hältst du es einfach nicht aus. Und natürlich ist mir klar, dass diese Typen keine Goldgräber von der Französischen Riviera sind … sie tragen eine harte Vorgeschichte mit sich herum, und natürlich ist es nicht schön, in ein Land zurückzukehren, in dem du seit zwanzig Jahren nicht mehr warst. (Interview Schweden 2017)

Der Abschiebehaftangestellte erlebt, wie ihm Verantwortung für Ent-scheidungen und Handlungen zugeschrieben wird, die zu verändern nicht in seiner Macht liegt. Für ihn wie für viele andere ist die Möglich-keit, die Bedingungen der Rechtsdurchsetzung zu verändern und Miss-fallen zu bekunden, Sache der Politik und keine Frage der Praxis. Wie wir allerdings in Kapitel 3 gezeigt haben, haben staatliche Akteure durchaus bedeutende Handlungsmöglichkeiten und können auf eine Weise an Recht und Gesetz »drehen«, die eher ihre persönlichen An-sichten und Vorstellungen widerspiegelt. Wir müssen deshalb über das strikte Festhalten an den Grenzen der »rechtlichen Verantwortung« von Streetlevel-Bürokrat*innen hinausgehen, auf die wir im Diskurs immer wieder treffen. Stattdessen müssen wir untersuchen, unter wel-chen Umständen sie am ehesten Verantwortung für den juristischen Ausgang eines Asylfalls von sich weisen oder übernehmen würden. Im folgenden Abschnitt werfen wir deshalb einen genauen Blick auf die in-dividuelle Verlagerung von Verantwortlichkeiten.

Der Zuständigkeits-Verschiebebahnhof

Die vielen Hände, die am Migrationsregime beteiligt sind, sind weder allein Folge der Profitabilität der Migrationsindustrie, noch handelt es sich um ein einzigartiges Merkmal der Durchsetzung von Migrations-recht. Vielmehr ist die Streuung von Aufgaben und Verantwortlichkei-ten zwischen unterschiedlichen Akteur*innen ein inhärentes Kennzei-chen der Struktur staatlicher Bürokratie, bei der die Minimierung individueller Verantwortung als Voraussetzung für die Wahrung der »Neutralität« der Verwaltung betrachtet wird. Das Asylverfahren ist bei-spielsweise oft so angelegt, dass Zuständigkeiten und Aufgaben auf viele verschiedene Staatsangestellte verteilt sind: Um zu verhindern, dass einzelne Entscheidungträger*innen der konkreten Enttäuschung einzelner abgelehnter Asylbewerber*innen ausgesetzt und von dieser möglicherweise beeinflusst werden, wird in Schweden und Dänemark die eigentliche Entscheidung immer von jemand anderem kommuniziert. In der Schweiz werden Entscheidungen per Post mitgeteilt, der Brief wird demzufolge von anderen Angestellten in Asylzentren geöffnet und erläutert. Die meisten unserer staatlichen Gesprächspartner*innen fanden dieses Vorgehen nicht nur praktisch, sondern geradezu notwendig, um die »Integrität« und »Unparteilichkeit« bürokratischer Prozeduren zu wahren. Das ist alles andere als ein Zufall; wie in der Vorstellung Webers beschrieben ist, dessen idealtypische Bürokratie noch immer in den Köpfen vieler Staatsangestellter herumgeisterte, mit denen wir sprachen: »Ihre [der Bürokratie] spezifische, dem Kapitalismus willkommene, Eigenart entwickelt sie umso vollkommener, je mehr sie sich ›entmenschlicht‹, je vollkommener, heißt das hier, ihr die spezifische Eigenschaft, welche ihr als Tugend nachgerühmt wird: die Ausschaltung von Liebe, Hass und allen rein persönlichen, überhaupt allen irrationalen, dem Kalkül sich entziehenden, Empfindungselementen aus der Erledigung der Amtsgeschäfte, gelingt«.[39]

Zusätzlich zu einer institutionalisierten Arbeitsteilung beeinflussen die Techniken zur »Verwaltung von Menschen« die Subjektivität und Handlungsmacht der Streetlevel-Bürokrat*innen.[40] Administrative und technologische Hilfsmittel wie Aktenordner, Formulare und Computerprogramme sowie eine standardisierte Sprache einschließlich der Verwendung von Akronymen und Verwaltungsjargon versetzen Staatsangestellte in die Lage, Vorgänge zu anonymisieren und eine gewisse Distanz zwischen sich und ihren »Kund*innen« zu legen.[41] Diese Technologien sind gewiss entscheidend für die Schaffung und Wahrung der Legitimität von Verwaltung,[42] sie dienen aber auch dazu,

---

39 Weber, Wirtschaft und Gesellschaft: Grundriss der verstehenden Soziologie, S. 563.
40 Bosworth, Paperwork and Administrative Power in Detention; Dubois, The Bureaucrat and the Poor; Feldman, ›With My Head on the Pillow‹.
41 Feldman, Governing Gaza; Herzfeld, The Social Production of Indifference.
42 Mathur, Paper Tiger.

sich selbst den Rücken freizuhalten. Beispielsweise stellten wir in schwedischen und Schweizer Abschiebehaftzentren oder Migrationsämtern einen exzessiven Einsatz von Papierkrieg und Dokumentation fest, wobei für alles und jedes die Unterschrift der Einsitzenden benötigt wurde. Dazu gehörten Entscheidungen über die Konfiszierung persönlicher Gegenstände von in Gewahrsam genommenen Personen, Entscheidungen über Leibesvisitationen oder Dokumente, die bestätigten, dass die Häftlinge über Urteile zu Inhaftierung, Abschiebung oder die Ablehnung von Einsprüchen informiert wurden. Als wir schwedische Abschiebehaftangestellte und Sachbearbeiter*innen kantonaler Migrationsbüros in der Schweiz zu diesem übertriebenen Papierkrieg befragten, hieß es nur, dies diene dem ordnungsgemäßen Verfahren und sorge dafür, dass »niemand ihnen die Schuld geben kann, falls etwas passiert«.[43] Das erinnert auffällig an die Antwort, die Mary Bosworth von den zuständigen britischen Abschiebebehörden zum Sinn solcher Formalitäten erhielt: »Es geht nur darum, am Ende nicht der Gelackmeierte zu sein.«[44] Wie in Kapitel 4 erläutert, ist die Herstellung von künstlichen »Einverständnisses« der Häftlinge besonders problematisch, wenn diese Häftlinge gar nicht verstehen, was sie überhaupt unterschreiben. Immerhin werden sie durch ihre Unterschrift mitverantwortlich für die Situation (erinnern wir uns an das verwirrende Gespräch zwischen Gian, einem Schweizer Migrationsamtssachbearbeiter, und einem Abschiebekandidaten in Kapitel 4). Obwohl bei diesen Gesprächen viel Information verloren geht oder ihre Bedeutung verändert, dient diese »Zustimmung nach Inkenntnissetzung« der Häftlinge dazu, die Angestellten von der eigenen Verantwortung – und damit letztendlich derjenigen des Staates – für das Schicksal der Migrant*innen freizusprechen. Die bürokratischen Akten und Dokumente können sogar persönliche Begegnungen ersetzen, was für die Verwaltung eine weitere Möglichkeit bietet, eine möglichst große Distanz zu ihren »Fällen« zu wahren.

Bestimmte Strukturen und Prozeduren versetzen mithin einzelne Staatsangestellte in die Lage, sich hinter Fakten zu verstecken und per-

---

43 Siehe auch Hull, Government of Paper; Dhupelia-Mesthrie, Paper Regimes; Allard, Bureaucratic Anxiety.

44 Bosworth, Paperwork and Administrative Power in Detention.

sönliche Verantwortung abzuwälzen. Wie es ein*e Sachbearbeiter*in des Schweizer Staatssekretariats für Migration (SEM) im Zusammenhang mit Dublin-Entscheidungen ausdrückte:

Nun, wir haben den Vorteil, dass wir keinerlei direkten Kontakt mit den Leuten haben. Da steht quasi eine Wand dazwischen. Das macht es möglich, relativ neutral zu entscheiden, ohne irgendwie zu denken, dieser oder jener ist eigentlich ganz nett […] und wir lassen den Fall erst einmal ein wenig ruhen. So etwas dürfen wir nicht tun, weil es willkürlich wäre. Und manche Leute – auch innerhalb des SEM – machen uns das zum Vorwurf: »Ihr trefft Entscheidungen, ohne die Leute zu kennen.« Nach unserer Einschätzung ist *genau das* der Vorteil, weil wir so gezwungen sind, [einen Fall] mehr oder weniger neutral zu beurteilen. (Interview Schweiz 2015)

Lediglich die Mitschriften der Anhörungen von Asylbewerber*innen zu lesen und diesen nicht persönlich zu begegnen wird hier als Vorteil beschrieben, wenn nicht gar als Notwendigkeit, um »unvoreingenommene« Entscheidungen über das Bleiberecht von Migrant*innen treffen zu können. Angeblich werde so die Entscheidungsfindung weniger durch den Charakter oder den Hintergrund der betreffenden Person beeinflusst – und damit ein gewisses Maß an Indifferenz gewahrt. Außerdem zeigt dieses Beispiel, dass der fehlende Blickkontakt mit Migrant*innen die emotionale Distanz vergrößert und es ermöglicht, die Lebensgeschichte von Menschen auf einen schlichten »Fall« zu reduzieren. Eine solche affektive Distanzierung spiegelt das vorherrschende Ideal der unvoreingenommenen, distanzierten Verwaltung wider.

Andererseits erzeugt das ausgeklügelte System der Verantwortungsstreuung ein kafkaeskes Labyrinth der Entscheidungsfindung, in dem Fehler niemals einem bestimmten Individuum zugeordnet werden können – denn niemand ist mächtig genug, um zur Verantwortung gezogen werden zu können. Genau dies sind die Mechanismen, die Hannah Arendts[45] Warnung vor der Banalität des Bösen auslösten, denn sie versetzen Staatsangestellte in die Lage, sich an Handlungen zu beteiligen, die sie als abstoßend und unmoralisch empfunden hätten, wenn sie sie in persönlicher, privater Funktion hätten ausführen sollen. In ähnlicher

----

45   Arendt, Eichmann in Jerusalem.

Weise warnt Herzfeld[46] vor den gewaltsamen Folgen solcher strukturell erzeugter Indifferenz.[47] Solcherlei Übel, das entweder auf vorsätzliche Ignoranz oder auf Gedankenlosigkeit der Handelnden zurückgeht, die sich gar nicht bewusst sind, dass sie etwas »Falsches« tun könnten,[48] wird ohne Zweifel in einem Regime der vielen Hände möglich. Doch wir stellen auch fest, dass die Begegnungen von Vertreter*innen des Staats mit Migrant*innen in asymmetrischen Aushandlungsräumen durchaus komplexere Verwicklungen und Beteiligungen offenlegen.

Verantwortungs-Verschiebebahnhöfe in und zwischen Bürokratien

»Es ist immer auch möglich, wieder zurück nach Hause zu gehen.« Der Mann, der auf der Basis des Dublin-Systems zurückgeschickt werden soll, verneint und gibt an, er würde Probleme in seinem Heimatland bekommen. Sachbearbeiter Max in einem kantonalen Migrationsamt in der Schweiz folgt weiter dem protokollarischen Ablauf der Begegnung, und dazu gehört die Frage an den Mann, ob er bereit wäre, die Schweiz zu verlassen (und gemäß Dublin-Regelung, welcher dieser Fall unterliegt, nach Italien zurückzukehren), ob es gesundheitliche Hinderungsgründe gäbe usw. Als Max den Mann nach seiner Bereitschaft zu gehen fragt, ist dieser unsicher. Max erklärt ihm, dass das System ihn in jedem Fall nach Italien schicken wird, ganz gleich, wo in Europa er sich aufhält. »Italien entscheidet, Bern [das Dublin-Büro innerhalb des Schweizer Staatssekretariats für Migration mit Sitz in Bern] hört sich nur an, was die Leute sagen, und muss tun, was Italien sagt.« (Feldnotizen im Schweizer kantonalen Migrationsamt 2016)

Streetlevel-Bürokrat*innen, die am Ende der Kette in der Migrationsverwaltung arbeiten – nachdem die Entscheidungen über Gewahrsam und Abschiebung gefallen sind –, sehen sich mit Migrant*innen konfrontiert, die oft sämtliche rechtlichen Mittel ausgeschöpft haben, um bleiben zu können. Diese Staatsangestellten waren in der Regel nicht in

---

46   Herzfeld, The Social Production of Indifference.

47   Siehe auch Feldman, ›With My Head on the Pillow‹; Hoag, Assembling Partial Perspectives.

48   Adams/Balfour, Unmasking Administrative Evil.

frühere Rechtsverfahren involviert und sind mit dem Hintergrund des jeweiligen Einzelfalls nicht vertraut. In dem Moment, in dem sie Abschiebekandidat*innen begegnen, gehen sie davon aus, dass »alles« innerhalb des Rechtsrahmens unternommen wurde, um den Ansprüchen des Asylbewerbers Rechnung zu tragen. Ihre einzige Aufgabe besteht darin, Überstellungen an andere Dublin-Signatarstaaten oder in die angenommenen Herkunftsländer der Migrant*innen zu organisieren und für eine reibungslose Abwicklung dieser Abschiebungen zu sorgen. Die Leitung einer italienischen Migrationsbehörde kommentierte nach einer Diskussion mit Sachbearbeitenden über unerledigte, weil nicht klar vorgegebene Aufgaben: »Die sind wie die Pferde. Sie machen nur, was man ihnen sagt.« Das impliziert, dass man von staatlichen Akteur*innen auf dieser Ebene nicht viel erwarten kann oder darf, da sie ausschließlich innerhalb ihres definierten Bereichs tätig werden. Deshalb vermitteln Streetlevel-Bürokrat*innen oft den Eindruck, sie hätten nur sehr geringen Handlungsspielraum innerhalb des Rechtsrahmens.

Allerdings waren die Verantwortlichkeiten nicht in allen Behörden so klar strukturiert und verteilt. In den verschiedenen Ländern konnten wir hinsichtlich der Organisation der exekutiven Verantwortung deutliche Unterschiede beobachten. Innerhalb Europas wird oft Großbritannien als Extrembeispiel für Outsourcing und Privatisierung der Verantwortung von Migrationskontrollen angeführt. So ist beispielsweise die private Sicherheitsfirma G4S, Vertragspartner für den Betrieb von Haftzentren und die Begleitung bei Abschiebungen – trotz wiederholter Berichte über Fälle von Missbrauch, Rassismus und sogar tödlicher Gewalt, verübt von Mitarbeiter*innen der Firma in Haftzentren und bei Abschiebungen.[49] Das Outsourcing umkämpfter und mit Zwang verbundener Aufgaben der Migrationskontrolle an private Vertragspartner gibt Staaten die Möglichkeit, diese Praktiken nach dem Motto »Aus den Augen, aus dem Sinn«[50] zu behandeln. Sie vermeiden damit, für solche Vorfälle verantwortlich gemacht zu werden – sowohl juristisch als auch in den Augen der Öffentlichkeit. Dies wiederum macht nicht nur einzelne Sachbearbeiter*innen, sondern den gesamten

---

49   Bhatia/Canning, Brutality of British Immigration Detention System Laid Bare.
50   Gammeltoft-Hansen/Sørensen, The Migration Industry and the Commercialization of International Migration, S.129.

Apparat der Migrationskontrolle widerstandsfähiger gegen Kritik: Wenn irgendetwas schiefgeht und das Spiel der Schuldzuweisungen beginnt, ist es vielleicht gar nicht möglich, den*die eine*n Verantwortliche*n auszumachen. Solche unklaren Zuständigkeiten gab es allerdings nicht in allen staatlichen Strukturen. Am anderen Ende des Spektrums standen die Grenzschützer*innen in Litauen, die, da Litauen zu einer Brücke nach Europa geworden war, für den gesamten Prozess der Migrationskontrolle persönlich verantwortlich geworden waren. Jani, ein leitender litauischer Grenzpolizist, gibt seine Überlegungen zu den Anfängen seiner Karriere zu Protokoll, und damals waren es Jani »und ein weiterer Kollege und eine Kollegin […], [die] alles geregelt haben« (Interview Litauen 2015). Die Verantwortung war klar zugewiesen:

> Das heißt also, […] an einem Tag redest du mit Migranten, ja, du machst Fotos und nimmst Fingerabdrücke, […] in der einen Minute sprichst du mit [dem gleichen] Migranten – danach sprichst du mit dem Konsulatsmitarbeiter wegen der Papiere; und dann sprichst du mit dem Flughafen wegen der Organisation der Ausreise – und dann redest du mit der IOM wegen der Kosten …

Jani unterstreicht, dass das Bearbeiten eines Falls »von A bis Z« aus Mangel an Zeit und Ressourcen zur üblichen Praxis wurde. Aber wir erfahren auch, dass die Grenzschützer*innen im Gegensatz zu dem oben interviewten Grenzpolizisten, der Entscheidungen am Schreibtisch trifft, eine persönliche Beziehung zu »ihren« Migrant*innen aufbauen konnten. Jani betont, dies war nur möglich, weil Litauen ein Transitland ist, in dem die Weiterreise im Interesse der meisten Migrant*innen und der Streetlevel-Bürokrat*innen liegt, deshalb »ist es gut, wenn man sie jeden Tag sieht, dann baut man eine persönliche Beziehung zu ihnen auf. Du weißt, wie sie denken, wer sie sind; und sie wissen, wer du bist.« Das Narrativ des gemeinsamen Interesses von Grenzposten und Migrant*innen dient nicht nur der effizienten Rechtsanwendung, sie lässt sich so auch leichter rechtfertigen. Allerdings hatte Jani beobachtet, dass es in anderen europäischen Ländern, in denen Migrant*innen sich der Abschiebung widersetzten und bleiben wollten, »deprimierend für die Kolleg*innen« werden konnte, wenn sie wie die Litauer*innen einen Fall »vom Anfang bis zum Ende« betreuen mussten.

> »Wenn eine zwangsweise Rückführung durchgeführt wird, ist es manchmal besser, wenn man die Mitarbeiter austauscht, schon aus

psychologischer Sicht. Sie haben dann keine emotionale Verbindung zu irgendwem.« Jani erläutert weiter, dass dann auch den Migrant*innen die Möglichkeit genommen wird, eine emotionale Beziehung aufzubauen: »Denn es ist ja nur menschlich [bezogen auf die Migranten], sich an jemanden zu halten, wenn du in Gefahr bist. Jemanden ausfindig zu machen, der dir helfen könnte.« (Interview Litauen 2015)

Jani erinnerte sich an ein Gespräch mit einem dänischen Polizisten während eines Schulungsaustauschs zwischen den beiden Grenzschutzbehörden. Damals hatte Jani gefragt, warum sie die Zuständigkeiten für Registrierung, Verfahren und Abschiebung auf mehrere Mitarbeitende verteilt hätten. Der Kollege aus Dänemark hatte geantwortet: »Sonst käme ich mir doch vor wie ein Henker oder so etwas.« Persönliche Beziehungen und Verantwortung werden in dem Moment zur Last, wenn die Ziele der Staatsangestellten und der Migrant*innen divergieren und wenn Migrant*innen Widerstand leisten und sich gegen Zwangsmaßnahmen wehren. In diesen Momenten verweisen Mitarbeiter*innen, die Abschiebungen durchführen oder Dublin-Überstellungen bzw. abgelehnte Asylbewerber*innen begleiten, auf die Stellen, die über das Bleiberecht entscheiden, und geben damit die Verantwortung für die Entscheidung an diese andere Behörde oder Stelle weiter. Mitarbeiter*innen in schwedischen Abschiebehaftzentren, die für die schwedische Migrationsbehörde arbeiteten, wechselten genau wie Sachbearbeiter*innen in Asylverfahren oft vom »wir« zum »die« bzw. »deren Entscheidung«, wenn sie von der Behörde sprachen. In dänischen Asyl- und Abschiebezentren legte das Personal, das beim Roten Kreuz bzw. beim Gefängnis- und Bewährungsdienst angestellt war, größten Wert darauf, dass die Asylsuchenden verstanden, dass sie *absolut nichts* mit ihrem individuellen Asylverfahren zu tun hätten und nicht »Teil des Systems« wären. Diese kognitive Abkopplung oder »Mentalität der Verantwortungsvermeidung« gab ihnen die Chance, Verantwortung für unangenehme Entscheidungen von sich zu weisen und dennoch staatliche Funktionen auszufüllen. Trotzdem spiegelt diese Mentalität nicht in Gänze das wider, was als Indifferenz[51] be-

---

51 Herzfeld, The Social Production of Indifference.

schrieben oder als Bewältigungsstrategie[52] definiert wurde. Timi, Mitarbeiter*in einem Abschiebezentrum in Dänemark, drückte es so aus:
> Es ist wichtig, Empathie mit anderen zu haben – es ist sogar not-
> wendig. Aber ich kann ruhig schlafen, wenn ich nach Hause gehe;
> es ist nicht meine Entscheidung, sondern die von jemand anderem,
> der die Verantwortung für die Situation trägt. Ich kann den Leuten
> nur helfen, mit denjenigen in Kontakt zu kommen, die die Befug-
> nis haben, diese Entscheidungen zu beeinflussen, aber ich selbst
> habe darauf absolut keinen Einfluss: Ich kann mich immer hinter
> dieser Tatsache verstecken und sagen – »ich war's nicht!«. Im Ge-
> fängnis ist es doch genauso, auch wenn dort die Wachen mehr Be-
> fugnisse und Ermessensspielraum haben; hier ist es die Einwande-
> rungsbehörde, die die Entscheidungen trifft.

Timi betont zwar das sehr begrenzte Verantwortungsgefühl von Ge-
fängnisangestellten, das Zitat zeigt aber auch, dass dies Empathie mit
den Inhaftierten nicht unbedingt ausschließt, sondern oft überhaupt
erst möglich macht. Wenn wir an Frankie im dänischen Asylzentrum
denken, der eine beachtliche Entfremdung vom Asylsystem und dem
Einwanderungsdienst verspürte und sich deshalb lieber mit den Asylsuchenden solidarisierte, neutralisiert Timis Distanzierung von der
Entscheidungsfindung im Einzelfall die eigene Haltung und die anderer Abschiebehaftangestellter in Bezug auf die Insass*innen von Abschiebezentren. Ihre Rolle ist nicht unbedingt die der Abschieber, sie
sehen sich eher als Vermittler*innen im »System« der Migrationskontrolle.

Zuständigkeitsflucht auf Street-Level Ebene

Gene, als Sachbearbeiter für die Abteilung »Asyl und Rückkehr«
in einem kantonalen Migrationsamt (SEM) in der Schweiz tätig,
schildert den Fall einer Familie: eine Frau mit drei Kindern, die gemäß Dublin-Regelung nach Italien zurückgebracht und dort wegen des mangelhaften Rücknahmesystems auf der Straße landen
werde. Für Gene liegt das jedoch nicht in der Verantwortung seiner
Abteilung: »In dem Moment, wo der Flug gebucht ist, ist der Fall
abgeschlossen, erledigt« – auch wenn er hinzufügt: »Es wäre schon

---

52 Lipsky, Street-Level Bureaucracy.

sinnvoll, in dem Fall etwas zu unternehmen, aber ich kann da nichts machen.« (Feldnotizen aus einem Schweizer kantonalen Migrationsamt 2017)

Während Max, den wir im Abschnitt zuvor zitierten, die Verantwortung auf eine höhere Ebene, das SEM und sogar ein anderes Land (in diesem Fall Italien) abwälzt, weist Gene eine persönliche Verantwortung von sich mit dem Hinweis, er selbst könne ja nichts tun, weil die Verantwortung bei einer anderen Abteilung der gleichen Behörde liege. Gene räumt das damit verbundene Dilemma ein, aber von Verantwortung will er nichts wissen.

Allerdings entspricht die Haltung, man könne ja nichts tun, nicht ohne Weiteres der tatsächlichen Situation. Wir haben ähnliche Fälle beobachtet, in denen Sachbearbeiter*innen versuchten, Notunterkünfte und Aufnahmeeinrichtungen im jeweiligen Zielland zu kontaktieren, um sicherzustellen, dass man die zurückgeschickte Person aufnimmt und sich um sie kümmert. Der Spielraum besteht darin, die Abschiebung bzw. Überstellung möglichst »sanft« zu gestalten und dafür zu sorgen, dass den Menschen zumindest ein gewisses Maß an Hilfe zuteilwird. Im Unterschied zu manchen Kolleg*innen geht Gene weder über sein Mandat hinaus noch verfolgt er persönliche Motive. Gene sieht kaum Handlungsspielraum und erklärt den Fall schlicht und einfach für erledigt. Zugleich sind sich manche Sachbearbeiter*innen durchaus der Möglichkeit bewusst, dass Migrant*innen sich widersetzen oder Anwält*innen intervenieren könnten, um eine Abschiebung noch zu verhindern. Das Wissen um das Widerstandspotenzial anderer kann z. B. Sachbearbeiter*innen oder NGO-Personal dazu motivieren, Abschiebekandidat*innen ihren voraussichtlichen Abschiebetermin mitzuteilen oder sie über eine potenzielle Inhaftierung vorzuwarnen, in Kauf nehmend, dass die Betroffenen dann untertauchen.

Auch wird die Beziehung zwischen dem Individuum und der zuständigen Stelle relevant, da sich sowohl Max als auch Gene innerhalb des Systems verorten und ihre eigene Irrelevanz betonen, wenn es um endgültige Entscheidungen geht. Es geht um »Bern« oder »Italien«, zwei weit entfernte, nahezu abstrakte Autoritäten, die über das Schicksal der Person bestimmen, nicht etwa sie selbst. Sie müssen einfach nur deren Entscheidungen umsetzen. Indem sie ihre persönliche Teilhabe an dem Fall und damit die Verantwortung von sich weisen, legitimieren sie ihr eigenes Nichthandeln. Es ist eine andere Stelle, weiter oben in der Hierarchie angesiedelt, die rechtsgültige und vernünftige Entscheidungen zu treffen hat, was Gene und Max von der Last der Verantwortung für den potenziellen Schaden befreit, der den Migrant*innen, mit denen sie zu tun haben, zugefügt wird. Rechtlich betrachtet hat sich Max an das korrekte Verfahren gehalten, auch wenn es um die Zukunft der Familie übel bestellt ist. Innerhalb dieser Logik braucht man nach weiteren Hilfsoptionen gar nicht erst zu suchen. Während Gene ein ungutes Gefühl zu haben scheint, weil er gehindert wurde, in der Sache »irgendetwas zu tun«, geben andere Staatsangestellte durchaus zu, erleichtert zu sein, wenn sie schwierige Entscheidungen weiterreichen und damit vermeiden können, als Schuldige dazustehen, falls etwas schiefläuft.

Eine Äthiopierin in sichtbar fortgeschrittenem Stadium der Schwangerschaft muss möglicherweise die Schweiz in Richtung Italien verlassen, weil ihr Fall unter die Dublin-Regelung fällt. Die Schweizer Behörden lehnten ihren Asylantrag ab, weil Italien als zuständig für den Fall erachtet worden war. Sachbearbeiterin Steff wägt verschiedene Alternativen ab und entscheidet, man würde Informationen über den Fall an die Klinik senden und einen medizinischen Bericht anfordern, um die Transportfähigkeit der Frau festzustellen. »Dann sollen die sich doch die Finger verbrennen, nicht ich.«

Steff bestreitet nicht das Dilemma, eine Frau in solch schutzbedürftigem Zustand abzuschieben, reicht aber mit leichter Hand und routiniert die Verantwortung an die nächste Autorität in der Hierarchie weiter. Das Weitergeben des »Problems« steht oft mit unbequemen Entscheidungen und Zwangsmaßnahmen in Zusammenhang. Wie Ellermann betonte, liegt die soziale Regulierung durch Zwangsmaßnahmen »in der Hand einer spezialisierten staatlichen Bürokratie«,[53] wobei Streetlevel-Bürokrat*innen, die die Macht des Staates konkret auszuüben haben, »zwischen dem Staat und den Objekten dieser Regulierung stehen«. Steff reflektiert bis zu einem gewissen Grad über die »Maßnahmen, die das individuelle Verhalten kontrollieren und massiv in dieses eingreifen, wofür die Betroffenen einen hohen persönlichen Preis zu bezahlen haben, und die oft auf dem routinemäßigen Einsatz physischer Gewalt

----

53   Ellermann, States against Migrants, S. 12.

zur Durchsetzung der Maßnahmen beruhen«[54]. Steff sieht in der Entscheidung zur Dublin-Überstellung einer schwangeren Frau eindeutig Konfliktpotenzial und die Gefahr für so manchen, sich die Finger zu verbrennen. Daher erwägt Steff potenzielle Strategien und Handlungen, mit denen das Übernehmen von Verantwortung für die Umsetzung der Überstellung in diesem speziellen Fall vermieden werden kann. Wie bereits erwähnt, machen es die Strategien der Akteur*innen zum Weiterreichen der Verantwortung für den Ausgang von Asylverfahren noch schwieriger, die Verantwortungskette über die vielen verschiedenen Akteur*innen zurückzuverfolgen.

Streetlevel-Bürokrat*innen »machen sich das Leben sehr einfach«[55] gegenüber einer Gruppe von Menschen in prekärer Situation, die ohnehin kaum Macht und Stimme haben. Oftmals sind ihnen die enormen Folgen ihres Handelns sehr wohl bewusst, jedoch bestreiten sie jede Verantwortung dafür. Das geht weit darüber hinaus, lediglich indifferent und »ohne Ansehen der Person« zu handeln. Zugleich versuchen Staatsangestellte auch sicherzustellen, dass ihre Position nicht infrage gestellt wird, wenn sie von Migrant*innen mit Fragen zur Fairness oder Legitimität ihres Rechtshandelns konfrontiert werden. Im nächsten Abschnitt beleuchten wir die moralischen Dilemmata, in die Staatsangestellte geraten und die sie motivieren könnten, persönliche Verantwortung zu übernehmen und das zu korrigieren, was sie selbst als ungerechten oder unangemessenen rechtlichen Ausgang eines Verfahrens wahrnehmen. Dies wirft ein Licht auf die persönliche Haltung von Streetlevel-Bürokrat*innen zu ihrer Arbeit und ihrem Zuständigkeitsbereich; wir können auf diese Weise aber auch untersuchen, wie die Spannung zwischen moralischer Anteilnahme und »ruhig schlafen«[56] erlebt wird.

---

54   Ebd.
55   Bardach, The Implementation Game, S. 76.
56   Siehe Feldman, ›With My Head on the Pillow‹.

Verantwortung übernehmen

Die Überlegungen des litauischen Grenzschützers Jani und die Geschichte des dänischen Polizisten beschreiben die Dilemmata in Verbindung mit den Zwangsaspekten der Durchsetzung von Migrationsrecht.[57] Um mit den emotionalen und moralischen Herausforderungen ihrer Arbeit klarzukommen, nutzen Streetlevel-Bürokrat*innen eine Reihe von Bewältigungsstrategien, damit sie am Ende »mit sich selbst im Reinen sein können«.[58] Dazu gehört, wie wir gesehen haben, das Streuen der Verantwortung, aber auch Verzögerungstaktiken oder Rosinenpicken, sprich: Man sucht sich die »einfachen« Fälle heraus.[59] Darüber hinaus weisen Borrelli und Lindberg[60] auf die Relevanz kreativer Strategien zum Anpassen des Rechtsrahmens an das hin, was die Bürokrat*innen selbst in der konkreten Situation als »angemessen« oder moralisch vertretbar erachten.

Wenn wir verstehen wollen, wie Staatsangestellte unter Stress durch Konfliktsituationen manövrieren und selektiv Verantwortung übernehmen, müssen wir die affektive, moralische und soziale Welt der Herrschaft[61] genauer beobachten. Die Macht, die staatlichen Institutionen überantwortet ist, ruft ja durchaus starke Emotionen hervor.[62] Wie Mathur bemerkt, impliziert dies auch, dass wir »uns weg von eindeutigen Berichten über […] bürokratische Indifferenz und hin zu […] einem radikal neuen Bild einer belebten Bürokratie bewegen«.[63] Auf der Grundlage von Fassins Begriff der »moralischen Ökonomie«[64]

57 Ellermann, States against Migrants.
58 Feldman, ›With My Head on the Pillow‹; siehe auch Lipsky, Street-Level Bureaucracy; Blau/Meyer, Bureaucracy in Modern Society; Bouchard/Carroll, Policy-Making and Administrative Discretion; de Graaf u.a., Coping with Public Value Conflicts.
59 Scott, Domination and the Arts of Resistance.
60 Borrelli/Lindberg, The Creativity of Coping.
61 Feldman, ›With My Head on the Pillow‹; Maynard-Moody/Musheno, Cops, Teachers, Counselors.
62 Laszczkowski/Reeves, Affective States: Entanglements, Suspensions, Suspicions, S. 2; siehe auch Trouillot, The Anthropology of the State in the Age of Globalization.
63 Mathur, Paper Tiger, S. 163.
64 Fassin, Compassion and Repression.

schließen wir uns dem Gedanken an, dass Werte und Ideale das praktische Handeln von Streetlevel-Bürokrat*innen zum Teil auf weniger strategische und bewusste Weise prägen, als die Literatur zur »Emotionsarbeit« behauptet.[65] Vega beobachtet, wie Streetlevel-Bürokrat*innen »Diskurse über Mitgefühl strategisch einsetzen, um öffentliche Kritik an ihrer Arbeit abfedern zu können«[66]. Wir fanden allerdings wesentlich weniger strategisch geprägte Handlungsweisen vor als solche, die eher von Emotionen und geteilten Werten getragen waren. Diese »moralischen Ökonomien« entstehen »durch Einschätzungen und Empfindungen, die nach und nach eine Art gesunden Menschenverstand und ein kollektives Verständnis des Problems definieren«.[67] Basierend auf solchen moralischen und affektiven Faktoren können Staatsangestellte Handlungsweisen entwickeln, die politische oder professionelle Vorgaben revidieren oder diesen sogar diametral widersprechen können.

Wie wir in Kapitel 4 gezeigt haben, sind die Verantwortlichen für die Migrant*innen oft nicht greifbar. Die strukturellen Bedingungen, die die Verantwortung von Bürokrat*innen auf ein Minimum reduzieren, tragen dazu bei, den Staat als weit entrücktes, magisches Phänomen erscheinen zu lassen. Überdies perpetuieren sie das Erleben struktureller Gewalt, was daher rührt, dass niemand für den angerichteten Schaden verantwortlich ist. Wie wir gesehen haben, kommen sich Streetlevel-Bürokrat*innen zuweilen »wie Henker*innen« vor. Dies zeigt dass die Staatsangestellten sehr wohl darüber reflektieren, Teil der vom Staat induzierten Gewalt zu sein, wenn sie Menschen Handschellen anlegen und sie ins Flugzeug tragen oder Migrant*innen einsperren, die Widerstand leisten. Wir erkennen mithin Elemente von Arendts »Banalität des Bösen«,[68] da die Verwaltung die Möglichkeit hat, die rechtlichen Erfordernisse, Konventionen und Regeln[69] unkritisch hinzunehmen. Wie wir jedoch zeigen werden, sind einzelne Bürokrat*innen oftmals

65   Vega, Empathy, Morality, and Criminality.
66   Ebd.
67   Fassin, Governing Precarity, S. 9; siehe auch Ortner, Anthropology and Social Theory.
68   Arendt, Eichmann in Jerusalem; siehe auch Clarke, Beyond ›The Banality of Evil‹.
69   Feldman, ›With My Head on the Pillow‹.

weder unbewusst noch indifferent gegenüber der strukturellen Gewalt, die sie selbst ausüben oder deren Zeug*innen sie werden. Vielmehr wechseln sie zwischen dem Bewusstsein über die Konsequenzen des eigenen Handelns und einer laxen Einstellung aufgrund der strukturellen Möglichkeit, durch Abwälzen der Verantwortung das eigene Gewissen zu beruhigen. Die anonymisierenden Praktiken können also mit affektiven und emotionalen Überlegungen verwoben sein, was bisweilen auch zu Handlungen führt, die darauf abzielen, einen nachteiligen Ausgang abzumildern oder gänzlich abzuwenden.

Die moralische Ökonomie der Migrationskontrolle

Er starb
Er wurde getötet
Aber wir haben alles richtig gemacht
In Gottes Namen!
Wir haben nur das Gesetz befolgt
Also uns kann keiner etwas vorwerfen
oder
absolut

Dieser Auszug stammt aus einer Sammlung von »Gedicht-Therapien«, die ein Mitarbeiter der schwedischen Migrationsbehörde veröffentlichte (Asp 2017). Der Autor erklärte, die Poesie diene auch als Mittel, sich damit auseinanderzusetzen, wie die Natur der Arbeit in der Migrationskontrolle die Werte und Diskurse einzelner Sachbearbeiter*innen verändern könnte. In einem Interview mit einer schwedischen Zeitung schildert Asp, die größte Angst sei, »dass du dich von der Gedankenwelt und der Sprache [der schwedischen Migrationsbehörde] vereinnahmen lässt, sie zu deiner eigenen machst«.[70] Damit betont Asp, wie die Arbeit mit der »Verwaltung von Menschen« Gefahr läuft, zur Entmenschlichung zu führen[71] und zur »Gewalt der Indifferenz«[72], und wie die Weigerung, bei dieser Entmenschlichung mitzumachen, gleichermaßen

70 Röshammar, Asylhandläggaren som började skriva poesi.
71 Herzfeld, The Social Production of Indifference.
72 Feldman, ›With My Head on the Pillow‹, S. 496.

affektives[73] und politisches Handeln darstellt. Wir haben sogar Street-level-Bürokrat*innen beobachtet, die ihre eigene Verantwortung in erster Linie an der Seite der »Kundschaft« angesiedelt sahen, mit der sie zu tun hatten, nicht etwa an der Seite eines abstrakten bürokratischen Apparats.[74] Daher ist die Rationalität der viel zitierten distanzierten Professionalität als Strategie, mit der Arbeit in einem moralisch und politisch aufgeladenen Umfeld klarzukommen, nicht die einzige, die wir bei den Bürokrat*innen innerhalb des Migrationsregimes feststellen konnten.[75]

Schwedische Migrationsangestellte, die in der Rückkehrberatung oder in Abschiebehafteinrichtungen arbeiten, geben zu, sie würden oft einfach nur sagen, sie »arbeiten für die Regierung«,[76] wenn sie von anderen nach ihrem Job gefragt werden. Auch Guni in Litauen hält sich mit Informationen über die eigene Arbeit lieber zurück und räumt ein, dass die Umsetzung von Abschiebungsanordnungen und Haftbefehlen zwiespältige und unangenehme Aufgaben seien:

> Wenn Freunde oder Verwandte nach meinem Job fragen, mache ich manchmal einen Witz und sage, ich arbeite in einem Hotel mit ganz speziellen Gästen, oder im Reisebüro der Regierung, wo man nur einfache Tickets buchen kann und ich die Aufgabe habe, die Leute am Flughafen zu verabschieden. (Interview Litauen 2015)[77]

Die Überlegungen dieser Streetlevel-Bürokrat*innen lassen sich auch als Weg interpretieren, das inhärente »Legitimitätsdefizit« der Institutionen zu kaschieren, bei denen sie beschäftigt sind.[78] Im Bewusstsein über die moralisch und politisch heikle Natur der eigenen Arbeit hat Guni einen Weg gefunden, Gesprächen über den Job als Grenzschützer bei alltäglichen Begegnungen mit Freund*innen und Verwandten aus dem Weg zu gehen. Aber indem Guni seine Arbeit, die darin besteht Menschen abzuschieben, positiv darstellt und seinen Arbeitsplatz als »Reisebüro« bezeichnet, legitimiert er auch anfallende Aufgaben und

---

73 Laszczkowski/Reeves, Affective States: Entanglements, Suspensions, Suspicions.
74 Maynard-Moody/Musheno, Cops, Teachers, Counselors.
75 Wettergren, Managing Unlawful Feelings.
76 Siehe auch Ugelvik, Techniques of Legitimation.
77 Siehe auch Borrelli/Lindberg, Lithuania's ›Hotel‹ with Special Guests.
78 Bosworth/Slade, In Search of Recognition; Puthoopparambil u.a., ›It Is a Thin Line to Walk on‹.

scheut damit grundsätzliche Überlegungen über die Folgen. Der Euphemismus zeigt, wie emotional aufgeladen die Arbeit ist und wie schwierig es für Streetlevel-Angestellte sein kann, sich darin einigermaßen wiederzufinden. Wie weiter oben erwähnt, spielt auch das Narrativ der »gemeinsamen Ziele« mit den Migrant*innen, von denen lettische und litauische Grenzschützer*innen sprachen, die mit Einwanderungskontrolle, Haft und Abschiebung befasst sind, die Gewalt von Abschiebungen herunter und wahrt die Vorstellung von einem humanen und effizienten Migrationsregime.[79]

Streetlevel-Bürokrat*innen, die selbst im Gespräch mit Kolleg*innen angesichts ihrer Arbeit ein ungutes Gefühl beschleicht, reflektieren auch darüber, wie Abschiebungen einfach als Teil der »Drecksarbeit« des Staates gesehen werden. Dies wird in den Überlegungen von Nicola deutlich, einer Mitarbeiterin der Internationalen Organisation für Migration (IOM), in Österreich:

A: Schieben sie [das Bundesamt für Fremdenwesen und Asyl in Österreich] vor allem Leute ab, die straffällig geworden sind?

N: [...] Ich weiß nicht. Ich weiß nur, dass sie gewaltige Probleme damit haben, eine Abschiebeanordnung erklären zu müssen, denn anders als bei der freiwilligen Rückkehr geht es ja um eine Rückkehr als Zwangsmaßnahme, und das ist etwas Schlechtes. Das ist etwas, das man [...] nicht machen sollte, weil dann dieser arme Mensch zurück in sein Land muss.

A: Heißt das, die Leute sind in Österreich relativ sicher vor einer Abschiebung?

N: Inzwischen würde ich das nicht mehr sagen. Vor allem in den letzten zwei oder drei Monaten, wird das viel fokussierter vorangetrieben: »Du musst das machen. Du musst die Leute abschieben.« Die Leute sollen zurück in ihr Heimatland, darauf ist man jetzt viel stärker ausgerichtet. [...] Ich glaube nicht, dass man vor Abschiebung sicher ist. Nein, nirgendwo. (Interview in Österreich 2016)

Oder in den Worten eines Mitarbeiters des Schweizer Staatssekretariats für Migration:

[Das Durchsetzen von Abschiebungen] ist keine attraktive Arbeit. Dafür bekommst du wenig Anerkennung in der Öffentlichkeit [...].

---

79   Borrelli/Lindberg, Lithuania's ›Hotel‹ with Special Guests.

Aber es gibt nun mal grundsätzlich Dinge, die nicht sehr beliebt sind. Und es ist auch ein wirklich unattraktiver Job. Es liegt auch nicht im Interesse der Polizei, jemanden *manu militari* durch den Flughafen zu zerren und in Handschellen in ein Flugzeug nach was weiß ich wohin zu stecken. Das ist Stress für alle Beteiligten. Deshalb ist es auch nicht sehr populär, dafür einen Haufen Geld aufzuwenden, auch wenn man sicher die Mittel dafür finden könnte. Wir haben noch immer etwas von dieser Idee in der Schweiz … Wir versuchen, alles so perfekt wie möglich zu machen, endgültige Entscheidungen durchzusetzen, im schlimmsten Fall auch Sonderflüge zu organisieren, bei denen der Transport pro Person viele Tausend Franken kostet. Aber wenn du das Recht korrekt durchsetzen willst, ist das eben der Preis. Wenn du da nicht konsequent bist, denken sie, »Gut, Papier ist geduldig, jeder kann sich lustig darüber machen, und am Ende passiert es doch nicht.« Das wäre nicht das, was wir uns unter einer staatlichen Ordnung vorstellen. (Interview Schweiz 2015)

Auch wenn einige unserer Gesprächspartner*innen die Migrationskontrolle und insbesondere Abschiebungen als unattraktiven Job ansehen, so begründeten mehrere staatliche Akteur*innen die Tatsache, dass sie diese Arbeit oft bereits seit vielen Jahren verrichten, damit, dass es besser wäre, wenn sie, also die »Guten«, diesen Job erledigen und nicht irgendwelche andere. Einen »guten Job« zu machen könnte auch bedeuten, sich besondere Mühe zu geben, um den Schaden, den eine negative Asylentscheidung für die betroffenen Migrant*innen bedeutet, auf ein Minimum zu begrenzen – und manchmal lässt sich sogar der Ausgang des Verfahrens zu deren Gunsten beeinflussen. Während Nicola den Schluss zieht, dass die Unbeliebtheit der Ausweisungspraktiken für niemanden »Sicherheit« vor der Abschiebung bedeutet, gibt es auch Fälle, in denen die eigene moralische oder politische Haltung die Akteur*innen drängt, bis an den Rand ihres Mandats zu gehen, um die Rechtsdurchsetzung mit ihren persönlichen Werten in Einklang zu bringen. Bisweilen kann dies tatsächlich bedeuten, dass sie Menschen vor der Abschiebung »retten« (siehe Kapitel 5). Wie wir in Kapitel 5 beim Ringen um die Zeit beschrieben haben, können Fälle, in denen Bürokrat*innen durch aktive, normative Beurteilungen der konkreten Situation die Lage von Migrant*innen mit prekärem Rechtsstatus entscheidend zu deren Vorteil oder Nachteil beeinflussen. Streetlevel-Akteur*innen sind damit in einer potenziell sehr heiklen Rolle gefangen. Einerseits sind sie diejenigen, die Haft- und Abschiebeanordnungen durchzusetzen haben, und manchmal müssen sie sogar Migrant*innen beim Abschiebeflug ins Zielland begleiten. Zugleich sind sie aber auch die letzte Hoffnung und die letzten Offiziellen, die die Abschiebekandidat*innen zu Gesicht bekommen, bevor ihre Akte »geschlossen« wird. Damit sind sie bis zu einem gewissen Grad die letzte Informationsquelle und der letzte Strohhalm.[80] Ihr Handeln oder Nichthandeln kann daher entscheidende Konsequenzen für den Ausgang juristischer Verfahren und für das Leben der Migrant*innen haben.

Urteile fällen, Maßnahmen ergreifen

Wiederholung und Routine sind Teil einer jeden bürokratischen Einheit und können Gründe sein, um »die Welt unverändert und unhinterfragt« zu belassen.[81] Allerdings spielt die persönliche Haltung auch für die Positionierung der Akteur*innen eine Rolle. Tatsächlich gehört es zu den gängigsten Annahmen in der Literatur über die Streetlevel-Bürokratie, dass Staatsangestellte oft die Absichten der Regierung internalisieren und Wege finden, diese zu verinnerlichen,[82] oder aber Wege finden, sich zu drücken, anstatt ihre Arbeit zu erledigen, wann immer sich die Gelegenheit bietet.[83] In Abschiebehaftzentren in Dänemark und Grenzposten in Lettland trafen wir beispielsweise auf Personen, die bei der Frage nach den Herausforderungen ihrer Arbeit nur mit den Achseln zuckten und schlicht meinten, ihre Arbeit sei »ein Job wie jeder andere«, oder »irgendjemand muss schließlich dafür sorgen, dass Gesetze durchgesetzt werden« (Feldnotizen Dänemark 2017; Lettland 2016).

Während Timi, der weiter oben zitierte Abschiebehaftangestellte aus Dänemark, ruhig schlafen kann, weil er die Möglichkeit nutzt, sich vom Schicksal der Migrant*innen abzukoppeln, geben andere zu, sie könnten nicht teilnahmslos oder inaktiv bleiben angesichts des Leids

---

80   Siehe auch Vega, Empathy, Morality, and Criminality.
81   Cohen/Taylor, Escape Attempts, S. 66.
82   Siehe Fassin, Enforcing Order; Mutsaers, A Public Anthropology of Policing.
83   Lipsky, Street-Level Bureaucracy.

und der Ungerechtigkeit, die sie mitbekommen. Eine Option für Streetlevel-Bürokrat*innen besteht darin, die kognitive Dissonanz zwischen ihrem Mandat und der Realität zu überwinden, mit der sie konfrontiert sind und einfach den offiziellen staatlichen Diskurs zu übernehmen und zu verinnerlichen, oder ihn gar noch zu verstärken, indem sie sich im Arbeitsalltag rassistischer und diskriminierender Sprache und Praktiken bedienen.[84] Eine schwedische Grenzschutzpolizistin stellt 2017 dazu folgende Überlegung an: »Ich bin mir fast sicher, dass die Polizei politisch eher ›blau‹ [konservativ] eingestellt ist. Ich war anfangs eher ›rot‹ [sozialdemokratisch], aber das hat sich geändert, wegen der Dinge, die man hier sieht.« Sie listet negative Begegnungen auf, die sie über die Jahre erlebt hat – Straftaten, mit denen sie bei der Polizei zu tun hatte. Die Polizistin bemerkt, dass die Polizei in der Regel nie gerufen wird, wenn eine positive Situation besteht. Dänische Abschiebehaftangestellte argumentieren ganz ähnlich, ihre Arbeit hätte sie eher in Richtung des »rechten politischen Flügels« geführt. Ein Sachbearbeiter des Staatssekretariats für Migration (SEM) in der Schweiz meint gar, es wäre nicht plausibel, dass »Linke und Gutmenschen hier lange bleiben. Es ist einfacher, hier zu arbeiten, wenn man eher konservativ oder sogar rassistisch eingestellt ist, denn wir sind ja die – wenn man so sagen will –, die dafür sorgen, dass die Migrant*innen wieder gehen.« Eine solche Einstellung erleichtert gewiss die Harmonisierung zwischen der Realität der Arbeit und dem persönlichen moralischen Urteil.

Vinny, eine Sachbearbeiterin in einem italienischen Migrationsamt, wird wütend, weil jemand, der in die Dublin-Kategorie fällt, einen falschen Termin in ihrem Büro vereinbart hat. Der Bewerber erklärt, dass ihm dieser Fehler nicht bewusst war, und er gibt zu, dass jemand anders diesen Termin für ihn gebucht hat. Vinny wendet sich an Lisa und erläutert, dass Leute absichtlich falsche Termine vereinbaren, um früher dranzukommen – wegen der langen Wartezeiten, die je nach Art der Anfrage anfallen können. Dann stellt sich heraus, dass der Kunde seinem Bekannten fünf Euro gegeben hat, was Vinny noch mehr auf die Palme bringt. Allerdings

---

84   Alpes/Spire, Dealing with Law in Migration Control; Mutsaers, An Ethnographic Study of the Policing of Internal Borders in the Netherlands.

erklärt ihm Vinny in aller Ruhe, wenn sein Freund das nächste Mal Geld für eine Terminvereinbarung nehmen würde, würde er verhaftet. Später schildert Vinny, sie hätte sich aufgeregt, weil sie mitbekommt, wie Leute andere ausnutzen, die vielleicht Schwierigkeiten mit der Online-Terminbuchung haben. »Ich versuche, die Leute zu erziehen, und werde den Fall jetzt nicht bearbeiten. Sonst kommen noch mehr Leute und buchen absichtlich falsche Termine, um ihre Wartezeit zu verkürzen.« (Feldnotiz Italien 2015) Vinny möchte nicht, dass Migrant*innen ausgenutzt werden – und will sie in dieser Hinsicht »erziehen«. Das Beispiel zeigt, wie die persönliche Überzeugung von Bürokraten*innen – in Sachen »korrektes« Verhalten – innerhalb der Machtasymmetrie zwischen der Vertreterin des Staates und dem Migranten zum Tragen kommt. Feldman konstatiert, dass die Polizist*innen aktiv moralische Urteile treffen, die sogar das Handeln der Polizei verändern können.[85] Als Gegenpol zu anonymisierten, indifferenten Bürokrat*innen konzeptualisiert Feldman das aktive Urteil der Staatsangestellten und deren (Re-)Aktion als Beispiele, mittels welcher diese ihre politische Handlungsmacht zurückerlangen. Wir möchten betonen, dass ein solches aktives Urteil und die Schaffung politischer Handlungsmacht in einem Szenario erfolgen, das Maynard-Moody und Musheno als Narrativ von Citizen Agents beschreiben: Bürokrat*innen fühlen sich gegenüber »ihren« Bürger*innen (in diesem Fall Nicht-Staatsbürger*innen) eher verantwortlich als ihre »staatlichen Vorgesetzten«.[86] Sie treffen normative Urteile, positionieren Gesetze und Vorschriften als Werkzeuge der Moral oder Beurteilung und damit sich selbst zu ihrem Gegenüber – hier also Migrant*innen mit prekärem Rechtsstatus. Dies wiederum hinterfragt nicht nur ihre zugeschriebene Rolle als Rädchen im bürokratischen Getriebe im Dienst eines abstrakten Prinzips namens »der Staat« – es kann auch die Staatsmacht neu gestalten. Feldman findet, erst wenn Streetlevel-Bürokrat*innen ihr eigenes moralisches und politisches Handeln in ihrer Arbeit verankert haben, »können sie wirklich ruhig schlafen«.[87] Aden, ein Sachbearbeiter in einem kanto-

---

85   Feldman, ›With My Head on the Pillow‹.
86   Maynard-Moody/Musheno, State Agent or Citizen Agent.
87   Feldman, ›With My Head on the Pillow‹.

nalen Migrationsbüro in der Schweiz, reflektiert darüber, wie er vorgeht, bevor er eine Entscheidung über die Inhaftierung von Migrant*innen trifft:

> Freiheit ist eines der höchsten Güter, die man auch verlieren kann. Deshalb musst du bei der Entscheidung über Inhaftierung vorsichtig sein. Du musst dir die Sache genau ansehen. Lieber triffst du eine falsche Entscheidung zugunsten des Klienten als andersherum. (Feldnotizen Schweiz 2017)

Solche aktiven Urteile zu fällen – mitunter auch gegen die Absichten der Regierung – kann bedeuten, dass man sich in rechtliche Grauzonen begibt (siehe die vorherigen Kapitel). Es kann auch bedeuten, dass Bürokrat*innen von der Durchsetzung der Kontrolle absehen oder den bestehenden Rechtsrahmen kreativ verwenden, um die Rechtsdurchsetzung am eigenen moralischen Kompass auszurichten.[88] Aden plädiert hier für das Motto »Vorbeugen ist besser als Heilen«, wenn es um Entscheidungen über eine Inhaftierung geht, die massiv in Persönlichkeitsrechte der Betroffenen eingreifen würden. Da es der betreffende Fall Aden erlaubt, über die Inhaftierung zu entscheiden, gründet die Entscheidung, auf Haft zu verzichten, auf einer moralischen Einschätzung der mit der Haft verbundenen Leiden und eben nicht auf der Angst, zur Verantwortung gezogen zu werden. Außerdem sagt Aden, es sei besser, eine »inkorrekte« Entscheidung zugunsten des*der betreffenden Migranten*in zu treffen, als jemanden zu Unrecht zu inhaftieren. Amine, eine schwedische Sachbearbeiterin, macht sich ganz ähnliche Gedanken über die Notwendigkeit, bisweilen zu intervenieren, um Fehler im rechtlichen Ablauf zu korrigieren:

> Eigentlich ist es nicht unser Job, uns in das Asylverfahren einzumischen, aber manchmal tut man es trotzdem. Wir hatten einmal einen Homosexuellen, und ich habe ihn dazu gebracht, das auch seinem Asylsachbearbeiter zu sagen, und letztendlich hat er es geschafft und durfte bleiben. Es wundert mich nicht, dass er sich nicht getraut hat, es früher zu sagen, es war für ihn einfach irgendwie peinlich … Einmal hatten wir eine Familie, die mir so leidtat, weil die Mutter psychisch krank war und kurz vor der Geburt stand, und der Mann war in Abschiebehaft. Dann sagte ich ihnen,

---

88 Borrelli/Lindberg, The Creativity of Coping; Silbey, After Legal Consciousness.

wir dürften das eigentlich nicht machen, aber an ihrer Stelle würde ich das und das versuchen, und dann tat er, was ich ihm geraten hatte, und er wurde entlassen und konnte bei seinem Kind sein. Manchmal reagiert man einfach. (Feldnotizen Schweden 2017)

Dies sind Beispielfälle, in denen Bürokrat*innen persönliche Verantwortung übernahmen für etwas, das sie ansonsten als übertrieben harte Konsequenzen der Rechtsdurchsetzung erachteten. Mitarbeitende, die uns solche Fälle schilderten, bezeichneten diese generell als Ausnahmesituationen, in denen sie nach dem persönlichen Empfinden handelten, was Recht und Unrecht wäre. Wir fanden heraus, dass Gedanken darüber, ob man jemandem helfen oder die Inhaftierung und Abschiebung veranlassen sollte, oft mit Vorstellungen einherging, ob die Betreffenden die Hilfe verdient hatten oder nicht.

Verantwortung und »verdiente« Unterstützung

Der Alltag in der Migrationsbehörde, im Abschiebehaftzentrum oder bei der Rechtsberatung umfasst oft auch Handlungen, die bestimmte Kategorien und Hierarchien der Unterscheidung konstruieren: vor allem zwischen legal und illegal, moralisch und unmoralisch, verdienend (deserving) und unverdienend (undeserving).[89] Aden und Amine gaben beide zu, ihr persönliches Verständnis ihrer Rolle und die Situation von Migrant*innen, mit denen sie zu tun hatten, hätten ihren Vollzug von Befehlen und Anweisungen beeinflusst. Amine war willens, Ausnahmen für eine Familie zu machen, die bei ihm Mitgefühl hervorrief, was für sie die Entscheidung rechtfertigte, zu intervenieren und über das Mandat hinauszugehen, das dem Wachpersonal in der Abschiebehaftanstalt eigentlich zukommt. Einschätzungen, dass Migrant*innen »es verdienen«, können positive und negative Nebenwirkungen für sie haben und sogar über ihr Schicksal entscheiden.[90] Die Kategorisierung nach verdienend/unverdienend baut auf vorhandenen Stereotypen auf, die vor allem auf der geschlechter- und rassenbezogenen Einstufung von Personen gründet. Und sie hat auch mit Höflichkeit, Glaubwürdig-

---

89 Chauvin / Garcés-Mascareñas, Becoming Less Illegal.
90 Chauvin / Garcés-Mascareñas, Becoming Less Illegal; Yarris / Castañeda, Discourses of Displacement and Deservingness; Lavanchy, Glimpses into the Hearts of Whiteness; Epp u.a., Pulled over: How Police Stops Define Race and Citizenship.

keit oder wahrgenommener Schutzbedürftigkeit zu tun. Diese Einschätzungen reproduzieren somit eine gesellschaftliche Ordnung.[91] Außerdem neigt diese Stereotypisierung dazu, die Verantwortung für die Rechtsdurchsetzung auf Migrant*innen selbst abzuwälzen. Migrant*innen mit prekärem Rechtsstatus werden somit als Ursache für deren eigene Schutzbedürftigkeit und Ausnutzbarkeit betrachtet.[92]

Ein schwedischer Grenzpolizist (Interview im Jahr 2017; siehe auch Kapitel 3) gab freimütig zu, die Priorität bei der Grenzpolizei liege darauf, »Bösewichte, Verbrecher und Gauner« zu fangen, zu inhaftieren und abzuschieben. Für diese Leute wären sie auch bereit, sich besonders anzustrengen, etwa indem sie das Datum der Haftentlassung genau im Blick behalten und dann eine Ingewahrsamnahme wegen illegaler Einwanderung ausstellen, um sicherzustellen, dass sie eingesperrt bleiben. Bei Asylsuchenden jedoch, die sich keiner Delikte schuldig gemacht hatten (abgesehen vom letztendlich »illegalen« Betreten des staatlichen Territoriums), wäre es besser, so räumte der Grenzpolizist ein, weniger restriktiv vorzugehen. In ähnlicher Weise reflektiert eine litauische Grenzpolizistin über die verschiedenen Geschichten, die ihr Migrant*innen bei einer Frontex-Mission auf einer griechischen Insel erzählten:

> Da war eine Familie, eine Frau von vierzig Jahren, ihr Mann, 45 Jahre, und vierzehn Kinder. Sie kümmern sich nicht um sie. Vielleicht gibt es einfach nichts anderes zu tun, kein Fernsehen … Viele Leute sind ungebildet, es kommen aber auch gebildete Leute dort an, ein Chirurg zum Beispiel, der für die UN gearbeitet hatte, der hatte fünf Kinder. Das Leben meint es immer noch schlecht mit ihnen, selbst mit Berufsabschluss wollen oder können sie nicht bleiben. Dann ist da ein dreißigjähriger, Analphabet, den ich gefragt habe: »Wo gehen Sie hin?« – »Deutschland.« Ich frage weiter: »Was wollen Sie dort machen?« – »Studieren.« Ich glaube ihm kein Wort – schließlich wollte er offenbar bis zum Alter von dreißig nichts lernen. (Interview in Litauen 2015)

Dieses Zitat zeigt beispielhaft, wie die Einschätzung, ob jemand Hilfe verdient oder nicht, auf geschlechts- und kulturbezogene Werte abstellt, in Verbindung mit Fragen, wie Kinder »richtig« zu erziehen sind,

---

91   Fassin, Enforcing Order.
92   Luibheid, ›Looking like a Lesbian‹.

oder auf die Glaubwürdigkeit der betreffenden Person. Die gleiche Grenzpolizistin lässt uns wissen, dass in Litauen die Sanktionen gegen Personen, deren Visum abgelaufen ist, auch davon abhängig gemacht werden, wie höflich und freundlich die Leute auftreten. Wenn die betreffende Person als freundlich eingeschätzt wird, bleibt es vielleicht bei einer Verwarnung, gegebenenfalls mit einer sehr geringen Geldstrafe. Versteht die Person dagegen nicht, dass sie etwas falsch gemacht hat und reagiert unhöflich, bekommt sie eine sofortige und gegebenenfalls höhere Strafe aufgebrummt. Die flexible Haltung der Grenzpolizistin aus Litauen unterstreicht klar und deutlich, dass es ganz vom konkreten Fall abhängt, ob jemand eine rücksichtsvolle Behandlung verdient. Mit einer grundsätzlich freundlichen oder lockeren Einstellung der Staatsangestellten hat das nichts zu tun – es geht um das moralische Urteil der Streetlevel-Bürokrat*innen.[93] Eine Familie mit »zu vielen Kindern« gilt demnach als einer freundlichen Behandlung unwürdig. Die Grenzpolizistin beurteilt, was ihr angemessen erscheint[94], in der Annahme, dass die Eltern nicht in der Lage sind, für alle Kinder zu sorgen, und sieht darin einen Mangel an Verantwortungsbewusstsein, weil sie noch nicht einmal für sich selbst sorgen können. Entsprechend urteilen Grenzschützer*innen über einen ungebildeten Migranten, der ihrer Meinung nach lügt. Diese Position reflektiert den Verdacht, Asylbewerber*innen würden das Asylsystem »missbrauchen«, Ressourcen unverdient ausnutzen, ohne wirklich vorzuhaben, ein »anständiges Leben« zu führen, sprich: Arbeit zu suchen und Geld zu verdienen. Dagegen bringt die Grenzpolizistin Empathie für eine gebildete Familie auf, die auch dem westlichen Idealtyp der Kleinfamilie eher entspricht. Sie hat nach ihrer Auffassung Schutz verdient und erregt ihr Mitleid, weil das Leben der Familie nicht besser wurde, auch nicht nach dem Eintreffen in Griechenland.

Diese Beispiele spiegeln eindeutig eine Kategorisierung nach »verdienend und unverdienend« wider. Die Beurteilungen und Überlegungen der Einzelfälle zeigen, dass neben Bildung, Kenntnis der Vorschriften und Erfahrungen auch moralische Werte und persönliche Eigenschaften von Migrant*innen eine große Rolle dabei spielen, ob sie auf »groß-

---

93   Maynard-Moody/Musheno, State Agent or Citizen Agent.
94   March/Olsen, The Logic of Appropriateness.

herzige« oder knickrige Gastgeber*innen treffen.[95] Die Beispiele zeigen auch, dass Verantwortung in selektiver Weise übernommen wird: Staatsangestellte sind bereit, am Rand ihres Mandats zu handeln oder sogar darüber hinauszugehen, wenn ihre »Kundschaft« dies verdient, während sie sich gegenüber anderen strenger geben.[96] Diesen selektiven Wechsel zwischen der Einschätzung »verdienend/unverdienend« bei Migrant*innen haben wir in allen untersuchten Bereichen angetroffen.

An einem ruhigen Tag in einem (deutschen) Posten der Bundespolizei gestattet uns der diensthabende Mitarbeiter Einblicke in viele Jahre berufliche Erfahrung. Der Grenzposten sagt, »in dem Job musst du realistisch bleiben«, und er gibt seiner Meinung Ausdruck, Migrant*innen seien »friedliche Menschen, denen kann man nicht vorwerfen, dass sie es versuchen [nach Europa zu kommen]. Die meisten von uns [Polizist*innen] hier sind Eltern, wir wollen auch für unsere Familien sorgen.« Der Polizist betont nachdrücklich einen deeskalierenden Umgang mit Grenzgänger*innen, denn »Migrant*innen haben verstanden, dass die deutsche Polizei die Ruhe bewahrt, also bewahren auch sie die Ruhe«. Für uns ist das eine Frage »grundlegender polizeilicher Ethik«. Insgesamt sind diesem Grenzschützer die Mobilität von Migrant*innen lieber: »Wenn sie weiterziehen möchten [über die Grenze], dann sollen sie ihr Glück versuchen.« Die Polizeikräfte anderer Länder sollten vielleicht ähnlich vorgehen. (Feldnotizen Deutschland 2015)

Hier zeigt sich der Grenzschützer äußerst flexibel in Bezug auf »irreguläre Migrant*innen«. Das Ausmaß, in dem sich Bürokrat*innen mit Migrant*innen und deren Situation – als Eltern, Berufstätige oder aufgrund anderer gemeinsamer Merkmale – identifizierten, war entscheidend für die Beurteilung der Frage, welche Behandlung Migrant*innen verdienten. In unserem Workshop mit Staatsangestellten in Bern 2018 äußerte ein Sachbearbeiter des Schweizer Staatssekretariats für Migration folgende Überlegung:

Schutzbedürftigkeit, das ist eine große Sache. Im Gesetz ist definiert, wer schutzbedürftig ist, und auch Männer können schutzbe-

---

95   Rice, Street-Level Bureaucrats and the Welfare State.
96   Maynard-Moody/Musheno, Social Equities and Inequities in Practice.

dürftig sein. Aber je nach meiner eigenen persönlichen Situation wecken beispielsweise bestimmte Krankheiten mehr Empathie als andere – vielleicht kenne ich ja auch jemanden, der Krebs hat, als Beispiel […]. Oder manchmal frage ich mich, warum muss ich den Typen abschieben, der so viele Jahre hart gearbeitet hat. Ich weiß, dass er ein anständiger Mensch ist. Aber der andere, der eine Menge Ärger gemacht hat und kriminell geworden ist und ein Kind hatte, der darf bleiben? (Feldnotizen Schweiz 2018)

In der anschließenden Diskussion waren sich die Teilnehmenden einig, dass solche Überlegungen keinen Einfluss auf die Durchsetzung des Rechts haben sollten, »aber implizit ist es eben doch der Fall«. In einer Gruppendiskussion in einem staatlichen »Reaktionszentrum Illegale Einwanderung« betonten die Teilnehmenden die Bedeutung von *Rückzugsräumen*. Für sie waren Fahndungsmaßnahmen wie das Durchsuchen von Schulen, Krankenhäusern, Arztpraxen, Anwaltskanzleien und auch Büros von NGOs tabu, wenn diese ehrenamtliche Rechtsberatung anboten. Andere Gesprächspartner*innen bestätigten diese selbst auferlegten Grenzen und wussten auch von keinen Durchsuchungen solcher Lokalitäten in den zurückliegenden Jahren. In vielen Fällen jedoch sind moralische Überlegungen eher selektiver Natur und weniger »schwarz oder weiß«. In einer deutschen Ausländerbehörde setzte ein Sachbearbeiter alle Hebel in Bewegung, um einem Bewerber zu einem Arbeitsplatz zu verhelfen, weil dies das fehlende Kriterium war, damit die Familie nach Deutschland kommen durfte. Der Sachbearbeiter hatte zuvor eine recht kritische Haltung zu laxer Entscheidungsfindung eingenommen (siehe den »Urlaubsfall« in Kapitel 5), aber hier lagen die Dinge anders. Da der Bewerber oft anderen Migrant*innen bei Papierkram und mit Übersetzungen geholfen hatte, hatte der Sachbearbeiter das Gefühl, hier müsse er nach der Devise »Hilfst du mir, dann helf ich dir« handeln. Auch der litauische Grenzschützer im Beispiel weiter oben unterschied anhand des Verhaltens, der Einstellung und auch des sozialen Hintergrunds, ob Bewerber*innen Entgegenkommen verdienen oder nicht.

Die Entscheidung von Staatsangestellten, eine aktive Einschätzung zu treffen und die Regeln für diejenigen zu »dehnen«, die nach ihrer Ansicht Unterstützung verdienen, demonstrieren den Effekt, den Fragen der persönlichen Verantwortung auf die Durchsetzung des Einwanderungsrechts haben können. Zugleich erhöhen Entscheidungen auf der Grundlage des »Verdienthabens« auch die Willkür und Unberechenbarkeit der Herrschaft. Schon die *Möglichkeit,* dass Staatsangestellte die Regeln dehnen, Fehler korrigieren oder ändern – oder zum Schlechteren ändern –, kann Hoffnungen schüren, aber auch die Angst vor dem »Türhüter des Gesetzes« (siehe auch Kapitel 4). Ein Sachbearbeiter der Schweizer Dublin-Abteilung stellte folgende Überlegung an:

> Wir hatten einmal einen Nationalrat von einer Partei rechts von der Mitte, der [über einen Asylsuchenden] befand: »Das ist einer, der gute Arbeit macht im Restaurant und so …« Ich fand das so widersprüchlich. Mir ist vollkommen egal, ob der gut arbeitet oder schnarcht oder ein netter Mensch ist, der lustige Geschichten erzählen kann … Wir haben hier diese Kriterien, und an die müssen wir uns halten, ob wir wollen oder nicht. Weil, wir hatten schon Fälle von anerkannten Flüchtlingen, da mussten wir sagen, das ist so ein Riesenidiot, der geht doch bloß allen auf die Nerven, […], aber vielleicht sind sie ja deshalb überhaupt erst zum Flüchtling geworden. Wenn sie sich daheim auch so aufgeführt haben, ist es ja kein Wunder, dass sie in Schwierigkeiten kamen. Aber vielleicht waren sie auch irgendwo und sind erst so geworden, weil sie Schwierigkeiten hatten. […] Das ist ein bisschen wie die Sache mit dem Huhn und dem Ei. Aber am Ende ist es eben so, wenn sie verfolgt werden oder in Gefahr sind, dann musst du sie schützen, ganz gleich, was für unangenehme Zeitgenossen sie sind. Und umgekehrt gilt, auch wenn einer sehr nett ist, freundlich und gut aussehend und arbeitswillig und -fähig, muss ich sagen, tut mir leid, aber wenn wir nicht zuständig sind, dann sind wir nicht zuständig. (Interview Schweiz 2015)

Persönliche Ansichten und Einschätzungen beeinflussen ganz klar die Entscheidungsfindung und das Handeln, aber sie stellen auch eine Herausforderung an die Ideale der beruflichen Seriosität dar. Im Kontrast zu früheren Beispielen problematisiert der eben zitierte Schweizer Sachbearbeiter die Bezugnahme auf persönliche Einschätzungen, auch wenn er die Existenz derselben keineswegs bestreitet. Der gleiche Gesprächspartner betonte in einem früheren Zitat, wie wichtig es sei, nicht in direktem Kontakt zu den Menschen »hinter den Fällen« zu stehen. Sowohl die strukturellen Bedingungen als auch die persönlichen

Präferenzen individueller Staatsangestellter können damit die Durchsetzung des Rechts massiv beeinflussen. Wie das obige Beispiel zeigt, können eine »moralisch korrekte« und eine »juristisch korrekte« Entscheidung sehr weit auseinanderliegen.[97] Die oben skizzierten Überlegungen und Reaktionen verraten uns mehr über die Stellung von Bürokrat*innen innerhalb des Migrationsregimes. Seine Positionierung bezieht sich stark auf das Gefühl, zuständig zu sein (oder eben nicht), und verrät uns damit etwas über die Umstände, unter denen individuelle Verantwortlichkeit angenommen oder zurückgewiesen wird.

Fazit: Wer verspürt Verantwortung im Migrationsregime?

Der Staat kommt durch die tägliche Arbeit von Staatsangestellten erst zustande – Menschen, die zwischen rechtlichen und bürokratischen Strukturen tätig sind, und das in einer ideologisch und gewiss auch emotional aufgeladenen Welt.[98] Doch die Streuung der Verantwortung zwischen bürokratischen Stellen und zwischen einzelnen Akteur*innen, administrativen Werkzeugen und Technologie schafft Indifferenz, ein Wesensmerkmal der Bürokratie, das zu Recht auf Bedenken unter Jurist*innen und Staatsrechtler*innen stößt.[99] Nach unseren Feststellungen existiert allerdings keine flächendeckend indifferente Haltung einzelner Streetlevel-Bürokrat*innen, wenngleich die Vielzahl der in die Migrationspolitik eingebundenen Akteur*innen sowie das vorherrschende Ideal einer anonymen Bürokratie diese Indifferenz und die Streuung der Verantwortung zwischen den »vielen Händen« des Migrationsregimes erst möglich machen. Der strukturelle Rahmen ermöglicht es einzelnen Bürokrat*innen, Verantwortlichkeiten an andere Akteur*innen oder Behörden weiterzureichen und die Verantwortung für eigene Entscheidungen und Handlungen von sich zu weisen. Über-

97 Feldman/Pentland, Reconceptualizing Organizational Routines as a Source of Flexibility and Change.
98 Fassin u. a., At the Heart of the State.
99 Herzfeld, The Social Production of Indifference; Silbey, After Legal Consciousness; Thompson, Moral Responsibility of Public Officials.

dies bringt das »Chaos der vielen Hände« im Migrationsregime zusätzliche Akteur*innen aufs Spielfeld, die die Rechenschaftskette noch komplizierter machen und Lücken, aber auch Überschneidungen von Mandaten und Zuständigkeiten generieren. Es wird immer schwieriger, sich in diesem Regime zurechtzufinden – für Migrant*innen, aber auch für (nicht)staatliche Akteur*innen, die mit der Rechtsdurchsetzung betraut sind. Die Erzeugung struktureller Gewalt wird gerade dadurch noch verstärkt, dass so viele Hände mitmischen, denn es ist immens schwer, die juristische oder persönliche Verantwortung für die Ergebnisse von Verwaltungsakten irgendeiner*m bestimmten Akteur*in zuzuweisen. Andererseits stellen wir fest, dass Streetlevel-Bürokrat*innen sich oftmals der Konsequenzen ihres Handelns sehr wohl bewusst sind. Während sie sich im Diskurs meist strikt dem weberschen Ideal des »entmenschlichten« bürokratischen Apparats verpflichtet sehen, erkennen sie doch auch, wie Emotionen, Werte und die gelegentliche Identifikation mit Migrant*innen Einfluss darauf nehmen, wie sie die Rechtsdurchsetzung ändern oder anpassen.

Die Ermessensspielräume der Verwaltung geben Staatsangestellten und anderen, Macht über die Zukunft von Migrant*innen auszuüben, die Möglichkeit, ihre eigene moralische und politische Ausrichtung aktiv einzubringen und die Rechtsdurchsetzung mit ihren Werten in Einklang zu bringen. Wenn wir uns Streetlevel-Bürokrat*innen und ihre alltägliche Praxis und Auseinandersetzungen ansehen, stoßen wir auf vielfältige, ungewisse und instabile kulturelle Praktiken,[100] in denen sich der Staat materialisiert. Auf der Grundlage ihrer ideologischen, moralischen und beruflichen Werte und – nicht zu unterschätzen – auch aufgrund von Einschätzungen des »Verdienthabens« derjenigen Migrant*innen, mit denen sie zu tun haben, können Bürokrat*innen am Recht »drehen« (vgl. Kapitel 3), um Ergebnisse zu produzieren, »mit denen sie leben können«.[101] Im Ergebnis erscheint die Entscheidungsfindung als unvorhersehbar und individuell (denken wir an Adrian aus Kapitel 4, der den Eindruck hatte, das Gesetz sei gegen ihn). Dies reflektiert die inhärenten Spannungen und Dilemmata innerhalb

---

100 Bevir/Rhodes, The State as Cultural Practice; Maynard-Moody/Musheno, Cops, Teachers, Counselors.
101 Feldman, ›With My Head on the Pillow‹.

des Migrationsregimes – und des Staates an sich. Das macht aber Macht noch lange nicht instabil oder angreifbar; ganz im Gegenteil, wie Veena Das ausführt, sind die Wiederholbarkeit und Imitierbarkeit staatlichen Handelns »ein Modus der Zirkulation, der Macht produziert«.[102] Nach Silbey[103] wiederum ist es just die relative Flexibilität der Interpretation, durch die wir erst verstehen können, wie die Idee einer (rechtlichen) Ordnung aufrechterhalten wird, trotz des scheinbaren Scheiterns dieser Ordnung in der Praxis. Eine Formulierung von Althusser aufgreifend, könnte man sagen: Die ideologischen Staatsapparate funktionieren jeder für sich relativ autonom, aber wie Musiker*innen in einem Orchester lesen sie die Noten alle von einer einzigen Partitur.[104] Überdies machen diese vielfältigen Interpretationen und Positionen das Regime inhärent produktiv – politisch, finanziell und moralisch.[105]

Wenn wir uns die alltäglichen Dilemmata der Streetlevel-Bürokrat*innen und ihre Strategien zum Umgang mit diesen ansehen, stoßen wir gerade auf die konfliktträchtigen und oftmals chaotischen Ideen, Praktiken und Widersprüche, aus denen sich der Staat zusammensetzt. Auch wenn Staatsangestellte bisweilen ihre eigene Entfremdung vom Staat betonen, führen sie immer noch staatliche Funktionen aus. Selbst in Fällen, in denen sie aktiv entscheiden, über ihr anonymisiertes bürokratisches Ideal hinauszugehen, und aktive Maßnahmen ergreifen, um die Rechtsdurchsetzung mit ihren Vorstellungen von Fairness in Einklang zu bringen, sei es nun zum Vorteil oder zum Schaden von Migrant*innen, reproduzieren sie den Staat als umkämpftes Spielfeld von Hoffnungen, Erwartungen und Ängsten. Es überrascht mithin nicht, dass für Migrant*innen, die vor dem Gesetz stehen, diese Türhüter oftmals wie Wesen mit magischen Kräften erscheinen – sogar dann, wenn diese Türhüter sich selbst als machtlos und von den Gesetzen, die durchzusetzen ihre Aufgabe ist, mehr oder weniger gegängelt fühlen.

----

102 Das, The Signature of the State, S. 245.
103 Silbey, After Legal Consciousness.
104 Zitiert in Hardt/Woznicki, Struggling with the State.
105 Andersson, Europe's Failed ›Fight‹ against Irregular Migration; Fassin, Compassion and Repression; ders., u.a., At the Heart of the State.

In diesem Kapitel haben wir die inhärenten strukturellen Faktoren der Bürokratie und eines Migrationsregimes der vielen Hände skizziert, welches das Abwälzen und Streuen von Verantwortung für den juristischen Ausgang von Verfahren ermöglicht, und wir haben ihre Auswirkungen auf die Rechtsdurchsetzung im Bereich der Migration diskutiert. Anhand von verschiedenen Beispielen wurde deutlich, wie die vielen in die Migrationsregime involvierten Akteur*innen Lücken und Überschneidungen in den Zuständigkeiten schaffen und damit für große Verwirrung bei allen Beteiligten sorgen können. Im Weiteren haben wir gezeigt, wie aus diesem Wirrwarr auch Chancen zur Reflexion, zur Beurteilung und zum Handeln erwachsen, und wir haben die Frage aufgeworfen, unter welchen Bedingungen einzelne Akteur*innen diese Chancen aufgreifen und dadurch die Praxis der Migrationskontrolle verlagern oder verändern. Wir halten die Frage der Verantwortung für sehr wichtig, nicht nur wegen ihres großen und potenziell entscheidenden Einflusses auf das Leben und die Perspektiven von Migrant*innen, sondern auch, weil sie unterstreicht, wie verstreut, wandelbar und wahrhaft kafkaesk das Migrationsregime in Wirklichkeit ist. Im nächsten und abschließenden Kapitel wollen wir diskutieren, wie – trotz der vielen Hände, die bei der Durchsetzung des Migrationsrechts mitmischen – gerade aus der Informalität und Unlesbarkeit eine beinahe magische Ordnung entsteht.

7

Schlussbetrachtung: Ordnung schaffen vor dem Gesetz

Ich kann schon verstehen, dass wir manchmal den Unmut der Asylsuchenden erregen ... sie können sich ja nicht an das System an sich wenden, also beschuldigen sie eben uns. Ich bin schon wiederholt als Rassist beschimpft worden, sozusagen ... viele von denen sind es gewohnt, in einem korrupten Staat zu leben. Und wir sind Teil des Systems – aber welchen Systems? Der Staat, das ist nicht »ein System«. Die Polizei ist ein System für sich, der Zoll ist ein weiteres ... und auch wir sind ein System. Und Sie, die Wissenschaftler*innen, genauso – Sie sind Teil des Bildungssystems, oder nicht? (Interview in einem schwedischem Abschiebehaftzentrum 2017)

Vor beinahe einem halben Jahrhundert hat Laura Nader dafür plädiert, den Staat von Grund auf zu studieren, indem man »die Prozesse [untersucht], über die Macht und Verantwortung ausgeübt werden«.[1] Sie betonte, wie wichtig es ist, diejenigen zu beachten und zu verstehen, »die Haltungen formen und die institutionellen Strukturen tatsächlich kontrollieren«.[2] In diesem Buch haben wir gezeigt, wie Migrationskon-

---

1   Nader, Up the Anthropologist, S. 284.
2   Ebd.

trolle in Europa implementiert und angefochten wird. Wir haben dazu unsere Analyse des Migrationsregimes auf die Bereiche konzentriert, in denen Streetlevel-Bürokrat*innen Papierkram im Migrationsamt erledigen, Polizist*innen auf Streifendienst Migrant*innen ohne Bleiberecht identifizieren oder Abschiebeanordnungen durchsetzen, und wie Abschiebehaftangestellte, die über den Alltag von Inhaftierten bestimmen, mit Migrant*innen und ihren Unterstützer*innen interagieren. Wir haben zum Teil erhebliche Unterstützung für Migrant*innen angetroffen, die nur mühsam mit ausgrenzenden Kontrollpraktiken zurechtkommen, die ein unlesbares und unkalkulierbares Steuerungssystem erleben, in dem die »Mächtigen« kaum greifbar sind. Außerdem konnten wir oft feststellen, dass sich Macht und Verantwortung für staatliche Akteur*innen als fast genauso unlesbar erweisen, obwohl diese sie doch eigentlich ausüben und tragen müssen.

Ein anschauliches Beispiel liefert uns Bent, der viele Jahre in einem Abschiebehaftzentrum in Schweden gearbeitet hat. Im einleitenden Fallbeispiel dieses Kapitels spricht er davon, dass er es leid sei, zum Ziel der Anschuldigungen dafür zu werden, was »der Staat« tut. Das Gespräch fand auf dem Parkplatz der Haftanstalt statt, als Bent gerade eine Schicht beendete und während Insass*innen durch die Tore der Einrichtung hinein- und hinausgebracht wurden. Bent trennte die Rolle der Abschiebehaftangestellten vom »System« des Staates, wenngleich er in der Praxis doch ein ausführender Arm dieses Staates war. »Der Staat«, räumte Bent ein, ist nicht ein einheitliches System, sondern setzt sich aus mehreren Systemen zusammen, zu dem wir alle auf die eine oder andere Weise gehören. Bents Frust darüber, die Entscheidungen und Handlungen eines abstrakten, nicht greifbaren Staates zum Vorwurf gemacht zu bekommen, veranschaulicht die Entkopplung zwischen den Ideen, Handlungen und Individuen, die in der Gesamtheit das Migrationsregime bilden. Dies gehört neben der Schwierigkeit, Macht zu lokalisieren und juristische Entscheidungen und Rechtsanwendung im Migrationsregime vorherzusehen, zu den durchgängigen Themen des Buches. Wir haben festgestellt, dass die Macht des Staates ebenso schwer zu fassen wie omnipräsent ist, und zwar gerade aufgrund dieses verwirrenden Dickichts aus Alltagspraxis und (Un-)Verbindlichkeit dem Staat gegenüber. Dies macht es so schwer, die Abläufe und Zusammenhänge zu verstehen, und daraus entsteht Unsicherheit und Unberechenbarkeit staatlichen Handelns. Wir haben auch gezeigt, wie Akteur*innen versuchen, sich in einem unlesbaren Gesetzesdschungel zurechtzufinden, indem sie sich auf informelle Informationsquellen stützen, juristische Schlupflöcher nutzen oder sich Zeit auf diverse Weisen zunutze machen – oder schlicht die Verantwortung für die konkrete Situation an andere Akteur*innen weiterreichen. Doch in ihren Interaktionen innerhalb konkreter asymmetrischer Aushandlungsräume[3] nutzen Akteur*innen diese Ambiguitäten in der Anwendung des Migrationsrechts auch, um das Migrationsregime an ihre eigenen Bedürfnisse anzupassen.

Die Beobachtungen, die aus der Untersuchung des europäischen Migrationsregimes – betrachtet durch das Prisma seiner alltäglichen Begegnungen – resultieren, zeichnen ein düsteres Bild vom »Zustand des Staates« und der Art und Weise, in der Macht und Autorität über marginalisierte Gruppen ausgeübt werden. So bestätigen diese Beobachtungen ein eher kafkaeskes Staatsverständnis, und nicht etwa das webersche Ideal, an dem viele Streetlevel-Bürokrat*innen festhalten. Das ist auch der Grund, weshalb Kafkas Werk quasi den Ton der einzelnen Kapitel vorgibt. Wir haben aber auch festgestellt, dass Ordnung nicht *trotz*, sondern gerade *durch* den chaotischen, informellen Charakter der rechtlichen Praxis im Migrationsregime geschaffen und erhalten wird. Im letzten Kapitel beziehen wir uns daher auf die empirischen und analytischen Erkenntnisse unserer Forschung. Wir diskutieren, wie in den oftmals chaotischen und mitunter absurden Interaktionen innerhalb des Migrationsregimes Machtasymmetrien zwischen einem schwer fassbaren und doch omnipräsenten Staat und denjenigen, die dessen Kontrollbemühungen zu navigieren suchen, nicht etwa geschwächt, sondern reproduziert und konkretisiert werden. Im Folgenden fassen wir zunächst die Hauptthemen des Buches und ihre jeweilige Bedeutung für unser Verständnis von Staat, Gesetz und Migrationskontrolle zusammen. Unsere Forschungsergebnisse werfen auch Fragen nach Intentionalität und den Beziehungen zwischen Bürokratie und Politik auf – und darüber, inwieweit Widerstand gegenüber einem unlesbaren Staat erschwert wird. Unter Hinweis auf einige Lücken in unserem Forschungsansatz bieten wir sodann einen Ausblick auf das,

---

3   Eule u. a., Contested Control at the Margins of the State.

was aus unseren Erkenntnissen für künftige Forschung genutzt werden könnte – innerhalb des Gebiets der Migrationskontrolle, aber auch darüber hinaus.

Zusammenfassung der wichtigsten Themen

Wir begannen mit einem Blick auf den Staat aus der Perspektive von Streetlevel-Bürokrat*innen, die im Endeffekt dessen Macht in konkretes Handeln umsetzen. Ihre Perspektive bleibt allerdings unzureichend untersucht, trotz wachsender wissenschaftlicher Literatur zum vertieften Studium des Migrationsregimes.[4] Insbesondere wird diese Perspektive bis dato kaum systematisch mit den Erfahrungen von Migrant*innen und ihren Unterstützungsnetzwerken in Beziehung gesetzt. Wir haben im vorliegenden Buch versucht, diese Lücke zu füllen. Dazu untersuchten wir Begegnungen zwischen Streetlevel-Bürokrat*innen, Migrant*innen und nichtstaatlichen Akteur*innen innerhalb asymmetrischer Aushandlungsräume.[5] Aus unserer Analyse von Begegnungen vor Ort, in welchen die Migrationskontrolle an den »Rändern« des Staates[6] konkret umgesetzt wird, ergibt sich das Bild eines Staates, der sich aus einer Vielzahl von Akteur*innen und Praktiken zusammensetzt, die substanzielle Macht über die ihm untergebenen Individuen ausüben. Gleichzeitig sehen sich diese Akteur*innen mit rechtlichen Ambiguitäten und widersprüchlichen Rollen und Interessen konfrontiert. Migrationskontrolle wird durch alle involvierten Akteur*innen mitgestaltet und teilweise auch infrage gestellt bzw. angefochten. Wir erkennen durchaus die enormen Machtasymmetrien zwischen staatlichen Akteur*innen und Migrant*innen an, halten es aber auch für wichtig, das Narrativ der Gegenüberstellung von Staat und Migrant*innen aufzulösen und stattdessen die Kontinuität und Vielfalt unterschiedlicher Positionen zu betonen, die von einzelnen, in das Mi-

---

4   Vgl. Alpes/Spire, Dealing with Law in Migration Control; Cabot, The Governance of Things; Dahlvik, Asylum as Construction Work; Eule, Inside Immigration Law; Tuckett, Strategies of Navigation.
5   Eule u.a., Contested Control at the Margins of the State.
6   Das/Poole, Anthropology in the Margins of the State.

grationsregime eingebundenen Akteur*innen eingenommen werden.
Dasselbe gilt für das Hinterfragen des Antagonismus von staatlichen
Akteur*innen und Zivilgesellschaft, zu der sowohl Akteur*innen zählen, die Migration ermöglichen, als auch solche, die sie zu verhindern
suchen, und wieder andere, die darauf aus sind, aus den inhärenten
Widersprüchen Profit zu ziehen. Indem wir anthropologische Perspektiven auf den Staat und die Rechtsanwendung kombiniert haben,
wurde es uns möglich, die Rolle des Gesetzes als Werkzeug, das verschiedene Akteur*innen für oder bis zu einem gewissen Grad auch
gegen »den Staat« zur Anwendung bringen können, angemessen zu berücksichtigen.[7] Über die Ermessenspraxis von Staatsangestellten hinaus (Kapitel 3) funktioniert die Rechtsanwendung vielfach durch den
Transfer informellen Wissens, durch Gerüchte und diverse Arten der
Aneignung von Gesetzen, woraus ein »Unlesbarkeitseffekt« (»illegibility effect«, Kapitel 4) entsteht. Unsere Beobachtungen zeigen sogar,
dass der Gesetzestext in der Praxis eine Art Eigenleben entwickelt, und
sie zeigen, wie dieser Text durch Ideen, Gerüchte und das »Rechtsbewusstsein«[8] bestimmter Akteur*innen vermittelt wird. Dies hat ganz
konkrete Auswirkungen auf die Lebensbedingungen und -wege von
Migrant*innen und beeinflusst auch die Praktiken staatlicher Akteur*innen. Die Unlesbarkeit des Staates verstärkt einerseits dessen
Macht *und* lässt andererseits Raum für Akteur*innen, die inhärente
Unklarheit zu nutzen und daraus eine neue Dynamik zu entwickeln.
Überdies wird das Recht auch durch Ge- und Missbrauch der Zeit geformt: In Kapitel 5 haben wir gezeigt, wie sich ständig repetierende Verfahren und eine permanente Vorläufigkeit als Mittel zur Kontrolle von
Migrant*innen, zugleich aber auch als Mittel zur Untergrabung dieser
Kontrolle dienen können. In Kapitel 6 wurde diskutiert, wie Staatsangestellte und nichtstaatliche Akteur*innen ihre Rolle und Verantwortung bei der Ausübung von Macht verstehen, die ihnen im Namen des
Staates zukommt. Während Migrationskontrolle immer mehr aus dem
politischen Zentrum rückt,[9] müssen Bürokrat*innen – und nicht etwa
politische Debatten oder die Gesetzgebung – das »liberale Paradoxon«

7   Vgl. Eckert u.a., Law against the State.
8   Silbey, After Legal Consciousness.
9   Guiraudon/Lahav, The State Sovereignty Debate Revisited.

von Fürsorge und Kontrolle auflösen.[10] Damit stehen nicht mehr Fragen der politischen Philosophie und der Staatsbürgerschaft im Zentrum, sondern konkrete Fragen über Macht und Verantwortung: »Kann ich Kontrolle ausüben?« und »Muss ich mich verantwortlich fühlen?«. Für unsere Gesprächspartner*innen ist Migrationskontrolle nicht zuletzt eine persönliche Angelegenheit. Im Kontrast dazu wird »der Staat« oft beschworen, um Distanz zu schaffen und individuelle Verantwortung für das Handeln »des Systems« (vgl. Kapitel 6) abzuwälzen. Deshalb bieten Migrationskontrolle und die Vielzahl subnationaler und transnationaler gesellschaftlicher Akteur*innen, die in Kämpfe um Macht und Mobilität eingebunden sind, auch eine Chance, die alltägliche Praxis zu studieren, die »den Staat« und dessen Auswirkungen (re)produzieren.

Ideen und Handeln des Staates vor dem Gesetz

In Übereinstimmung mit Abrams[11] verstehen wir den Staat als ideologisches Projekt: »Er ist zuallererst eine Übung in Legitimation – und was legitimiert wird, ist, wie wir annehmen dürfen, etwas, das direkt und für sich allein betrachtet illegitim wäre, eine inakzeptable Beherrschung. Wozu sonst der ganze Legitimationsaufwand?«[12] Als solcher wahrt der Staat – wahrgenommen als abstrakte, aber machtvolle Idee – seine Legitimität, selbst für das »Unerträgliche und nicht Hinnehmbare«[13] durch Vorstellungen und Handlungen auf der Basis des Gesetzes, durch die Routine des bürokratischen Papierkriegs und, wo das nicht Hinnehmbare sichtbar wird, durch »Abwälzen von Verantwortung«. Selbst Streetlevel-Bürokrat*innen nehmen in ihrem Alltag den Staat schließlich als externe, separate Größe wahr, mit der sie in ihrer beruflichen Aufgabe zwar verbunden sind, zu der sie aber dennoch einen gewissen Abstand halten.[14] Ihre Äußerungen reflektieren eine als selbstverständlich betrachtete Trennung des Staates von gesell-

---

10   Hollifield u. a., The Liberal Paradox: Immigrants, Markets and Rights in the United States.

11   Abrams, Notes on the Difficulty of Studying the State.

12   Ebd., S. 76.

13   Ebd.

14   Siehe Dubois, The Bureaucrat and the Poor.

schaftlichen Akteur*innen und Kräften, und die Vorstellung vom Staat als Gebilde, das autonom auf die gesellschaftliche Sphäre reagiert: Auf diese Weise behält der Staat seinen mythischen Charakter.

Um ein konkretes Beispiel zu geben: Im Mai 2018 luden wir Staatsangestellte, die wir im Vorfeld interviewt hatten, zu einem Workshop ein, bei dem wir die Schlussfolgerungen unseres Buches vorstellten. Wir beschrieben, wie sehr uns das Ausmaß erstaunte, in dem Chaos und Informalität die Praxis der Migrationskontrolle durchdringen. Obwohl man unsere Feststellungen bestätigte – die teilnehmenden Mitarbeitenden aus Migrationsbüros, Grenzschutzdiensten und Polizeieinheiten gaben uns im Prinzip durchaus recht –, wurde dabei klar, dass sich dieselben staatlichen Akteur*innen weitgehend einem weberschen Ideal eines rational funktionierenden Staates und der Gerechtigkeit juristischer Verfahren verschrieben. Diese Vorstellung vom Gesetz und dem Staat, den sie mitunter auch verkörpern, behält damit seine Kraft, wenngleich es just die banalen Praktiken von Streetlevel-Bürokrat*innen sind – Papierkrieg, Dokumentenprüfung oder das Fällen von Entscheidungen –, über die sich der Staat in materieller *und* abstrakt-ideeller Form konkretisiert. Dabei erwächst die den Behörden zugeschriebene und von diesen ausgeübte Macht nicht zuletzt aus der Schwäche seiner Einzelteile. Der Staat erscheint hier als Gebilde, das zum einen aus Akteur*innen und Behörden zusammengesetzt ist, die zugleich durch innere Reibereien, juristische Unklarheiten, strukturelle Ineffizienz und Identitätskrisen eingeschränkt sind, erhält aber *zugleich* durch ebendiese symbolische Machtaneignung und eine geradezu magische Unvorhersehbarkeit und daher Macht. Wenn wir staatliche Steuerung verstehen möchten, müssen wir unsere Aufmerksamkeit daher auch auf die bruchstückhaften und teilweise widersprüchlichen Praktiken verschiedener Akteur*innen richten, die zwar keine »ordentliche Ordnung«, aber dennoch Ordnung erzeugen. Indem der Fokus auf die produktive Natur von Informalität gelegt wird, lässt sich die doppelte Machtasymmetrie des Gesetzes enthüllen: Zum einen rechtfertigt das Gesetz in seiner ideologischen Dimension ungleiche Machtverhältnisse in der Gesellschaft, zum anderen durchwirkt die Unlesbarkeit des Rechts die Anwendung. Das Migrationsrecht bleibt einerseits omnipräsent im Leben von Migrant*innen mit prekärem Rechtsstatus *und* andererseits zugleich distanziert und schwer zu interpretieren, was

Menschen annehmen lässt, das Gesetz sei in seiner geschriebenen Dimension nicht vorhanden bzw. nicht wirksam. Stattdessen wird Macht individuellen Entscheidungsträger*innen zugeschrieben, die über einen beachtlichen Handlungsspielraum verfügen. Als Folge wird die Anwendung von Recht, die ihre Wurzeln idealerweise in einem gerechten und kohärenten System aus Vorschriften haben sollte, personifiziert und verliert dadurch ihre rationale Aura. Nach Calavita[15] formt das Gesetz die Art und Weise, in der wir leben, reden und denken. Sie bezieht sich auf Gramscis Beschreibung der »Hegemonie« als »Macht zur Gestaltung der Realität, ohne die Aufmerksamkeit auf sich selbst zu ziehen«.[16] Diese Allgegenwart des Gesetzes und die schiere Unmöglichkeit, vorauszusehen, wann es zuschlägt, erklären die wahrgenommene magische Dimension des Staates.[17] Das Handeln von Bürokrat*innen prägt auch die Wahrnehmung von Migrant*innen und deren Taktiken, um sich durch das komplexe Gefüge aus Gesetzen und staatlichen Kontrollpraktiken zu manövrieren. Obwohl Organisationen der Zivilgesellschaft sowie Migrant*innen mit prekärem Rechtsstatus die Handhabung von Fällen und die Art der persönlichen Begegnungen durch Vertreter*innen des Staates massiv kritisierten, waren auch bei ihnen ähnlich fantastische Ideale vom Gesetz sehr weit verbreitet. Dies spricht eine Frage innerhalb der Rechtssoziologie und der politischen Anthropologie an, nämlich was konkret das Ideal und geradezu die Fantasie von Staat und Gesetz als Gewährer von Rechten und Garanten der Gerechtigkeit begründet, und wie diese Ideale trotz des wiederholten »Scheiterns« an der Aufgabe dennoch fortbestehen können.[18] Die Antwort findet sich teilweise in asymmetrischen Aushandlungsräumen, in welchen Streetlevel-Bürokrat*innen, Migrant*innen und nichtstaatliche Akteur*innen Wege finden, das Gesetz so zu nutzen und sich zurechtzulegen, dass es mit ihren Bedürfnissen und Hoffnungen in Einklang steht. Der Glaube an die Rationalität des Gesetzes ist oft mächtig, auch wenn der geschriebene Gesetzestext eine sekundäre Rolle ein-

---

15   Calavita, Invitation to Law and Society.
16   Ebd, S. 37.
17   Siehe auch Taussig, The Magic of the State.
18   Abrams, Notes on the Difficulty of Studying the State; Rozakou, Nonrecording the ›European Refugee Crisis‹ in Greece; Silbey, After Legal Consciousness.

nimmt, wenn wir uns das konkrete Handeln vor Ort ansehen. Die wichtige Funktion des Rechts innerhalb des Migrationsregimes zu kanalisieren, resultiert aus der vorherrschenden Vorstellung, dass vorhandene Gesetze die Legitimität von Verfahren (automatisch) begründen. Überdies ist das Gesetz, wie wir gezeigt haben, ein Erzeuger sowohl von Hoffnungen als auch von Verzweiflung, und es kann die Handlungsmacht von Akteur*innen ebenso begründen wie einschränken. Unsere Erkenntnisse stützen mithin die Annahme von Veena Das und Poole,[19] die staatliche Macht lasse sich an den Rändern des Staates am besten beobachten, denn dort werden die Ideen, Praktiken und Anfechtungen, die sich mehr oder weniger vage auf Recht beziehen, erst wirklich sichtbar.

Das Vorherrschen von Chaos, Unlesbarkeit und Aushandlungen über verschiedene nationale Kontexte hinweg und innerhalb unterschiedlicher Behörden und zwischen verschiedenen Akteur*innen mag jene von uns überraschen, die als hochqualifizierte Migrant*innen effiziente und großzügige Bürokrat*innen in schicken Bürogebäuden angetroffen haben, die vielleicht nicht nur unseren eigenen Fall zügig gelöst, sondern uns auch in ihrem Land herzlich willkommen geheißen haben. Wir sollten genau darauf achten, wie selektiv Migrationskontrolle funktioniert und wie unterschiedliche Staaten mit »erwünschten« und »unerwünschten« Bevölkerungsgruppen umgehen. Zwar haben wir auch bei unseren früheren Forschungen Chaos und Unlesbarkeit in der Implementierung des Migrationsrechts beobachtet.[20] Allerdings unterstreichen die Schlussfolgerungen des vorliegenden Buches, dass sich die chaotische und unlesbare Dimension der Rechtspraxis an den Rändern der Gesellschaft akzentuiert zeigt. Dies widerspricht nicht den großzügigeren und »fürsorglicheren« Dimensionen staatlichen Handelns, sondern verweist auf inhärente Widersprüche des »liberalen Staates«, der auch eine illiberale Schattenseite aufweist. In dieser Hinsicht stellt unsere Forschung über Migrant*innen mit prekärem Rechtsstatus eine direkte Verbindung zu derjenigen über andere Formen von Prekarität – wie Armut – her. Autor*innen wie Joyce[21] haben die Hart-

----

19   Das/Poole, Anthropology in the Margins of the State.
20   Eule, Inside Immigration Law.
21   Joyce, The State of Freedom.

näckigkeit selektiver Formen von Kontrolle und Gewalt gegen die »aufsässige« Arbeiterklasse eindrücklich gezeigt. Über den spezifischen Bereich der Politik hinaus müssen wir deshalb die Auswirkungen der Marginalisierung im Auge behalten und die spezifischen Formen von Kontrollpraktiken an den Rändern des Staates kritisch vergleichen.

Erforschung umkämpfter Migrationskontrolle anhand von asymmetrischen Aushandlungsräumen

Die beobachteten Unregelmäßigkeiten innerhalb Europas Bürokratien sind unseres Erachtens keineswegs nur aus der angeblichen Krise der Migrationskontrolle erwachsen. Wie in Kapitel 1 und 2 ausführlich beschrieben, bestätigten vielmehr Staatsangestellte selbst, dass viele der »Lücken« in Kontroll- und Unterstützungsfunktionen, die in dieser Zeit sichtbar wurden, in Wirklichkeit schon vor dem Sommer des Jahres 2015 bestanden. Partielle und bruchstückhafte Migrationssteuerung sind die Regel und keineswegs die Ausnahme. In Übereinstimmung mit Rozakou[22] fanden wir Informalität und Chaos als regelmäßige Merkmale staatlicher Bürokratie. Ständige Veränderungen in politischer Rhetorik, rechtlichen Entwicklungen und dergleichen erzeugen ein System, in dem ständige Reform geradezu der Normalzustand ist.[23] Wir fanden Kontinuität und Konvergenz gerade innerhalb asymmetrischer Aushandlungsräume vor, häufig in alltäglichen Interaktionen zwischen Migrant*innen, Streetlevel-Bürokrat*innen und nichtstaatlichen Akteur*innen, in denen Machtungleichgewichte besonders hervortreten. Aus diesem Blickwinkel konnten wir das Handeln von Migrant*innen berücksichtigen und aufzeigen, wie diese sich Kontrollmaßnahmen fügen oder diesen ausweichen. Gleichzeitig konnten wir so aber auch das Handeln und die Ermessensmacht individueller staatlicher Akteur*innen, die sich in der Praxis sowohl an ihren Anweisungen als auch am eigenen Verständnis der jeweiligen Aufgabe orientieren, untersuchen. Während diese Aushandlungen auf unterster Ebene zwischen Streetlevel-Bürokrat*innen, nichtstaatlichen Akteur*innen und Migrant*innen scheinbar das Chaos und die Unlesbarkeit der Kon-

---

22 Rozakou, Nonrecording the ›European Refugee Crisis‹ in Greece; siehe auch Düvell, Unravelling the Mediterranean Migration Crisis.

23 Vgl. Brunsson, Reform as Routine.

trollpraxis noch verstärken, stellen wir fest, dass – angesichts der Komplexität von Fällen, Vorschriften und wechselseitigen Abhängigkeiten – die Strategien und Taktiken der Akteur*innen, sich die Gesetze »zurechtzuschustern«, genau das ist, was dem Recht letztlich zur Wirkung verhilft. Letztendlich sorgt just dieser Umstand für die Wahrung und Reproduktion der Machtverhältnisse, trotz des offenkundigen Durcheinanders im Migrationsregime. Räume asymmetrischer Aushandlungen unterstreichen die Produktivität umkämpfter Kontrollpraktiken, sind sie doch die Orte, an denen »Ordnung« erst hergestellt und legitimiert, aber auch angefochten werden kann.

Aus unserer Sicht ist die Dynamik der Durchsetzung von Migrationsgesetzen nicht nur ein Produkt politischer Diskurse und Entwicklungen (denen sich Streetlevel-Bürokrat*innen verweigern können), sondern der Aushandlungen zwischen den konkret involvierten Akteur*innen. Natürlich haben Gesetze und Politik ihren Einfluss auf die Migrationskontrolle. Aber solange Fragen über Abschiebungen, über Regularisierung und Haft selbst innerhalb ein und derselben Institution derart unterschiedlich gehandhabt werden und die Gedanken und Gefühle, die einzelne Staatsangestellte mit dem Gesetz verbinden, so viel Einfluss nehmen, bietet uns die Perspektive »von unten nach oben« bessere Chancen, die Schaffung einer »chaotischen Ordnung« aus diesen Vorgaben zu begreifen. Aus diesem Blickwinkel waren wir auch bestrebt, die Vorstellung infrage zu stellen, das scheinbare »Scheitern« staatlicher Versuche, Migration zu regulieren, sei schlicht die Folge subversiven Handelns von Migrant*innen. Denn dies würde im weiteren Sinne implizieren, dass mehr Kontrolle, mehr Regulierung und mehr Gesetze helfen würden, Eindeutigkeit in die Migrationssteuerung zu bringen. Vielmehr haben wir betont, dass die Grenzen staatlicher Kontrolle aus dem Inneren des Staates und seiner Verwaltung genauso erwachsen[24] wie aus dem Gesetz.[25] Dies resultiert aber nicht nur aus der »selbstbeschränkten Souveränität«,[26] welche unter anderem aus den Menschenrechten hervorgeht, sondern auch aus der Art und Weise, in der das Recht in der praktischen Anwendung dazu dient, Macht im Mi-

----

24   Guiraudon/Lahav, The State Sovereignty Debate Revisited.
25   Vgl. Guiraudon/Joppke, Controlling a New Migration World.
26   Joppke, Why Liberal States Accept Unwanted Immigration.

grationsregime zu kanalisieren und infrage zu stellen. Die Systematik der begrenzten Kontrollierbarkeit von Migration wird deutlich, da wir sie in sehr unterschiedlichen geografischen und organisatorischen Kontexten beobachten konnten. Unser lokaler, auf unterschiedliche Standorte verteilter Ansatz belegt hier, wie wichtig es ist, vor Ort von »unten nach oben« ethnografische Forschung zu betreiben. Wenn wir von den alltäglichen Kämpfen zwischen Streetlevel-Bürokrat*innen, nichtstaatlichen Akteur*innen und Migrant*innen einen Schritt zurücktreten und Licht auf das größere Bild werfen, das sich aus diesen Begegnungen entwickelt, stellen wir fest, dass die Macht des Staates nicht etwa trotz, sondern gerade *durch* diese systemimmanenten Inkonsistenzen entsteht.

Ein hydraköpfiger Tyrann?
Zwischen Bürokratie und Politik

Wir haben im gesamten Buch immer wieder die Mikrokämpfe und die Vielfalt von Interessen, Absichten, Risiken und Aufgabenbereichen der verschiedenen Akteur*innen im Migrationsregime thematisiert. Dabei blieb die Frage der »Intentionalität« hinter der Migrationssteuerung allerdings weitgehend unbeachtet. Politische Theoretiker*innen weisen seit jeher auf die Gefahren hin, die ein *Mangel* an Intentionalität beinhaltet: Arendt warnte bekanntlich vor einer Bürokratie, die als »kopfloser Tyrann«, durchdrungen von einer Banalität des Bösen, aus gedankenlosem Gehorsam und Indifferenz der Bürokrat*innen erwachsen kann.[27] Ihre Bedenken und die Frage, welche Interessen durch die gegenwärtige Handhabung des Migrationsregimes am besten und nachhaltigsten gedient wird und zu welchen Kosten, erscheinen von größter Dringlichkeit in einer Zeit, in der populistische, nationalistische, rassistische und immigrant*innenfeindliche Politik in ganz Europa auf dem Vormarsch ist. Neuere Entwicklungen in der Gesetzgebung, der politischen Rhetorik und den gesellschaftlichen Einstellungen durchdringen das Recht und die Anweisungen der Rechtsimplementierung, auf die wiederum Streetlevel-Bürokrat*innen reagieren und denen sie sich auch widersetzen können. Wir haben gesehen, wie diese Politik

---

27   Arendt, Macht und Gewalt; siehe auch Herzfeld, The Social Production of Indifference.

neue Dilemmata für Streetlevel-Akteur*innen kreierte. Das war beispielsweise der Fall, als der dänische Gefängnis- und Bewährungsdienst
von der Ministerin für Einwanderung, Integration und Wohnen angewiesen wurde, das Leben für abgelehnte Asylsuchende »unerträglich zu
machen« (Kapitel 5).[28] Gleiches gilt für Bürokrat*innen in Österreich,
Deutschland und der Schweiz, die ihr Unbehagen gegenüber Forderungen von Politiker*innen oder der »kritischen Masse«, Abschiebungen zu beschleunigen, ausdrückten (Kapitel 6).[29] Trotz der intensiven
Politisierung und Polarisierung von Fragen der Migrationskontrolle in
den letzten Jahren scheint demnach ein erstaunliches Desinteresse unter leitenden Angestellten und politischen Entscheidungsträger*innen
zu herrschen, wenn es um die praktische Realität der Migrationskontrolle geht.

Kommen wir zurück zu unserem Workshop mit Staatsangestellten
in Bern. Eine leitende Angestellte eines Schweizer Migrationsamtes bemerkte, »es ist gut zu wissen, dass wir nicht die Einzigen sind, die dieses
Chaos erleben. Aber was wird mein Chef sagen, wenn ich ihm mitteile,
dass wir Migration gar nicht in den Griff kriegen können und überall
ein einziges Chaos herrscht?« Eine naheliegende Erklärung für diese
Ignoranz seitens der politischen Entscheidungsträger*innen und auch
der bürokratischen Führungsebene liegt darin, dass die Wirklichkeit
nicht so recht zu politischen Versprechungen oder öffentlichen Forderungen nach strengerer Umsetzung des Migrationsrechts passen will.
Während das Innenleben der Politik und deren relative Abkopplung
von der Realität eine ähnliche Aufmerksamkeit verdienen, wie wir sie
den Praktiken auf der untersten Ebene der Migrationsrechtimplemen-
tierung schenkten, scheinen unsere Beobachtungen den Schluss nahe-
zulegen, dass es eine stillschweigende Unkenntnis unter Politiker*innen gibt, was die Ergebnisse der Kontrollmaßnahmen angeht. Der
»Kopf« will lieber gar nicht erst wissen, was die »Hände« tun.[30] Bewusste Unkenntnis, Nachlässigkeit und Nichthandeln des Staates stellen eine Form struktureller Gewalt dar.[31] Hier weigern sich Regierun-

---

28 Siehe auch Suarez-Krabbe u.a., Stop Killing Us Slowly.
29 Vgl. Ellermann, States against Migrants.
30 Siehe auch Eule, Inside Immigration Law.
31 Vgl. Davies u.a., Violent Inaction.

gen und einzelne Staatsangestellte, Verantwortung für Migrant*innen mit prekärem Rechtsstatus zu übernehmen, obwohl es die offizielle Politik und ihre Maßnahmen waren, die die Migrant*innen überhaupt erst in diesen prekären Zustand brachten. Dies kann, wie gezeigt, nachteilige Folgen für jene haben, die ohne absehbare Verbesserung ihrer Situation an den Rändern der Gesellschaft festzusitzen scheinen. Wir halten es deshalb für wichtig, darauf hinzuweisen, wie das Recht sowohl dem Nichthandeln als auch Zwangsmaßnahmen Legitimität verleiht. Es wirkt als »ein Ort, der Gewalt erzeugt und diese zugleich als gesellschaftlich akzeptabel erscheinen lässt«, da es »einen weithin anerkannten und respektierten Diskurs [liefert], der die Misshandlung von Menschen inhärent rechtfertigt, die ›sich nicht an Recht und Gesetz hielten‹«.[32]

Doch wenn die »Tyrannei« der Herrschaft, in den Worten von Arendt,[33] entweder dem »Kopf« zugeschrieben werden kann, der die Absicht in Politik umsetzt, oder aber den »vielen Händen«, die sie in die Tat umsetzen, ist eine gewisse Unwissenheit vielleicht gar nicht immer zum Nachteil für marginalisierte Personengruppen. In Zeiten, in denen es zu den mehrheitsfähigen Zielen der Politik gehört, Migrationskontrolle restriktiver oder repressiver und die Zukunft der Migrant*innen noch unsicherer zu machen, kann das chaotische Innenleben der Bürokratie bis zu einem gewissen Grad – und weitgehend unbeabsichtigt – auch als Beschränkung dieser »Tyrannei« dienen, und nicht etwa als ihr Wegbereiter. Wir fanden in den Streetlevel-Bürokrat*innen keineswegs eine unkritische Masse gleichermaßen machtloser Angestellter, sondern eine heterogene Gruppe von Individuen, die nicht nur nach krudem Eigeninteresse handeln, sondern ihre Macht durchaus auch dazu nutzen können, das Gesetz im Sinne von Migrant*innen arbeiten zu lassen. Wir konnten also festhalten, dass das Migrationsregime nicht etwa als kopfloser Tyrann daherkommt, sondern eher einem hydraköpfigen Monster ähnelt, bei dem einige seiner Köpfe sogar recht gutwillige Ideen in sich tragen. Während die Diskrepanzen zwischen den erklärten Absichten der Politiker*innen und der alltäglichen Umsetzung des Migrationsrechts und der Migrationspolitik also keinen systemischen

----

32   Abrego/Lakhani, Incomplete Inclusion, S. 268.
33   Arendt, Macht und Gewalt.

Wechsel generieren, können die asymmetrischen Aushandlungen über Kontrollpraktiken sehr wohl das erzeugen, was Nordling mit dem Begriff der »Destabilisierung« von Kontrollpraktiken[34] beschreibt, durch die zwar bestimmte repressive Praktiken gewahrt, andere aber infrage gestellt werden.

Widerstand gegen einen »unlesbaren« Staat

Unser Buch gibt also einen eher düsteren Ausblick angesichts der offenbar begrenzten Möglichkeiten, sich in einem chaotischen Migrationsregime zurechtzufinden und die Macht eines unlesbaren Staates anzufechten bzw. sich dieser zu widersetzen. Wir konnten aber ebenso aufzeigen, dass Ermessen, Informalität und Unlesbarkeit auch einen destabilisierenden Effekt auf die Implementierung von Gesetzen haben können, indem sie Spielraum für subversive Praktiken zugunsten von Migrant*innen eröffnen (siehe Kapitel 4 und 5) oder indem staatliche Akteur*innen das Gesetz in gewisser Weise im Sinn von Migrant*innen umgehen können. Im gesamten Buch haben wir auch immer wieder gezeigt, wie die Ziele, das Handeln und die Hoffnungen von Migrant*innen mit prekärem Rechtsstatus die Migrationskontrolle in substanzieller Weise prägen und herausfordern. Wiewohl sich die »Reparaturarbeiten«[35] der Migrant*innen innerhalb des Migrationsregimes eher in alltäglichen Taktiken und asymmetrischen Aushandlungen manifestieren als in transformativen politischen Projekten, verdienen diese »Waffen der Schwachen«[36] dennoch besondere Beachtung. Wir haben gezeigt, wie Schlupflöcher in der Anwendung von Recht und die Ermessenspraxis von Entscheidungsträger*innen neue Hoffnungen für Migrant*innen in ihrem Streben nach Vollendung ihres Migrationsprojekts begründen. Diese führen nicht zuletzt oft zu einer Verlängerung der Migrant*innen-Odyssee innerhalb Europas.[37] Dies trägt der Handlungsmacht der Migrant*innen eher Rechnung, als wenn man in ihnen lediglich wehrlose Opfer der Migrationskontrolle sehen würde. Indem sie sich nach dem Gesetz richten und versuchen, das Migra-

----

34   Nordling, Destabilising Citizenship Practices?
35   Vgl. Sciortino, Between Phantoms and Necessary Evils.
36   Frei nach Scott, Domination and the Arts of Resistance.
37   Siehe Kapitel 4 sowie Wyss, Stuck in Mobility?

tionsregime anders zu lesen, beteiligen sich Migrant*innen und ihre Unterstützer*innen auch an der Neugestaltung des »Projekts Staat« von den Rändern her: In ihren Handlungen und durch die Interaktionen mit anderen Akteuren setzen sie sich kontinuierlich mit den Grenzen der Staatsmacht auseinander und definieren diese Grenzen auch bis zu einem gewissen Grad.

Während jedoch dieser alltägliche Widerstand der Migrant*innen und ihrer Unterstützer*innen tatsächlich die reibungslose Umsetzung von Migrationskontrolle infrage stellen kann, spielt er sich immer noch innerhalb von Bereichen hochgradig ungleicher Machtverhältnisse ab, innerhalb welcher illegalisierte Migrant*innen das schwächste Glied in der Kette sind. Dazu kommt, dass Staaten auf die subversiven Taktiken von Migrant*innen mit weiteren »Reparaturarbeiten« reagieren, die die Lücken und Risse im Rechtsrahmen ausbessern sollen. Wenn die Wege zur Regularisierung immer restriktiver gehandhabt werden (vgl. Kapitel 5, 6), könnte die alltägliche Praxis der Migrant*innen, sich durch den undurchdringlichen Dschungel des Kontrollsystems zu hangeln, den Staat zu ertragen und auszusitzen – ja, die schlichte Bekräftigung »Ich bin noch da!«, trotz aller Versuche der Regierungen, sie abzuschrecken, zurückzuweisen und abzuschieben[38] –, bereits die beständigste Taktik des Widerstands darstellen (vgl. Kapitel 4). Die fortgesetzte Anwesenheit unerwünschter Migrant*innen an den Rändern von Gesetz, Staat und Gesellschaft ist Beleg für das grundsätzliche Scheitern des Gesetzes an der Aufgabe, seine Versprechungen zu erfüllen und die Rechte derjenigen zu gewährleisten, die am meisten darauf angewiesen sind. Dieses Scheitern und die gewaltsamen Auswirkungen, die es produziert, lassen sich nur durch die Ausdauer jener, die trotz allem unermüdlich vor diesem Gesetz warten, sichtbar machen und letztlich verändern.

---

38 Kalir, State Desertion and ›out of Procedure‹ Asylum Seekers in the Netherlands.

Offene Fragen und Perspektiven für künftige Forschung

Migrationskontrolle im Kontext.   In diesem Buch haben wir versucht, Ähnlichkeiten in der Art und Weise herauszuarbeiten, in der Migration *vor* dem, *durch* das und mitunter auch *gegen* das Gesetz gelenkt wird. Dabei haben wir vielfältige nationale und regionale Kontexte beleuchtet, die trotz supranationaler Versuche, die Migrationsgesetze zu harmonisieren, offenbar in der Praxis wenig gemeinsam haben. Dabei waren wir nach Kräften bestrebt, methodologischen Nationalismus zu vermeiden, und wir haben den grundsätzlich transnationalen Charakter von Migrationskontrolle berücksichtigt (siehe Kapitel 1). Wir haben uns mit Absicht auf Begegnungen auf Mikroebene in diesen Kontexten fokussiert, wo wir bei allen geografischen, politischen und kulturellen Unterschieden doch auch verblüffende Parallelen feststellen konnten. Durch die Untersuchung dieser asymmetrischen Aushandlungsräume gewannen wir tiefe Einblicke in die Art und Weise, wie Macht durchgesetzt, kanalisiert und angefochten wird in einem Migrationsregime, in dem die staatlichen Akteur*innen zwar über substanziellen, aber eben nicht absoluten Einfluss auf die Auswirkungen ihres Handelns gebieten. Dafür sind wir nicht auf die signifikanten Unterschiede bei politischen, historischen, kulturellen, organisatorischen und geografischen Faktoren eingegangen, die die Migrationskontrolle an den unterschiedlichen untersuchten Orten gestalten und in Kontext setzen. Das bedeutet auch, dass wir bisweilen Nuancen und Variationen dessen übersehen haben, was das Verständnis von Akteur*innen von ihren jeweiligen Mandaten, Aufgabenbereichen und Positionen in diesen Begegnungen begrenzt und gestaltet.

So arbeiten beispielsweise ein lettischer Grenzschützer und eine Schweizer Grenzpolizistin zwar mit dem gleichen Rechtsrahmen (d.h. das Schengen-Abkommen), das die Regeln für ihre Arbeit festlegt, wenn sie interne Grenzkontrollen durchführen. Doch die Entscheidung, einer illegalisierten ukrainischen Migrantin etwas Zeit zu lassen, damit sie ihre Angelegenheiten regeln, ihren gewalttätigen Ehemann verlassen und ihren Aufenthaltsstatus regularisieren kann (vgl. Kapitel 5), lässt sich nicht ausschließlich durch den gesetzlichen Ermessensspielraum erklären. Eine solche Entscheidung erwächst auch aus dem historischen und gesellschaftlichen Kontext der Beziehung Lettlands zu Bürger*innen der ehemaligen Sowjetunion, die mit prekärem Rechtsstatus in ihrem Land leben. Die geltenden Gesetze sind zwar die gleichen, dennoch ist die Situation für die schwedischen Grenzpolizist*innen, die im Beispiel in Kapitel 1 die Bedingungen für die Abschiebung einer albanischen Familie ohne Aufenthaltsrecht in Schweden besprachen, eine völlig andere. In dieser Begegnung zeigten sie durchaus Verständnis dafür, dass die Familie nicht zurückwollte, bedachten aber auch, dass sie praktisch keine Chance haben würde, im Land bleiben zu dürfen, nachdem Schwedens Regierung kurz zuvor beschlossen hatte, die wenigen Wege zur Regularisierung aus humanitären Gründen zu verschließen, die der Familie zuvor vielleicht noch zur Verfügung gestanden hätten. Auch wenn also die übergeordneten Gesetze und Vorschriften identisch sein mögen, stehen für die betroffenen Individuen und für die zuständigen Polizist*innen vollkommen verschiedene Dinge auf dem Spiel. Vor allem existieren auch bedeutende Machtungleichgewichte zwischen den europäischen Staaten und Regionen. Auf diese gilt es hinzuweisen, um die Idee eines einheitlichen »europäischen« Apparats der Migrations- und Grenzkontrolle (siehe auch Kapitel 2) weiter zu hinterfragen und zu dekonstruieren. Diese zwei unterschiedlichen Herangehensweisen an die Kontextualisierung umkämpfter Migrationskontrollpraxis in Europa schließen sich jedoch keineswegs gegenseitig aus – vielmehr sollten wir davon ausgehen, dass sie sich ergänzen.

Wir hoffen, unser Buch möge als Beitrag und Ergänzung zu einer nuancierten und kontextualisierten Untersuchung von Begegnungen im Bereich der Migrationskontrolle dienen. Überdies ist auch die Tatsache zu beachten, dass es heute nur wenig Forschung gibt, die das Innenleben der Politikgestaltung auf dem Gebiet der Migration untersucht – und die Nahtstellen, an denen sich die von oben vorgegebenen politischen Absichten und die von unten wirkende Praxis begegnen. Die Betrachtung des Migrationsregimes kann hier nützlich sein, wenn man sie sinnvoll erweitert: Es darf nicht nur um direkte Begegnungen zwischen Migrant*innen, nichtstaatlichen und staatlichen Akteuren gehen, es bedarf auch eingehender Untersuchungen legislativer Prozesse und der Entscheidungsfindung durch politische Entscheidungsträger*innen. Dies gilt nicht nur auf dem Gebiet der Migrationskontrolle, sondern auch in anderen Bereichen der Politik, in denen substanzielle staatliche Ressourcen für die Regulierung, die Kontrolle von und Fürsorge für marginalisierte gesellschaftliche Gruppen aufgewendet werden.

Relevanz des Ansatzes über die Migrationskontrolle hinaus. Um die Lebenswelt von Streetlevel-Bürokrat*innen verstehen zu können, wobei dies auch für nichtstaatliche Akteur*innen gilt, die Fürsorge- und Kontrollaufgaben im Auftrag des Staates erfüllen, bauen wir in diesem Buch auf soziologische Studien zu Streetlevel-Bürokratien, die weit über das Feld der Migrationskontrolle hinausgehen. Nach Lipskys wegweisender Arbeit[39] haben zahlreiche Autor*innen »Streetlevel-Stories«[40] über die praktische und zwischenmenschliche Arbeit im Behörden- und Organisationsalltag beigesteuert, die uns helfen sollen, »den Staat« besser zu verstehen. Auf diesem Gebiet konzentrieren sich die meisten Beiträge entweder auf die Sozialfürsorge und Armutsbewältigung oder auf polizeiliche Funktionen und Überwachung (Kapitel 2 bietet einen Überblick über die einschlägige Literatur). Viele dieser Arbeiten werfen wichtige Fragen im Zusammenhang mit der Moral von Streetlevel-Arbeit und der Wahrung von Gerechtigkeit auf.[41] Die meisten dieser Studien berücksichtigen allerdings nicht die nichtstaatlichen Akteur*innen, die neben oder auch im Auftrag des Staates tätig sind.[42] Während das Feld der Migrationskontrolle wegen der großen Zahl von Akteur*innen in den Bereichen Kontrolle, Unterstützung und Hilfe, die auf lokaler, regionaler, nationaler und internationaler Ebene involviert sind, vielleicht eine Ausnahmestellung genießt, gibt es viele weitere Politikfelder, die immer vielschichtiger werden, etwa der Bereich der Überwachung und der Strafjustiz sowie das Wohlfahrts- und Arbeitsregime. Unseres Erachtens lässt sich die Regime-Perspektive und insbesondere das Konzept der asymmetrischen Aushandlungsräume sehr wohl auch auf diese Politikfelder anwenden. Migrationskontrolle bleibt zwar eine spezielle Form staatlicher Macht aufgrund ihrer oft harten und einschneidenden Folgen für die betroffenen Personen – der

---

39 Lipsky, Street-Level Bureaucracy.
40 Siehe z. B. Maynard-Moody/Musheno, Cops, Teachers, Counselors.
41 Fassin, Enforcing Order; Halliday/Morgan, I Fought the Law and the Law Won?; Halliday u. a., Street-Level Tort Law.
42 Vgl. aber Kalir/Wissink, The Deportation Continuum.

rechtliche Aufenthaltsstatus bleibt der Schlüssel für den Zugang zu einer ganzen Reihe von Rechten und Diensten sowie zur gesellschaftlichen Teilhabe. Es spricht jedoch auch sehr viel dafür, das Feld der Migration nicht nur als abgegrenztes, analytisches gesellschaftliches Thema zu sehen, sondern darüber hinaus auch den Schnittstellen der Exklusion verschiedener marginalisierter Gruppen Aufmerksamkeit zu widmen.[43] Die Themen, welche in unserer Erforschung der alltäglichen Aushandlungen über den Zugang zu Rechten, Leistungen und Diensten vor dem Gesetz aufgekommen sind, reichen über das Gebiet der Migrationskontrolle hinaus und betreffen auch Sozialdienste, Armutsbekämpfung sowie Fragen der Überwachung.[44] Dazu gehören die Informalität und Unsicherheit, die die gesamte bürokratische Entscheidungsfindung durchdringen, ebenso wie Fragen individueller Verantwortung und moralischer Dilemmata aufseiten des Gesetzesvollzugs. Dazu kommt die Bedeutung des Wissens um und die Produktivität von Gerüchten über den Zugang zu Rechten[45] sowie die Bedeutung des Faktors Zeit als Handlungsstrategie,[46] aber auch als »Waffe der Schwachen«[47]. Nicht nur Migrant*innen, sondern auch Klient*innen oder »Patient*innen« des Wohlfahrtsstaates[48] werden sich vermutlich in Kafkas Beschreibung einer chaotischen, unvorhersehbaren und willkürlichen Bürokratie wiedererkennen. Das Studium der Begegnungen zwischen dem Staat und marginalisierten Individuen innerhalb asymmetrischer Aushandlungsräume hilft uns zu verstehen, wie Herrschaft (und weiter gefasst die gesellschaftliche Ordnung) erzeugt und bewahrt werden, wobei der Handlungsmacht der Akteur*innen in diesen Begegnungen und ihr Sich-Zurechtfinden in einem kafkaesken Staat Beachtung geschenkt werden muss.

Migrationskontrolle und die koloniale Frage.   Eine weitere Frage, die aus unserer Forschung erwächst, ist das Fortbestehen des weber-

---

43   Dahinden, A Plea for the ›de-Migranticization‹ of Research on Migration and Integration.

44   Gilliom, Overseers of the Poor; Wacquant, Punishing the Poor.

45   Siehe Vgl. Eckert, Rumours of Rights.

46   Auyero, Patients of the State; Bourdieu, Social Being, Time and the Sense of Existence.

47   Scott, Weapons of the Weak.

48   Auyero, Patients of the State; Dubois, The Bureaucrat and the Poor.

schen Ideals eines rationalen, einheitlichen Staats, welches besonders bei staatlichen Akteur*innen in »westlichen« Bürokratien vorherrschend ist, auch wenn sich die Realität in deren Alltag oft ganz anders darstellt. Mit diesem Buch haben wir versucht, die vorherrschende Fantasie von einem kohärenten, rationalen Staat westlicher Prägung zu hinterfragen, welche Gefahr läuft, eine quasi koloniale Beziehung zwischen dem »Okzident« und dem »Rest der Welt«[49] zu installieren. Wir haben gewiss großartige Inspiration in ethnografischer Forschung über Staatsbürokratien in postkolonialen Kontexten und in Staaten außerhalb Europas gefunden, vor allem bei Veena Das und Poole.[50] Es bedarf aber weiterer Beschäftigung mit dieser Literatur, will man die gegenwärtigen Konfigurationen und internen Auseinandersetzungen der Staatsmacht, der Bürokratie[51] und der Migrationskontrolle in europäischen Staaten begreifen. Wichtig ist, dass diese Literatur Vorstellungen von der »Universalität« der Menschenrechte und von »Fairness« und »Gerechtigkeit« in und durch staatliche Bürokratie grundsätzlich infrage stellt und unsere Aufmerksamkeit darauf lenkt, wie staatliche Macht dazu beiträgt, Ungleichheit und Diskriminierung sowie Gewalt gegen »Andere« aufrechtzuerhalten. Solche Perspektiven werfen auch ein Licht darauf, wie die gegenwärtigen Machtverhältnisse und gesellschaftlichen Strukturen durch Segregation, Überwachung und Kriminalisierung[52] reproduziert und gewahrt werden, und auch auf ihre Verflechtung mit den Interessen neoliberaler Märkte und der Ausbeutung auf rassifizierter und kolonialer Grundlage.[53] Eine wachsende Anzahl von Publikationen unterstreicht die Verbindungen zwischen Europas kolonialer Vergangenheit und den europäischen Migrations- und Grenzregimen der Gegenwart.[54] Diese theoretischen Debatten dienen

- - - - - - - - -

49   Pourmokhtari, A Postcolonial Critique of State Sovereignty in IR.
50   Das/Poole, Anthropology in the Margins of the State.
51   Vgl. z. B. die Arbeit von Gupta, Red Tape; Mathur, Paper Tiger.
52   Tuck/Yang, Decolonization Is Not a Metaphor.
53   Gutiérrez-Rodríguez, Migration, Domestic Work and Affect; Quijano/Ennis, Coloniality of Power, Eurocentrism, and Latin America.
54   Cazzato, Mediterranean: Coloniality, Migration and Decolonial Practices; Casas-Cortes u. a., New Keywords: Migration and Borders; De Genova, The Borders of ›Europe‹ and the European Question; Bosworth u. a., Punishment, Globalization and Migration Control.

unserem Verständnis und der Kontextualisierung geltender Praktiken. So konnte beispielsweise Mbembes Konzept der »Nekropolitik«[55] erklären, wie Europas Grenz- und Migrationskontrolle nicht nur Migrant*innen an den Außengrenzen sterben lässt, sondern auch, wie das Migrationsregime Unheil produziert und schreckliche Bedingungen für ausgegrenzte Andere aufrechterhält, wo diese zwar »am Leben bleiben, aber in einem Zustand des Unrechts gehalten werden«.[56] Als Beispiel wird das Flüchtlingslager von Calais erwähnt.[57] Es würde den Rahmen dieses Buches sprengen, aber wir denken, solche Studien der historischen Entwicklung von Migrationskontrollregimen und ihr Rückgriff auf Logik und Ideologien, die rassistischen und kolonialen Drehbüchern entlehnt sind,[58] können tiefe Einsichten in die Ursachen und Mechanismen liefern, aus denen Ideen, Gesetze und Praktiken der Mobilitätskontrolle erwachsen – und auch Hinweise darauf geben, wie man dagegen vorgehen kann.

Zum Schluss

Das Gesetz selbst ist dezentral, es gibt kein Zentrum hinter der Tür. Das Gesetz an sich ist leer. Handeln und Ethik des Daseins sind im Gesetz institutionalisiert. Das Gesetz ist somit eine Transkription des gesellschaftlichen Habitus. Es befindet sich nichts hinter der Tür unserer Transkription, die Macht des Gesetzes ist das, was wir aus dem Gesetz machen: das Warten.[59]

In unserer Analyse über Reproduktion, Anfechtung und Handhabung des Migrationsregimes sehen wir Kafkas Beschreibungen des Kampfes mit einer unlesbaren und absurden Bürokratie als nützliche Hilfe zum Verständnis, wie unsere Gesprächspartner*innen Begegnungen mit Recht und dem Staat erleben. Bei unserem ethnografischen Studium von Praktiken der Migrationskontrolle haben auch wir uns zu denjeni-

---

55   Mbembe, Necropolitics.
56   Ebd., S. 21.
57   Davies u.a., Violent Inaction.
58   Vgl. Anderson u.a., Why No Borders?
59   Van Houtum, Waiting before the Law: Kafka on the Border, S. 289.

gen gesellt, die vor dem Gesetz warten. Wie unser schwedischer Gesprächspartner Bent, ein Abschiebehaftmitarbeiter, bemerkte, sind auch wir als Wissenschaftler*innen Teil des »Systems«. Indem wir den Staat und seine Auswirkungen studieren, laufen auch wir Gefahr, ebenso viel Macht zu verschleiern, wie wir enthüllen.[60] Kafkas Arbeit zeigt einen Weg, diese Machtkonstellationen zu »lesen«, welche andernfalls – zugegebenermaßen auch für uns Wissenschaftler*innen – unlesbar erscheinen. Doch in van Houtums Analyse[61] der Parabel »Vor dem Gesetz« erweist sich dieses Gesetz als leer: Nichts steht dahinter, nichts als die Vorstellungen, Hoffnungen und Wünsche, die ihm von jenen zugeschrieben werden, die Einlass begehren – oder eben als die Fantasie von etwas, das von Türhütern eifersüchtig bewacht werden muss. Die Auswirkungen dieser Darbietungen an der Grenze sind, wie wir gezeigt haben, in schmerzvoller Weise real für diejenigen, die an der Grenze warten. Doch die Chancen, die das Gesetz bietet, daran zu flickschustern, es zum eigenen Vorteil zu nutzen und die eigenen Überzeugungen, Hoffnungen und Sehnsüchte zu kanalisieren, sind nicht zu unterschätzen. In diesen asymmetrischen Aushandlungsräumen ist das Verwirklichen von Hoffnungen nicht sehr wahrscheinlich – gänzlich unmöglich ist es immerhin nicht.

---

60 Abrams, Notes on the Difficulty of Studying the State.
61 Van Houtum, Waiting before the Law: Kafka on the Border.

Bibliografie

Aas, Katja Franko/Bosworth, Mary, The Borders of Punishment: Migration, Citizenship and Social Exclusion, Oxford 2013.

Abiri, Elisabeth, »The Securitisation of Migration: Towards an Understanding of Migration Policy Changes in the 1990s. The Case of Sweden«, Göteborg 2000; https://gupea.ub.gu.se/handle/2077/12873 [7. 11. 2019].

Abrams, Philip, »Notes on the Difficulty of Studying the State [1977]«, in: *Journal of Historical Sociology* 1 (1988), 1, S. 58–89; https://doi.org/10.1111/j.1467-6443.1988.tb00004.x [7. 11. 2019].

Abrego, Leisy J./Lakhani, Sarah M., »Incomplete Inclusion: Legal Violence and Immigrants in Liminal Legal Statuses«, in: *Law and Policy* (Januar 2015); https://escholarship.org/uc/item/6n59p5zc [7. 11. 2019].

Achermann, Christin, »Multi-perspective Research on Foreigners in Prisoners in Switzerland«, in: Veronika Bilger/Ilse van Liempt (Hg.), The Ethics of Migration Research Methodology: Processes, Policy and Legislation in Dealing with Vulnerable Immigrants, Eastbourne 2009, S. 49–79.

Adams, Guy B./Balfour, Danny L., Unmasking Administrative Evil, Armonk, NY/London 2004.

Agamben, Giorgio, Potentialities: Collected Essays in Philosophy, hrsg. von Daniel Heller-Roazen [Reihe: Meridian: Crossing Aesthetics], Stanford 1999.

Ahrens, Jill, »Suspended in Eurocrisis: New Immobilities and Semi-legal Migrations amongst Nigerians Living in Spain«, in: *Journal of Mediterranean Studies* 22 (2013), 1, S. 115–140.

AIDA (Asylum Information Database), »Accelerated, Prioritised and Fast-Track Asylum Procedures. Legal Frameworks and Practice in Europe«, European Council on Refugees and Exiles (ecre) Mai 2017; https://www.ecre.org/wp-content/uploads/2017/05/AIDA-Brief_AcceleratedProcedures.pdf [7. 11. 2019].

Alderson, Christopher, »Border Security/Border Securité«, in: Sam Binkley/Jorge Capetillo (Hg.), A Foucault for the 21st Century: Governmentality, Biopolitics and Discipline in the New Millennium, Cambridge 2010, S. 203–220.

Alexander, Michael, Cities and Labour Immigration: Comparing Policy Responses in Amsterdam, Paris, Rome and Tel Aviv, Aldershot 2007.

Allard, Olivier, »Bureaucratic Anxiety: Asymmetrical Interactions and the Role of Documents in the Orinoco Delta, Venezuela«, in: *HAU: Journal of Ethnographic Theory* 2 (2012), 2, S. 234–256; https://doi.org/10.14318/hau2.2.013 [7. 11. 2019].

Allen, William / Anderson, Bridget / Van Hear, Nicholas / Sumption, Madeleine / Düvell, Franck / Hough, Jennifer / Rose, Lena / Humphris, Rachel / Walker, Sarah, »Who Counts in Crises? The New Geopolitics of International Migration and Refugee Governance«, in: *Geopolitics* (Juni 2017), S. 1–27; https://doi.org/10.1080/14650045.2017.1327740 [7. 11. 2019].

Alpes, Maybritt Jill / Spire, Alexis, »Dealing with Law in Migration Control: The Powers of Street-Level Bureaucrats at French Consulates«, in: *Social & Legal Studies* 23 (2014), 2, S. 261–274; s. auch: https://doi.org/10.1177/0964663913510927 [7. 11. 2019].

Althusser, Louis, Ideologie und ideologische Staatsapparate, Hamburg 1977.

Ambrosini, Maurizio, »NGOs and Health Services for Irregular Immigrants in Italy: When the Protection of Human Rights Challenges the Laws«, in: *Journal of Immigrant & Refugee Studies* 13 (2015), 2, S. 116–134; s. auch: https://doi.org/10.1080/15562948.2015.1017631 [7. 11. 2019].

Anderson, Bridget, »Migration, Immigration Controls and the Fashioning of Precarious Workers«, in: *Work, Employment and Society* 24 (2010), 2, S. 300–317.

Dies. / Sharma, Nandita / Wright, Cynthia, »Editorial: Why No Borders?«, in: *Refuge: Canada's Journal on Refugees* 26 (2009), 2, S. 5–18.

Andersson, Ruben, »Europe's Failed ›Fight‹ against Irregular Migration: Ethnographic Notes on a Counterproductive Industry«, in: *Journal of Ethnic and Migration Studies* 42 (2016), 7, S. 1055–1075.

Ders., »Illegal, Clandestine, Irregular: On Ways of Labelling People«, Border Criminalities (blog), Oxford Law Faculty, 8. September 2014; https://www.law.ox.ac.uk/research-subject-groups/centre-criminology/centre-border-criminologies/blog/2014/09/illegal [7. 11. 2019].

Ders., »Time and the Migrant Other: European Border Controls and the Temporal Economics of Illegality«, in: *American Anthropologist* 116 (2014), 4, S. 795–809.

Ders., Illegality, Inc. Clandestine Migration and the Business of Bordering Europe, Oakland, CA, 2014.

Arendt, Hannah, Crises of the Republic: Lying in Politics, Civil Disobedience, New York 1972.

Dies., Macht und Gewalt, München / Zürich 1970.

Dies., Eichmann in Jerusalem: A Report on the Banality of Evil, New York 1963 [dt.: Eichmann in Jerusalem. Ein Bericht von der Banalität des Bösen, Reinbek b. Hamburg 1978].

Dies., The Origins of Totalitarianism, New York 1951 [dt.: Elemente und Ursprünge totaler Herrschaft, Frankfurt am Main 1955].

Aretxaga, Begoña, »A Fictional Reality: Paramilitary Death Squads and the
Construction of State Terror in Spain«, in: Jeffrey A. Sluka (Hg.), Death
Squad: The Anthropoloy of State Terror, Philadelphia 2000, S. 46–69.

Ataç, Ilker / Rosenberger, Sieglinde, »Introduction to the Special Issue: Social
Policies as a Tool of Migration Control«, in: *Journal of Immigrant and Refugee Studies* 16 (2019), 1, S. 1–10.

Ders. u. a., »Kämpfe der Migration als Un- / Sichtbare Politiken. Einleitung zur
zweiten Ausgabe«, in: *Journal für kritische Migrations- und Grenzregimeforschung* 1 (2015), 2; https://movements-journal.org/issues/02.kaempfe/
01.ata%C3%A7,kron,schilliger,schwiertz,stierl--einleitung.pdf
[7. 11. 2019].

Ders., »Die diskursive Konstruktion von Flüchtlingen und Asylpolitik in Ös-
terreich seit 2000«, in: Uwe Hunger / Roswitha Pioch / Stefan Rother (Hg.),
Migrations- und Integrationspolitik im europäischen Vergleich, Jahrbuch
Migration 2012 / 2013 [Reihe: Studien zu Migration und Minderheiten
Bd. 21], Berlin 2014, S. 113–130.

Auyero, Javier, Patients of the State: The Politics of Waiting in Argentina, Durham, NC, 2012.

Bakewell, Oliver, »Some Reflections on Structure and Agency in Migration Theory«, in: *Journal of Ethnic and Migration Studies* 36 (2010), 10,
S. 1689–1708.

Ders., »Research beyond the Categories: The Importance of Policy Irrelevant
Research into Forced Migration«, in: *Journal of Refugee Studies* 21 (2008),
4, S. 432–453.

Banakar, Reza, The Doorkeepers of the Law: A Socio-Legal Study of Ethnic
Discrimination in Sweden, Aldershot 1998.

Bardach, Eugene, The Implementation Game: What Happens after a Bill Beco-
mes a Law, Cambridge 1977.

Barker, Vanessa, »Penal Power at the Border: Realigning State and Nation«, in:
Theoretical Criminology 21 (2017), 4, S. 441–457.

Barros, Gustavo, »Herbert A. Simon and the Concept of Rationality: Boundaries and Procedures«, in: *Revista de Economia Política* 30 (2010), 3,
S. 455–472; https://doi.org/10.1590/S0101-31572010000300006 [7. 11. 2019].

Barsky, Robert F., Undocumented Immigrants in an Era of Arbitrary Law: The
Flight and the Plight of People Deemed »Illegal«, Abingdon / Oxon / New
York 2016.

Ders., »Methodological Issues for the Study of Migrant Incarceration in an Era of Discretion in Law in the Southern USA«, in: Ilse van Liempt / Veronika Bilger (Hg.), The Ethics of Migration Research Methodology. Dealing with Vulnerable Immigrants, Brighton 2009, S. 25–48.

Bauböck, Rainer, »Refugee Protection and Burden-Sharing in the European Union«, in: *Journal of Common Market Studies* 56 (2018), 1, S. 141–156.

Bauman, Zygmunt, Wasted Lives: Modernity and Its Outcasts, Cambridge 2004 [dt.: Verworfenes Leben. Die Ausgegrenzten der Moderne, Hamburg 2005].

Bayart, Jean-François, Global Subjects: A Political Critique of Globalization, Cambridge 2007.

Belloni, Milena, »Refugees as Gamblers: Eritreans Seeking to Migrate through Italy«, in: *Journal of Immigrant & Refugee Studies* 14 (2016), 1, S. 104–119.

Bendix, John / Sparrow, Bartholomew H. / Ollman, Bertell / Mitchell, Timothy, »Going beyond the State?«, in: *American Political Science Review* 86 (1992), 4, S. 1007–1021; s. auch: https://doi.org/10.2307/1964352 [7. 11. 2019].

Benz, Martina / Schwenken, Helen, »Jenseits von Autonomie und Kontrolle. Migration als eigensinnige Praxis«, in: *Prokla* 140 (2005), 35/3, S. 363–378.

Bevir, Mark, Governance: a Very Short Introduction, Oxford 2012.

Ders. / Rhodes, R. A. W., The State as Cultural Practice, Oxford 2010.

Ders., Interpreting British Governance, London 2003.

BGBl. III (Bundesgesetzblatt), »Agreement on Readmission between the Austrian Federal Government and the Government of the Federal Republic of Nigeria«, 2012; https://www.ris.bka.gv.at/Dokumente/BgblAuth/BGBLA_2012_III_116/COO_2026_100_2_778706.pdfsig [7. 11. 2019].

Bhatia, Monish / Canning, Victoria, »Brutality of British Immigration Detention System Laid Bare«, in: *The Conversation,* 5. September 2017; https://theconversation.com/brutality-of-british-immigration-detentionsystem-laid-bare-83396 [7. 11. 2019].

Bialasiewicz, Luiza / Giaccaria, Paolo / Jones, Alun / Minca, Claudio, »Re-scaling ›EU‹rope: EU Macro-Regional Fantasies in the Mediterranean«, in: *European Urban and Regional Studies* 20 (2013), 1, S. 59–76; s. auch: https://doi.org/10.1177/0969776412463372 [7. 11. 2019].

Bilger, Veronika / van Liempt, Ilse, »Introduction. Methodological and Ethical Dilemmas in Research among Smuggled Migrants«, in: dies. (Hg.), The Ethics of Migration Research Methodology: Dealing with Vulnerable Immigrants, Brighton 2009, S. 118–140.

Bjerre, Liv / Helbling, Marc / Römer, Friederike / Zobel, Malisa, »Conceptualizing and Measuring Immigration Policies: A Comparative Perspective«, in: *International Migration Review* 49 (2015), 3, S. 555–600; s. auch: https://doi.org/10.1111/imre.12100 [7. 11. 2019].

Blau, Peter Michael / Meyer, Marshall W., Bureaucracy in Modern Society, New York 1987.

Bojadžijev, Manuela / Karakayalı Serhat, »Autonomie der Migration. 10 Thesen zu einer Methode«, in: Transit Migration Forschungsgruppe (Hg.), Turbulente Ränder. Neue Perspektiven auf Migration an den Grenzen Europas, Bd. 2, Bielefeld 2007, S. 203–210.

Bommes, Michael / Sciortino, Giuseppe, Foggy Social Structures: Irregular Migration, European Labour Markets and the Welfare State, Amsterdam 2011.

Borrelli, Lisa Marie, Paper Presentation »I Spy with My Little Eye Something That Is … – Secrecy as Humanitarianism or Deterrence?«, International Migration Conference: EU at the Crossroads of Migration: Critical Reflections on the »Refugee Crisis« and New Migration Deals, Utrecht 7. / 8. Mai 2018.

Dies., »Whisper down, up and between the Lane – Exclusionary Policies and Their Limits of Control in Times of Irregular Migration«, in: *Public Administration* (2018), S. 1–14; s. auch: https://doi.org/10.1111/padm.12528 [7. 11. 2019].

Dies. / Lindberg, Annika, »The Creativity of Coping: Alternative Tales of Moral Dilemmas among Migration Control Officers«, in: *International Journal of Migration and Border Studies* 4 (2018), 3, S. 163–178; s. auch: https://doi.org/10.1504/IJMBS.2018.10013558 [7. 11. 2019].

Dies., »Leben in der Grauzone«, in: *Wendekreis* (2017), S. 9–10.

Dies. / Lindberg, Annika, »Lithuania's ›Hotel‹ with Special Guests«, in: Border Criminologies (blog), Oxford Law Faculty, 13. April 2016; https://www.law.ox.ac.uk/research-subject-groups/centre-criminology/centreborder-criminologies/blog/2016/04/lithuania%E2%80%99s- [7. 11. 2019].

Borri, Giulia / Fontanari, Elena, »Lampedusa in Berlin: (Im)Mobilität innerhalb des europäischen Grenzregimes«, in: *PERIPHERIE: Zeitschrift für Politik und Ökonomie der Dritten Welt* 138 / 139 (2015), S. 193–211.

Boswell, Christina / Geddes, Andrew, Migration and Mobility in the European Union [The European Union Series], New York 2011.

Dies., European Migration Policies in Flux: Changing Patterns of Inclusion and Exclusion, London 2003.

Bosworth, Mary / Parmar, Alpa / Vazquez, Yolanda (Hg.), Race, Criminal Justice and Immigration Control: Enforcing the Boundaries of Belonging, Oxford 2018.

Bosworth, Mary, »Paperwork and Administrative Power in Detention«, in:

Border Criminologies (blog), Oxford Law Faculty, 13. Juni 2016; https://www.law.ox.ac.uk/research-subject-groups/centre-criminology/centrebor der-criminologies/blog/2016/06/paperwork-and [7. 11. 2019].

Dies., Inside Immigration Detention, Oxford 2014.

Dies./Franko, Katja/Pickering, Sharon, »Punishment, Globalization and Migration Control: ›Get Them the Hell out of Here‹«, in: *Punishment & Society* 20 (2018), 1, S. 34–53; https://doi.org/10.1177/1462474517738984 [7. 11. 2019].

Dies./Slade, Gavin, »In Search of Recognition: Gender and Staff-Detainee Relations in a British Immigration Removal Centre«, in: *Punishment & Society* 16 (2014), 2, S. 169–186; s. auch: https://doi.org/10.1177/146247451 3517017 [7. 11. 2019].

Bouchard, Geneviève/Carroll, Barbara Wake, »Policy-Making and Adminis-trative Discretion: The Case of Immigration in Canada«, in: *Canadian Public Administration* 45 (2002), 2, S. 239–257; s. auch: https://doi.org/10. 1111/j.1754-7121.2002.tb01082.x [7. 11. 2019].

Boulila, Stefanie C./Carri, Christiane, »On Cologne: Gender, Migration and Unacknowledged Racisms in Germany«, in: *European Journal of Women's Studies* 24 (2017), 3, S. 286–293.

Bourbeau, Philippe, The Securitization of Migration: A Study of Movement and Order [Security and Governance Series], London 2011.

Bourdieu, Pierre, »Social Being, Time and the Sense of Existence«, in: ders., Pascalian Meditations, Palo Alto 2000, S. 206–245.

Braun, Dietmar/Gilardi, Fabrizio/Füglister, Katharina/Luyet, Stéphane, »Ex Pluribus Unum: Integrating the Different Strands of Policy Diffu-sion Theory«, in: Katharina Holzinger/Helge Jörgens/Christoph Knill (Hg.), Transfer, Diffusion und Konvergenz von Politiken [*Politische Vier-teljahresschrift*, Sonderheft 38], Wiesbaden 2007, S. 39–55; s. auch: https://link.springer.com/chapter/10.1007/978-3-531-90612-6_2 [7. 11. 2019].

Brekke, Jan-Paul/Brochmann, Grete, »Stuck in Transit: Secondary Migration of Asylum Seekers in Europe, National Differences, and the Dublin Regu-lation«, in: *Journal of Refugee Studies* (September 2014), S. 145–162.

Ders., »Life on Hold – The Impact of Time on Young Asylum Seekers Waiting for a Decision«, in: *Diskurs Kindheits- und Jugendforschung* 5 (2010), 2, S. 159–167; s. auch: https://www.budrich-journals.de/index.php/diskurs/article/viewArticle/3791 [7. 11. 2019].

Brown, Chris, »We Are Not Only Guarding Latvia's Border but All of Europe«, CBC in Latvia, 13. Juni 2017; https://www.cbc.ca/news/world/latvia-border-patrol-cbc-chris-brown-1.4157990 [7. 11. 2019].

Brubaker, Rogers/Feischmidt, Margit/Fox, Jon/Grancea, Liana, Nationalist Politics and Everyday Ethnicity in a Transylvanian Town, Princeton, NJ/Woodstock 2008.

Brun, Cathrine, »There Is No Future in Humanitarianism: Emergency, Temporality and Protracted Displacement«, in: *History and Anthropology* 27 (2016), 4, S. 393–410.

Dies., »Active Waiting and Changing Hopes: Toward a Time Perspective on Protracted Displacement«, in: *Social Analysis* 59 (2015), 1, S. 19–37.

Brunsson, Nils, Reform as Routine: Organizational Change and Stability in the Modern World, Oxford/New York 2009.

Buckel, Sonja, Welcome Management: Making Sense of the »Summer of Migration«, Interview von William Callison, in: Near Futures Online 1 (2016); http://nearfuturesonline.org/welcome-management-making-sense-of-the-summer-of-migration/ [7. 11. 2019].

Dies./Wissel, Jens, »State Project Europe: The Transformation of the European Border Regime and the Production of Bare Life«, in: *International Political Sociology* 4 (2010), 1, S. 33–49; https://doi.org/10.1111/j.1749-5687.2009.00089.x [7. 11. 2019].

Burnett, John, »›Dawn Raids‹: PAFRAS Briefing Paper Number 4. Leeds: Positive Action for Refugees and Asylum Seekers«, März 2008; http://www.statewatch.org/news/2008/apr/uk-patras-briefing-paper-4-%2Ddawn-raids.pdf [7. 11. 2019].

Cabot, Heath, »The Governance of Things: Documenting Limbo in the Greek Asylum Procedure«, in: *PoLAR: Political and Legal Anthropology Review* 35 (2012), 1, S. 11–29; https://doi.org/10.1111/j.1555-2934.2012.01177.x [7. 11. 2019].

Calavita, Kitty, Invitation to Law and Society: An Invitation to the Study of Real Law, Chicago 2016; https://www.press.uchicago.edu/ucp/books/book/chicago/I/bo22541410.html [7. 11. 2019].

Dies., »Immigration, Law, and Marginalization in a Global Economy: Notes from Spain«, in: *Law and Society Review* 32 (1998), 4, S. 529–566.

Campesi, Giuseppe, »Humanitarian Confinement: An Ethnography of Reception Centres for Asylum Seekers at Europe's Southern Border«, in: *International Journal of Migration and Border Studies* 1 (2015), 4, S. 398–418; https://papers.ssrn.com/abstract=2519410; https://doi.org/10.1504/IJMBS.2015.070785 [7. 11. 2019].

Ders., »Frontex, the Euro-Mediterranean Border and the Paradoxes of Humanitarian Rhetoric«, SSRN Scholarly Paper ID 2519410, Rochester, NY, 2014.

Ders., »The Arab Spring and the Crisis of the European Border Regime: Manufacturing Emergency in the Lampedusa Crisis«, Working Paper 59, EUI RSCAS, 2011; https://cadmus.eui.eu//handle/1814/19375 [7. 11. 2019].

Casas-Cortes, Maribel u. a., »New Keywords: Migration and Borders«, in: *Cultural Studies* 29 (2015), 1, S. 55–87; https://doi.org/10.1080/09502386.2014. 891630 [7. 11. 2019].

Castles, Stephen / Miller, Mark J., The Age of Migration: International Population Movements in the Modern World, Basingstoke 2009.

Ders., »The Factors That Make and Unmake Migration Policies«, in: *The International Migration Review* 38 (2004), 3, S. 852–884.

Ders., »Why Migration Policies Fail«, in: *Ethnic and Racial Studies* 27 (2004), 2, S. 205–227.

Cazzato, Luigi, »Mediterranean: Coloniality, Migration and Decolonial Practices«, in: *Politics. Rivista Di Studi Politici* 5 (2016), 1, S. 1–17; https://doi. org/10.6093/2279-7629/3978 [7. 11. 2019].

Certeau, Michel de, The Practice of Everyday Life, Berkeley 1984.

Chauvin, Sébastien / Garcés-Mascareñas, Blanca, »Becoming Less Illegal: Deservingness Frames and Undocumented Migrant Incorporation«, in: *Sociology Compass* 8 (2014), 4, S. 422–432; https://doi.org/10.1111/soc4.12145 [7. 11. 2019].

Dies., »Beyond Informal Citizenship: The New Moral Economy of Migrant Illegality«, in: *International Political Sociology* 6 (2012), 3, S. 241–259.

Clante Bendixen, Michala, »Asylum Assessments Are Influenced by Politics«, Refugees.dk, 28, März 2017; http://refugees.dk/en/focus/2017/march/asylum-assessments-are-influenced-by-politics/ [7. 11. 2019].

Dies., »En barndom i ingenmandsland«, Refugees.dk, 10. Februar 2017; http:// refugees.dk/fokus/2017/oktober/en-barndom-i-ingenmandsland/ [7. 11. 2019].

Dies. / Komitéen Flygtninge Under Jorden, Asylcenter Limbo: en rapport om udsendelseshindringer, Refugees Welcome, Oktober 2011; https://refugees welcome.dk/media/1150/asylcenterlimbo_web.pdf [7. 11. 2019].

Clarke, Barry, »Beyond ›The Banality of Evil‹«, in: *British Journal of Political Science* 10 (1980), 4, S. 417–439.

Cohen, Stanley / Taylor, Laurie, Escape Attempts: The Theory and Practice of Resistance to Everyday Life, Bd. 20, London/New York 1992; s. auch: https://www.jstor.org/stable/3340641?origin=crossref [7. 11. 2019].

Coleman, Mathew, »US Immigration Law and Its Geographies of Social Control: Lessons from Homosexual Exclusion During the Cold War«, in: *Environment and Planning* 26 (2008), 6, S. 1096–1114.

Collyer, Michael, »Migrants as Strategic Actors in the European Union's Global

Approach to Migration and Mobility«, in: *Global Networks* 12 (2012), 4, S. 505–524.

Ders., »In-Between Places: Trans-Saharan Transit Migrants in Morocco and the Fragmented Journey to Europe«, in: *Antipode* 39 (2007), 4, S. 668–690; s. auch: https://doi.org/10.1111/j.1467-8330.2007.00546.x [7. 11. 2019].

Colombo, Monica, »The Representation of the ›European Refugee Crisis‹ in Italy: Domopolitics, Securitization, and Humanitarian Communication in Political and Media Discourses«, in: *Journal of Immigrant & Refugee Studies* 16 (2017), 1–2, S. 1–18; s. auch: https://doi.org/10.1080/15562948. 2017.1317896 [7. 11. 2019].

Cooper, Robert / Burrell, Gibson, »Modernism, Postmodernism and Organizational Analysis: An Introduction«, in: *Organization Studies* 9 (1988), 1, S. 91–112.

Côté-Boucher, Karine / Infantino, Federica / Salter, Mark B., »Border Security as Practice: An Agenda for Research«, in: *Security Dialogue* 45 (3), 2014, S. 195–208; s. auch: https://doi.org/10.1177/0967010614533243 [7. 11. 2019].

Coutin, Susan Bibler, »Contesting Criminality: Illegal Immigration and the Spatialization of Legality«, in: *Theoretical Criminology* 9 (2005), 1, S. 5–33; s. auch: https://doi.org/10.1177/1362480605046658 [7. 11. 2019].

Dies., »Illegality, Borderlands, and the Space of Nonexistence«, in: Richard Warren Perry / Bill Maurer (Hg.), Globalization under Construction. Governmentality, Law, and Identity, Minneapolis 2003, S. 171–202.

Dies., Legalizing Moves: Salvadoran Immigrants' Struggle for U.S. Residency, Ann Arbor 2000; s. auch: https://www.press.umich.edu/16184/legalizing_moves [7. 11. 2019].

Cranston, Sophie / Schapendonk, Joris / Spaan, Ernst, »New Directions in Exploring the Migration Industries: Introduction to Special Issue«, in: *Journal of Ethnic and Migration Studies* 44 (2017), 4, S. 543–557; https://doi.org/10.1080/1369183X.2017.1315504 [7. 11. 2019].

Crawley, Heaven / Skleparis, Bill, »Refugees, Migrants, neither, both: Categorical Fetishism and the Politics of Bounding in Europe's ›Migration Crisis‹«, in: *Journal of Ethnic and Migration Studies* 44 (2018), 1, S. 48–64.

Crewe, Ben / Hulley, Susie / Wright, Serena, »Swimming with the Tide: Adapting to Long-Term Imprisonment«, Juni 2016; https://www.repository.cam.ac.uk/handle/1810/255937 [7. 11. 2019].

Crouch, D., »Sweden Sends Sharp Signal with Plan to Expel up to 80,000 Asylum Seekers«, in: *The Guardian*, 26. Januar 2016.

Cwerner, Saulo B., »Faster, Faster and Faster: The Time Politics of Asylum in the UK«, in: *Time & Society* 13 (2004), 1, S. 71–88.

Ders., »The Times of Migration«, in: *Journal of Ethnic and Migration Studies* 27 (2001), 1, S. 7–36.

Cyrus, Norbert/Vogel, Dita, »Work-Permit Decisions in the German Labour Administration: An Exploration of the Implementation Process«, in: *Journal of Ethnic and Migration Studies* 29 (2003), 2, S. 225–256.

Czaika, Mathias/de Haas, Hein, »The Effectiveness of Immigration Policies«, in: *Population and Development Review* 39 (2013), 3, S. 487–508; https://doi.org/10.1111/j.1728-4457.2013.00613.x [7. 11. 2019].

D'Amato, Gianni, »Switzerland«, in: Christian Joppke/Leslie Seidle (Hg.), Immigration Integration in Federal Countries, Montréal 2012.

Ders./Suter, Christian, »Monitoring Immigrant Integration in Switzerland«, in: Rob Bijl/Arjen Verweij (Hg.), Measuring and Monitoring Immigration Integration in Europe, Den Haag 2012, S. 326–343; https://www.research gate.net/profile/Mattia_Vitiello/publication/236584690_Measuring_inte gration_in_a_reluctant_immigration_country_the_case_of_Italy/links/ 57fcd49508aeb857afa089c0/Measuring-integrationin-a-reluctant-immi gration-country-the-case-of-Italy.pdf [7. 11. 2019].

Dahinden, Janine, »A Plea for the ›de-Migranticization‹ of Research on Migration and Integration«, in: *Ethnic and Racial Studies* 39 (2016), 13, S. 2207–2225; s. auch: https://doi.org/10.1080/01419870.2015.1124129 [7. 11. 2019].

Dahlvik, Julia, »Asylum as Construction Work: Theorizing Administrative Practices«, in: *Migration Studies* 5 (2017), 3, S. 369–388; https://doi.org/10. 1093/migration/mnx043 [7. 11. 2019].

Das, Veena, Life and Words, Berkeley 2006.

Dies., »The Signature of the State: The Paradox of Illegibility«, in: dies./Poole (Hg.), Anthropology in the Margins of the State, S. 225–252.

Dies./Poole, Deborah, »State and Its Margins: Comparative Ethnographies«, in: dies./Poole (Hg.), Anthropology in the Margins of the State, S. 3–34.

Dies./Poole, Deborah, Anthropology in the Margins of the State, Oxford 2004.

Davies, Bronwyn, »The Concept of Agency«, in: ders., A Body of Writing, 1990–1999, Walnut Creek, CA, 2000, S. 55–68.

Davies, Thom/Isakjee, Arshad/Dhesi, Surindar, »Violent Inaction: The Necropolitical Experience of Refugees in Europe«, in: *Antipode* 49 (2017), 5, S. 1263–1284; https://doi.org/10.1111/anti.12325 [7. 11. 2019].

Davis, Kenneth Culp, Discretionary Justice: A Preliminary Inquiry, Baton Rouge 1969.

De Coulon, Giada, »›L'Illégalité régulière‹ au cœur du paradoxe de l'Etat-nation: ethnographie de l'interface en tension entre requérant.e.s d'asile débouté.e.s et autorités suisses«, Doktorarbeit, Universität Neuchâtel, Neuchâtel 2015.

De Genova, Nicholas (Hg.), »Introduction: The Borders of ›Europe‹ and the European Question«, in: ders., The Borders of »Europe«: Autonomy of Migration, Tactics of Bordering, Durham/London 2017, S. 1–35.

Ders., »Detention, Deportation, and Waiting: Toward a Theory of Migrant Detainability: GDP Working Paper No. 18«, in: Global Detention Project (blog), 2016; https://www.globaldetentionproject.org/detention-deportation-waiting-toward-theory-migrant-detainability-gdp-working-paper-no-18 [7.11.2019].

Ders./Tazzioli, Martina (Hg.), »Europe/Crisis: New Keywords of ›the Crisis‹ in and of ›Europe‹«, Near Futures Online 2016; http://nearfuturesonline.org/wp-content/uploads/2016/01/New-Keywords-Collective_11-1.pdf [7.11.2019].

Ders./Peutz, Nathalie, The Deportation Regime: Sovereignty, Space, and the Freedom of Movement, Durham, NC, 2010.

Ders., Migrant ›Illegality‹ and Deportability in Every Day Life, in: Annual Review of Anthropology 31 (2002), S. 419–447.

De Graaf, Gjalt/Huberts, Leo/Smulders, Remco, »Coping with Public Value Conflicts«, in: Administration & Society 48 (2014), 9, S. 1101–1127; s. auch: https://doi.org/10.1177/0095399714532273 [7.11.2019].

De Haas, Hein/Natter, Katharina/Vezzoli, Simona, »Conceptualizing and Measuring Migration Policy Change«, in: Comparative Migration Studies 3 (2015), 15; https://doi.org/10.1186/s40878-015-0016-5 [7.11.2019].

Dies., »Growing Restrictiveness or Changing Selection? The Nature and Evolution of Migration Policies«, in: International Migration Review 52 (2018), 2, S. 324–367; https://doi.org/10.1111/imre.12288 [7.11.2019].

De Vries, Leonie Ansems/Welander, Marta, »Refugees, Displacement, and the European ›Politics of Exhaustion‹«, in: OpenDemocracy (blog). 30. September 2016; https://www.opendemocracy.net/mediterranean-journeys-in-hope/leonie-ansems-de-vries-marta-welander/refugees-displacement-and-europ [7.11.2019].

Dekker, Rianne/Engbersen, Godfried/Faber, Marije, »The Use of Online Media in Migration Networks«, in: Population, Space and Place 22 (2016), 6, S. 539–551.

Dhupelia-Mesthrie, Uma, »Paper Regimes«, in: Kronos 40 (2014), S. 10–22.

Dicey, Albert Venn, Introduction to the Study of the Law of the Constitution, London/New York 1889; https://archive.org/details/introductiontoso04dicegoog [7.11.2019].

Douglas, Mary, How Institutions Think, The Frank W. Abrams Lectures, Syracuse, NY, 1986.

Drotbohm, Heike/Hasselberg, Ines, »Deportation, Anxiety, Justice: New Ethnographic Perspectives«, in: *Journal of Ethnic and Migration Studies* 41 (4. Oktober 2015), S. 551–562; s. auch: https://doi.org/10.1080/1369183X. 2014.957171 [7. 11. 2019].

Dubois, Vincent, The Bureaucrat and the Poor: Encounters in French Welfare Offices, Burlington, VT, 2010.

Dunn, Elizabeth Cullen/Cons, Jason, »Aleatory Sovereignty and the Rule of Sensitive Spaces«, in: *Antipode* 46 (2014), 1, S. 92–109; s. auch: https://doi. org/10.1111/anti.12028 [7. 11. 2019].

Düvell, Franck, Unravelling the Mediterranean Migration Crisis: Field Work Notes 2015/2016, Oxford 2015; https://www.compas.ox.ac.uk/project/ unravelling-mediterranean-migration-crisis-medmig/ [7. 11. 2019].

Ders./Triandafyllidou, Anna/Vollmer, Bastian, Report on Ethical Issues in Irregular Migration Research, Jena 2008.

Dworkin, Ronald, Taking Rights Seriously, Cambridge 1978 [dt: Bürgerrechte ernstgenommen, Frankfurt am Main 1990].

Ders., »Judicial Discretion«, in: *Journal of Philosophy* 60 (1963), 21, S. 624–638.

Dwyer, James, »On Taking Responsibility for Undocumented Migrants«, in: *Public Health Ethics* 8 (2015), 2, S. 139–147.

Dzenovska, Dace, »Eastern Europe, the Moral Subject of the Migration/Refugee Crisis, and Political Futures«, Near Futures Online »Europe at a Crossroads« (blog), 2016; http://nearfuturesonline.org/eastern-europe-the-moral-subject-of-the-migrationrefugee-crisis-and-political-futures/ [7. 11. 2019].

EASO (European Asylum Support Office), »An Introduction to the Common European Asylum System for Courts and Tribunals: A Judicial Analysis«, Luxembourg: Publications Office, 2016; s. auch: https://bookshop.europa. eu/uri?target=EUB:NOTICE:BZ0216138:EN:HTML [7. 11. 2019].

Eckert, Julia, »Rumours of Rights«, in: dies. u. a. (Hg.), Law against the State, S. 147–170.

Dies./Donahoe, Brian/Strümpell, Christian/Biner, Zerrin Özlem (Hg.), Law against the State: Ethnographic Forays into Law's Transformations, Cambridge 2012.

ECRE (European Council on Refugees and Exiles), »›Asylum Lottery‹ made in Germany«, 7. April 2017; https://www.ecre.org/asylum-lottery-made-in-germany/ [7. 11. 2019].

Ders., »Asylum Statistics 2016: Sharper Inequalities and Persisting Asylum Lottery, European Council on Refugees and Exiles (ECRE)«, 20. Januar 2017; https://www.ecre.org/asylum-statistics-2016-sharper-inequalities-and-per sisting-asylum-lottery/ [7. 11. 2019].

Edwards, George C, Implementing Public Policy, Washington, DC, 1980.

Ellermann, Antje, »Undocumented Migrants and Resistance in the Liberal State«, in: *Politics & Society* 38 (2010), 3, S. 408–429.

Dies., States against Migrants: Deportation in Germany and the United States, Cambridge 2009.

Emirbayer, Mustafa/Mische, Ann, »What Is Agency?«, in: *American Journal of Sociology* 103 (1998), 4, S. 962–1023.

EMN (European Migration Network), »Lithuania: Migration Trends«, 2017; http://123.emn.lt/en/#-migration-trends [7. 11. 2019].

Engbersen, Godfried/Broeders Dennis, »Immigration Control and Strategies of Irregular Immigrants: From Light to Thick Fog«, in: Michael Bommes/ Giuseppe Sciortino (Hg.), Foggy Social Structures: Irregular Migration, European Labour Markets and the Welfare State, Amsterdam 2011, S. 169–188.

Epp, Charles/Maynard-Moody, Stephen/Haider-Markel, Donald P., Pulled over: How Police Stops Define Race and Citizenship [Chicago Series in Law and Society], Chicago/London 2014.

Ders., Making Rights Real: Activists, Bureaucrats, and the Creation of the Le galistic State, Chicago, Ill, 2010.

Eule, Tobias G., Advice as a Vocation: Polities, Managerialism and State Fun ding in the Swiss Refugee Support Community, in: *Ethnos* 85 (2020), 3, DOI: 10.1080/00141844.2019.1687547.

Ders./Borrelli, Lisa M., »Teilnehmende Beobachtung in der Verwaltung. Über die Schwierigkeit einheitlichen Handelns in Migrationsbehörden«, in: *Terra Cognita* 32 (2018), S. 22–25.

Ders., »The (Surprising?) Nonchalance of Migration Control Agents«, in: *Jour nal of Ethnic and Migration Studies* (2017), S. 1–16; s. auch: https://doi.org/ 10.1080/1369183X.2017.1401516 [7. 11. 2019].

Ders./Loher, David/Wyss, Anna, »Contested Control at the Margins of the State«, in: *Journal of Ethnic and Migration Studies* (2017), S. 1–13; https:// doi.org/10.1080/1369183X.2017.1401511 [7. 11. 2109].

Ders., Inside Immigration Law: Migration Management and Policy Applica tion in Germany, Farnham 2014.

Europäische Kommission, VERORDNUNG DES EUROPÄISCHEN PARLA MENTS UND DES RATES zur Festlegung der Kriterien und Verfahren zur Bestimmung des Mitgliedstaats, der für die Prüfung eines von einem Drittstaatsangehörigen oder Staatenlosen in einem Mitgliedstaat gestellten Antrags auf internationalen Schutz zuständig ist (Neufassung), COM/2016/0270 final/2 – 2016/0133 (COD), Brüssel, 4. Mai 2016; https://eur-lex.europa.eu/legal-content/DE/TXT/HTML/?uri=CELEX:52016PC0 270(01)&from=DE [7. 11. 2019].

Dies., VERORDNUNG (EU) Nr. 604/2013 DES EUROPÄISCHEN PARLAMENTS UND DES RATES vom 26. Juni 2013 zur Festlegung der Kriterien und Verfahren zur Bestimmung des Mitgliedstaats, der für die Prüfung eines von einem Drittstaatsangehörigen oder Staatenlosen in einem Mitgliedstaat gestellten Antrags auf internationalen Schutz zuständig ist (Neufassung); https://eur-lex.europa.eu/LexUriServ/LexUriServ.do?uri=OJ:L:2013:180:0031:0059:de:PDF [7. 11. 2019].

Eurostat, »Dublin Statistics on Countries Responsible for Asylum Application«, Eurostat, Statistics Explained, September 2019; https://ec.europa.eu/euro stat/statistics-explained/index.php/Dublin_statistics_on_countries_re sponsible_for_asylum_application [7. 11. 2019].

Evans, Tony, »The Moral Economy of Street-Level Policy Work«, in: *Hrvatska I Komparativna Javna Uprava: Casopis Za Teoriju i Praksu Javne Uprave* 14 (2014), 2, S. 381–399.

Ders., »Professionals, Managers and Discretion: Critiquing Street-Level Bureaucracy«, in: *The British Journal of Social Work* 41 (2011), 2, S. 368–386; https://doi.org/10.1093/bjsw/bcq074 [7. 11. 2019].

Ders., Professional Discretion in Welfare Services: Beyond Street-Level Bureaucracy, Ashgate 2010.

Ders./Harris, John, »Street-Level Bureaucracy, Social Work and the (Exaggerated) Death of Discretion«, in: *The British Journal of Social Work* 34 (2004), 6, S. 871–895; s. auch: https://doi.org/10.1093/bjsw/bch106 [7. 11. 2019].

Ewick, Patricia/Silbey, Susan S., The Common Place of Law: Stories from Everyday Life, Language and Legal Discourse, Chicago, Ill/London 1998.

Falzon, Mark-Anthony (Hg.), Multi-sited Ethnography: Theory, Praxis and Locality in Contemporary Research, Farnham 2009.

Fasani, Francesco, »The Quest for La Dolce Vita? Undocumented Migration in Italy«, in: Anna Triandafyllidou (Hg.), Irregular Migration in Europe: Myths and Realities, Farnham 2010, S. 167–185.

Fassin, Didier (Hg.), Writing the World of Policing: The Difference Ethnography Makes, Chicago, Ill, 2017.

Ders., »Introduction: Governing Precarity«, in: ders. u. a. (Hg.), At the Heart of the State, S. 1–14.

Ders. u. a. (Hg.), At the Heart of the State: The Moral World of Institutions, London 2015; s. auch: https://doi.org/10.2307/j.ctt183p5tb [7. 11. 2019].

Ders./Kobelinsky, Carolina, »Comment on juge l'Asile. L'institution comme agent moral«, in: *revue française de sociologie* 53 (2012), 4, S. 657–688.

Ders., Enforcing Order: An Ethnography of Urban Policing, Cambridge/Malden 2013.

Ders., Humanitarian Reason, Berkeley 2012.

Ders., »Compassion and Repression: The Moral Economy of Immigration Policies in France«, in: *Cultural Anthropology* 20 (2005), 3, S. 362–387; s. auch: http://www.jstor.org/stable/3651596 [7. 11. 2019].

Fauser, Margit, Migrants and Cities: The Accommodation of Migrant Organizations in Europe, Farnham 2012.

Feldman, Gregory, »›With My Head on the Pillow‹: Sovereignty, Ethics, and Evil among Undercover Police Investigators«, in: *Comparative Studies in Society and History* 58 (2016), 2, S. 491–518; https://doi.org/10.1017/S0010417516000153 [7. 11. 2019].

Ders., The Migration Apparatus: Security, Labor, and Policymaking in the European Union, Stanford 2012.

Ders., »If Ethnography Is More than Participant-Observation, Then Relations Are More than Connections: The Case for Nonlocal Ethnography in a World of Apparatuses«, in: *Anthropological Theory* 11 (2011), 4, S. 375–395.

Feldman, Ilana, Governing Gaza: Bureaucracy, Authority, and the Work of Rule, 1917–1967, Durham, NC, 2008; https://doi.org/10.1215/9780822389132 [7. 11. 2019].

Feldman, Martha S./Pentland, Brian T., »Reconceptualizing Organizational Routines as a Source of Flexibility and Change«, in: *Administrative Science Quarterly* 48 (2003), 1, S. 94–118; https://doi.org/10.2307/3556620 [7. 11. 2019].

Fiedler, Mathias/Georgi, Fabian/Hielscher, Lee/Ratfisch, Philipp/Riedner, Lisa/Schwab, Veit/Sontowski, Simon, »Umkämpfte Bewegungen nach und durch Europa. Einleitungen«, in: *Movements. Journal für kritische Migrations- und Grenzregimeforschung* 3 (2017), 1; https://movements-journal.org/issues/04.bewegungen/01.fiedler,georgi,hielscher,ratfisch, riedner,schwab,sontowski--umkaempfte-bewegungen-nach-und-durch-europa.html [7. 11. 2019].

Filomeno, Felipe Amin, Theories of Local Immigration Policy, Cham 2017.

Fischer, Robert, The Europeanization of Migration Policy: The Schengen Acquis between the Priorities of Legal Harmonization and Fragmentation [European University Studies, Series 31, Political Science, Bd. 616], Frankfurt am Main 2012.

Fitzgerald, David, »Towards a Theoretical Ethnography of Migration«, in: *Qualitative Sociology* 29 (2006), 1, S. 1–24.

Forbess, Alice/James, Deborah, »Acts of Assistance: Navigating the Interstices of the British State with the Help of Non-profit Legal Advisers«, in: *Social Analysis* 58 (2014), 3, S. 73–89; http://eprints.lse.ac.uk/60210/1/James_Acts%20of%20assistance.pdf [7. 11. 2019].

Fratzke, Susan, Not Adding Up: The Fading Promise of Europe's Dublin System, EU Asylum: Towards 2020 Project, Migration Policy Institute Europe, Brüssel 2015.

Fuglerud, Oivind, »Constructing Exclusion: The Micro-sociology of an Immigration Department«, in: *Social Anthropology* 12 (2004), 1, S. 25–40.

Galligan, D. J., Discretionary Powers: A Legal Study of Official Discretion, Oxford 1990; s. auch: https://www.oxfordscholarship.com/view/10.1093/acprof:oso/9780198256526.001.0001/acprof-9780198256526 [7. 11. 2019].

Galtung, Johan, »Violence, Peace, and Peace Research«, in: *Journal of Peace Research* 6 (1969), 3, S. 167–191. https://doi.org/10.1177/002234336900600301.

Gammeltoft-Hansen, Thomas/Nyberg Sørensen, Ninna, The Migration Industry and the Commercialization of International Migration, London/New York 2013.

Geddes, Andrew, The Politics of Migration and Immigration in Europe, London 2003.

Gemperli, Simon, »Neun Antworten zum Status der vorläufig Aufgenommenen«, *Neue Zürcher Zeitung*, 12. Juni 2017; https://www.nzz.ch/schweiz/vorlaeufig-aufgenommene-neun-antworten-zum-status-der-vorlaeufig-aufgenommenen-ld.1300375 [7. 11. 2019].

Gesemann, Frank/Roth, Roland/Aumüller, Jutta, Stand der kommunalen Integrationspolitik in Deutschland, DESI, Berlin 2012.

Ghezelbash, Daniel/Moreno-Lax, Violeta/Klein, Natalie/Opeskin, Brian, »Securitization of Search and Rescue at Sea: The Response to Boat Migration in the Mediterranean and Offshore Australia«, in: *International and Comparative Law Quarterly* 67 (2018), 2, S. 315–351.

Gibney, Matthew J., »Asylum and the Expansion of Deportation in the United Kingdom«, in: *Government and Opposition* 43 (2008), 2, S. 146–167.

Gill, Nicholas, »Longing for Stillness: The Forced Movement of Asylum Seekers«, in: *M/C Journal* 12 (2009), 1; http://journal.media-culture.org.au/index.php/mcjournal/article/view/123 [7. 11. 2019].

Gill, Nick, »New State-Theoretic Approaches to Asylum and Refugee Geographies«, in: *Progress in Human Geography* 34 (2010), 5, S. 626–645; s. auch: https://doi.org/10.1177/0309132509354629 [7. 11. 2019].

Gilliom, John, Overseers of the Poor: Surveillance, Resistance, and the Limits of Privacy, Chicago, Ill, 2001.

Goffman, Erving, Asylums: Essays on the Social Situation of Mental Patients and Other Inmates, Garden City, NY, 1961.

Goldring, Luin/Landolt Patricia, Producing and Negotiating Noncitizenship: Precarious Legal Status in Canada, Toronto 2013.

Gould, Jon B./Barclay, Scott, »Mind the Gap: The Place of Gap Studies in Sociolegal Scholarship«, in: *Annual Review of Law and Social Science* 8 (2012), 1, S. 323–335; s. auch: https://doi.org/10.1146/annurev-lawsocsci-102811-173833 [7. 11. 2019].

Graeber, David, »Dead Zones of the Imagination: On Violence, Bureaucracy, and Interpretive Labor. The 2006 Malinowski Memorial Lecture«, in: *HAU: Journal of Ethnographic Theory* 2 (2012), 2, S. 105–128; https://doi.org/10.14318/hau2.2.007 [7. 11. 2019].

Griffiths, Melanie, »The Changing Politics of Time in the UK's Immigration System«, in: Elizabeth Mavroudi/Ben Page/Anastasia Christou (Hg.), Timespace and International Migration, Cheltenham 2017, S. 48–60.

Dies., »Out of Time: The Temporal Uncertainties of Refused Asylum Seekers and Immigration Detainees«, in: *Journal of Ethnic and Migration Studies* 40 (2014), 12, S. 1–19.

Dies./Rogers, Ali/Anderson, Bridget, »Migration, Time and Temporalities: Review and Prospect«, in: COMPAS Research Resources Paper, 2013; https://www.compas.ox.ac.uk/wp-content/uploads/RR-2013-Migration_Time_Temporalities.pdf [3. 3. 2020].

Dies., »Living with Uncertainty: Indefinite Immigration Detention«, in: *Journal of Legal Anthropology* 1 (2013), 3, S. 263–286.

Gross, David, »Time-Space Relations in Giddens' Social Theory«, in: *Theory, Culture & Society* 1 (1982), 2, S. 83–88.

Gruber, Oliver, »›Refugees (No Longer) Welcome‹: Asylum Discourse and Policy in Austria in the Wake of the 2015 Refugee Crisis«, in: Melani Barlai/Birte Fähnrich/Christina Griessler/Markus Rhomberg (Hg.), The Migrant Crisis: European Perspectives and National Discourses, Münster 2017, S. 39–57.

Gruszczak, Artur, »Immigration Control and Securing the EU's External Borders«, in: Elżbieta Bachmann/Klaus Stadtmüller (Hg.), The EU's Shifting Borders Theoretical Approaches and Policy Implications in the New Neighbourhood [Routledge/GARNET Series: Europe in the World 16], London 2012, S. 213–226.

Gudmundson, Per, »Asylaktivism på Migrationsverket«, in: *Svenska Dagbladet*, 9. Dezember 2016; https://www.svd.se/asylaktivism-pa-migrationsverket [7. 11. 2019].

Guiraudon, Virginie, »The Constitution of a European Immigration Policy

Domain: A Political Sociology Approach«, in: *Journal of European Public Policy* 10 (2003), 2, S. 263–282; s. auch: https://doi.org/10.1080/13501760320 00059035 [7. 11. 2019].

Dies./Joppke, Christian (Hg.), Controlling a New Migration World, London/New York 2001.

Dies./Lahav, Gallya, »The State Sovereignty Debate Revisited: The Case of Migration Control«, in: *Comparative Political Studies* 33 (2000), 2, S. 163–195; s. auch: https://doi.org/10.1177/0010414000033002001 [7. 11. 2019].

Gupta, Akhil, Red Tape: Bureaucracy, Structural Violence, and Poverty in India [A John Hope Franklin Center Book], Durham 2012.

Ders., »Blurred Boundaries: The Discourse of Corruption, the Culture of Politics, and the Imagined State«, in: *American Ethnologist* 22 (1995), 2, S. 375–402.

Gutiérrez-Rodríguez, Encarnación, Migration, Domestic Work and Affect: A Decolonial Approach on Value and the Feminization of Labor, New York 2011.

Hage, Ghassan, »Waiting Out the Crisis: On Stuckedness and Governmentality«, in: ders. (Hg.), Waiting, Victoria 2009, S. 97–106.

Hall, Alexandra, »›These People Could Be Anyone‹: Fear, Contempt (and Empathy) in a British Immigration Removal Centre«, in: *Journal of Ethnic and Migration Studies* 36 (2010), 6, S. 881–898; s. auch: https://doi.org/10.1080/13691831003643330 [7. 11. 2019].

Halliday, Simon/Morgan, Bronwen, »I Fought the Law and the Law Won? Legal Consciousness and the Critical Imagination«, in: *Current Legal Problems* 66 (2013), 1, S. 1–32.

Ders./Ilan, Jonathan/Scott, Colin, »Street-Level Tort Law: The Bureaucratic Justice of Liability Decision-Making«, in: *The Modern Law Review* 75 (2012), 3, S. 347–367.

Ders., Judicial Review and Compliance with Administrative Law, Oxford 2004.

Hamlin, Rebecca, Let Me Be a Refugee: Administrative Justice and the Politics of Asylum in the United States, Canada, and Australia, Oxford/New York 2014.

Hampshire, James, »European Migration Governance since the Lisbon Treaty: Introduction to the Special Issue«, in: *Journal of Ethnic and Migration Studies* 42 (2016), 4, S. 537–553; s. auch: https://doi.org/10.1080/1369183X.2015.1103033 [7. 11. 2019].

Hancock, Philip/Tyler, Melissa, »Gibson Burrell: Diabolical Architect«, in: Campbell Jones/Rolland Munro (Hg.), Sociological Review Monograph

Series: Contemporary Organization Theory, Sociological Review 53 (2005), 1, S. 46–62.

Hangartner, Dominik/Lauderdale, Benjamin/Spirig, Judith, »Refugee Roulette Revisited: Judicial Preference Variation and Aggregation on the Swiss Federal Administrative Court 2007–2012«, 2017, unpubliziertes Paper, ETH Zürich/London School of Economics.

Hannerz, Ulf, »Being There … and There … and There! Reflections on Multisite Ethnography«, in: *Ethnography* 4 (2003), 2, S. 201–216.

Hardt, Michael/Woznicki, Krystian, »Struggling with the State«, in: OpenDemocracy 2018; https://www.opendemocracy.net/can-europe-make-it/krystian-woznicki-michael-hardt/struggling-with-state [7. 11. 2019].

Harney, Nicholas, »Rumour, Migrants, and the Informal Economies of Naples, Italy«, in: *International Journal of Sociology and Social Policy* 26 (2006), 9/10, S. 374–384.

Hart, H. L. A., »Discretion«, in: *Harvard Law Review* 127 (2013), 2, S. 652–665.

Hasselberg, Ines, Enduring Uncertainty: Deportation, Punishment and Everyday Life, New York 2016.

Hawkins, Keith, The Uses of Discretion, Oxford 1994.

Heimeshoff, Lisa-Marie/Hess, Sabine/Kron, Stefanie/Schwenken, Helen/Trzeciak, Miriam, Grenzregime II. Migration – Kontrolle – Wissen. Transnationale Perspektiven, Berlin 2014.

Helbling, Marc, »Validating Integration and Citizenship Policy Indices«, in: *Comparative European Politics* 11 (2013), 5, S. 555–576; s. auch: https://doi.org/10.1057/cep.2013.11 [7. 11. 2019].

Hernández-León, Rubén, »L'Industrie de la migration«, in: *Hommes et migrations. Revue française de reference sur les dynamiques migratoires* 1296 (2012), S. 34–44; https://doi.org/10.4000/hommesmigrations.1508 [7. 11. 2019].

Ders., Metropolitan Migrants: The Migration of Urban Mexicans to the United States, Berkeley, CA, 2008.

Herzfeld, Michel, The Social Production of Indifference, Chicago, Ill, 1992.

Hess, Sabine/Kasparek, Bernd/Schwertl, Maria, »Regime ist nicht Regime ist nicht Regime. Zum theoriepolitischen Einsatz der ethnografischen (Grenz-)Regimeanalyse«, in: Andreas Pott/Christoph Rass/Frank Wolff (Hg.), Was ist ein Migrationsregime? What Is a Migration Regime?, Wiesbaden 2018, S. 257–283.

Dies./Kasparek, Bernd, »De- and Restabilising Schengen: The European Border Regime after the Summer of Migration«, in: *Cuadernos Europeos de Deusto* 56 (April 2017), S. 47–77.

Dies., »De-naturalising Transit Migration. Theory and Methods of an Ethnographic Regime Analysis«, in: *Population, Space and Place* 18 (2012), 4, S. 428–440; s. auch: https://doi.org/10.1002/psp.632 [7. 11. 2019].

Dies./Kasparek Bernd, Grenzregime. Diskurse, Praktiken, Institutionen in Europa, Berlin 2010.

Dies./Tsianos, Vassilis, »Ethnographische Grenzregimeanalysen. Eine Methodologie der Autonomie der Migration«, in: dies./Kasparek, Grenzregime, S. 243–264.

Higgins, Rosalyn, »Time and the Law: International Perspectives on an Old Problem«, in: *International & Comparative Law Quarterly* 46 (1997), 3, S. 501–520; https://doi.org/10.1017/S0020589300060784 [7. 11. 2019].

Hoag, Colin, »Assembling Partial Perspectives: Thoughts on the Anthropology of Bureaucracy«, in: *PoLAR: Political and Legal Anthropology Review* 34 (2011), 1, S. 81–94.

Ders., »The Magic of the Populace: An Ethnography of Illegibility in the South African Immigration Bureaucracy«, in: *PoLAR: Political and Legal Anthropology Review* 33 (2010), 1, S. 6–25.

Hollifield, James, »Immigration Policy in France and Germany: Outputs versus Outcomes«, in: *The ANNALS of the American Academy of Political and Social Science* 485 (2016), 1, S. 113–128.

Ders./Hunt, Valerie/Tichenor, Daniel, »The Liberal Paradox: Immigrants, Markets and Rights in the United States«, in: *SMU Law Review* 61 (2008), 1, S. 67.

Holmes, Seth M./Castañeda, Heide, »Representing the ›European Refugee Crisis‹ in Germany and beyond: Deservingness and Difference, Life and Death«, in: *American Ethnologist* 43 (2016), 1, S. 12–24.

Horvath, Kenneth/Amelina, Anna/Peters, Karin, »Re-thinking the Politics of Migration. On the Uses and Challenges of Regime Perspectives for Migration Research«, in: *Migration Studies* 5 (2017), 3, S. 301–314; https://doi.org/10.1093/migration/mnx055 [7. 11. 2019].

Hruschka, C., »Enhancing Efficiency and Fairness?«, *ERA Forum* (Mai 2017), S. 1–14.

Hufen, Christian, »Ermessen und unbestimmter Rechtsbegriff«, in: *Zeitschrift für das juristische Studium* 5 (2010), S. 603–607.

Hull, Matthew S., Government of Paper: The Materiality of Bureaucracy in Urban Pakistan, Berkeley 2012.

Hume, David, An Enquiry Concerning Human Understanding, hrsg. von Peter Millican, Oxford 2008.

Hupe, Peter/Hill, Michael, »Street-Level Bureaucracy and Public Accountability«, in: *Public Administration* 85 (2007), 2, S. 279–299; s. auch: https://doi.org/10.1111/j.1467-9299.2007.00650.x [7. 11. 2019].

Infantino, Federica, Outsourcing Border Control, London 2016.

Inhetveen, Katharina, Die politische Ordnung des Flüchtlingslagers: Akteure – Macht – Organisation. Eine Ethnographie im Südlichen Afrika, Bielefeld 2010.

Ireland, Christian, »Tales of the Cities: Local-Level Approaches to Migrant Integration in Europe, The US and Canada«, in: Gary P. Freeman / Nikola Mirilovic (Hg.), Handbook on Migration and Social Policy, Cheltenham 2016, S. 342–361.

Jahoda, Marie / Lazarsfeld, Paul Felix / Zeisel, Hans, Die Arbeitslosen von Marienthal: ein soziographischer Versuch über die Wirkungen langandauernder Arbeitslosigkeit, mit einem Anhang zur Geschichte der Soziographie, Allensbach 1960.

Jessop, Bob, »Crises, Crisis-Management and State Restructuring: What Future for the State?«, in: *Policy & Politics* 43 (2015), 4, S. 475–492; https://doi.org/10.1332/030557314X14156337971988 [7. 11. 2019].

Jiménez, Alberto Corsín (Hg.), The Anthropology of Organisations, Aldershot / Burlington, VT, 2007.

Johannesson, Livia, »In Courts We Trust: Administrative Justice in Swedish Migration Courts«, DIVA, 2017; http://su.diva-portal.org/smash/get/diva2:1072557/FULLTEXT01.pdf [7. 11. 2019].

Jones, Chris, »Voices from the Front Line: State Social Workers and New Labour«, in: *The British Journal of Social Work* 31 (2001), 4, S. 547–562; https://doi.org/10.1093/bjsw/31.4.547 [7. 11. 2019].

Joppke, Christian, »Why Liberal States Accept Unwanted Immigration«, in: *World Politics* 50 (1998), 2, S. 266–293.

Ders. / Eule, Tobias G., »Civic Integration in Europe: Continuity versus Discontinuity«, in: Gary P. Freeman / Nikola Mirilovic (Hg.), Handbook on Migration and Social Policy, Cheltenham 2016, S. 342–361.

Jos, Philip H., »Moral Autonomy & the Modern Organization«, in: *Polity* 21 (1988), 2, S. 321–343; s. auch: https://doi.org/10.2307/3234809 [7. 11. 2019].

Joyce, Patrick, The State of Freedom: A Social History of the British State Since 1800, New York 2013.

Kadish, Mortimer R. / Kadish, Sanford H., Discretion to Disobey: A Study of Lawful Departures from Legal Rules, New Orleans, LA, 2010.

Kafka, Franz, Der Proceß, in der Fassung der Handschrift, hrsg. von Malcolm Pasley, Frankfurt am Main 1990.

Kafka, Franz, Das Schloß, in der Fassung der Handschrift, hrsg. von Malcolm Pasley, Frankfurt am Main 1991.

Kalir, Barak/Achermann, Christin/Rosset, Damian, Re-searching Access: What Do Attempts at Studying Migration Control Tell Us about the State?, in: *Social Anthropology/Anthropologie Sociale* (2019), 27, S. 15–16.

Ders., »State Desertion and ›out of Procedure‹ Asylum Seekers in the Netherlands«, in: *Journal of Global and Historical Anthropology* 77 (2017), S. 63–75.

Ders./Wissink, Lieke, »The Deportation Continuum: Convergences between State Agents and NGO Workers in the Dutch Deportation Field«, in: *Citizenship Studies* 20 (2016), 1, S. 34–49; s. auch: https://doi.org/10.1080/13621025.2015.1107025 [7. 11. 2019].

Kasparek, Bernd, »Complementing Schengen: The Dublin System and the European Border and Migration Regime«, in: Harald Bauder/Christian Matheis (Hg.), Migration Policy and Practice, Basingstoke 2016, S. 59–78; s. auch: https://doi.org/10.1057/9781137503817_4 [7. 11. 2019].

Kawar, Leila, Contesting Immigration Policy in Court: Legal Activism and Its Radiating Effects in the United States and France, Cambridge 2015.

Kerpner, Joachim, »Nio beslut leder fram till Ismats död – ingen tar ansvar«, in: *Aftonbladet online*, 6. April 2017; https://www.aftonbladet.se/a/KJog4 [7. 11. 2019].

Khosravi, Shahram (Hg.), After Deportation: Ethnographic Perspectives, Basingstoke 2017.

Ders., »Why Deportation to Afghanistan Is Wrong«, Allegra Lab (3. Oktober 2017); https://allegralaboratory.net/deportation-afghanistan-wrong/ [7. 11. 2019].

Ders., »Waiting«, in: Migration: The COMPAS Anthology (blog), 20. February 2014; https://compasanthology.co.uk/waiting/ [7. 11. 2019].

Ders., »Sweden: Detention and Deportation of Asylum Seekers«, in: *Race & Class* 50 (2009), 4, S. 38–56; s. auch: https://doi.org/10.1177/0306396809102996 [7. 11. 2019].

Kirchhoff, Maren/Probst, Johanna/Schwenken, Helen/Stern, Verena, »Worth the Effort: Protesting Successfully Against Deportations«, in: Sieglinde Rosenberger/Verena Stern/Nina Merhaut (Hg.), Protest Movements in Asylum and Deportation, Cham 2018, S. 117–139; https://doi.org/10.1007/978-3-319-74696-8_6 [7. 11. 2019].

Kivistö, Hanna-Mari, »Dubliners« in the European Union – a Perspective on the Politics of Asylum-Seeking, in: Tuula Vaarakallio/Taru Haapala (Hg.),The Distant Present, Jyväskylä: University of Jyväskylä, SoPhi, 2013 S. 106–128. https://jyx.jyu.fi/bitstream/handle/123456789/41748/978-951-39-5102-3.pdf?sequence=1#page=107.

Klepp, Silja, Europa zwischen Grenzkontrolle und Flüchtlingsschutz. Eine Ethnographie der Seegrenze auf dem Mittelmeer, Bielefeld 2011.

Knapp, Robert H., »A Psychology of Rumor«, in: *Public Opinion Quarterly* 8 (1944), 1, S. 22–37.

Knill, Christoph, »Introduction: Cross-National Policy Convergence: Concepts, Approaches and Explanatory Factors«, in: *Journal of European Public Policy* 12 (2005), 5, S. 764–774; s. auch: https://doi.org/10.1080/1350176 0500161332 [7. 11. 2019].

Knorr, Karin D., »Tinkering toward Success: Prelude to a Theory of Scientific Practice«, in: *Theory and Society* 8 (1979), 3, S. 347–376.

Kobelinsky, Anna, Waiting: Asylum Seekers in France, Bristol 2006.

Koslowski, Rey, »European Migration Regimes: Emerging, Enlarging and Deteriorating«, in: *Journal of Ethnic and Migration Studies* 24 (1998), 4, S. 735–749; s. auch: https://doi.org/10.1080/1369183X.1998.9976663 [7. 11. 2109].

Kranenpohl, Uwe, Hinter dem Schleier des Beratungsgeheimnisses. Der Willensbildungs- und Entscheidungsprozess des Bundesverfassungsgerichts, Wiesbaden 2010.

Kshīrasāgara, Rāmacandra, Untouchability in India: Implementation of the Law and Abolition, New Delhi 1986.

Kubal, Agnieszka, »Conceptualizing Semi-legality in Migration Research«, in: *Law & Society Review* 47 (2013), 3, S. 555–587.

Lahav, Gallya / Guiraudon, Virginie, »Actors and Venues in Immigration Control: Closing the Gap between Political Demands and Policy Outcomes«, in: *West European Politics* 29 (2006), 2, S. 201–223.

Lappalainen, Kaisa, »Migrationsverket: ›Gymnasielagen ingen räddning‹«, in: *SVT Nyheter*, 4. Oktober 2017; https://www.svt.se/nyheter/lokalt/smaland/ fa-har-fatt-ratt-att-ga-klart-gymnasiet [7. 11. 2019].

Laszczkowski, Mateusz / Reeves, Madeleine (Hg.), Affective States: Entanglements, Suspensions, Suspicions, New York 2017.

Lautmann, Rüdiger, Justiz. Die stille Gewalt, Frankfurt am Main 1972.

Lavanchy, Anne, »Glimpses into the Hearts of Whiteness: Institutions of Intimacy and the Desirable National«, in: Patricia Purtschert / Harald Fischer-Tiné (Hg.), Colonial Switzerland: Rethinking Colonialism from Its Margins, Basingstoke 2015, S. 278–295.

Lavenex, Sandra, »Multilevelling EU External Governance: The Role of International Organizations in the Diffusion of EU Migration Policies«, in: *Journal of Ethnic and Migration Studies* 42 (2016), 4, S. 554–570; s. auch: https://doi.org/10.1080/1369183X.2015.1102047 [7. 11. 2019].

Dies., »Shifting Up and Out: The Foreign Policy of European Immigration Control«, in: *West European Politics* 29 (2006), 2, S. 329–350; s. auch: https://doi.org/10.1080/01402380500512684 [7. 11. 2019].

Leerkes, Arjen/van Os, Rianne/Boersema, Eline, »What Drives ›Soft Deportation‹? Understanding the Rise in Assisted Voluntary Return among Rejected Asylum Seekers in the Netherlands«, in: *Population, Space and Place* 23 (2017), 8; s. auch: https://doi.org/10.1002/psp.2059 [7. 11. 2019].

Ders./Varsanyi, Monica/Engbersen, Godfried, »Local Limits to Migration Control: Practices of Selective Migration Policing in a Restrictive National Policy Context«, in: *Police Quarterly* 15 (2012), 4, S. 446–475; https://doi.org/10.1177/1098611112453719 [7. 11. 2019].

Lefebvre, Henri, Critique of Everyday Life, London 1991.

Lemberg-Pedersen, Dr. Martin, »European Deterrence Politics and the End of Humanitarianism«, in: Refugees.dk, 2016; http://refugees.dk/en/focus/2016/july/european-deterrence-politics-and-the-end-of-humanitarianism/ [7. 11. 2019].

Levin, Leslie C./Mather, Lynn, Lawyers in Practice: Ethical Decision Making in Context, Chicago 2012.

Lindberg, Annika/Borrelli, Lisa Marie, »Let the Right One in: On Migration Authorities' Resistance to Research«, in: Border Criminologies (blog), Oxford Law Faculty, 8. November 2017; https://www.law.ox.ac.uk/research-subject-groups/centre-criminology/centreborder-criminologies/blog/2017/11/let-right-one [7. 11. 2019].

Dies., »The ›Mysterious‹ Configuration of Open Immigration Removal Centres: A New Politics of Abandonment?«, in: Border Criminologies (blog), Oxford Law Faculty, 22. Mai 2017; https://www.law.ox.ac.uk/research-subject-groups/centre-criminology/centreborder-criminologies/blog/2017/05/mysterious [7. 11. 2019].

Lipsky, Michael, Street-Level Bureaucracy: Dilemmas of the Individual in Public Services, New York 1980.

Lucht, Hans, Darkness before Daybreak: African Migrants Living on the Margins in Southern Italy Today, Berkeley 2012.

Luibhéid, Eithne, »›Looking like a Lesbian‹: The Organization of Sexual Monitoring at the United States-Mexican Border«, in: *Journal of the History of Sexuality* 8 (1998), 3, S. 477–506.

Lundberg, Anna, »Uppehållstillstånd på grund av praktiska verkställighetshinder och preskription«, Regeringskansliet, Justitiedepartementet, Stockholm, 1. November 2017; https://www.regeringen.se/rattsliga-dokument/statens-offentliga-utredningar/2017/11/sou-201784/ [7. 11. 2019].

Dies., »Möjligheten att bevilja uppehållstillstånd när ett beslut om avvisning eller utvisning inte kan verkställas eller har preskriberats«, Regeringskansliet, Justitiedepartementet, Stockholm, 3. November 2016; http://www.regeringen.se/rattsliga-dokument/kommittedirektiv/2016/11/dir.-201692/ [7. 11. 2019].

Mainwaring, Cetta, »Migrant Agency: Negotiating Borders and Migration Controls«, in: *Migration Studies* 4 (2016), 3, S. 289–308.

Majcher, Izabella, »The EU Hotspot Approach: Blurred Lines between Restriction on and Deprivation of Liberty (PART I)«, 4. April 2018; https://www.law.ox.ac.uk/research-subject-groups/centre-criminology/centreborder-criminologies/blog/2018/04/eu-hotspot [7. 11. 2019].

Malkki, Liisa H., »Speechless Emissaries: Refugees, Humanitarianism, and De-historicization«, in: *Cultural Anthropology* 11 (1996), 3, S. 377–404.

Manatschal, Anita, »Switzerland: Really Europe's Heart of Darkness?«, in: *Swiss Political Science Review* 21 (2015), 1, S. 23–35; https://doi.org/10.1111/spsr.12148 [7. 11. 2019].

March, James G. / Olsen, Johan P., »The Logic of Appropriateness«, in: Robert E. Goodin (Hg.), The Oxford Handbook of Public Policy, Juni 2008; https://www.oxfordhandbooks.com/view/10.1093/oxfordhb/9780199604456.001.0001/oxfordhb-9780199604456-e-024 [7. 11. 2019].

Marcus, George E., »Ethnography in / of the World System: The Emergence of Multi-sited Ethnography«, in: *Annual Review of Anthropology* 24 (1995), S. 95–117.

Marti, Irene / Hostettler, Ueli / Richter, Marina, »End of Life in High-Security Prisons in Switzerland: Overlapping and Blurring of ›Care‹ and ›Custody‹ as Institutional Logics«, in: *Journal of Correctional Health Care* 23 (2017), 1, S. 32–42; s. auch: https://doi.org/10.1177/1078345816684782 [7. 11. 2019].

Martin, Philip, »Recession and Migration: A New Era for Labor Migration?«, in: *International Migration Review* 43 (2009), 3, S. 671–691; s. auch: https://doi.org/10.1111/j.1747-7379.2009.00781.x [7. 11. 2019].

Massey, Douglas S. / Durand, Jorge / Pren, Karen A., »Why Border Enforcement Backfired«, in: *American Journal of Sociology* 121 (2016), 5, S. 1557–1600; s. auch: https://doi.org/10.1086/684200 [7. 11. 2019].

Mathur, Nayanika, Paper Tiger: Law, Bureaucracy and the Developmental State in Himalayan India, Delhi 2016.

Mau, Steffen / Brabandt, Heike / Laube, Lena / Roos, Christof, Liberal States and the Freedom of Movement: Selective Borders, Unequal Mobility, Houndmills / New York 2012.

Mavroudi, Elizabeth / Page, Ben / Christou, Anastasia, Timespace and International Migration, Cheltenham 2017.

Maynard-Moody, Steven / Musheno, Michael, »Social Equities and Inequities in Practice: Street-Level Workers as Agents and Pragmatists«, in: *Public Administration Review* 72 (2012), s1, S. 16–23; s. auch: https://doi.org/10.1111/j.1540-6210.2012.02633.x [7. 11. 2019].

Dies., Cops, Teachers, Counselors: Stories from the Front Lines of Public Service, Ann Arbor 2003.

Dies., »State Agent or Citizen Agent: Two Narratives of Discretion«, in: *Journal of Public Administration Research and Theory* 10 (2000), 2, S. 329–358; s. auch: https://doi.org/10.1093/oxfordjournals.jpart.a024272 [7. 11. 2019].

Mbembe, Achille, »Necropolitics«, in: *Public Culture* 15 (2003), 1, S. 11–40; https://doi.org/10.1215/08992363-15-1-11 [7. 11. 2019].

Menéndez, Agustín José, »The Refugee Crisis: Between Human Tragedy and Symptom of the Structural Crisis of European Integration«, in: *European Law Journal* 22 (2015), 4, S. 388–416; s. auch: https://doi.org/10.1111/eulj.12192 [7. 11. 2019].

Menjívar, Cecilia, »Liminal Legality: Salvadoran and Guatemalan Immigrants' Lives in the United States«, in: *American Journal of Sociology* 111 (2006), 4, S. 999–1037.

Menz, Georg, »Framing Competitiveness: The Advocacy of Migration as an Essential Human Resources Strategy in Europe«, in: *Journal of Ethnic and Migration Studies* 42 (2016), 4, S. 625–642; s. auch: https://doi.org/10.1080/1369183X.2015.1102040 [7. 11. 2019].

Ders., The Political Economy of Managed Migration Nonstate Actors, Europeanization, and the Politics of Designing Migration Policies, Oxford 2011.

Merhaut, Nina / Stern, Verena, »Asylum Policies and Protests in Austria«, in: Sieglinde Rosenberger / Verena Stern / Nina Merhaut (Hg.), Protest Movements in Asylum and Deportation [IMISCOE Research Series], Cham 2018, S. 29–47; https://doi.org/10.1007/978-3-319-74696-8_2 [7. 11. 2019].

Merry, Sally Engle, Getting Justice and Getting Even: Legal Consciousness among Working-Class Americans, Language and Legal Discourse, Chicago 1990.

Mezzadra, Sandro, »The Gaze of Autonomy: Capitalism, Migration, and Social Struggles«, in: Vicki Squire (Hg.), The Contested Politics of Mobility: Borderzones and Irregularity, 2011, S. 121–142.

Ders., »Der Blick der Autonomie«, in: Kölnischer Kunstverein (Hg.), Projekt Migration, Köln 2005, S. 794–795.

Missbach, Antje, »Waiting on the Islands of ›Stuckedness‹: Managing Asylum Seekers in Island Detention Camps in Indonesia: From the Late 1970s to the Early 2000s«, in: *Austrian Journal of South-East Asian Studies* 6 (2013), 2, S. 281–306; https://nbn-resolving.org/urn:nbn:de:0168-ssoar-401548 [7. 11. 2019].

Mitchell, Timothy, »Society, Economy, and the State Effect«, in: George Steinmetz (Hg.), State / Culture: State-Formation after the Cultural Turn, Ithaca, NY, 1999, S. 76–97.

Mol, Annemarie/Moser, Ingunn/Pols, Jeannette (Hg.), Care in Practice: On Tinkering in Clinics, Homes and Farms, Bielefeld 2015.

Moore, Sally Falk, Law as Process: An Anthropological Approach, London 1978.

Mountz, Alison, »Smoke and Mirrors: An Ethnography of the State«, in: Adam Tickell u. a. (Hg.), Politics and Practice in Economic Geography, London 2007, S. 38–48; s. auch: https://doi.org/10.4135/9781446212240 [7. 11. 2019].

Mutsaers, Paul, A Public Anthropology of Policing: Law Enforcement and Migrants in the Netherlands, Den Haag 2015.

Ders., »An Ethnographic Study of the Policing of Internal Borders in the Netherlands: Synergies between Criminology and Anthropology«, in: *British Journal of Criminology* 54 (2014), 5, S. 831–848.

Nader, Laura, »Up the Anthropologist: Perspectives Gained from Studying Up«, 1972; https://eric.ed.gov/?id=ED065375 [7. 11. 2019].

Neumayer, Eric, »Asylum Recognition Rates in Western Europe: Their Determinants, Variation, and Lack of Convergence«, in: *Journal of Conflict Resolution* 49 (2005), 1, S. 43–66; s. auch: https://doi.org/10.1177/002200270 4271057 [7. 11. 2019].

Neyland, Daniel, Organizational Ethnography, Los Angeles, CA, 2007.

Nordling, Vanna, Destabilising Citizenship Practices? Social Work and Undocumented Migrants in Sweden, Lund 2017.

Nugent, David, »States, Secrecy, Subversives: APRA and Political Fantasy in Mid-20th-Century Peru«, in: *American Ethnologist* 37 (2010), 4, S. 681–702; s. auch: https://doi.org/10.1111/j.1548-1425.2010.01278.x [7. 11. 2019].

Nygaard-Christensen, Maj/Bjerge, Bagga/Oute, Jeppe, »A Case Study of Casework Tinkering«, in: *Qualitative Studies* 5 (2018), 2, S. 57–71.

O'Kelly, Ciarán/Dubnick, Melvin J., »Taking Tough Choices Seriously: Public Administration and Individual Moral Agency«, in: *Journal of Public Administration Research and Theory* 16 (2005), S. 393–415.

Ortner, Sherry B., Anthropology and Social Theory: Culture, Power, and the Acting Subject, Durham 2006; s. auch: https://doi.org/10.1215/ 9780822388456 [7. 11. 2019].

Panagiotidis, Efthimia/Tsianos, Vassilis, »Denaturalizing ›Camps‹. Überwachen und Entschleunigen in der Schengener Ägäis-Zone«, in: Transit Migration Forschungsgruppe (Hg.), Turbulente Ränder. Neue Perspektiven auf Migration an den Grenzen Europas, Bd. 2, Bielefeld 2007, S. 57–86.

Papadopoulos, Dimitris/Tsianos, Vassilis S., »After Citizenship: Autonomy of

Migration, Organisational Ontology and Mobile Commons«, in: *Citizenship Studies* 17 (2013), 2, S. 178–196.

Ders. / Stephenson, Niamh / Tsianos, Vassilis, Escape Routes: Control and Subversion in the Twenty-First Century, London / Ann Arbor 2008; s. auch: https://doi.org/10.2307/j.ctt183q4b2 [7. 11. 2019].

Papadopoulou-Kourkoula, Aspasia, Transit Migration: The Missing Link between Emigration and Settlement, Basingstoke 2008.

Parusel, Bernd, »Sweden's U-Turn on Asylum«, in: Forced Migration Review (blog), Mai 2016; http://www.fmreview.org/sites/fmr/files/FMRdownloads/en/solutions/parusel.pdf [7. 11. 2019].

Penninx, Rinus / Kraal, Karen / Martiniello, Marco / Vertovec, Steven, Citizenship in European Cities: Immigrants, Local Politics and Integration Policies, Aldershot / Burlington, VT, 2004.

Perkowska, Magdalena, »Illegal, Legal, Irregular or Regular: Who Is the Incoming Foreigner?«, in: *Studies in Logic, Grammar and Rhetoric* 45 (2016), 1, S. 187–197; https://doi.org/10.1515/slgr-2016-0024 [7. 11. 2019].

Picozza, Fiorenza, »Dubliners. Unthinking Displacement, Illegality, and Refugeeness within Europe's Geographes of Asylum«, in: Nicholas De Genova (Hg.), The Borders of ›Europe‹: Autonomy of Migration, Tactics of Bordering, Durham / London 2017, S. 233–254.

Dies., »Dublin on the Move: Transit and Mobility across Europe's Geographies of Asylum«, in: *Movements. Journal für kritische Migrations- und Grenzregimeforschung* 3 (2017), 1; http://movements-journal.org/issues/04.bewegungen/05.picozza--dublin-on-the-move.html [7. 11. 2019].

Pijpers, Roos, Waiting for Work: Labour Migration and the Political Economy of Borders, Routledge Handbooks Online, April 2016; s. auch: https://www.routledgehandbooks. com/doi/10.4324/9781315612782.ch20 [7. 11. 2019].

Pinkowska, Patrycja, »Complying with What? Problematising the Notion of Non-compliance in the UK Immigration Detention«, in: Border Criminologies (blog), Oxford Law Faculty, 7. Dezember 2017; https://www.law.ox.ac.uk/research-subject-groups/centre-criminology/centreborder-criminologies/blog/2017/12/complying-what [7. 11. 2019].

Poppelaars, Caelesta / Scholten, Peter, »Two Worlds Apart: The Divergence of National and Local Immigrant Integration Policies in the Netherlands«, in: *Administration & Society* 40 (2008), 4, S. 335–357; s. auch: https://doi.org/10.1177/0095399708317172 [7. 11. 2019].

Pott, Andreas / Rass, Christoph / Wolff, Frank (Hg.), Was ist ein Migrationsregime? What Is a Migration Regime? Migrationsgesellschaften, Wiesbaden 2018; s. auch: www.springer.com/cn/book/9783658205317 [7. 11. 2019].

Ders. / Tsianos, Vassilis, »Verhandlungszonen des Lokalen. Potentiale der Re-

gimeperspektive für die Erforschung der städtischen Migrationsgesell-
schaft«, in: Jürgen Oßenbrügge/Anne Vogelpohl (Hg.), Theorien in der
Raum- und Stadtforschung, Münster 2014, S.116–135.

Pourmokhtari, Navid, »A Postcolonial Critique of State Sovereignty in IR:
The Contradictory Legacy of a ›West-Centric‹ Discipline«, in: *Third World
Quarterly* 34 (2013), 10, S.1767–1793; s. auch: https://doi.org/10.1080/
01436597.2013.851888 [7.11.2019].

Pratt, Anna/Sossin, Lorne, »A Brief Introduction of the Puzzle of Discretion«, in:
Canadian Journal of Law & Society/La Revue Canadienne Droit et Société 24
(2009), 3, S.301–312; https://doi.org/10.1017/S082932010001005X [7.11.2019].

Prottas, Jeffrey Manditch, People Processing: The Street-Level Bureaucrat in
Public Service Bureaucracies, Lexington 1979.

Puthoopparambil, Soorej J./Ahlberg, Beth M./Bjerneld, Magdalena, »»It Is a
Thin Line to Walk on‹: Challenges of Staff Working at Swedish Immigration Detention Centres«, in: *International Journal of Qualitative Studies on
Health and Well-Being* 10 (2015), 1; https://doi.org/10.3402/qhw.v10.25196
[7.11.2019].

Quijano, Anibal/Ennis, Michael, »Coloniality of Power, Eurocentrism, and
Latin America«, in: *Nepantla: Views from South* 1 (2000), 3, S.533–580.

Rau, Simone/Skinner, Barnaby, »Das sind die härtesten Asylrichter der
Schweiz«, in: *Tagesanzeiger* Datenblog, Oktober 2016.

Redress, »Mass Refugee Influxes, Refoulement and the Prohibition against
Torture«, Refworld 2016; https://www.refworld.org/docid/5800ecd14.html
[7.11.2019].

Rehaag, Sean, »Judicial Review of Refugee Determinations: The Luck of the
Draw?«, in: *Comparative Research in Law & Political Economy,* Research
Report No. 9/2012; https://digitalcommons.osgoode.yorku.ca/cgi/view
content.cgi?article=1007&context=clpe [7.11.2019].

Rhodes, R. A. W, »Inside Immigration Law: Migration Management and
Policy Application in Germany, by Tobias G. Eule«, in: *Critical Policy Studies* 9 (2015), 3, S.380–383; s. auch: https://doi.org/10.1080/19460171.2015.
1075745 [7.11.2019].

Rice, Deborah, »Street-Level Bureaucrats and the Welfare State: Toward a Mi-
cro-Institutionalist Theory of Policy Implementation«, in: *Administration
& Society* 45 (2012), 9, S.1038–1062; s. auch: https://doi.org/10.1177/0095399
712451895 [7.11.2019].

Riles, Annelise, Collateral Knowledge: Legal Reasoning in the Global Financial
Markets, Chicago, Ill, 2011.

Rosenberger, Sieglinde, »Political Protest in Asylum and Deportation: An Introduction«, in: Sieglinde Rosenberger / Verena Stern / Nina Merhaut (Hg.), Protest Movements in Asylum and Deportation [IMISCOE Research Series], 19 April 2018, S. 3–25; https://doi.org/10.1007/978-3-319-74696-8_1 [7. 11. 2019].

Dies. / Küffner, Carla, »After the Deportation Gap: Non-Removed Persons and Their Pathways to Social Rights«, in: Roland Hsu / Christoph Reinprecht (Hg.), Migration and Integration. New Models for Mobility and Coexistence, Wien 2016, S. 9–28; s. auch: https://doi.org/10.14220/9783737004749.137 [7. 11. 2019].

Dies. / Ataç, Ilker (Hg.), Politik der Inklusion und Exklusion, Göttingen 2013.

Röshammar, Charlotta, »Asylhandläggaren som började skriva poesi«, in: Arbetet (Webseite), 12. Mai 2017; https://arbetet.se/2017/05/12/asylhandlaggaren-som-borjade-skriva-poesi/ [7. 11. 2019].

Rosset, Damaian / Achermann, Christin, Negotiating Research in the Shadow of Migration Control: Access, Knowledge and Cognitive Authority, in: Social Anthropology / Anthropologie Sociale (2019), 27, S. 49–67.

Rozakou, Katerina, »Nonrecording the ›European Refugee Crisis‹ in Greece: Navigating through Irregular Bureaucracy«, in: Focaal 77 (2017), S. 36–49; s. auch: https://doi.org/10.3167/fcl.2017.770104 [7. 11. 2019].

Rutz, Suzanne / Mathew, Dinah / Robben, Paul / de Bont, Antoinette, »Enhancing Responsiveness and Consistency: Comparing the Collective Use of Discretion and Discretionary Room at Inspectorates in England and the Netherlands«, in: Regulation & Governance 11 (2017), 1, S. 81–94; s. auch: https://doi.org/10.1111/rego.12101 [7. 11. 2019].

Ryan, Michael, Politics and Culture. Working Hypotheses for a Revolutionary Society, London 1989.

Ryan, Bernard / Mitsilegas, Valsamis (Hg.), Extraterritorial Immigration Control: Legal Challenges, Leiden 2010.

Ryo, Emily, »Fostering Legal Cynicism through Immigration Detention«, in: Southern California Law Review 90 (2017), 5, S. 999–1053.

Sarat, Austin, »›… The Law Is All Over‹: Power, Resistance and the Legal Consciousness of the Welfare Poor«, in: Yale Journal of Law and the Humanities 2 (1990), 2; https://digitalcommons.law.yale.edu/yjlh/vol2/iss2/6 [7. 11. 2019].

Schapendonk, Joris, »Navigating the Migration Industry: Migrants Moving through an African-European Web of Facilitation / Control«, in: Journal of Ethnic and Migration Studies 44 (2018), 4, S. 663–679; https://doi.org/10.1080/1369183X.2017.1315522 [7. 11. 2019].

Ders./Steel, Griet, »Following Migrant Trajectories: The Im/Mobility of Sub-Saharan Africans En Route to the European Union« (pdf), in: *Annals of the Association of American Geographers* 104 (2014), 2, S. 262–270; s. auch: DOI: 10.1080/00045608.2013.862135 [7.11.2019].

Ders., »Migrants' Im/Mobilities on Their Way to the EU: Lost in Transit?«, in: *Tijdschrift Voor Economische En Sociale Geografie* 103 (2012), 5, S. 577–583.

Scheel, Stephan, »Real Fake? Appropriating Mobility via Schengen Visa in the Context of Biometric Border Controls«, in: *Journal of Ethnic and Migration Studies* 44 (2018), 16, S. 2747–2763; s. auch: https://doi.org/10.1080/1369183X.2017.1401513 [7.11.2019].

Scheffer, Thomas/Hannken-Illjes, Kati/Kozin, Alexander, Criminal Defence and Procedure: Comparative Ethnographies in the United Kingdom, Germany, and the United States, Basingstoke 2010.

Ders., Asylgewährung, Stuttgart 2001.

Scheibelhofer, Paul, »›It Won't Work without Ugly Pictures‹: Images of Othered Masculinities and the Legitimisation of Restrictive Refugee-Politics in Austria«, in: *NORMA* 12 (2017), 2, S. 96–111; https://doi.org/10.1080/18902138.2017.1341222 [7.11.2019].

Schindler, Benjamin, Verwaltungsermessen. Gestaltungskompetenzen der öffentlichen Verwaltung in der Schweiz, Baden-Baden 2010.

Schneider, Gerald, »The Asylum Lottery: Recognition Rates Vary Strongly within Germany«, in: EU Immigration and Asylum Law and Policy (blog), 9. Juni 2017; https://eumigrationlawblog.eu/the-asylum-lottery-recognition-rates-vary-strongly-within-germany/ [7.11.2019].

Schuster, Liza/Majidi, Nassim, »What Happens Post-deportation? The Experience of Deported Afghans«, in: *Migration Studies* 1 (2013), 2, S. 221–240; s. auch: https://doi.org/10.1093/migration/mns011 [7.11.2019].

Dies., »The Continuing Mobility of Migrants in Italy: Shifting between Places and Statuses«, in: *Journal of Ethnic and Migration Studies* 31 (2005), 4, S. 757–774.

Dies., »Asylum Seekers: Sangatte and the Tunnel«, in: *Parliamentary Affairs* 56 (2003), 3, S. 506–522; https://doi.org/10.1093/parlij/gsg103 [7.11.2019].

Schwartz, Barry, Queuing and Waiting: Studies in the Social Organization of Access and Delay, Chicago 1975.

Schweitzer, Reinhard, »Integration against the State: Irregular Migrants' Agency between Deportation and Regularisation in the United Kingdom«, in: *Politics* 37 (2017), 3, S. 317–331; https://doi.org/10.1177/0263395716677759 [7.11.2019].

Sciortino, Giuseppe, »Between Phantoms and Necessary Evils: Some Critical Points in the Study of Irregular Migration to Western Europe«, in: *IMIS-*

Beiträge: Migration and the Regulation of Social Integration 24 (2004), S. 17–43.

Scott, James C., Domination and the Arts of Resistance: Hidden Transcripts, New Haven / London 1990.

Ders., Weapons of the Weak: Everyday Forms of Peasant Resistance, New Haven / London 1985.

Seiffarth, Oliver, »The Development of the European Border Surveillance System (EUROSUR)«, in: Peter Burgess / Serge Gutwirth (Hg.), A Threat Against Europe? Security, Migration and Integration, Brüssel IES 2011, S. 133–152.

Sharma, Aradhana / Gupta, Akhil, The Anthropology of the State: A Reader (Blackwell Readers in Anthropology), Malden, MA / Oxford 2007.

Silbey, Susan S., »After Legal Consciousness«, in: *Annual Review of Law and Social Science* 1 (2005), 1, S. 323–368; s. auch: https://doi.org/10.1146/annurev.lawsocsci.1.041604.115938 [7. 11. 2019].

Simon, Herbert A. / Barnard, Chester I., Administrative Behavior: A Study of Decision-Making Processes in Administrative Organization, New York 1947.

Sklansky, David, »Crime, Immigration, and Ad Hoc Instrumentalism«, in: *New Criminal Law Review* 15 (2012), 2, S. 157.

Slominski, Peter / Florian Trauner, »How Do Member States Return Unwanted Migrants? The Strategic (Non-)Use of ›Europe‹ during the Migration Crisis«, in: *Journal of Common Market Studies* (JCMS)56 (2018), 1, S. 101–118. https://doi.org/10.1111/jcms.12621.

Sontowski, Simon, »Speed, Timing and Duration: Contested Temporalities, Techno-Political Controversies and the Emergence of the EU's Smart Border«, in: *Journal of Ethnic and Migration Studies* 44 (2018), 16, S. 2730–2746; s. auch: https://doi.org/10.1080/1369183X.2017.1401512 [7. 11. 2019].

Spencer, Sarah, »Multi-Level Governance of an Intractable Policy Problem: Migrants with Irregular Status in Europe«, in: *Journal of Ethnic and Migration Studies* 44 (2018), 12, S. 2034–2052; s. auch: https://doi.org/10.1080/1369183X.2017.1341708 [7. 11. 2019].

Spescha, Marc, »Vom Geist der Abwehr«, in: *Jusletter* 840, 21. März 2016; s. auch: https://jusletter.weblaw.ch/juslissues/2016/840/vom-geist-derabwehr_a8adfde1ad.html__ONCE&login=false#section9bbf0d54-aa0e-4d2e-b0ee-3007e60b8dc5 [7. 11. 2019].

Spijkerboer, Thomas / Last, Tamara, »EU Border Plan Is a Textbook Example of Tunnel Vision«, Border Criminologies (blog), Oxford Law Faculty, 16. Dezember 2015; https://www.law.ox.ac.uk/research-subject-groups/centre-criminology/centreborder-criminologies/blog/2015/12/eu-border-plan [7. 11. 2019].

Stumpf, Juliet, »The Crimmigration Crisis: Immigrants, Crime, & Sovereign Power«, in: Bepress Legal Series, Working Paper 1635, 27. August 2006; https://law.bepress.com/expresso/eps/1635 [7. 11. 2019].

Suarez-Krabbe, Julia/Arce-Bayona, José/Lindberg, Annika, Stop Killing Us Slowly: A Research Report on the Motivation Enhancement Measures and Criminalization of Rejected Asylum Seekers in Denmark, Kopenhagen 2018.

Sutton, Rebecca/Vigneswaran, Darshan/Wels, Harry, »Waiting in Liminal Space: Migrants' Queuing for Home Affairs in South Africa«, in: *Anthropology Southern Africa* 34 (2011), 1–2, S. 30–37; s. auch: https://doi.org/10. 1080/23323256.2011.11500006 [7. 11. 2019].

Dies./Vigneswaran, Darslan, A Kafkaeque State: Deportation and Detention in South Africa, Citizenship Studies, 15: 5, S. 627–642, DOI: 10.1080/ 13621025.2011.583794.

swissinfo.ch., »Nollywood against Migration«, SWI swissinfo.ch, 21. Februar 2017; https://www.swissinfo.ch/eng/multimedia/nollywoodagainst-migra tion/42977128.

Szczepanikova, Alice, »Between Control and Assistance: The Problem of European Accommodation Centres for Asylum Seekers«, in: *International Migration* 51 (2013), 4, S. 130–143.

Taussig, Michael, The Magic of the State, New York 1997.

Taylor, Adam, »Refugee Crisis: Denmark Discourages Asylum Seekers with Newspaper Adverts in Lebanon«, *The Independent*, 9. August 2015; http:// www.independent.co.uk/news/world/europe/refugee-crisisdenmark-dis courages-asylum-seekers-with-newspaper-adverts-in-lebanon-10490666. html [7. 11. 2019].

Tazzioli, Martina, »Containment through Mobility: Migrants' Spatial Disobediences and the Reshaping of Control through the Hotspot System«, in: *Journal of Ethnic and Migration Studies* 44 (2018), 16, S. 1–16; s. auch: https://doi.org/10.1080/1369183X.2017.1401514 [7. 11. 2019].

Teubner, Gunther, »Das Recht vor seinem Gesetz. Franz Kafka zur (Un-)Möglichkeit kollektiver Selbstreflexion des Rechts«, in: *Ancilla Juris* (2012), S. 176–203; https://www.jura.uni-frankfurt.de/42828081/KafkaVordemGe setz2011FSAmstutz.pdf (dtsch./engl.) [7. 11. 2019].

Thelen, Tatjana/Vetters, Larissa/von Benda-Beckmann, Keebet (Hg.), Stategraphy: Toward a Relational Anthropology of the State, New York 2017.

Thielemann, Eiko, »Why Refugee Burden-Sharing Initiatives Fail: Public Goods, Free-Riding and Symbolic Solidarity in the EU«, in: *JCMS: Journal of Common Market Studies* 56 (2018), 1, S. 63–82; s. auch: https://doi.org/ 10.1111/jcms.12662 [7. 11. 2019].

Ders., Why Asylum Policy Harmonisation Undermines Refugee Barden-Sharing, in: *European Journal of Migration and Law* 6 (2004), 1, S. 47–65.

Thomas, Robyn/Davies, Annette, »Theorizing the Micro-politics of Resistance: New Public Management and Managerial Identities in the UK Public Services«, in: *Organization Studies* 26 (2005), 5, S. 683–706; s. auch: https://doi.org/10.1177/0170840605051821 [7.11.2019].

Thompson, Dennis F., »Moral Responsibility of Public Officials: The Problem of Many Hands«, in: *American Political Science Review* 74 (1980), 4, S. 905–916; s. auch: https://doi.org/10.2307/1954312 [7.11.2019].

Thompson, E. P., »Time, Work-Discipline, and Industrial Capitalism«, in: *Past & Present* 38 (1967), S. 56–97.

Toshkov, Dimiter/de Haan, Laura, »The Europeanization of Asylum Policy: An Assessment of the EU Impact on Asylum Applications and Recognitions Rates«, in: *Journal of European Public Policy* 20 (2013), 5, S. 661–683; s. auch: https://doi.org/10.1080/13501763.2012.726482 [7.11.2019].

Trauner, Florian, »Asylum Policy: The EU's ›Crises‹ and the Looming Policy Regime Failure«, in: *Journal of European Integration* 38 (2016), 3, S. 311–325; https://doi.org/10.1080/07036337.2016.1140756 [7.11.2019].

Trouillot, Michel-Rolph, »The Anthropology of the State in the Age of Globalization«, in: *Current Anthropology* 42 (2001), 1, S. 125–138; s. auch: https://doi.org/10.1086/318437 [7.11.2019].

Tsianos, Vassilis/Kasparek, Bernd, »Zur Krise des europäischen Grenzregimes. Eine regimetheoretische Annäherung«, in: *Widersprüche* 138 (2015), S. 8–22.

Ders./Karakayali, Serhat, »Transnational Migration and the Emergence of the European Border Regime: An Ethnographic Analysis«, in: *European Journal of Social Theory* 13 (2010), 3, S. 373–387.

Tuck, Eve/Yang, K. Wayne, »Decolonization Is Not a Metaphor«, in: *Decolonization: Indigeneity, Education & Society* 1 (2012), 1, S. 1–40; https://jps.library.utoronto.ca/index.php/des/article/view/18630/15554 [7.11.2019].

Tuckett, Anna, »Strategies of Navigation: Migrants' Everyday Encounters with Italian Immigration Bureaucracy«, in: *The Cambridge Journal of Anthropology* 33 (2015), 1, S. 113–128; s. auch: https://doi.org/10.3167/ca.2015.330109 [7.11.2019].

Tullock, Gordon, The Politics of the Bureaucracy, Washington, DC, 1965.

Tyler, Tom R., Why People Obey the Law, New Haven 1990.

Ugelvik, Thomas, »Techniques of Legitimation: The Narrative Construction of Legitimacy among Immigration Detention Officers«, in: *Crime, Media,*

Culture: An International Journal 12 (2016), 2, S. 215–232; s. auch: https://doi.org/10.1177/1741659016648180 [7. 11. 2019].

UIM (Udlændinge-, Integrations- og Boligministeriet), Skema over forhøjelse af strafniveau for overtrædelse af opholds- og meldepligten, 2017; http://uim.dk/filer/nyheder-2016/skema-over-strafskaerpelse.pdf [7. 11. 2019].

Van der Leun, Joanne, »Excluding Illegal Migrants in the Netherlands: Between National Policies and Local Implementation«, in: *West European Politics* 29 (2006), 2, S. 310–326.

Van der Woude, Maartje/van der Leun, Joanne, »Crimmigration Checks in the Internal Border Areas of the EU: Finding the Discretion That Matters«, in: *European Journal of Criminology* 14 (2017), 1, S. 27–45; https://doi.org/10.1177/1477370816640139 [7. 11. 2019].

Van Houtum, Henk, »Waiting before the Law: Kafka on the Border«, in: *Social & Legal Studies* 19 (2010), 3, S. 285–297; s. auch: https://doi.org/10.1177/0964663910372180 [7. 11. 2019].

Van Liempt, Ilse/Bilger, Veronika (Hg.), Dealing with Vulnerable Immigrants, Brighton 2009, S. 49–80.

Dies., Navigating Borders, Amsterdam 2007.

Vega, Irene I., »Empathy, Morality, and Criminality: The Legitimation Narratives of U.S. Border Patrol Agents«, in: *Journal of Ethnic and Migration Studies* (2017), S. 1–18; s. auch: https://doi.org/10.1080/1369183X.2017.1396888 [7. 11. 2019].

#vistårinteut, »Rapport om rättsosäkerhet i asylprocessen för ensamkommande barn och unga«, my news desk, 11. September 2017; http://www.mynewsdesk.com/se/number-vistaarinteut/documents/rapport-om-raettsosaekerhet-i-asylprocessen-foer-ensamkommande-barn-och-unga-70084 [7. 11. 2019].

Wacquant, Loïc, Punishing the Poor: The Neoliberal Government of Social Insecurity, Durham, NC 2009.

Wall, Melissa/Campbell, Otis Madeline/Janbek, Dana, »Syrian Refugees and Information Precarity«, in: *New Media & Society* 19 (2017), 2, S. 240–254.

Walters, William, »Aviation as Deportation Infrastructure: Airports, Planes, and Expulsion«, in: *Journal of Ethnic and Migration Studies* 44 (2017), 16, S. 2796–2817.

Ders., »The Flight of the Deported: Aircraft, Deportation, and Politics«, in: *Geopolitics* 21 (2016), 2, S. 435–458; s. auch: https://doi.org/10.1080/14650045.2015.1089234 [7. 11. 2019].

Ders., »Deportation, Expulsion, and the International Police of Aliens«, in:

Citizenship Studies 6 (2002), 3, S. 265–292; s. auch: https://doi.org/10.1080/
1362102022000011612 [7. 11. 2019].

Webber, Frances, »How Voluntary Are Voluntary Returns?«, in: *Race & Class* 52
(2011), 4, S. 98–107.

Weber, Max, Wirtschaft und Gesellschaft. Grundriss der verstehenden Soziologie, Tübingen 1980.

Ders./Gerth, H. H./Mills, Charles Wright (Übers.), From Max Weber: Essays in
Sociology, New York 1946; https://archive.org/details/frommaxweberessa
00webe [7. 11. 2019].

Wedel, Janine R./Feldman, Gregory, »Why an Anthropology of Public Policy?«, in: *Anthropology Today* 21 (2005), 1, S. 1–2; s. auch: https://doi.org/
10.1111/j.0268-540X.2005.00321.x [7. 11. 2019].

Wettergren, Asa, »Managing Unlawful Feelings: The Emotional Regime of the
Swedish Migration Board«, in: *International Journal of Work Organisation
and Emotion* 3 (2010), 4, S. 400; s. auch: https://doi.org/10.1504/IJWOE.
2010.035327 [7. 11. 2019].

Whyte, Zachary, »Enter the Myopticon: Uncertain Surveillance in the Danish
Asylum System (Respond to This Article at http://www.therai.org.uk/at/
debate)«, in: *Anthropology Today* 27 (2011), 3, S. 18–21; s. auch: https://
doi.org/10.1111/j.1467-8322.2011.00808.x [7. 11. 2019].

Wicker, Hans-Rudolf, »Das Ausschaffungsregime. Die juristische, institutionelle und soziale Konstruktion von Illegalität in der Schweiz«, in: Hans-
Rudolf Wicker (Hg.), Migration, Differenz, Recht und Schmerz. Sozialan-
thropologische Essays zu einer sich verflüchtigenden Moderne, 1990–2010,
Zürich 2012, S. 115–134.

Wimmer, Andreas/Glick Schiller, Nina, »Methodological Nationalism and
Beyond: Nation-State Building, Migration and the Social Sciences«, in:
Global Networks 2 (2002), 4, S. 301.

Winnance, M., »Care and Disability: Practices of Experimenting, Tinkering
with, and Arranging People and Technical Aids«, in: Annemarie Mol/
Ingunn Moser/Jeannette Pols (Hg.), Care in Practice: On Tinkering in
Clinics, Homes and Farms, Bielefeld 2015, S. 93–117.

Wyss, Anna, »Stuck in Mobility? The Interrupted Journeys of Migrants with
Precarious Legal Status in Europe«, in: *Journal of Immigrant and Refugee
Studies* 16 (2019), 1, S. 77–93; s. auch: https://doi.org/10.1080/15562948.2018.
1514091 [7. 11. 2019].

Dies., »Illegalisation, Masculinity and Intimacy: The Impact of Public Images
on Male Migrants with a Precarious Legal Status«, in: *Tsantsa* 23 (2018),
S. 121–126.

Xiang, Biao/Lindquist, Johan, »Migration Infrastructure«, in: *International Migration Review* 48 (2014), s1, S. 122–148; s. auch: https://doi.org/10.1111/imre.12141 [7. 11. 2019].

Yarris, Kristin/Castañeda, Heide, »Special Issue Discourses of Displacement and Deservingness: Interrogating Distinctions between ›Economic‹ and ›Forced‹ Migration«, in: *International Migration* 53 (2015), 3, S. 64–69; s. auch: https://doi.org/10.1111/imig.12170 [7. 11. 2019].

Ybema, Sierk/Yanow, Dvora/Wels, Harry/Kamsteeg, Frans H. (Hg.), Organizational Ethnography: Studying the Complexity of Everyday Life, Los Angeles, Ca/London 2009.

Zacka, Bernardo, When the State Meets the Street: Public Service and Moral Agency, Cambridge, MA, u. a. 2017.

Ders., »Adhocracy, Security and Responsibility: Revisiting Abu Ghraib a Decade Later«, in: *Contemporary Political Theory* 15 (2016), 1, S. 38–57.

Zaiotti, Ruben, Cultures of Border Control: Schengen and the Evolution of European Frontiers, Chicago, Ill, 2011.

Zampagni, Francesca, »Unpacking the Schengen Visa Regime: A Study on Bureaucrats and Discretion in an Italian Consulate«, in: *Journal of Borderlands Studies* 31 (2016), S. 1–16.

Anhang

Der folgende Abschnitt bietet einen detaillierten Überblick über die verwendeten Forschungsmethoden und die Daten, die die Grundlage dieses Buches bilden.

Dänemark
— Sechs Monate Feldforschung, darunter zwei Monate teilnehmende Beobachtung in Teilzeit; einschließlich informeller Interviews mit dem Personal in einem Abschiebehaftzentrum
— Ein Monat teilnehmende Beobachtung in Vollzeit in einem vom Roten Kreuz betriebenen Asylzentrum (2016)
— Ein Monat teilnehmende Beobachtung in Vollzeit einschließlich informeller Interviews mit Personal und offizieller Interviews mit drei Personen aus der Leitung von Migrationshaftanstalten (2017)
— Teilstrukturierte Interviews (zwischen einer und drei Stunden) mit verschiedenen Akteur*innen, darunter drei Bürokrat*innen der nationalen Fremdenpolizei, zwei Interviews mit dem Migrationsdienst, Lokaltermine bei drei von der Stadt / Gemeinde betriebenen Asylzentren
— Interviews mit Rechtsberater*innen, dem dänischen Institut für Menschenrechte, dem dänischen Flüchtlingsrat, ärztlichem Personal des Roten Kreuzes (jeweils im Jahr 2016), und dem Ombudsmann (2017)
Annika, 2016–2017

Schweden
— Vier teilstrukturierte Interviews mit Angestellten der Grenzpolizei (jeweils zwischen einer und drei Stunden) in einem der sieben Regionalbüros der Grenzpolizei; zwei Interviews mit Grenzpolizist*innen in einem zweiten Regionalbüro, ein Interview mit der Transportabteilung des schwedischen Gefängnis- und Bewährungsdienstes
Lisa und Annika, 2015

— Treffen mit einer*m Mitarbeiter*in der schwedischen nationalen Migrationsbehörde (Zentrale), 2015
— Treffen mit einer*m Mitarbeiter*in der schwedischen regionalen Grenzpolizeieinheit, 2016
Lisa und Tobias

— Vier Monate teilnehmende Beobachtung in Vollzeit in einem von sieben regionalen Grenzpolizeibüros sowie 15 teilstrukturierte Interviews und zahlreiche informelle Gespräche und Austausch

— Sammlung von Fallakten und internen Polizeidokumenten, Briefings, Richtlinien und Rahmenvorgaben

— Vier Besuche eines anderen regionalen Grenzpolizeiamts, sowie 7 teilstrukturierte Interviews (plus eine Nachbefragung)

— Zwei Interviews mit Polizist*innen eines regionalen Grenzpolizeiamts

— Ein Expert*inneninterview zur allgemeinen Struktur und Handhabung von Krisen des schwedischen Staates und Krisenhandhabung in der schwedischen öffentlichen Verwaltung

— Teilnahme an einem Meeting von Amnesty International zum Thema Haftbesuche im Abschiebegewahrsam

— Ein teilstrukturiertes Interview mit zwei Mitarbeiter*innen der Transportabteilung des schwedischen Gefängnis- und Bewährungsdienstes

— Ein teilstrukturiertes Interview mit »Save the Children« und ein informelles Treffen mit einer*m Vertreter*in des Roten Kreuzes

— Teilstrukturierte Interviews mit Personen, die in drei von insgesamt vier existierenden Migrationsgerichten arbeiten; ein Interview wurde mit zwei und eines mit drei Richter*innen und Sachbearbeiter*innen geführt sowie vier Einzelinterviews mit Gerichtsmitarbeiter*innen
Lisa, 2016–2017

— Fünf Monate Feldforschung, darunter ein Monat Vollzeit-Feldforschung in einer Abschiebehaftanstalt 2017, mit teilnehmender Beobachtung und informellen Interviews mit ca. 30 Personen der Belegschaft. Außerdem Besuche bei den folgenden Abteilungen der schwedischen Migrationsbehörde

— Besuche vor Ort und vier teilstrukturierte Interviews (zwischen einer und drei Stunden) mit Mitarbeiter*innen in drei weiteren Abschiebehaftanstalten sowie sieben Interviews mit Personal in vier verschiedenen Ausreiseunterkünften und zwei Rückkehrunterkünften

— Teilstrukturierte Interviews (zwischen einer und drei Stunden) mit Mitarbeiter*innen der Grenzpolizei (zusätzlich zu gemeinsamen Interviews mit Lisa)

— Teilstrukturierte Interviews mit zwei Rechtsberater*innen, vier Sozialarbeiter*innen, zwei ehrenamtlich tätigen Ärzt*innen, fünf NGOs, die mit unbegleiteten Minderjährigen und irregulären Migrant*innen arbeiten
Annika, 2017–2018

Deutschland
— Fünf Monate Vollzeit-Feldforschung in einem städtischen Migrationsamt (2015), mit teilnehmender Beobachtung, teilstrukturierten Interviews und Analyse von Fallakten
— Weitere Feldforschung (10 Tage bzw. 2 Tage) in zwei städtischen Migrationsämtern (2015 und 2016)
— Zehn Tage Feldforschung bei Polizeikräften, die mit der polizeilichen Überwachung der Migration befasst waren, mit teilnehmender Beobachtung und teilstrukturierten Interviews (2015)
— Eine Woche Feldforschung in einem Rechtsberatungszentrum mit zwei Tagen teilnehmender Beobachtung, zwei Gruppendiskussionen (10 Teilnehmer*innen) und acht teilstrukturierten Interviews (2015)
— Teilnahme an sechs ganztägigen Workshops zur behördenübergreifenden Kooperation in der Migrationskontrolle (unter Beteiligung von Polizei, Migrationsämtern, staatlichen Ministerien, Sozialdiensten und NGOs) (2015–2017)
— 15 teilstrukturierte Interviews mit Fachleuten (staatliche Ministerien, NGOs, städtische Wohnungsämter, Beratungsstellen, Polizei, Versorgungswerke, Büro der Staatsanwaltschaft, Rechtsanwält*innen) (2015–2016)
— 10 informelle zusammenfassende Interviews nach der Feldforschung mit wichtigen Informant*innen aus Migrationsbüros, Polizei und Ministerien (2016–2018)

Tobias

— Zwei Wochen mit teilnehmender Beobachtung und teilstrukturierten Interviews in Vollzeit bei der Landespolizei eines Bundeslands. Während dieses Zeitraums wurden teilstrukturierte Interviews mit Polizist*innen in der Verwaltung (höhere Angestellte und auf der Straße [mobile Streifen], insgesamt 12 Interviews (5 davon mit zwei Gesprächspartner*innen) sowie drei Folgeinterviews geführt
— Des Weiteren wurden 9 teilstrukturierte Interviews mit weiteren Behördenvertreter*innen geführt, darunter ein*e Mitarbeiter*in der Bundespolizei (Grenzpolizei), ein Staatsanwalt, der mit von der Polizei vorgebrachten Haftverfahren betraut ist, die Leitung einer Einheit innerhalb einer örtlichen Stelle des Bundesamtes für Migration und Flüchtlinge (BAMF) und deren Assistent*in, ein*e Sachbearbeiter*in des BAMF, der*die für Identitätsprüfungen zuständig ist, ein*e Sachbearbeiter*in administrativer Verfahren, ein*e BAMF-Mitarbeiter*in, der*die mit Asylentscheidungen beschäftigt ist, zwei Leiter*innen des Landesamts für Flüchtlingsangelegenheiten und eine Ärztin, die im Auftrag der Polizei tä-

tig ist und auch Entscheidungen über die Reise- und Transportfähigkeit
von Abschiebekandidat*innen trifft
— Ein teilstrukturiertes Interview mit der Leitung einer Aufnahme-/Unter-
bringungseinrichtung
— Teilnahme an einem öffentlichen Stadtteiltreffen, bei dem die Senatorin
für Integration, Arbeit und Soziales, eine Amtsleitung der Senatsverwal-
tung für Stadtentwicklung und Wohnen, zwei Bezirksbürgermeister der
betreffenden Viertel, in denen Unterbringungseinrichtungen gebaut werden, sowie ein Polizist aus der Abteilung für interkulturelle Aufgaben beteiligt waren
Lisa, 2017

Schweiz
— Teilnehmende Beobachtung in einer staatlichen Einrichtung für Asylsu-
chende in der Schweiz von August 2014 bis August 2015, wo über 100 in-
formelle Interviews mit Asylsuchenden, abgelehnten Asylsuchenden, Per-
sonal usw. geführt wurden. Während dieses Jahres (und danach) wurde
auch teilnehmende Beobachtung an Orten durchgeführt, an denen sich
Migrant*innen aufhielten (z.B. autonome Räume, Notunterkünfte für
Asylsuchende und abgelehnte Asylsuchende), sowie an zahlreichen von
Aktivist*innen und NGOs organisierten Veranstaltungen teilgenommen.
Zudem wurden abgewiesene Asylsuchende zu Rechtsanwält*innen oder
Rechtsberater*innen begleitet
Anna

— Teilstrukturierte Interviews (zwei Stunden) mit Grenzpolizist*innen und
Vertreter*innen kantonaler Migrationsämter in der Schweiz (mit Nora
Affolter)
Annika, 2016

— Drei Monate teilnehmende Beobachtung in Vollzeit bei einem kantonalen
Migrationsamt in der Schweiz sowie zwei Interviews mit Sachbearbeiter*innen eines zweiten kantonalen Migrationsamts und eintägige Beobachtung eines dritten Amts, inkl. vier teilstrukturierter Interviews
— Sechs Wochen teilnehmende Beobachtung in Vollzeit bei einer für Abschiebungen zuständigen Schweizer Kantonspolizeieinheit, inkl. 11 teilstrukturierter Interviews
— Teilstrukturiertes Interview mit einer Verwaltungsmitarbeiterin einer Klinik
— Eintägiger Besuch vor Ort/teilnehmende Beobachtung in einem Haftzen-

trum, einschließlich eines teilstrukturierten Interviews mit der Leitung
der Einrichtung
— Interview mit zwei Mitarbeiter*innen des Grenzwachtkorps-Hauptquartiers, ein Tag teilnehmende Beobachtung bei einer regionalen Einheit des Grenzwachtkorps, einschließlich dreier teilstrukturierter Interviews
— Teilstrukturierte Interviews mit fünf (höheren) Sachbearbeiter*innen des Schweizer Staatssekretariats für Migration (SEM)
Lisa, 2016–2017

— Vier Treffen und teilstrukturierte Interviews mit Leiter*innen kantonaler Migrationsämter und des Schweizer Staatssekretariats für Migration (zus. mit Nora Affolter und Anna Wyss)
— 75 Tage Feldforschung mit Rechtsberatungsstellen und gesetzlichen Vertreter*innen, einschließlich teilnehmender Beobachtung, Teilnahme an Netzwerkmeetings, teilstrukturierter Interviews und Archivrecherchen (2016–2017)
— 10 teilstrukturierte Interviews mit Expert*innen (Jurist*innen und Rechtsexpert*innen)
Tobias, 2016–2018

— Workshop von Lisa, Anna und Tobias mit Praktiker*innen aus der Schweiz und Deutschland (SEM, Polizei, kantonale Migrationsbehörden) in Bern 2016
— Workshop von Lisa, Annika, Tobias und Anna, auf dem unsere Ergebnisse mit Praktiker*innen aus Deutschland, der Schweiz und Lettland (Polizei, kantonale Migrationsbehörden und Grenzschutzmitarbeiter*innen) in Bern 2018 geteilt und diskutiert werden
Alle

Österreich
— Eine Woche Feldforschung in Österreich mit Migrant*innen mit prekärem Rechtsstatus
— Teilstrukturierte Interviews mit Mitarbeiter*innen einer Flüchtlingshilfe-NGO, einem Mitarbeiter des International Centre for Migration Policy Development (ICMPD) und einer Mitarbeiterin der Internationalen Organisation für Migration (IOM)
— Vier Folgeinterviews mit zuvor bereits in der Schweiz interviewten Personen
Anna, 2016

Italien

— Eine Woche teilnehmende Beobachtung in Vollzeit bei einem italienischen Migrationsamt *(Questura)*, einschließlich informeller Interviews und dreier teilstrukturierter Interviews mit der Leitung des Migrationsamts sowie mit den Abteilungsleiter*innen des Büros für Einwanderungskontrolle
Lisa, 2015

— Zwei Monate teilnehmende Beobachtung mit Migrant*innen mit prekärem Rechtsstatus in Italien
— Folgeinterview mit einem Asylsuchenden, der zuvor schon in der Schweiz interviewt wurde, ein Interview mit einer Person, die subsidiären Schutz genießt
— Teilstrukturierte Interviews mit Mitarbeiter*innen des Hohen Flüchtlingskommissars der Vereinten Nationen (UNHCR), der italienischen Dublin-Behörde, der Schweizer Dublin-Außenstelle in Italien, des italienischen Flüchtlingsrats (CIR), vier NGO-Mitarbeiter*innen, die Geflüchtete in Italien unterstützen, und zwei Migrationsforscherinnen
Anna

Lettland

— Eine Woche Feldforschung beim staatlichen Grenzschutzdienst, einschließlich teilnehmender Beobachtung und 6 teilstrukturierter Interviews (plus zwei Folgeinterviews) mit dem Grenzschutzdienst, ein Interview mit dem UNHCR und ein Fokusgruppeninterview mit fünf Teilnehmenden des OCMA (Office of Citizenship and Migration Affairs). Feldforschung und teilnehmende Beobachtung umfassten auch Ortstermine bei zwei Grenzposten
Lisa und Annika, 2016

— Zwei Wochen Feldforschung in Vollzeit, einschließlich teilnehmender Beobachtung und teilstrukturierter Interviews (zwischen einer und drei Stunden)
— Während dieser zwei Wochen wurden 7 teilstrukturierte Interviews mit dem lettischen staatlichen Grenzschutzdienst, ein Interview mit Personal eines Asylzentrums, ein Interview mit IOM, eines mit zwei Mitarbeiter*innen des SIF (Society's Integration Fund) und ein Interview mit dem Zentrum für Menschenrechte geführt. Ortstermine und teilnehmende Beobachtung wurden an einem Flughafen, einem Abschiebegewahrsam, an der grünen Grenze zu Russland und an mehreren internen Posten des Grenzschutzes durchgeführt
Lisa, 2016

Litauen
— Zwei Wochen Feldforschung in Litauen, einschließlich 11 teilstrukturierter Interviews mit dem litauischen Grenzschutzdienst (zwischen einer und drei Stunden) und eines Gruppeninterviews mit dem litauischen Roten Kreuz, Ortstermin bei einem Grenzposten und in einem Migrationshaftzentrum in Litauen
Lisa und Annika, 2015

— Eine Woche teilnehmende Beobachtung in Vollzeit und sechs teilstrukturierte Interviews (zwischen einer und drei Stunden) beim litauischen staatlichen Grenzschutzdienst. Der Forschungsbesuch umfasste Termine in drei Flughäfen und drei Grenzstationen (zwei weitere Besuche erfolgten gemeinsam mit Annika)
Lisa, 2015

**Transnationale Forschung mit Migrant*innen
mit prekärem Rechtsstatus**
— Narrative Interviews (zwischen einer und sechseinhalb Stunden) mit 25 Migrant*innen. Folgegespräche via Internet, Telefon oder persönlich mit 19 Migrant*innen. Ausführliche Folgeinterviews nach der Weiterreise in andere Länder (Italien, Österreich und Deutschland) mit 9 Migrant*innen.
Anna

Dank

Die Planung, die Recherche und das Schreiben dieses Textes waren nur mit der Unterstützung vieler möglich. Wir danken allen Beteiligten und entschuldigen uns bei allen, die wir zu erwähnen versäumt haben. Zuallererst möchten wir unseren vielen Gesprächspartner*innen danken, die uns einen Einblick in die Funktionsweise des Staates ermöglicht und ein Verständnis davon vermittelt haben, inwiefern das Migrationsregime durch seine Unlesbarkeit charakterisiert ist – dieses Thema hat uns auf vielen unserer Reisen begleitet. Natürlich können wir diese wichtigsten Mitwirkenden an dem Buch zur Wahrung ihrer Anonymität nicht nennen. Dennoch wollen wir betonen, wie sehr wir es zu schätzen wissen, dass sie ihre Erfahrungen, ihre Kaffeepausen, ihre täglichen Sorgen und Nöte und ihr Lachen mit uns geteilt und damit der Tiefe unserer Recherche große Dienste erwiesen haben. Sie nehmen eine Schlüsselrolle bei der Entstehung dieses Buches ein. Unser besonderer Dank gilt den Teilnehmenden unserer vier Praxis-Workshops in Deutschland, Dänemark und zweimal in der Schweiz, bei denen wir unsere vorläufigen Schlussfolgerungen vorgestellt haben und dank des Feedbacks der Teilnehmenden feststellen konnten, ob wir auch wirklich auf der richtigen Spur waren. Bei uns gibt's auf jeden Fall immer Melonen.

Wir sind auch unseren Geldgebern dankbar, vor allem dem Schweizerischen Nationalfonds. Wir haben zwar noch längst nicht alle Feinheiten des Projektmanagements durchschaut (und sind ziemlich sicher, in Sachen Verwaltung öfter auch danebengelegen zu haben), profitierten aber in hohem Maße von Mitteln für Gehälter, Forschungsausgaben, Reisen, »Mobilität« und Publikationen. Abgesehen von der Finanzierung möchten wir auch all denjenigen danken, die uns während unserer Forschung aufgenommen, unterstützt, bewirtet und geschult haben.

Wir danken unseren aktuellen und ehemaligen Kolleg*innen am Institut für Soziologie der Universität Bern für die wissenschaftliche und spirituelle Unterstützung. Christian Joppke war der Schutzwall, der uns die Finanzierung des Projekts ermöglichte und uns stets alle Freiheit und Hilfestellung gewährte, damit wir unsere Interessen verfolgen konnten. Seine Unterstützung und kritischen Kommentare als Kollege, Betreuer und Freund waren stets eine große Hilfe.

Mehrere Kolleg*innen lieferten im Rahmen eines Workshops in Bern (Mai 2018) hilfreiche Kommentare zu verschiedenen Entwürfen dieses Manuskripts: Christin Achermann, Laura Affolter, Ilan Amit, Melanie Griffiths, David Loher, Sarah Progin-Theuerkauf, Katerina Rozakou und Stephan Scheel. Darüber hinaus konnten wir auf verschiedenen Konferenzen einzelne Kapitelentwürfe präsentieren und wertvolles Feedback dazu erhalten: auf der IMISCOE Jahreskonferenz in Rotterdam 2017, beim EASA LawNet Workshop »Anticipating Law« in Bern 2017 und im Workshop »Reconfiguring the Welfare State« in Aarhus 2018. Wir danken all unseren Kolleg*innen für ihre wertvollen Beiträge.

Ein zentraler Teil unserer Zusammenarbeit spielte sich im Rahmen von »Arbeitsklausuren« ab. Vier davon führten uns auch an Orte von einiger biografischer Bedeutung. Ein herzliches Dankeschön geht daher an alle unsere Eltern, weil es ohne sie diese Rückzugsorte gar nicht gäbe – und dafür, dass sie für uns da sind.

Nora Affolter wird stets das fünfte und Ehrenmitglied unseres Teams sein. Wir vermissen sie und wünschen ihr alles erdenklich Gute in ihrem »richtigen Job«.

Persönliches Dankeschön

Tobias bedankt sich bei: Anna dafür, von Anfang an Teil des Projekts gewesen zu sein, und dafür, mich immer kritisch auf Trab gehalten zu haben, wenn mein Pragmatismus mit mir durchzugehen drohte. Lisa für ihre Sorgfalt, ihre Frustrationstoleranz und dafür, dass sie einfach eine unwiderstehliche Naturgewalt ist. Annika dafür, als Überraschungsteilnehmerin so wunderbar ins Team gepasst zu haben und für ihre Eigenschaft als schreibender Wirbelwind. Ich möchte auch meinen Freund*innen und Kolleg*innen für Hilfe und Ablenkung danken: den akademischen und administrativen Kolleg*innen der rechtswissenschaftlichen Fakultät in Bern dafür, einen Soziologen in ihrer Mitte ertragen zu haben, meinen Kolleg*innen in der Abteilung für Anthropologie am LSE dafür, einen Soziologen mit einem zweiten Projekt in ihrer Mitte ertragen zu haben, meiner Therapeutin für die heldenhaften Versuche, meine Praxistauglichkeit wiederherzustellen, und meinen Familienmitgliedern – verwandtschaftlichen wie gelebten, Haustiere inklusive – einfach dafür, dass es sie gibt.

Lisa bedankt sich bei: den Streetlevel-Bürokrat*innen, die mich in ihren Büros willkommen geheißen haben, meine Feldforschung ermöglichten, meine gewiss oft lästigen Fragen beantwortet und es sich zur Aufgabe gemacht haben, mir so viel als möglich über ihre Arbeit, ihre Gefühle und das allgemeine Umfeld ihres Arbeitsplatzes zu erklären. Vielen Dank also an alle »Muminväter«, und Gesprächspartner*innen in Italien, in der Schweiz, in Deutschland, Schweden, Litauen und Lettland.

Weiterhin freue ich mich, als Gastwissenschaftlerin an der Universität Nimwegen und der UCLA aufgenommen worden zu sein, wo ich Gelegenheit hatte, meine Forschungsergebnisse vorzustellen und zu diskutieren.

Ich möchte Sonja, Vera, Mirjam, Carolina und ihrer Mutter danken, und allen Menschen, die mich in den vielen Monaten der Feldforschung freundlich aufgenommen haben und ohne die ich ansonsten weitgehend obdachlos gewesen wäre. Ihr habt mir nicht nur ein gemütliches Bett angeboten, sondern mich auch mit eurer Gesellschaft, einem freundlichen Ohr und den verschiedensten Abenteuern bei Laune gehalten und mir mit Ablenkung geholfen, wenn ich sie brauchte. Insgesamt möchte ich allen meinen Freund*innen danken, die sich Mühe gegeben haben, mit meinem Leben (und dessen hektischem Rhythmus) Schritt zu halten, und die Terminkalender erstellt haben, um bei meinen ständig wechselnden Aufenthaltsorten nicht den Überblick zu verlieren.

Zudem möchte ich auch meinen Kolleg*innen und Mitautor*innen dieses Buches danken, Annika, Anna und Tobias. Ihnen sind in den letzten Jahren die gleichen oder ähnliche »Ponys« über den Weg gelaufen, aber ohne diese hätte das ganze Unterfangen längst nicht so viel Spaß gemacht.

Und schließlich möchte ich meiner Familie danken, Helga, Brigitte und Vincenzo, auf die ich mich zu jeder Zeit verlassen konnte und die immer für mich da waren, die meinen Frust ertragen, bei der ganzen Logistik geholfen und mich mit ihrem rückhaltlosen Enthusiasmus gestützt haben – ganz gleich, wie anstrengend ich gewesen sein mag. Ach ja: Ich hoffe natürlich, ihr werdet das Ergebnis eurer Unterstützung auch mit Freuden lesen.

Annika bedankt sich bei: Lisa, Tobias und Anna für die inspirierenden Auseinandersetzungen, den Spaß und das Zusammensein. Ich möchte meiner Familie und meinen Freunden in nah und fern danken, weil sie immer mein »Hier« waren und es hingenommen haben, nie zu wissen, wo ich gerade war. Ich möchte unseren Gesprächspartner*innen danken für ihre Zeit und ihre Gedanken (und für den vielen Kaffee), und all den Menschen, die das Migrationsregime immer wieder hinterfragen, weil sie uns gezeigt haben, dass man die Dinge auch ganz anders sehen kann. Mein herzlicher Dank gilt dem Institut für Soziologie der Universität Bern als meiner zweiten Heimat sowie Kolleg*innen und Freund*innen für kritische Kommentare, Inspiration und Unterstützung, insbesondere Shahram Khosravi sowie dem SOLIDERE-Team am Department of Anthropology der Universität Amsterdam. Und last but not least möchte ich all den Möwen und Ponys für die notwendigen Eskapaden danken.

Anna bedankt sich bei: Annika, Lisa und Tobias für diese lange gemeinsame Reise, für ebenso erschöpfende wie lehrreiche Diskussionen, für emotionalen Beistand und dafür, dass ich jetzt weiß, was es mit den Ponys auf sich hat. Ich bin unendlich dankbar für das Vertrauen und die Zeit meiner Gesprächspartner*innen, die mich an ihren intimen und oft schwierigen Erfahrungen in Europa teilhaben ließen und von denen ich über den akademischen Horizont hinaus so viel lernen durfte. Vielen Dank an Christian Joppke und Janine Dahinden für das kritische und stets konstruktive Feedback zu meinen Recherchen. Vielen Dank an das Sussex Centre for Migration Research (und besonders an Michael Collyer) sowie an das Max-Planck-Institut für ethnologische Forschung in Halle für das inspirierende Arbeitsumfeld und den Platz zum Schreiben. Ich bin besonders dankbar für all den emotionalen Beistand über die Jahre von Freund*innen und Familie; Danke, Dani, Eva, Flavia, Flo, Monika, Martin, Sally, Simon, Ursula, Vera, Yvonne, Zeynep und an so viele andere. Und ein riesiges Dankeschön an meine Eltern, deren bedingungslose Unterstützung mich immer wieder von Neuem beeindruckt.